1914-1918

Retours d'expériences

DU MÊME AUTEUR

Images de 1917, Nanterre, éditions de la BDIC, 1987, 207 p. (ouvrage dirigé en collaboration avec Laurent Gervereau).

Les Années électriques, 1880-1910, Paris, La Découverte, « L'aventure intellectuelle de la France au XXe siècle », 1991, 490 p.

Les Intellectuels, le Socialisme et la Guerre, 1900-1938, Paris, Seuil, « L'univers historique », 1993, 357 p.

L'Affaire Dreyfus et le Tournant du siècle, Nanterre, éditions de la BDIC, 1994, 285 p. (ouvrage dirigé en collaboration avec Laurent Gervereau).

Dictionnaire des intellectuels. Les Personnes, les Lieux, les Moments, Paris, Seuil, 1996, rééd. 2002, 1 258 p. (ouvrage dirigé en collaboration avec Jacques Julliard, Michel Winock et Pascal Balmand).

Au nom de la patrie. Les Intellectuels et la Première Guerre mondiale, 1910-1919, Paris, La Découverte, « L'aventure intellectuelle de la France au XXe siècle », 1996, 300 p. (en collaboration avec Anne Rasmussen).

Les Intellectuels et le Socialisme, XIXe-XXe siècles, Paris, Plon, 1997, 300 p.

Paris 1900. Essai d'histoire culturelle, Paris, Calmann-Lévy, « Liberté de l'esprit », 1999, 348 p. (Prix Carlier, Académie des sciences morales et politiques, juin 2000)

Introduction à l'histoire de la France au XXe siècle, Paris, La Découverte, « Repères », 2000, 128 p.

Dictionnaire critique de la République, Paris, Flammarion, 2002, 1 341 p. (ouvrage dirigé en collaboration avec Vincent Duclert).

Vrai et faux dans la Grande Guerre, Paris, La Découverte, 2004, 355 p. (ouvrage dirigé en collaboration avec Anne Rasmussen).

Saint-Simon ou l'Anti-Marx, Paris, Perrin, 2005, 344 p.

L'Empire des émotions. Les Historiens dans la mêlée, Paris, Demopolis, 2008, 253 p.

CHRISTOPHE PROCHASSON

1914-1918

Retours d'expériences

TEXTO
Le goût de l'histoire

Éditions Tallandier, 2, rue Rotrou, 75006 Paris
www.texto-legoutdelhistoire.com
www.tallandier.com

SOMMAIRE

À la mémoire du caporal Eugène Lafaye (1896-1979),
qui fit la guerre,
et de Juliette Barré (1894-1965), qui la subit.

À leurs arrière-petits-enfants,
Aurélien et Arnaud, qui vivent en paix.

Introduction

COMMENT ÉCRIRE L'HISTOIRE DE LA GRANDE GUERRE ?

Raconter la guerre n'est pas le défi littéraire le plus simple. Du point de vue rasant de Stendhal, si rasant d'ailleurs que son principal témoin Fabrice del Dongo n'aperçoit rien de la bataille de Waterloo à laquelle il est censé participer, à celui surplombant de Victor Hugo, embrassant la « morne plaine » où se déroulent les mêmes combats, il n'est pas de solution unique ni entièrement satisfaisante. Que dire alors des voies empruntées par les historiens ? Ceux de l'Antiquité ont fondé le genre en optant pour la vue d'ensemble. Ceux d'aujourd'hui adoptent d'autres perspectives : ils règlent plus volontiers leur focale à hauteur d'homme. Délaissant l'analyse des subtilités tactiques pensées par les grands généraux, renonçant au lyrisme qui empoignait leurs prédécesseurs engagés dans l'évocation du choc homérique des armées, ils choisissent désormais d'investir l'*expérience* des soldats.

Expérience : le mot est lâché ! On le rencontrera en bien des pages de ce livre dont il constitue le fil rouge. Je le prends ici dans un sens un peu différent que celui qu'on lui donne le plus souvent, même si les sciences sociales n'ont pas été avares ces dernières années de théories de l'expérience. L'expérience n'est nullement un vécu dont l'historien aurait à rendre compte dans une version singulière et simplifiée qui s'imposerait à lui, tout naturellement, à la seule consultation des faits. Ce que recouvre la notion est beaucoup plus complexe. Une expérience résulte de la construction ambivalente d'un vécu trouble, dépendante des caractéristiques sociales et personnelles de chaque individu, dépendante aussi du discours qui la construit *pendant* ou *après*. Le vécu est un chaos auquel l'expérience vient mettre bon ordre : un vécu troublé, mille expériences rationalisées. Un fait : mille lectures. L'expérience n'est jamais pure, elle est toujours *située*.

Il valait la peine de se pencher sur les façons dont on écrit l'histoire de la Grande Guerre, comment on l'écrit et à quelles conditions intellectuelles, morales et politiques. Le temps de réflexion dans lequel sont entrés les historiens depuis une bonne vingtaine d'années y poussait. Le renouveau de l'historiographie la concernant y encourageait également. La tâche s'imposait même avec quelque urgence dans la mesure où la résolution des problèmes soulevés par l'écriture de l'histoire de la Première Guerre mondiale conditionne ses conclusions et ses avancées. Plus que pour tout autre moment historique, celui-ci appelle une vigilance critique et une lucidité intellectuelle qui font encore souvent défaut aux historiens. Quoi qu'ils en disent.

Un ouvrage récemment publié[1] a mis en évidence une nouvelle façon d'écrire la Grande Guerre. Se pencher sur les modalités de son écriture, comme sur les écueils dont elle menace l'historien et envisager les solutions qu'elle propose n'est pas inutile pour tout historien versé dans l'étude d'un monde qu'il croit contemporain. En conséquence, elle est sans doute la meilleure école pour les professionnels de l'histoire qui peuvent y affronter les principales difficultés qu'ils auront à surmonter au cours de leur itinéraire. Examinons-les à la hâte. Toutes tiennent à la nature de ce qui documente la guerre.

Les archives d'État d'abord. On sait le sujet sensible et ouvert à tous les vents de la polémique. Certaines critiques visant les Archives nationales ont souvent pris l'exemple de la période de la Première Guerre mondiale, et, plus particulièrement, de l'épisode des mutineries de l'année 1917, pour nourrir la thèse de l'occultation volontaire et du secret des Archives nationales par l'État[2]. Les archives susceptibles de documenter la guerre elles-mêmes sont placées, il est vrai, sous le régime dérogatoire que constitue leur dépôt au Service historique de la défense et échappent aux Archives nationales, contrairement à la plupart des archives émanant des grandes administrations de l'État (à l'exception des archives du Quai d'Orsay et de celles de la préfecture de police de Paris). Les règles de la consultation peuvent donc être moins transparentes. Dans les faits, les historiens bénéficient de libéralités qui leur permettent de travailler correctement et d'accéder à une documentation satisfaisante. Que des zones d'ombre soient demeurées inaccessibles est peu contestable. Sous la pression de quelques campagnes de presse et de revendications professionnelles parfaitement légitimes, la situation actuelle est devenue plus favorable au travail des chercheurs. Les quelques refus qui perdurent n'interdisent en rien aux historiens de s'emparer des sujets les plus délicats. Les travaux universitaires qui s'appuient, par exemple, sur les archives de la justice militaire rencontrent désormais peu d'obstacles à la communication. La vaste documentation que constituent les archives du contrôle postal, si utile à qui veut tenter d'approcher les différentes facettes de l'expérience de guerre, est depuis longtemps accessible.

Il faut en convenir cependant : les sources privilégiées par les historiens de l'expérience de guerre reposent moins dans les grands fonds des archives de l'État que dans les recoins oubliés des greniers ou des armoires familiales. L'histoire culturelle de la Grande Guerre, qui a constitué un net tournant historiographique, a été l'occasion d'une remise au goût du jour d'écrits oubliés. Avec une voracité qui eût étonné il y a encore quelques décennies, on se précipite aujourd'hui sur les correspondances jaunies, les carnets mités, les journaux déchirés ou écornés. Dans les familles, les aïeux reprennent vie, dans les brocantes des inconnus acquièrent une soudaine notoriété, chez les éditeurs de jeunes hommes tués dans les premiers jours des combats de 14 accèdent à l'éternité en entrant dans l'histoire par la grâce des chercheurs.

La Première Guerre mondiale, bien davantage encore que la tragédie qui la suivra une vingtaine d'années plus tard, a ouvert l'ère du témoin. La problématique du témoignage hante aujourd'hui de très nombreuses enquêtes historiques. L'étude de la Grande Guerre nous offre sur la question les plus intéressantes perspectives. Cet ouvrage y accorde une place toute particulière, bien au-delà de la deuxième partie qui y est entièrement consacrée.

L'année 2008 a vu disparaître le dernier poilu. D'imposantes cérémonies d'État, présidées par le président de la République, Nicolas Sarkozy, ont marqué ce tournant qui concerne aussi le régime d'écriture de l'histoire. Même si les derniers témoins directs des événements n'avaient (ou n'ont) plus grand-chose à nous apprendre, ils n'en constituaient pas moins des icônes intimidantes détentrices d'une vérité difficile à récuser. L'ère du témoin n'est pas pour autant close. Comme nous l'avons dit, les historiens sont friands de témoignages légués à la postérité par ces innombrables écrivains nés de la guerre : auteurs de lettres parfois inspirées, de Mémoires plus ou moins improvisés, de journaux entamés puis abandonnés. En quête d'authenticité plus que de vérité, les spécialistes y puisent moins des faits bruts que des formulations constitutives de l'expérience. En témoignant pour l'histoire – ce qu'ils font en général avec une conscience historique plus ou moins aiguë –, les témoins se (re)constituent et parfois même s'instituent. En relatant les événements qu'ils ont vécus, ils charpentent leur passé et s'assurent un futur.

Voilà pourquoi les historiens doivent se protéger du charme souvent envoûtant qu'exercent les témoignages. C'est moins à la factualité qu'ils attestent qu'à la mécanique psychologique qui y est à l'œuvre qu'ils doivent se montrer attentifs. C'est moins « que dit-il ? », que « pourquoi dit-il cela ? » qui doit figurer en tête du programme de l'historien confronté au témoignage du poilu. Ainsi les mensonges, les erreurs, les oublis, bien loin de perdre toute valeur, comme l'entend encore une conception asséchée de la « vérité historique », conserveront tout leur prix. C'est par cette voie détournée et un peu ingrate, tant elle est exigeante, que les historiens approchent le mieux l'expérience du combat.

On s'est tôt demandé qui était en mesure de livrer le témoignage le plus exact. Cette querelle de légitimité a opposé les combattants puis les anciens combattants non seulement à un arrière qui prétendait apporter sa contribution à l'histoire de la guerre mais aussi entre eux. Rien n'illustre mieux cette guerre du témoignage, qui s'alluma immédiatement devant les impostures de récits contemporains des hostilités, que la durable controverse autour de l'œuvre de Jean Norton Cru dont il est beaucoup question dans ce livre. Cru m'a accompagné pendant les dix dernières années au cours desquelles furent rédigés les chapitres qui suivent. Personnage aussi fascinant qu'encombrant, l'homme constitue un cas idéal pour qui s'intéresse aux méthodes de l'historien. Cas limite, Cru pose, avec une certaine candeur, les questions qui secouent depuis plusieurs années la profession : statut du récit, représentativité, administration de la preuve, relations entre histoire et littérature, témoignage. Il est regrettable que cet auteur passionné ait déclenché autant de passions parmi les historiens. Ses amis posthumes l'ont institué en une figure sainte, détentrice d'une vérité indiscutable sur la guerre, substitut sacré des témoins évanouis. Difficile dans ces conditions morales de mettre à plat le personnage et d'en comprendre les arcanes sans passer pour iconoclaste, méchant et même un peu voyou.

J'en viens au troisième aspect qui fait de l'historiographie de la Grande Guerre un morceau de roi dans les débats qui touchent le métier d'historien. Celui-là a trait aux usages de la littérature. Qui s'intéresse à l'histoire de la Première Guerre mondiale a nécessairement croisé sur sa route les livres de Maurice Genevoix, Henri Barbusse, Roland Dorgelès mais aussi Ernst Jünger ou Erich Maria Remarque. Tous ces auteurs ont largement contribué à forger une représentation de la Grande Guerre. Anciens combattants, leurs récits baignent dans un genre incertain, à mi-chemin entre l'œuvre d'imagination et l'attestation personnelle. En général, les historiens élèvent entre ces derniers et eux-mêmes une muraille de précautions qui les conduit le plus souvent à les mal exploiter : soit en les ignorant au nom d'une factualité historienne qui ne s'adosse qu'à la référentialité (ce qui est vrai est ce qui a eu lieu), soit en leur réservant un traitement illustratif, venant appuyer la vérité historique que dégagent les archives.

Ces contorsions méthodologiques, que l'on pourrait d'ailleurs étendre au massif documentaire que représente le cinéma, ne sont évidemment pas le propre de l'histoire de la Grande Guerre. Elles y trouvent un espace favorable à leur développement car la littérature de guerre est un immense continent. Mais d'autres historiographies rencontrent des problèmes analogues. Au même titre que la connaissance intuitive des années 1914-1918 passe immédiatement par des références à quelques-uns des plus retentissants romans ou récits de guerre contemporains, celle du XIXe siècle endosse les évocations de Balzac, Sue, Flaubert ou Stendhal. Les spécialistes de ce siècle ne dissimulent pas tout ce qu'ils doivent à sa littérature[3]. Encore réservent-ils à celle-ci des traitements contrastés.

Disons-le tout net : les meilleurs abordent moins le roman comme un « reflet » que comme un lieu d'investissement social. Ils répudient le paradigme testimonial – la littérature ne « témoigne » de rien d'autre que d'elle-même – pour lui préférer celui de l'expérience littéraire. Comment par le roman ou la nouvelle s'élaborent des identités collectives ou individuelles[4] ? Comment les œuvres littéraires ou cinématographiques ont-elles aidé les anciens combattants à bâtir un récit cohérent de leur vécu ? Comment ont-elles donné forme et consistance à leur expérience ? Ensemble de questions que l'on peut adresser à la pratique de l'écriture elle-même, à tous ces niveaux : pratique commune du soldat entretenant sa correspondance ou rédigeant son journal pour construire son expérience, art d'écrire sanctionné par une postérité sélectionneuse qui fait le départ entre le « bon » récit dans lequel la plupart se reconnaissent et le « mauvais » qui ne résonne pas.

La différenciation des réceptions et des fortunes posthumes demeure souvent de l'ordre d'un mystère que les analyses les plus fines ne parviennent pas toujours à percer. Dans le cas des œuvres littéraires, la tradition pèse sur les réputations. Il est bien audacieux de renverser cul par-dessus tête le « bon » témoignage, intégré ou non au patrimoine de la littérature nationale. On verra plus loin dans ce livre comment Louis Barthas, pour sa part, devint *l'indiscutable témoin* oint par une admiration présidentielle (celle de François Mitterrand). Qui interroge la qualité d'un tel récit court le risque de l'insolence.

Comment nier que, aujourd'hui, des récits de la guerre rencontrent un retentissement supérieur à d'autres, alors qu'ils semblent tous relater les mêmes vécus dans des termes souvent analogues ? Vers quel ordre d'explications convient-il de se tourner pour rendre compte de telles hiérarchies ? Ici, il s'agit moins de s'interroger, comme le faisait Jean Norton Cru, sur le degré de fiabilité d'un témoignage, notion au demeurant bien complexe. Car, au fond, tous les témoignages ne sont-ils pas « vrais », chacun à leur manière, même ceux qui relatent des épisodes inventés ? Mais la question est d'un autre ordre et renvoie aux liens qui unissent notre contemporain à ce passé tragique. Pourquoi la guerre de 14 a-t-elle fait retour dans nos mémoires depuis une quinzaine d'années ? Pourquoi, comme le soutenait François Furet à propos de la Révolution française, la Grande Guerre apparaît-elle comme interminable ? Et est-elle d'ailleurs terminée ? Pourquoi certains récits ou échanges épistolaires récemment publiés rencontrent-ils un tel succès éditorial ? Pourquoi enfin la Grande Guerre, qu'on traitait encore il y a peu, avec l'esprit provocateur d'une excellente chanson de Georges Brassens, sur un mode insolent et irrespectueux, est-elle désormais abordée dans le silence ému du recueillement ?

C'est à ces questions, et à quelques autres, que ce livre souhaite répondre. Les « retours » d'expériences dont il y est question ne concernent pas seulement les combattants et leur famille. Tous ont éprouvé la souffrance de ne pouvoir transmettre ce qui leur parut souvent ineffable. Les historiens qui préparent aujourd'hui le centenaire de ces années décisives connaissent des tortures semblables. Leurs « retours » d'expériences ne sont pas plus aisés. Dans un très beau livre, où le philosophe et sociologue Siegfried Kracauer conduit une si profonde méditation sur l'histoire, on lit que l'historien ne revient jamais indemne de son voyage dans le passé. Sa quête visant à le restituer tel qu'il était est sans doute irrémédiablement vouée à l'échec. À l'image d'Orphée, de retour de l'enfer se retournant vers Eurydice, l'historien de la Grande Guerre perd ce passé lorsqu'il aspire à le trop contempler comme pour, croit-il sans malice, le mieux retenir. Mais il est certain que ce voyage l'ébranle à jamais : « L'homme qui retrouve les rivages de son époque a peu de chances d'être exactement le même que celui qui les a quittés[5]. » On ne revient pas des champs de bataille, même réduits à l'état de vieux papiers, sans quelque blessure.

PRÉSENCES DE LA GRANDE GUERRE

PREMIÈRE PARTIE

Les historiens se comptent parmi les observateurs qui scrutent la guerre à distance. Ils en sont exceptionnellement les contemporains. En France, l'un des fondateurs de l'historiographie de la Grande Guerre, Pierre Renouvin, bien qu'ancien combattant et grand blessé, se garda toujours de confondre les deux plans : son expérience de guerrier et sa pratique d'historien[1]. Il n'est d'ailleurs pas le seul de son espèce. D'autres cas témoignent d'une même volonté œuvrant à repousser l'expérience individuelle du combat hors de la démarche savante visant à l'analyser.

Les historiens de la Grande Guerre qui s'attachent aujourd'hui à en écrire l'histoire ne disposent évidemment plus du stock d'émotions et de connaissances directes dont purent profiter, quitte à les refouler, leurs prédécesseurs. On pourra peut-être objecter que certains d'entre eux ont néanmoins pu avoir une connaissance immédiate du combat : c'est le cas en particulier d'Antoine Prost, historien de la Grande Guerre, qui ne fait pas mystère d'une expérience guerrière acquise durant les événements algériens dans lesquels il fut impliqué, et qu'il intègre, avec discrétion, à son travail d'historien du premier conflit mondial. Au point même qu'il en vint à publier ses carnets personnels de soldat, à la manière de ces innombrables combattants de 14 désireux de transmettre leur expérience[2].

Ce cas reste exceptionnel. La Première Guerre mondiale passe au mieux par les canaux de la mémoire familiale et irrigue ainsi peut-être inconsciemment le travail de certains historiens. Pour ma part, né à la toute fin de l'année 1959, je me souviens assez précisément des récits, d'ailleurs très stéréotypés, que me faisait mon grand-père maternel. Une enseignante d'histoire bien inspirée m'avait invité à l'interroger et à l'enregistrer. Mais d'autres expériences décisives peuvent aussi intervenir et perturber davantage la prétendue sérénité du travail des historiens.

Le réveil historiographique qui a frappé l'histoire de la Grande Guerre depuis une bonne vingtaine d'années s'est accompagné de très vives querelles. Nous verrons dans les chapitres qui suivent leurs tenants et aboutissants. Contentons-nous d'éclairer ce qui les motive et qui tient aussi à la radicale coupure qui démarque les historiens de leur objet. Il est vrai que cette remarque amusera les historiens des périodes les plus éloignées, habitués qu'ils sont à pénétrer des univers sociaux et mentaux sans continuité avec le temps présent. Les historiens du temps proche – c'est d'ailleurs ici que réside l'une de leurs principales faiblesses – vivent souvent dans l'illusion de ne côtoyer que des contemporains, soit des hommes et des femmes qui vivent et pensent comme eux, alors même que le temps fait toujours son œuvre : il rend *étrange*. Il rompt le sentiment d'évidence.

La guerre, celle de 14 dont il est question dans ce livre, relève de ces situations paroxystiques qui interdisent toute espèce d'identification ou de familiarité. C'est l'un de ses grands intérêts heuristiques. Elle contraint les historiens à se défaire d'une désinvolture les conduisant à taper dans le dos d'acteurs historiques qu'ils croient trop promptement comprendre. Elle les oblige à l'interprétation, la part la plus noble et la plus spécifique de leur métier. Mais l'interprétation porte dans ses flancs le conflit. Nulle source ne tranchera définitivement entre les différentes versions autour desquelles les historiens s'affrontent. Aucun « fait tout fait », selon la formule de Robin Colingwood, ne viendra trancher le nœud gordien de la vérité historique. Ce qui ne revient pas à soutenir que tout se vaut dans les rivalités d'interprétation, mais que tout est respectable, à condition que les règles minimales du métier soient suivies à la lettre et que l'intelligence ne soit pas trop parasitée par des enjeux externes au débat. Comme on le verra, les sensibilités politiques ne sont pas absentes dans les débats homériques qui occupent la scène de l'histoire de la Première Guerre mondiale.

Comment rendre correctement compte de la guerre ? Cette question, les contemporains du conflit se la sont eux-mêmes posée, alors même qu'ils se trouvaient immergés dans l'événement. La réalité de la guerre ne s'approche pas facilement. Dans les trois grandes capitales, Paris, Londres et Berlin, on organisa de nombreuses expositions consacrées aux hostilités en cours. En une du *Figaro*, dès le mois de septembre 1915, un article défend l'idée d'une exposition en critiquant l'insuffisance réaliste des images venues du cinéma ou de la presse : « Mais qu'est-ce que tout cela, auprès des réalités que nous imaginons, que les lettres de nos amis, de nos enfants nous racontent ou nous font devenir, et desquelles le photographe n'approche pas ? Ce sont ces réalités-là qu'on voudrait qu'une exposition de la guerre nous fît voir[3]. » À Berlin, cité plus éloignée du front que ne l'était la capitale française, on eut soin de multiplier ces manifestations d'où naquit un véritable « kitsch de temps de guerre » : salles encombrées de trophées de guerre, reconstitution vériste d'une tranchée, accumulation d'objets[4].

Qu'est-ce que tout ce bric-à-brac auprès des *réalités* que nous imaginons ? Ni voir ni lire ne suffisent pour saisir ce que fut le paroxysme de la guerre. La distance temporelle, qu'a symboliquement soulignée en France la disparition au mois de mars 2008 de Lazare Ponticelli, le dernier poilu, est encore plus sensible lorsqu'il s'agit de rendre compte d'une telle expérience. Les sources dont les historiens disposent, d'une remarquable densité et d'une formidable variété, ne sont pas simples à exploiter. Débarrassés du dernier témoin, ils sont désormais seuls face à la vérité historique. En France, même si quelques témoins survivent hors de l'Hexagone, nul ne viendra leur opposer un « J'y étais ! ». Repose sur eux une responsabilité particulière dont on espère qu'ils n'abuseront pas.

Chapitre I

DEBOUT LES MORTS ! LE RÉVEIL DE LA GRANDE GUERRE

De vives polémiques touchent aujourd'hui l'historiographie française de la Grande Guerre. Derrière elles se croisent les plus authentiques rivalités universitaires, engendrées par les positions professionnelles occupées, des sensibilités politiques reconverties dans des engagements intellectuels, et des convictions morales. Ce mélange des genres n'est d'ailleurs nullement le propre de ces controverses. Dans ce cas précis, il prend simplement un tour extrême qui en a surpris plus d'un, au point de noircir les colonnes d'un grand journal du soir, tout étonné de voir se réveiller de telles passions historiographiques. On croyait ces dernières assoupies voire tout à fait éteintes depuis les grandes manœuvres qui avaient autrefois opposé entre eux les historiens de la Révolution française[1] : Aulard *versus* Mathiez, Furet *versus* Soboul… Comme en cet âge de la militance historiographique, d'ailleurs frottée de militance politique, les interprétations, souvent caricaturées, semblent gravées dans le marbre. Tout se passe comme si elles échappaient à toute évolution. Il n'est que de comparer les textes des uns et des autres pour constater qu'il n'en est rien. Les thèses évoluent et s'affinent grâce aux travaux empiriques qui se sont multipliés dans les dernières années. Au point que l'existence de deux « écoles » (celle de l'Historial de la Grande Guerre de Péronne contre celle du « Chemin des Dames » portée par une association, le CRID[2]) ne se justifie parfois que pour alimenter des fonds de commerce académiques ou médiatiques. À lire certains travaux, on discerne mal en effet l'appartenance à tel ou tel camp[3].

Pourquoi la Grande Guerre, après avoir été longtemps reléguée dans l'arrière-cour des mémoires familiales, cantonnée aux évocations usées des repas dominicaux qui épuisaient la patience des plus jeunes, a-t-elle soudain fait retour non seulement sur la scène historiographique mais davantage encore sous la plume des romanciers ou la caméra des cinéastes[4] ? L'attribution du Prix Goncourt en 1990 au roman de Jean Rouaud, *Les Champs d'honneur*, tout entier consacré à la mémoire de la Grande Guerre ou, l'année précédente, le succès du film de Bertrand Tavernier, *La Vie et rien d'autre*, qui, à l'instar du roman de Rouaud, plaçait au centre de l'évocation le deuil des veuves de guerre, sont emblématiques de ce retournement de conjoncture[5]. Il conviendrait d'ajouter à ces grands indices de plus minuscules, comme y invite Stéphane Audoin-Rouzeau[6], en recensant les milliers d'initiatives associatives ou personnelles qui donnent de la guerre un récit et une compréhension qui se veulent à l'écart de « l'histoire officielle », celle des historiens d'université et de laboratoire.

En dépit de la diversité apparente des approches, un trait commun paraît unir ce resurgissement : toutes ont souci de restituer une *expérience* qui aurait été dérobée par les innombrables narrations d'une vie inouïe[7]. D'où la place soudain prise par le témoignage alors même que les témoins directs, en France, étaient en train de disparaître tout à fait. Si l'on suit Paul Ricœur, le témoin, encore vivant ou déjà mort, est le premier instituteur de la vérité. Certains témoins ont même pris la fonction de « preuve vivante », personnage saint d'une cause universelle. Le tonnelier socialiste Louis Barthas est sans doute le meilleur exemple de ce panthéon testamentaire : il lègue à la postérité une vérité sur la guerre dans laquelle se sont figés en majorité écrivains, réalisateurs, historiens depuis la publication de son témoignage à la fin des années 1970[8]. L'histoire dite « culturelle » de la guerre – c'est là toute son ambivalence – a encouragé les lectures empathiques, passionnées et compassionnelles du conflit et dérouté parfois l'intelligence historique. De ce point de vue, la muséographie de l'Historial de Péronne, musée de la Grande Guerre ouvert en 1992, froide et distanciée, presque ironique bien que respectueuse face au drame vécu, va à l'encontre des nouvelles sensibilités aujourd'hui affichées autour de la Première Guerre mondiale, qui font toutes appel à plus de sentiment.

Du vainqueur à la victime : du héros majeur au héros mineur

Il est deux faces au sacrifice. La première fait du sacrifié un héros : c'est le poilu qui se sacrifie, consent à faire l'offrande de sa vie sur l'autel de la nation, livre, glorieux, ce qu'il a de plus précieux pour la défense d'une cause qui le dépasse. Ce combattant-là est l'oint de la nation, figure sacrale parente de celle du Christ comme on l'a parfois noté. La seconde fait du sacrifié une victime. Dans cette configuration affective, le soldat est mort par erreur, malencontreusement. La bêtise des gouvernants, l'incurie des chefs militaires, la vanité des intérêts en jeu sont seules à même de répondre à la question : pourquoi sont-ils morts ? Cette deuxième figure n'en est pas moins héroïque. Elle l'est parfois même davantage, lorsque les soldats ont été « fusillés pour l'exemple » : ils bénéficient alors d'un double « prestige ». D'une part, ils ont combattu bravement, comme s'employèrent souvent à le montrer après la guerre leur famille et les associations qui s'engagèrent dans le travail de réhabilitation des condamnés, d'autre part, ils sont morts injustement, à la suite d'une erreur judiciaire.

Ce cas de *survictimisation* est idéal. Il répond à point nommé aux représentations actuelles de l'ancien combattant. L'attestent les cérémonies organisées il y a dix ans pour la commémoration du 80e anniversaire du 11 Novembre 1918. Le Premier ministre de l'époque, Lionel Jospin, choisit pour ce faire un cadre, Craonne, lieu par excellence de la victimisation, meurtri par la mémoire de l'épouvantable offensive du Chemin des Dames où périrent en quelques jours des dizaines de milliers d'hommes, et un discours dont l'éclat tint d'abord à la volonté de réintégrer dans la mémoire nationale, les *survictimes* que constituent les « fusillés pour l'exemple », agrégat composite mais illustratif du processus de *survictimisation*, où se confondent fusillés des années 1914-1915 et mutins de 1917[9] : « Certains de ces soldats, avançait non sans lyrisme le Premier ministre socialiste, épuisés par des attaques condamnées à l'avance, glissant dans une boue trempée de sang, plongés dans un désespoir sans fond, refusèrent d'être sacrifiés. Que ces soldats "fusillés pour l'exemple" au nom d'une discipline dont la rigueur n'avait d'égale que la dureté des combats, réintègrent aujourd'hui, pleinement, notre mémoire nationale[10]. »

En cette fin des années 1990, la charge émotionnelle concernant les soldats de 14, damnés de la terre enfin redécouverts, était si forte, qu'au seuil d'un ouvrage publié quelques mois après la déclaration compassionnelle de Lionel Jospin et entièrement consacré à la mémoire des fusillés, on peut lire cette mise en garde qui en appelait à la vigilance critique : « Nous voudrions redonner à ce sujet un peu de spécificité historique, le mettre à distance par l'analyse. Il nous faut laisser de côté la charge émotionnelle qu'il contient pour persister à croire que la discipline historique n'a pour vocation ni d'instruire des procès ni d'être la science organique des pouvoirs[11]. »

Il fallait bien le dire en effet car, à la fin des années 1990, certains n'hésitèrent pas à faire entrer un nouvel ayant droit dans la concurrence des victimes : l'ancien combattant. Celui-là avait la vertu de rassembler le peuple en son entier, toutes religions et cultures confondues, plusieurs générations aussi. Le poilu n'était-il pas la victime républicaine par excellence ? Le maire de Craonne, investi par l'autorité d'une mémoire locale devenue mémoire nationale, n'hésita pas à faire du Chemin des Dames « le premier crime contre l'humanité resté impuni ». Faut-il s'attendre à des procès ? Mais contre qui ?

La figure de l'ancien combattant n'a pas toujours été celle de la victime ou du héros malencontreux d'une histoire qui ne le regardait pas. Cette dernière n'est devenue dominante qu'en France et que dans le cours des vingt dernières années comme l'atteste par exemple le succès assourdissant (trois cent mille exemplaires vendus) d'écrits de soldats d'où émane une version victimisée du poilu[12]. Ou, pour être plus exact, elle l'est redevenue[13] sous une forme radicalisée. Les historiens ont bien mis en évidence, depuis belle lurette, le retournement pacifiste des années 1920. D'un consentement majoritaire et contrasté à la guerre, qui n'exclut pas, sur la durée totale du conflit, des phases durant lesquelles les combattants s'élevèrent contre celui-ci, la société française bascula dans un rejet de la guerre selon des modalités d'ailleurs complexes et des temporalités diversifiées que le terme de « démobilisation culturelle », mis en avant par l'historien John Horne, permet de mieux prendre en compte. Les vitupérations contre la guerre et ses horreurs n'entamaient en rien le bien-fondé du combat mené. S'en prendre à celui-ci aurait été tout simplement fragiliser le prestige d'anciens combattants qui auraient eu à comprendre en conséquence que leur sacrifice n'aurait servi à rien. C'était là aussi insulter les morts. Rien de tel n'était possible en un temps où chacun avait perdu des proches et se trouvait marqué dans sa chair et sa psyché. L'ancien combattant, mort ou vivant, était un héros, à part entière, un brave qui avait fait face à la mort et non une victime ballottée par un destin tragique, encore moins un sacrifié à une cause indigne[14].

À cette première séquence de l'histoire symbolique des anciens combattants succéda une seconde durant laquelle leur fortune fondit comme neige au soleil. Après la Seconde Guerre mondiale, l'ancien combattant ne renvoyait plus qu'à un ancien monde, perclus de cicatrices effrayantes, et dont on ne voulait plus. Il ne fut plus entendu, encore moins écouté. Détenteur d'un capital symbolique démonétisé, l'ancien combattant fut réduit à cette image pathétique de vieil homme décoré avec une emphase grotesque, qui s'inclinait péniblement devant des drapeaux d'un honneur oublié. Le « radotage » des anciens soldats de la Grande Guerre faisait fuir. Dans les années 1960, la guerre des générations mua l'ennui en franche hostilité. « C'était au milieu des années 1960. On l'a oublié aujourd'hui mais il faut bien reconnaître qu'à l'époque on n'en avait pas grand-chose à faire de ces anciens combattants qui approchaient la soixantaine », concède, avec une pointe de regret, une journaliste qui était alors enfant[15]. Ces vieux types étaient assommants. Le général de Gaulle entreprit même, dès 1958, de leur supprimer leur retraite d'anciens combattants avant de revenir sur cette décision intempestive. En mai 1968, une rumeur courut, qui ne semble pas avérée : on aurait pissé sur la flamme du soldat inconnu. La « jeunesse » faisait grief aux soldats de 14, sans égard aucun pour leur souffrance, d'avoir consenti à la Grande Guerre patriotique au mépris des engagements pacifistes. Ils avaient, à leur façon, tué Jaurès une seconde fois. Bien loin d'être les glorieuses victimes, dont on suivit en France, dans les dernières années, avec une certaine fascination macabre la disparition définitive, les guerriers de 14 étaient d'abord désignés comme les responsables d'un conflit qu'ils avaient bel et bien soutenu. Coupables, sciemment ou pas, mais non victimes.

Ce n'est donc guère avant les années 1990 que le renouveau d'intérêt chez les historiens pour l'histoire de la Grande Guerre, mesurable à mille indices éditoriaux et universitaires, rencontra un mouvement parallèle dans l'espace public où la victimisation se présenta comme la principale clé de lecture. Nous l'avons signalé dans le cas du discours prononcé par Lionel Jospin à Craonne. Le même intérêt pour les refus de guerre, principalement incarnés par les mutins de 1917, mais aussi par les soldats ayant manifesté des signes de désobéissance tout au long du conflit, retient depuis principalement l'attention des romanciers et des cinéastes. Il est d'ailleurs assez piquant de relever que lesdits refus disent tout autant le consentement à la défense du territoire que la lassitude désespérée émanant de soldats éprouvés par l'atrocité d'une expérience terrible[16].

Des historiens de métier prêtèrent main-forte à la construction de cette mémoire et furent prompts à appuyer cette sensibilité vaguement moralisatrice (puisqu'il s'agit de dénoncer la guerre comme le mal absolu). On dénicha quelques exemples aux fins fonds de témoignages parfois très sollicités et fréquemment décontextualisés. On put ainsi évoquer quelques rares cas avérés d'événements exceptionnels à forte charge émotionnelle : fraternisations, désertions, actes d'indiscipline, révoltes. C'était là traces fugaces d'un grand refus de la guerre qui rassurait sur une raison humaine que l'on avait cru voir vaciller durant plus de quatre années.

Cette veine historiographique active les ressorts du compassionnel : les titres racoleurs ou les objets sélectionnés en font foi. Beaucoup mobilisent les registres affectifs de la dénonciation, de la défense ou de la révélation[17] : *Années cruelles, 1914-1918*[18], *Le Cri d'une génération*[19], *La Guerre censurée*[20]… Il n'est pas indifférent de relever que l'un des auteurs les plus engagés dans la controverse publia en 1993 un petit ouvrage discret à portée pédagogique et civique où étaient présentées, sur le ton de l'indignation, les « grandes injustices devant l'opinion » sous la forme d'une longue théorie de victimes. Se trouvaient ainsi entraînés Calas et Sacco/Vanzetti dans le même éternel produit victimaire d'une société méchante : « Il ne s'agissait pas seulement d'erreurs. En fait, on n'avait pas jugé un crime, mais on avait condamné pour "délit de différence" : des protestants ; un Juif ; un enseignant libertaire ; un militant syndical ; des anarchistes immigrés[21]. » À la critique sociale que servait autrefois l'histoire marxiste succède une critique morale à laquelle se rend une historiographie politiquement désenchantée mais recroquevillée sur quelques certitudes morales. L'histoire de la Grande Guerre n'a pas échappé à cette nouvelle donne : à la dénonciation du grand coupable capitaliste, responsable du déchaînement de l'ouragan guerrier, analyse qui fit les beaux jours d'une historiographie ordinaire placée jusque dans les années 1970-1980 sous la coupe d'une vulgate marxiste, on préfère compatir à la souffrance de ses principales victimes. Il n'est d'ailleurs pas tout à fait impossible que les deux critiques entretiennent des relations l'une avec l'autre…

Inscrites au programme de dénonciation d'un complot du silence, les rares fraternisations sont présentées comme le « dernier tabou » de la Grande Guerre[22]. Le secret est enfin levé par de pénétrants et ombrageux historiens, comme si une « histoire officielle », dont ces derniers suggèrent presque être les victimes, s'acharnait encore à occulter quelques encombrantes vérités. Les non moins rarissimes « trêves de Noël » de la guerre de 14 sont instituées en preuves d'un refus de guerre généralisé contre la « thèse du consentement[23] » instituée comme la loi et les prophètes d'une « école » adverse. On piste les désertions, indiscernables ou presque pendant la guerre.

La pression morale, devenue écrasante, sur le sujet et la crainte d'alimenter une « histoire officielle » sont telles qu'un film médiocre et, pour tout dire, presque ridicule, mais dont le succès atteste l'excellente perception qu'avait le réalisateur des sensibilités actuelles face à la guerre de 14[24], fut salué *pour son courage* (il osait révéler ce que l'on cachait) en dépit de ses grandes faiblesses cinématographiques et de ses extravagantes invraisemblances dont on convenait jusque dans les rangs de ses « conseillers historiques ». Indulgence remarquable chez les historiens coutumiers du ricanement face aux films désinvoltes avec la vérité historique comme chez les critiques de cinéma généralement moins timides dans la dénonciation du scandale esthétique… Tentant de rejouer, mais en de tout autres circonstances historiques que celles (la guerre d'Algérie) qui avaient encerclées la sortie en 1957 des *Sentiers de la gloire* de Stanley Kubrick, *Joyeux Noël* révélait enfin une vérité cachée que s'obstinaient encore à nier des historiens abonnés des guichets patriotiques… C'était suffire à son crédit.

TÉMOIGNER

On sait que l'étymologie associe le témoin au martyr. En s'en prenant avec vivacité à ce qu'ils désignèrent dans un ouvrage qui connut quelque retentissement la « dictature du témoignage », Annette Becker et Stéphane Audoin-Rouzeau jetèrent de l'huile sur le feu. Sans doute n'avaient-ils en tête que la volonté de fustiger une certaine illusion positiviste qui pousse à accorder aux témoins de l'expérience historique une confiance excessive, illusion encore assez commune chez bien des historiens malgré des générations de mises en garde remontant jusqu'aux fondateurs même de la discipline historique. Sans doute souhaitaient-ils aussi en finir avec une certaine sacralisation du témoignage qui intimide l'historien toujours bardé de son inconvenant scepticisme. Le sociologue Jean-Michel Chaumont le relève à propos des témoins (ceux-ci encore vivants) des camps de concentration nazis : « […] tandis que les acteurs piégés sont ainsi obligés de tolérer la constitution d'images d'Épinal et d'accréditer des mythes, les *historiens* se mettent au travail et, comme leur ethos professionnel le leur prescrit, ils adoptent normalement la démarche la plus critique et par conséquent, aussi, la plus *désacralisatrice*. Dès lors, les exigences (sublimatrices, simplificatrices et esthétiques) de la reconnaissance publique de la grandeur et le travail (critique) de la recherche historique se heurtent de plein fouet, et les historiens se voient accusés de dénigrer les héros[25]. »

De l'aveu même de l'un des principaux adversaires de l'ouvrage de Stéphane Audoin-Rouzeau et d'Annette Becker, Rémy Cazals, l'un des points forts du livre réside dans le renversement qu'il opère en écartant la « perspective traditionnelle, fortement victimisante, qui laisse dans l'ombre la violence exercée par les combattants[26] ». Cette approche rompait en effet avec les efforts déployés par tous ceux qui, historiens professionnels, érudits locaux, autodidactes, dévots de la mémoire familiale, œuvraient à faire émerger des armoires les témoignages oubliés. Ces morts ressuscités ne pouvaient être bafoués sans dommages. Mettre en doute leur parole, s'interroger sur leur sincérité, pointer leurs erreurs, souligner leurs partis pris, mettre en lumière leur stratégie, revenaient à écorner leur prestige. C'était tout simplement leur manquer de respect.

Une date, précoce, marque sans doute le réveil de la vogue du témoignage sur la Grande Guerre et sa sanctification a-critique : 1978, année de la première édition des *Carnets* du tonnelier Barthas[27]. Au moment même où la fièvre politique des années 1970 s'apaisait pour se reconvertir en stratégies de carrières académiques, quelques derniers feux s'allumaient encore dans les curiosités intellectuelles ou scientifiques. On sait que durant les hostilités de 1914-1918, les éditeurs n'avaient pas été avares de publications de témoignages. Le goût s'en maintint jusqu'au milieu des années 1920, avant de s'éteindre tout à fait au moment même où Jean Norton Cru, sur lequel nous reviendrons souvent, leur élevait son fameux sanctuaire à la toute fin de la décennie.

Auteur d'une somme dans laquelle ce professeur de lettres émigré aux États-Unis présente une bibliographie raisonnée et commentée de trois cents témoignages[28], Jean Norton Cru est devenu un sujet de controverses. Il le fut d'ailleurs au temps même de la publication de son grand livre qui heurta bien des anciens combattants. Nombreux furent ceux qui, parmi ces derniers, ne reconnaissaient rien de leur propre expérience dans celle que le critique présentait. Soumis à son tour à la critique normale que doit exercer tout historien face à tout document, *Témoins* est aujourd'hui défendu avec une fougue vindicative qui révèle la nature particulière des relations que certains historiens entretiennent avec les témoins de la Grande Guerre. L'ardeur de la défense traduit l'intensité des affects investis dans la personne de Jean Norton Cru, sacré témoin des témoins, saint Jean Bouche d'Or de la guerre de 14, pape du témoignage en quelque sorte, référent ultime et garant définitif de l'expérience vraie de l'un des plus tragiques épisodes de l'histoire du XXe siècle[29]. Je ne cesse de m'étonner de cette violence du débat et du répertoire moral qu'il mobilise souvent. Un lecteur d'une recension de la correspondance de guerre de Norton Cru que j'avais rédigée pour la revue *Le Mouvement social*[30] me fit part de son indignation en me reprochant « l'offense » que j'avais commise à l'égard de Norton Cru (il ajoutait à la liste de ses griefs, pour faire bonne mesure, mon insuffisance intellectuelle…).

Soumettre les témoins d'expériences extrêmes, la guerre en l'occurrence, au feu de la critique historique est d'autant plus délicat que ces derniers – comment le nier ? – ne cessent de nous émouvoir par leur récit. Face à eux, l'historien n'aurait donc qu'à se tenir en retrait, qu'à s'incliner devant une espèce de parole sublime, comme y invitent les trois éditeurs des témoignages rassemblés dans *Années cruelles.* Dans cet ouvrage, on livre ceux-ci à l'état pur, nous dit-on, « tels qu'ils [les éditeurs] les ont reçus. Récits naïfs, poignants, sincères qui ne s'encombrent pas de l'opinion des "hauts-placés" ni des "vérités officielles"[31] ». Une contre histoire donc, écrite par le bas, situation dont on semble supposer qu'elle est un gage de vérité. Ceux du haut, les élites, hommes politiques, intellectuels, militaires, sont toujours un peu douteux. Ne sont-ils pas les producteurs d'une idéologie qui, autrefois, empoisonnait les soldats-citoyens, et aujourd'hui tentent d'accréditer une version de l'histoire qui trahit une nouvelle fois les « vrais » sentiments des combattants ? On comprend aussi l'attrait du local contre le national, déclinaison du « bas » contre le « haut », qui alimente l'ère du soupçon : ainsi relativise-t-on le « silence » qui grèverait la mémoire du « Chemin des Dames », dépourvu de tout monument commémoratif, à l'encontre de Verdun et de son ossuaire bâti en 1932[32]. C'est d'ailleurs l'une des quêtes les plus vaines que l'on connaisse aujourd'hui que celle de trouver enfin le témoignage absolu : celui, sans doute, qui émanerait du soldat analphabète et sans culture, qui aurait ainsi échappé à toute espèce d'intoxication culturelle et qui ferait corps avec son expérience, sans même que la trace documentaire vienne polluer, par la mise en ordre de son récit, le compte rendu exact de son vécu. En attendant ce petit miracle archivistique, on privilégie les « gens simples » (qui d'ailleurs ne le sont pas toujours tant que cela) aux intellectuels trop lucides, trop savants, trop conscients, trop responsables enfin.

Où nous en revenons au tonnelier Barthas et au succès public que rencontra son témoignage. Nous y découvrons tous les ingrédients à la base des sensibilités dominantes décrites jusqu'ici. Égrenons-les l'un après l'autre tels qu'ils sont mis en évidence par l'éditeur lui-même, naturellement soucieux qu'il est de mettre en valeur l'intérêt de ce qu'il publie. Les *Carnets* de Louis Barthas ont été publiés sous l'égide militant de la Fédération audoise des œuvres laïques (FAOL). La FAOL s'est assignée une mission éditoriale visant à redonner vie à la « mémoire populaire » en lançant une collection, « La Mémoire de 14-18 en Languedoc », qui accueillit très normalement le livre du tonnelier qui ne manquait pas d'intérêt. Mais le succès public de ce témoignage repose sur de multiples propriétés qui l'éclairent, au-delà même de ce qui pouvait retenir l'historien de métier : sociales (puisqu'il s'agit de renouer avec le peuple contre les élites, le témoignage prend ainsi les valeurs de « l'authenticité »), politiques (Barthas est socialiste et l'un des meilleurs, puisqu'à l'encontre de l'écrasante majorité de ses camarades, il affiche un pacifisme très avancé), régionales enfin (« Et que Barthas soit de Peyriac-Minervois présente aussi un intérêt : son escouade, "l'escouade minervoise" parle et pense occitan[33] »).

Cette dernière dimension n'est pas à négliger, elle est peut-être même primordiale, surtout dans une France réputée aussi jacobine. La rivalité entre Paris et les provinces, compliquée de relations tumultueuses entre le Nord et le Sud, jouent beaucoup dans l'affaire des témoins, en général, et dans le cas Barthas, en particulier. Si Barthas est finalement peu représentatif, malgré tous les efforts déployés pour faire de son récit le témoignage par excellence, il a bien d'autres vertus : il incarne un vécu régional douloureux, affrontant durement l'arrogance des élites parisiennes. Les projections dans le passé sont curatives. Elles anthropologisent la domination parisienne et l'humiliation qui en découle. Dès le mois d'août 1914, l'affaire dite du 15e corps avait provoqué une vive émotion dans la France méridionale (encore que ce Midi-là ne fût pas celui de Barthas). Dans un article du *Matin* publié le 24 août, le sénateur de la Seine, Auguste Gervais, avait accusé une division du 15e corps « composé de contingents d'Antibes, de Toulon, de Marseille et d'Aix », « d'avoir lâché pied devant l'ennemi ». Le propos qui stigmatisait « les troubles de l'aimable Provence » blessa et donna naissance à une violente polémique[34]. Avec le même souci de redresser les mauvaises réputations établies par un Nord dominateur et une capitale pleine de morgue, Frédéric Rousseau évoque dans son étude consacrée à l'histoire du service militaire dans l'Hérault au XIXe siècle le patriotisme du « peuple héraultais » face à un rapport militaire suspicieux[35].

Le tonnelier Barthas, dont les *Carnets* furent un tel succès de librairie que Marcel Amont, chanteur à l'accent provençal, célèbre dans les années 1960 et 1970, composa une chanson en béarnais à la gloire du « caparau Bartàs », devint ainsi une référence. Barthas est le vengeur des humiliés, celui qui parle quand d'autres se taisent. Si l'on en croit son « inventeur », face à un tel témoignage, le silence s'impose : « Lorsqu'un texte parle de lui-même, il faut le laisser parler. » Pas peu fier de « son » Barthas, le préfacier de 1978, devenu postfacier triomphant de 1997, accumule les citations à la gloire des *Carnets* dont il fut le judicieux découvreur, jusqu'à cette parole cueillie à la bouche de l'ancien président de la République, François Mitterrand, lors d'une visite à Carcassonne : « Ah, les *Carnets* de Louis Barthas ! Ce livre a une haute valeur historique, et aussi c'est une véritable œuvre littéraire[36]. »

Dès lors, on comprendra que dans le cas de Barthas, il est bien délicat de démêler la part émotionnelle émanant d'un témoignage qu'on décréta, non sans quelque raison d'ailleurs, *émouvant* (mais il y en a bien d'autres de cette encre), et l'intérêt scientifique du document. Sous l'emprise de cette ambiguïté constitutive de la relation qu'il entretient avec Barthas, Rémy Cazals présenta un colloque international organisé à Carcassonne en avril 1996 comme une « manifestation scientifique qui voulait être un autre hommage encore à l'œuvre du tonnelier audois[37] ». Lors de cette rencontre, l'historien Pierre Barral explora les « cahiers de Louis Barthas » dans des termes analogues, soulignant dans le même mouvement l'enracinement local et la valeur scientifique : « Ce texte mérite évidemment notre attention aujourd'hui par ses attaches régionales. Cependant sa qualité et son originalité, qui ont aussitôt frappé tous les lecteurs, le placent au niveau des récits reconnus les plus sûrs et lui donnent donc une valeur générale de premier ordre[38]. » Pour conclure, au terme d'une étude brossant un portrait attachant du tonnelier socialiste : « Humaniste avant tout, il incarne bien la gauche républicaine et le socialisme démocratique qui caractérisent le Midi du début du siècle[39]. » Barthas ? Un homme, enfin, dans lequel on peut bien se reconnaître, et une figure qui dégage la nostalgie d'un temps où les identités semblent n'être pas encore brouillées.

La publication des *Carnets* de Barthas ouvrit une nouvelle vague d'éditions et d'études de témoignages sur la Grande Guerre. On y recherche une vérité oubliée du conflit mondial qui passe par la restitution d'une expérience ineffable grâce à la sollicitation empathique des émotions : « Seul le témoignage est capable de faire partager les émotions et les frayeurs des hommes piégés au fond d'un abri peu sûr, impuissants sous le déluge assourdissant et mortel de feu et de métal[40]. » Pour comprendre la guerre, il faut souffrir avec les soldats (compatir), partager leur vie douloureuse, tenir une ligne réaliste où le discours historique reprend chair et s'anime de sentiments et de sensations contre une « histoire officielle » désincarnée, grosse consommatrice de concepts et d'abstraction qui éloignent d'un vécu hypostasié. Il n'est que de comparer la muséographie réaliste de l'Imperial War Museum de Londres qui plonge le visiteur dans l'odeur et le bruit reconstitués des tranchées et la scénographie intellectualisée et réflexive de l'Historial de la Grande Guerre de Péronne qui en prend l'exact contre-pied pour saisir une dimension importante de la controverse qui oppose aujourd'hui quelques historiens entre eux.

À l'encontre des attendus anti-élitistes et régionalistes qui précèdent, l'historien Frédéric Rousseau fait un usage beaucoup plus traditionnel du témoignage dans un livre qui fut aussi reçu sur le mode de la « révélation » : celle du caractère épouvantable de l'expérience des tranchées. À l'inverse du maître de la critique du témoignage que devint bientôt Jean Norton Cru, Rousseau convoque les témoins de façon indistincte, ne les situant pas. On ne sait rien d'eux, ni pour ce qui relève de leur inscription dans le monde social, ni pour ce qui concerne leur expérience de combattant. L'année de publication des écrits sur lesquels s'appuie Rousseau pour évoquer ce que fut l'expérience de la Grande Guerre n'est pas non plus prise en considération. À vrai dire, ces informations sont sans importance puisqu'il s'agit d'abord d'émouvoir. Et pour ce faire, le mieux est d'en appeler aux meilleurs des écrivains composant le panthéon classique du témoignage : Roland Dorgelès, Blaise Cendrars, Alain-Fournier, Maurice Genevoix, Ernst Jünger, John Dos Passos, Ernest Hemingway, Henri Barbusse, Pierre Drieu La Rochelle, etc. À travers ces cas, et quelques autres moins illustres ou moins doués, comme le tonnelier Barthas dont l'auteur doute d'ailleurs qu'il soit « représentatif[41] », Frédéric Rousseau prétend enquêter sur « la psychologie de l'homme en guerre[42] » en espérant approcher des « états d'âme personnels[43] » et des observations généralisables à d'autres exemples. Épinglant Norton Cru auquel il reproche son excessive sévérité qui le conduisit à éliminer de son corpus toutes les œuvres de fiction et de poésie, l'historien soutient au contraire que « la littérature et la poésie sont pourtant nécessaires pour traduire certains sentiments, certaines émotions[44] ».

Comment ne pas aller là contre ? Le problème soulevé par de telles approches réside moins dans les affichages méthodologiques sur lesquels il serait presque possible de se mettre d'accord (la restitution d'outillages mentaux et de régimes émotionnels appartient à un programme historiographique dont on ne peut pas contester le bien-fondé), que dans la mise en œuvre empirique. Si la psychologie historique voire l'histoire des mentalités se sont abîmées après avoir beaucoup séduit, c'est précisément parce qu'elles n'ont pas tenu leurs promesses dans les mises en œuvre auxquelles elles appelaient. Elles se sont affadies, le plus souvent, dans des études qui s'apparentaient à de la mauvaise critique littéraire trop hâtivement étiquetée « analyse des mentalités d'une époque ». Actionnant un psychologisme grossier, récoltant des succès faciles par des évocations qui stimulaient l'indignation ou la curiosité parfois malsaine du lecteur face à des pensées ou des sentiments si barbares, cette psychologie historique ne sut ni découvrir de nouveaux gisements documentaires ni même mettre au jour de nouvelles perspectives. Elle se perdit dans les sables de la platitude, s'enlisa dans l'équivocité et paressa dans la vulgarité voyeuse sous prétexte de quête d'authenticité. Il n'est pas douteux qu'il y ait quelque chose de morbide et de complaisant dans certains usages faits du témoignage d'acteurs qui, eux-mêmes d'ailleurs, surent parfaitement jouer et abuser de leur statut de témoins.

Cette fascination macabre qui semble venir aujourd'hui épicer une historiographie institutionnelle trop respectueuse est aussi bel et bien présente dans le sinistre décompte de la disparition prévue de tout témoin direct de la Grande Guerre. Sinistre décompte : « 35 000 à la fin des années 1980, 4 000 en 1995, 36 en 2003, 15 en novembre 2004, 6 aujourd'hui[45] »... La disparition du dernier poilu, Lazare Ponticelli, fut annoncée presque avec impatience. La peau de chagrin du témoignage direct est à la mesure inverse de l'inflation mémorielle. Chaque décès rapprochait d'un temps de l'histoire où la « preuve » ne résiderait plus que dans les recueils de témoignages, les lettres des poilus et quelques ouvrages « faisant autorité ».

On s'y prépara activement. Quel retour en grâce cependant pour les derniers combattants vivants de la Grande Guerre, alors même que ceux-ci se souvenaient peut-être encore d'un temps où leur sort passé ne leur valait au mieux qu'indifférence lassée, au pire mépris agressif ! C'est à regret, et avec une pointe d'inquiétude qu'on les vit s'évanouir un à un, non pas désemparé par le sentiment de ne pas leur avoir suffisamment témoigné de reconnaissance, mais préoccupé par la perte définitive d'un patrimoine d'émotions, « émus par cette seconde fin de la guerre » que nous étions à la disparition des derniers témoins vivants, comme le note Alice Ferney, romancière inspirée par le premier conflit mondial[46]. Le regain d'intérêt manifesté dans l'espace public pour la Grande Guerre tiendrait-il aussi à cette extinction qui concerne tout à la fois l'histoire de chacun et celle de tous ? Les très nombreux sites consacrés à la Première Guerre mondiale et où s'échangent beaucoup d'informations réclamées par des personnes hantées par une mémoire familiale plaident en faveur de cette explication. Confrontés à ces demandes chargées d'affects, les historiens y perdent leur autonomie et s'alignent parfois sur une pratique de l'histoire qu'on peut respecter tout en ne l'assimilant pas à la recherche scientifique[47].

Les derniers témoins, interrogés par des journalistes toujours pressés de recueillir la parole des rares survivants d'une catastrophe, sollicités pour dire leur horreur de la guerre – pour être entendus, ils doivent articuler la langue de leurs contemporains –, répondaient toujours par l'une de ces anecdotes stéréotypées, mais si émouvantes de vérité : un blessé qui hurle au milieu du no man's land, l'esquisse d'une fraternisation, la peur des officiers d'état-major venus inspecter le front, « l'horreur, les poux, les rats, les trous pleins d'eau dans lesquels on dormait, les chairs broyées[48] ». Ils remplissaient ainsi à la perfection un rôle que leur assignait la société dont ils prennaient en charge, sans trop s'en apercevoir, les inquiétudes et la mauvaise conscience.

Ces derniers témoins souffrants appellent la compassion : « Il y a maintenant plus de prestige pour la victime que pour le héros, pour le patient que pour l'agent », conclut laconiquement Jean-Michel Chaumont qui souligne dans son si important ouvrage le retournement de légitimité accompli lors du procès Barbie en faveur des déportés « innocents », c'est-à-dire raciaux, au détriment des déportés résistants[49]. Notre âge compassionnel, contrepartie mécanique d'une société si peu solidaire couvrant son égoïsme du masque d'une souffrance partagée, y a trouvé de quoi investir ses passions et de compenser son manque de générosité. L'histoire de la Grande Guerre déborde ainsi d'une émotion plus ou moins maîtrisée, plus ou moins heuristique, plus ou moins affichée. L'épisode historique longtemps écarté a pu ainsi retrouver quelque souffle de vie et une remarquable résonance dans notre temps. La cause des poilus disparus est aussi devenue le réceptacle de l'expression de militants désemparés par l'absence de tout engagement politique répondant à leur exigence. Un groupement de chercheurs spécialisés dans l'histoire de la Grande Guerre, soucieux de prendre en compte les mémoires locales, a délibérément adopté le nom de « Collectif » (le CRID), vocable qui évoque davantage le mouvement social que la démarche scientifique. Ses pratiques ne sont pas sans évoquer la nouvelle militance médiatico-numérique, associant une efficace présence internet à une occupation de l'espace médiatique, elle-même relayée sur le site de l'association. La guerre de 14 renaît ainsi non comme le substitut d'une sensibilité nationale déchue, mais comme le lieu même d'engagements personnels évanouis. Elle est l'un de ces moments historiques épatants où la mémoire individuelle rencontre la mémoire collective, où les drames personnels prennent une épaisseur nationale, où la vie de chacun semble avoir été soudain utile à tous.

Chapitre II

LA GUERRE EN SES CULTURES

Le fort développement des études historiques consacrées à la Première Guerre mondiale dans les vingt dernières années s'est inscrit dans le périmètre de l'histoire culturelle. Le projet qui a porté l'Historial de la Grande Guerre s'est ainsi associé à cette tradition historiographique[1]. Mais quelle histoire culturelle ? L'histoire culturelle souffre en France d'une indéfinition qui en fait depuis quelques années un pôle très attractif, parfois au prix d'une inconsistance épistémologique qui en mine les fondements. On y rencontre des strates aussi diverses que l'histoire des productions et des institutions culturelles, l'histoire des idées, l'histoire intellectuelle comme celle des intellectuels, l'histoire des représentations, l'histoire de l'art, des sciences, voire certains segments de l'histoire politique[2]. On pourrait dire, avec quelque sévérité, que l'histoire culturelle a parfois pu jouer comme un facteur émollient : elle a souvent eu pour résultat d'abaisser les seuils d'exigence historiographique au nom d'une « lecture culturelle » des sociétés, présentant des interprétations généralisantes et mal fondées, sans déplacer les questions classiques ni même toujours inventer de nouveaux territoires. Plus embarrassant encore, la notion de culture y reste mal cernée, alors même que celle-ci se trouve aujourd'hui en butte à de multiples décrets qui en contestent la pertinence heuristique. L'histoire culturelle de la Grande Guerre a cependant peut-être échappé à ce travers comme y ont aussi échappé l'histoire des sciences ou celle de la lecture qui ont su mobiliser tout à la fois des programmes nouveaux d'enquêtes (traitant des sujets négligés jusque-là) et surtout forger leurs propres outillages conceptuels avec une certaine efficacité[3].

Rejeux de l'histoire culturelle

Il convient d'abord de rappeler qu'en France l'histoire culturelle n'est pas entièrement nouvelle ! Que l'enseignement de l'histoire politique ait largement écrasé les autres secteurs de l'activité humaine depuis que l'enseignement de l'histoire fut mis en place sur une grande échelle sous la IIIe République ne doit pas occulter la permanence d'une histoire culturelle prise en charge par les historiens eux-mêmes ou par d'autres disciplines, même si ces dernières avaient l'inconvénient d'autonomiser outrageusement des domaines particuliers de la vie de l'esprit : histoire de l'art, histoire littéraire, histoire des religions, épistémologie, histoire de la philosophie et des sciences, etc. Ces phénomènes culturels sont d'ailleurs pris en compte aussi par les représentations les plus courantes de l'histoire. Loin de renverser l'histoire politique ou diplomatique pour y installer à la place l'histoire économique et sociale, l'entreprise première des *Annales* a surtout visé à faire dialoguer toutes ces histoires ensemble, voire parfois à mettre l'accent sur ce que nous considérerions aujourd'hui comme de la pure histoire culturelle : surtout chez Lucien Febvre (il n'est que de citer ses études classiques sur Rabelais, Luther ou Marguerite de

Navarre) mais aussi chez Marc Bloch (*Les Rois thaumaturges*) ou d'autres collaborateurs des *Annales*, par exemple Henri Pirenne. Cette tradition, frappée par l'essor de l'histoire économique et sociale de type labroussien des années 1950 et 1960, resurgit, d'ailleurs souvent chez des élèves de Labrousse, dès la fin des années 1960 : Maurice Agulhon, qui dans son « ego-histoire » avoue sa prise de distance à l'égard de Labrousse en affirmant avoir préféré s'intéresser aux phénomènes culturels de politisation[4], Madeleine Rebérioux, Michelle Perrot et même Alain Corbin qui prépara sa thèse sous la direction de Bertrand Gille mais avec l'aval de Labrousse. À quoi peut s'agréger, plus tard, tout le courant d'histoire des mentalités : Philippe Ariès, Jean-Louis Flandrin, Michel Vovelle, et tant d'autres, auxquels il faudrait ajouter toute l'anthropologie historique du monde médiéval. À côté, parallèlement, sous la férule de Pierre Nora, s'élaborait la grande histoire culturelle de la France contemporaine que constitue *Les Lieux de mémoire*. Tous entreprennent de comprendre les systèmes symboliques qui gouvernèrent l'action des hommes aux périodes considérées.

Il n'est pas certain que l'ampleur prise par l'histoire culturelle dans les dernières années ait donc réellement correspondu à un renouvellement historiographique comme ce fut le cas, il y a plus ou moins longtemps, aux États-Unis (*new cultural history*) ou en Allemagne (*Kulturgeschichte*). Sans doute les situations se présentent-elles différemment selon les périodes étudiées. L'époque moderne est particulièrement favorisée par la densité des problématiques comme l'attestent les travaux de Roger Chartier, Denis Crouzet, Jacques Revel, Daniel Roche, et bien d'autres. Il n'en va peut-être pas tout à fait de même pour l'époque contemporaine, dominée qu'elle est par les reconversions problématiques de l'histoire politique traditionnelle en direction de l'histoire culturelle.

La diversité de ces approches, françaises et étrangères, tant du point de vue des terrains investis que des méthodes et des cultures mobilisées, interdit d'évoquer un agenda historiographique unique. Pour tout dire, ces travaux s'apparentaient tout autant à l'histoire sociale et politique qu'à l'histoire culturelle dans la mesure où ils conféraient son double sens à « culture » : sens restreint des productions et des producteurs culturels ; sens élargi, *anthropologique*, renvoyant à l'étude des modes d'existence, des comportements humains, des conventions et des systèmes de codes ou de normes qui les encadrent et les conditionnent. Cette ambiguïté semble avoir permis une floraison de travaux de qualité. Elle a peut-être aussi été une faiblesse. L'invocation de l'anthropologie historique par l'histoire culturelle ne dissipe pas toujours les malentendus ni les approximations. Dans le *Dictionnaire des sciences historiques*, André Burguière, soulignant le flottement terminologique et cognitif qui entoure l'anthropologie historique, s'interrogeait naguère sur le fait de savoir si les historiens français ne cherchaient pas « à unir son acception française et son sens anglo-saxon : prendre en compte ce qui subit intégralement le poids et les choix du système culturel (le champ de l'ethnologie) mais aussi les comportements physiques qui sont partiellement déterminés par des mécanismes biologiques ou écologiques[5] ». Cette interrogation conserve toute sa pertinence appliquée à l'histoire de la Grande Guerre. Il conviendrait de tenter d'y répondre avec moins de légèreté qu'on ne le fait souvent.

Il y a incontestablement *anthropologie historique appliquée* lorsque les historiens versent dans l'étude interprétative des mœurs et des comportements des soldats, tendant à dégager une ligne unique (ou presque unique) de conduite. On peut par exemple mettre en évidence une nouvelle économie sensorielle propre aux combattants dans laquelle l'ouïe finit par l'emporter sur la vue. Ce sont alors les permanences, de style anthropologique, seules à même d'éclairer la durée de la guerre, qui sont cataloguées et examinées. Toutes les déclinaisons de l'anthropologie historique, telles que les décrivait Burguière en 1986, peuvent trouver dans le cas de l'histoire culturelle de la Grande Guerre leur terrain d'application.

L'anthropologie matérielle (qui ouvre sur l'étude des objets) et biologique permet d'approcher des questions décisives de la vie du soldat : alimentation, relation à l'armement, procédures d'adaptation à une vie inédite, etc. L'anthropologie sociale, dont le propos est de dessiner les cartes de la parenté et d'analyser les pratiques relationnelles, rencontre aussi les préoccupations des historiens de la guerre sensibles à l'organisation des groupes au plus intime du monde militaire, au-delà même des découpages institutionnels. Les travaux sur les « groupes primaires », groupes de soldats unis par une détermination à toute épreuve, en sont une des illustrations possibles. Encore pourrait-on élargir le spectre de ces nouveaux territoires à l'analyse des amitiés, des rivalités et des hostilités par le suivi des itinéraires et l'étude des relations épistolaires. Mais c'est sans doute l'anthropologie culturelle et politique qui connaît aujourd'hui les plus amples développements. Les travaux d'Annette Becker[6] sur les croyances religieuses ne sont qu'un des pans d'une enquête qui porte plus généralement sur des milieux que les conditions de vie saturent de croyances en tout genre, dans un arc complexe allant de la religion à la superstition, à l'origine de tous les syncrétismes culturels qu'une situation paroxystique encourage presque naturellement.

Cette alliance apparemment harmonieuse entre histoire et anthropologie ne va pas cependant toujours de soi. Quelques problèmes peuvent être évoqués à son sujet. L'analyse des aspects les plus fondamentaux de l'expérience de guerre ne conduit-elle pas à en éliminer la part d'historicité ? Nous retrouvons ici peut-être l'idée qui ferait de l'expérience de la guerre une expérience unique. Ainsi risque-t-on de voir émerger les mêmes problématiques pour des conflits de nature et d'époque très différentes. Parler de la violence ou de la souffrance de guerre, sans plus d'attention, c'est risquer d'essentialiser des expériences singulières. Il faut donc présupposer des seuils variables de tolérance à la souffrance comme des modes d'expression très différents. Il existe des histoires individuelles aux seuils de sensibilité comme il en existe d'historiques. On ne souffre pas des mêmes choses ou pour le moins avec la même intensité. C'est particulièrement vrai des souffrances psychologiques, mais le fait est aussi avéré pour les souffrances physiques (on sait d'ailleurs que les frontières entre les deux types de souffrance sont particulièrement poreuses). On ne souffre sans doute pas non plus de la même façon sur le front et à l'arrière : ainsi cette remarque de Léon Werth soulignant que les soldats s'habituent à la vue des pires blessures sur le front mais supportent mal, au cours des permissions, la vue des mutilations, alors même que les populations civiles manifestent un régime de sensibilité parfaitement inverse sur ce point[7].

Il ne s'agit pas ici de réveiller la vieille querelle, dont le foyer fut fréquemment attisé par Claude Lévi-Strauss et quelques autres, entre l'histoire, accusée de superficialité, et l'anthropologie, seule réputée à même d'aborder l'analyse des fondamentaux propres aux sociétés humaines. L'histoire a su vampiriser à son profit d'autres sciences sociales et pour son plus grand profit. Elle doit pourtant rester ferme sur son principal présupposé : le primat du mouvement, même minuscule, sur la stabilité, et l'hostilité à toute position fixiste qui tend à faire l'économie de la prise en compte des circonstances. Il en va donc de même pour l'expérience de guerre : violence et souffrance sont des notions volatiles dont il faut reconstituer les composants et les seuils. Toutes les violences ne se valent pas. Toutes les souffrances non plus. Elles ne prennent sens que dans un vécu précisément reconstitué. Sauf à faire de l'histoire une morale.

La « culture de guerre » en procès

Il faut prendre acte de l'ambivalence qui pèse sur la notion de « culture » et lui fait encourir le risque d'être ravalée au rang de ces expressions magiques n'expliquant plus rien à force d'avoir tout expliqué. Le recours à la « culture de guerre » relève parfois de l'ordre de ces raisonnements culturalistes qui prétendent éclairer le comportement des hommes par leurs traditions ou leur culture sans s'arrêter sur l'histoire de la construction ou de l'invention de celles-ci. À quoi s'ajoute une deuxième limite inhérente à toute démarche culturaliste : sa négligence des situations. Une culture, quelle qu'elle soit, ne s'exprime qu'insérée dans un environnement qui lui donne consistance. Une troisième objection, à vrai dire de moindre portée, souligne la pluralité des composants de la « culture de guerre » et plaide pour la mise au pluriel du terme. Ce qui, convenons-en, ne constitue pas une alternative théorique de haute densité[8].

Cela étant dit, le passage des historiens par la notion de « culture de guerre » a permis de débloquer toute l'historiographie de la Grande Guerre largement écrasée qu'elle était par l'histoire politique et diplomatique mais aussi par la grande tradition de l'histoire militaire[9]. Définie par Stéphane Audoin-Rouzeau et Annette Becker comme « le champ de toutes les représentations de la guerre forgées par les contemporains[10] », elle a contribué à libérer les historiens de l'héritage historique et historiographique de l'après-guerre qui avait largement commandé les études sur la Grande Guerre sur la base d'un refus : les soldats auraient été soumis à la guerre comme agents non consentants plus qu'ils ne se seraient pliés à elle. Ces interprétations ont obscurci la possibilité même de la guerre et les raisons de sa durée. Comme on l'a remarqué, elles n'ont eu de cesse de présenter les combattants comme des victimes passives de leur destin. Nous reviendrons sur ce débat un peu plus loin. La mise en évidence de la spécificité d'une « culture de guerre », autrement dit d'un système de représentations largement né des conditions nouvelles imposées par le conflit (y compris dans leur diversité), a débouché sur une restitution plus exacte des actions et de leurs significations. Elle a conduit à redessiner avec davantage de justesse les contours d'une expérience. La notion de « culture de guerre » a enfin débarrassé les historiens d'une empathie compréhensible mais intellectuellement paralysante.

Cette approche a aussi permis de dégager les mécanismes psycho-sociaux qui se sont développés durant le conflit. De ce point de vue d'ailleurs, les hostilités offrent un gigantesque terrain d'observation que l'expérience des guerres précédentes n'avait laissé qu'entrevoir. Dans un fameux article de 1921, Marc Bloch en analyse un cas avec les « fausses nouvelles de guerre » qui ne purent se développer, souligne-t-il, que grâce à l'existence de certaines conditions ayant favorisé leur développement. Nous tenons avec cet exemple l'un des phénomènes clés de la culture de guerre, même si rumeurs et fausses nouvelles ne sont pas nées avec le conflit. Celui-ci leur attribua en revanche une ampleur nouvelle, parfois aussi une inédite signification[11]. S'opèrent ainsi des déplacements et des renversements de sens. Les inventions sont plus exceptionnelles. La culture de guerre pourrait finalement se définir avantageusement comme le résultat d'une *distillation* de valeurs, de représentations, de pratiques et de comportements antérieurs.

On sait toute l'importance qu'il y a, pour chaque séquence historique particulière, à rétablir les systèmes de représentations qui y sont liés (même si ces systèmes sont pluriels et peuvent être en rivalité les uns avec les autres selon les groupes sociaux considérés). La culture de guerre s'appuie donc assez normalement sur un univers de représentations propre qui passe par l'élaboration d'un nouveau répertoire d'images, voire d'un langage tout à fait original, comme le montrent les nombreux lexiques et dictionnaires auxquels donna lieu la naissance d'une « langue du feu[12] ». Celle-ci se caractérise moins par l'émergence de termes vraiment inouïs (hormis les antonymes « poilu » et « Boche ») que par tout un travail d'appropriations : des mots étrangers, notamment sur le front oriental, ou des expressions jusqu'alors réservées à certaines classes sociales et qui soudain pénétrèrent le langage courant. Pour ce qui relève des « images », soit les représentations au sens strict (la façon dont on se représente quelqu'un ou quelque chose), là encore, la dynamique de la guerre et son déroulement leur ont fait subir d'intéressantes transformations : John Horne, par exemple, a montré comment la notion de « sacrifice » fut soumise, selon les besoins de la mobilisation, à des changements de signification en fonction de la période et des acteurs considérés, allant du « sacrifice de soi », attaché à une dimension sacrificielle plutôt positive et en accord avec le regain des sensibilités religieuses, au

« sacrifice des autres », c'est-à-dire ni plus ni moins qu'à leur massacre, donnant dès lors à la guerre un tout autre sens, celui-là négatif, assimilant l'ensemble des hostilités à une « boucherie[13] ». On pourra mener des enquêtes de même type pour d'autres notions comme celle d'ennemi[14] et d'ami et, naturellement, pour tout ce qui relève de la représentation littéraire et imagée de l'Allemand[15], afin de mettre en évidence une grammaire, un répertoire et tout un système d'équivalences ou de contraires qui peuvent finir par nous donner accès à des « pensables » ou si l'on préfère à des « outillages mentaux ». On dégagera alors ce qu'il est possible ou non de penser à un moment donné, quels sont les cadres de la représentation, ce qui est acceptable ou non, représentable ou non.

UN CHANTIER HISTORIOGRAPHIQUE : MOBILISATIONS ET DÉMOBILISATIONS CULTURELLES

La guerre a enfin cessé – il faut le rappeler – de se présenter comme un bloc chronologique unique : elle se fragmente en différents moments dont l'analyse permet de révéler de multiples facettes, parfois contradictoires, d'une culture de guerre unique. On a donc tout intérêt à suivre John Horne dans les perspectives ouvertes par l'enrichissement théorique des concepts de « mobilisation » et de « démobilisation » culturelles[16] qui remplacent plus qu'utilement les notions sommaires de « bourrage de crânes » ou de « pacifisme » qu'elles tentent entre autres de dépasser. Elles redonnent aux acteurs une marge d'autonomie négociée avec le cadre historique qui les contraint. Se « mobiliser » n'est pas seulement subir un ordre ou être la victime d'une propagande d'État, c'est aussi agir. Se « démobiliser », c'est sortir d'un état de guerre au moyen de multiples médiations. Comment les sociétés européennes sont-elles entrées en guerre ? Comment en sont-elles sorties ?

Ce programme de recherches vise à analyser les procédures complexes qui ont gouverné ces deux processus. Ce sont toutes les gammes de la mobilisation qu'il convient dès lors d'envisager[17]. Les deux premières années furent dominées par des stratégies de persuasion mises en place par les États. En Allemagne, plus qu'en France peut-être, les intellectuels, savants et universitaires, furent mobilisés au service d'une nation porteuse d'idéaux menacés par l'ennemi. Cette intervention immédiate fut facilitée par la diffusion du sentiment de la fatalité de la guerre chez les intellectuels allemands, une dizaine d'années même avant que la guerre éclate. Une certaine jubilation se fit sentir chez bien des artistes ou des écrivains au moment de la déclaration de guerre, même chez ceux qui s'opposèrent ultérieurement au conflit. Dans les premiers mois, de Georg Simmel à Otto Dix, en passant par Max Beckmann, Rilke, Hoffmannstal ou Hauptmann, qui se lança dans une campagne anti-anglaise des plus fiévreuses, la guerre constitua une façon de régénérer la culture allemande et de combler l'abîme qui se creusait, avant guerre, entre l'intelligentsia allemande et le reste de la société. Les universitaires, les plus liés à l'État, furent aussi les plus ardents[18].

C'est à l'automne 1916 qu'apparurent les premières réserves et les premiers regrets. Pour cette raison, en France, et dans une moindre mesure en Italie, l'école publique vit son rôle de puissant agent de mobilisation nationale encore renforcé. Il y avait déjà beau temps que l'école contribuait à mobiliser les enfants en faveur de la nation, y compris dans le cadre d'une préparation militaire. Des circulaires du ministre Sarraut, la multiplication de « journées patriotiques », l'organisation des commémorations firent de la guerre le cœur de l'enseignement. En dépit de leur réputation, ce ne fut qu'une toute petite minorité d'instituteurs, notamment ceux rassemblés autour de la revue *L'école de la fédération*, qui campa sur des positions pacifistes. Les enfants, quant à eux, contribuèrent à faire de la guerre un moyen qui accéléra leur émancipation. L'école ne fut d'ailleurs pas la seule instance de la société civile à participer à la mobilisation culturelle. Les sections socialistes et les organisations syndicales purent jouer un rôle analogue. La guerre durant, les États furent alors enjoints de diversifier leurs interventions et parfois de recourir à des systèmes plus coercitifs.

Deux types de mobilisation opposent d'un côté la Grande-Bretagne, la France, l'Allemagne et de l'autre, la Russie, l'Italie, l'Autriche-Hongrie. Les premières nations encouragèrent davantage des systèmes de mobilisation fondés sur l'autocontrainte et l'autopersuasion, quand les secondes, victimes d'une intégration nationale moins accomplie que les premières, durent miser davantage sur des systèmes de coercition. La mobilisation des minorités à l'intérieur des espaces nationaux est un aspect particulier de la question.

En Allemagne, l'État prit quelques mesures afin de limiter le développement de l'antisémitisme : la censure s'abattit sur des journaux ou des livres antisémites, l'interdiction faite aux Juifs depuis 1885 de devenir officiers fut levée et plusieurs banquiers Juifs (parmi lesquels Walter Rathenau) purent jouer tout leur rôle dans l'économie de guerre. Il n'empêche. À l'automne 1916, de groupe relativement protégé, les juifs regagnèrent leur antique statut d'ennemi de l'intérieur. La guerre ne fut donc pas un moment propice dans l'histoire de leur intégration à la communauté nationale allemande, et ils restèrent un groupe à part.

Un processus semblable commande l'histoire des rapports entre l'État allemand et la minorité d'Alsace-Lorraine durant la guerre. D'abord enrôlés avec succès (trois cent quatre-vingt mille hommes), alors même que des foyers d'hostilité à l'Allemagne s'étaient développés depuis quelques années, les soldats des régions annexées furent vite en butte à la méfiance. Les engagements volontaires furent d'ailleurs extrêmement peu nombreux, les désertions probablement fréquentes (mais les statistiques allemandes sur le sujet sont bien difficiles à utiliser car elles confondent le statut de prisonnier et celui de déserteur) et l'envoi sur le front russe des troupes alsaciennes coupèrent l'Alsace-Lorraine de toute espèce de sentiment de solidarité avec l'Allemagne en guerre contre les Alliés.

La lassitude éprouvée face à une guerre qui ne parvenait pas à finir conduisit les gouvernements à se lancer dans des opérations de remobilisation. En France, l'État prit directement en main l'effort de propagande à partir de 1917 après l'avoir abandonné à la presse ou à l'Église. Fondée à la fin de 1916 sous l'égide de la Ligue de l'enseignement, l'Union des grandes associations contre la propagande ennemie, présidée par les universitaires Émile Deschanel et Ernest Lavisse, fut ainsi mise au service de l'État. Elle eut recours aux moyens de la propagande les plus modernes.

La Grande-Bretagne eut son équivalent avec le National War Aims Committee. Ni l'Allemagne ni l'Italie ne parvinrent aux mêmes résultats. La révolution allemande de 1918-1919 peut se comprendre comme le signe même de l'échec de la mobilisation durant la Première Guerre mondiale dont l'une des explications réside dans le décalage existant entre la réalité de la situation sociale allemande et les conceptions autoritaires de la mobilisation des élites. Le cas italien s'explique autrement. On sait qu'une partie importante de la société italienne est demeurée résolument opposée à l'intervention dans le conflit. Cette opposition s'est trouvée renforcée par un rapport relâché à l'État en raison même de l'inachèvement de celui-ci et du maintien d'une forte tradition de méfiance à son égard.

L'un des apports peut-être les plus sensibles de cette approche culturelle de la guerre est qu'elle introduit de la dynamique là où les historiens n'avaient envisagé que des états quasi stables. Elle admet aussi les contradictions, les ambiguïtés, les limites. Elle accorde toute sa place aux transactions.

NOUVELLES PISTES

Il existe un autre volet de l'histoire culturelle de la guerre qu'il convient d'évoquer et que l'on peut placer sous la rubrique de la mémoire. Un important livre de l'historien américain Daniel Sherman[19] illustre ce courant qui se distingue d'ailleurs sensiblement de l'approche adoptée par Pierre Nora dans *Les Lieux de mémoire*. Sherman souhaite en effet éviter de réduire la « mémoire » à l'état d'un simulacre et cherche en conséquence à traiter tout à la fois de sa dimension individuelle et collective. Sa démarche est constructiviste : il ne considère pas la mémoire comme un donné dont on analyse les significations mais comme un procès social. Sherman insiste tout autant sur les conflits, sur ce qui divise les mémoires, que sur ce qui les fédère. C'est tout le sens de son analyse des pratiques commémoratives, moment clé de la construction de la mémoire de la Grande Guerre. Mettant en avant la notion de « *cultural work* », il montre comment les mémoires procèdent à des tris au travers de l'analyse des récits de guerre (ou de leur sélection-validation par les bibliographes à l'image de celle mise en œuvre par Jean Norton Cru), la visite des champs de bataille ou tout le patrimoine d'images.

L'ensemble de ces approches indique l'ampleur de l'agenda historiographique qui est bien loin de s'en tenir à l'histoire de la « culture » au sein des sociétés en guerre, au même titre que l'on pourrait le faire pour la religion, la politique, le social, etc. Cette histoire culturelle de la Grande Guerre est beaucoup plus englobante. Elle intègre tous ces secteurs. L'analyse historique de la culture de guerre durant les hostilités de 14-18 n'est pas réductible à une histoire des cultures en guerre même s'il est parfaitement licite de conduire – risquons la formule – une histoire culturelle de la « culture » ou des éléments qui la composent.

C'est en débordant ce type d'approche que l'histoire culturelle remplit cependant le mieux son objectif et apporte les résultats les plus intéressants. L'histoire militaire peut aussi en tirer profit en échappant aux pratiques internalistes qui la dominent lorsqu'elle se fige dans une histoire des techniques réservée à ses techniciens (armes, mouvements de troupes, théories tactiques ou stratégiques, etc.). Or, bien d'autres questions peuvent se greffer sur cette histoire à même de dépasser l'étude technicienne du matériel ou des stratégies. On voit aujourd'hui se dessiner des intérêts pour la formation intellectuelle et professionnelle des militaires, leurs systèmes de représentations et de références ou leurs pratiques relationnelles. La nouvelle histoire des techniques, partant de l'étude d'un objet pour en saisir tous les effets, culturels, sociaux et économiques, prend tout son sens du point de vue d'une histoire culturelle du fait militaire[20]. Il n'est que d'aborder l'histoire des inventions pendant la Grande Guerre pour apprécier tout ce que celle-ci révèle sur l'ordre militaire, ses relations au monde civil, ses compétences propres et son imaginaire, en même temps que sur le niveau de diffusion des savoirs, les fantasmes et la mobilisation de toute une catégorie de la population[21].

Ce modèle d'analyse vaut aussi pour l'étude de l'arrière qui se trouve ainsi réintégré assez normalement à l'histoire de la guerre sans plus constituer cet autre absolu qui ne relevait de l'histoire du conflit que dans la mesure où il fournissait des forces au front. La notion de « culture de guerre » a mis en évidence la contiguïté entre front et arrière[22]. L'histoire culturelle de l'arrière n'est pas seulement celle de la dissipation, du divertissement, et, par voie de conséquence, de la trahison morale. Elle est aussi celle d'une autre forme de participation à la guerre, parfois aussi douloureuse, comme l'illustrent les récents travaux sur le deuil[23].

La mise en œuvre d'une telle anthropologie culturelle pose les habituels problèmes du caractère applicable ou non des résultats issus des autres sciences sociales. On a déjà discuté la question d'un parti pris anthropologique dur qui établit une fois pour toutes des seuils de souffrance ou des blessures psychologiques à partir de savoirs constitués en d'autres périodes et en d'autres circonstances. Peut-on d'ailleurs comparer des expériences de guerre entre elles et tirer des enseignements des uns pour comprendre les autres ? Les recours à la psychologie, voire à la psychanalyse présupposent le caractère universel de leurs résultats, ce qui ne va pas sans l'établissement préalable de quelques attendus ouvrant sur des questions tout à fait fondamentales, ni sans des coopérations disciplinaires aussi périlleuses que nécessaires. Ces ouvertures imposent aussi une recherche de « sources intimes » (correspondances, journaux, carnets, mémoires, etc.) dont l'histoire culturelle de la Grande Guerre fait désormais une grosse consommation.

L'un des plus grands dangers encourus par un mouvement de renouvellement intellectuel est de s'enliser dans la répétition, d'institutionnaliser la nouveauté et d'en faire comme une espèce de spécialité professionnelle au risque de transformer celle-ci en dogme, bref, de sombrer dans l'aveuglement de toutes les orthodoxies et de toutes les routines qu'on a précisément voulu combattre. La nouvelle historiographie de la Grande Guerre a acquis des résultats décisifs en renversant des certitudes, en révélant toute une nouvelle documentation, en proposant de nouvelles perspectives. Il lui reste encore bien des tâches à accomplir parmi lesquelles la réinsertion des dimensions politiques du conflit constitue peut-être l'un des axes prioritaires. Sur le sujet, comme sur tous les autres, elle dispose évidemment des meilleures armes pour répondre à des interrogations délicates au cœur desquelles se trouve l'énigme du « consentement patriotique » sur lequel s'arrêtera longuement le chapitre V de cet ouvrage.

Chapitre III

COMMENT SAVOIR ? VRAI ET FAUX DANS LA GRANDE GUERRE

L'état de guerre peut être analysé comme un régime d'incertitude pesant sur chacun. Incertitude accablant les existences quand, au front comme à l'arrière, le péril de mort, chaque jour ou presque, menace toutes les vies. Incertitude sur les conditions matérielles des lendemains. Incertitude générale, aussi, pesant sur les « faits », fragilisant toutes les informations, poussant la vérité à se dérober. La Grande Guerre, si justement présentée comme un conflit inaugural du XXe siècle, contribua sans doute de manière nouvelle et décisive, par son ampleur, à ce vacillement du réel éprouvé par tant d'hommes qui vécurent, de près ou de loin, le bouleversement qu'elle engendra. Dès les premiers jours du conflit, l'écrivain Jacques Rivière dresse le constat que non seulement les hostilités marquaient la « suspension de toute morale », mais qu'elles suspendaient aussi « toute vérité » : « Plus moyen de savoir la vérité ! Aucune question ne pouvait l'extraire ; car dans l'esprit même des témoins, la notion en était obscurcie ; ils ne savaient pas ce que c'était. Dans tous les récits la peur, la vantardise, l'ignorance, la mauvaise conscience ou même simplement l'imagination mettaient des couleurs invraisemblables[1]. » À une échelle et avec une intensité inconnues jusqu'alors, liées au développement de la communication de masse, la Première Guerre mondiale institua la rumeur, la légende, le « bruit », le « bobard », pour emprunter le terme le plus familier aux poilus de 14, si conscients qu'ils étaient d'un phénomène dont ils se trouvaient être, en même temps, les premiers acteurs – et qui se répéterait en écho tout au long du siècle. Sous l'empire de la totalisation du conflit à l'ensemble des sphères sociales et culturelles, le « vrai » et le « faux », ces deux catégories si fondamentales à la condition humaine, se troublèrent de façon inquiétante. La guerre institue la société de défiance.

Ce sont de ces propriétés guerrières, on ne peut plus complexes, dont il sera ici question. Comment le vrai se construit-il dans un environnement historique où la vérité est toujours sujette à caution ?

SAVOIR

La conflictualité extrême que représente la Grande Guerre, comme tout conflit armé, eut pour première conséquence, au-delà des apparences politiques, d'affaiblir le lien social. Quand la confiance fonde l'état de paix – autant que faire se peut –, la défiance généralisée semble caractériser la culture de guerre. Le plus singulier est que la généralisation du doute que produit l'adversité ne concerne pas seulement les relations entre belligérants. Il s'immisce aussi à l'intérieur de chacun des camps : entre les citoyens et leur État, celui-ci toujours soupçonné de ne pas dire la vérité en pratiquant le « bourrage de crâne », en censurant les discours, en contrôlant l'information diffusée ; entre officiers et soldats ;

entre civils et militaires, front et arrière ; entre soldats eux-mêmes, entre lesquels s'établit une asymétrie de l'information opposant ceux qui savent (ou prétendent savoir), et retirent de cette réputation de véritables rentes de situation, à ceux qui souffrent de leur ignorance ; entre femmes et hommes enfin, les unes et les autres happés par la tentation de l'infidélité et soudain soumis à la logique du mensonge[2]. Qui croire désormais ? Comment prouver ? Comment même se mouvoir, décider, prendre parti dans un monde dans lequel on ne sait plus comment savoir ?

L'un des lieux communs qui traversent le plus souvent les récits de ceux qui relatèrent leur expérience de la Grande Guerre est que pour en bien rendre compte, il convenait de l'avoir vécue. « Cette guerre épouvantable est cachée à la vue : la savent qui la font, l'ignorent tous les autres[3] », souligne l'essayiste Daniel Halévy. Une des frontières qui distinguent le front de l'arrière passe donc par l'aptitude à saisir le réel de l'épreuve du feu : toute la problématique de la validité du témoignage dans les années d'après le conflit s'ancra dans cette conviction. Mais la guerre moderne subvertit aussi cette frontière, car l'ignorance est tout aussi consubstantielle au champ de bataille qu'à l'arrière : comment percevoir ce qu'il advient du combattant, immergé dans des batailles dont il perd totalement le sens global. Dans la Grande Guerre, nul observateur n'est plus là pour comprendre et décrire l'événement, comme dans la guerre stendhalienne ou hugolienne ; au contraire, il règne une immense impression de désordre, de décousu, de chaos[4]. Le 25 août 1914, le lieutenant d'artillerie Pierre Grison apprend que « les Allemands reculent, *dit-on* ». Et le lendemain, « nous repartons avec confiance. Les Allemands battent, *dit-on*, en retraite. [...] À la sortie de la forêt de Champenoux, surprise. Des obus tombent à 200 mètres de nous au moins. Lefaure me certifie que ce sont des obus français, devant le colonel du 121e. Fureur de ce dernier. En fin de compte, c'étaient de bons 105 boches. [...] je parviens à me dépêtrer et j'apprends que les batteries occupent les mêmes positions que la veille[5] ». Et un peu plus loin : « Dans la nuit canonnade et fusillade ; on parle d'attaque mais de la part de qui[6] ? » Ce vacillement des certitudes affecte aussi l'ordre du temps comme l'attestent nombre de romans publiés dans les années 1930 où le récit se désarticule comme une manifestation du trauma subi.

Les conditions techniques de la bataille inaugurées par les premiers conflits du XXe siècle ajoutent à cette perception renforcée par l'anomie des combats. En arrivant sur le haut plateau qui domine Suippes, dans l'Aisne, l'ambulancier Charles Leleux est saisi par l'incompréhension irréductible de la « guerre moderne », combien différente des campagnes de Louis XIV et de Napoléon : « Au lieu de cela, imaginez un immense panorama de 15 ou 20 kilomètres, aux extrémités duquel s'élèvent de grosses fumées blanches ou noires, tandis qu'entre elles… vous ne voyez rien[7]. » Les duels d'artillerie qui se substituent aux ennemis se faisant face et rendent douteux le fait même de tuer (l'artilleur Paul Lintier qui a tiré des milliers d'obus sur les Allemands n'avoue jamais avoir vu un seul homme abattu sous ce déluge[8]), l'avènement des transmissions, qui se font les vecteurs des ordres et des contre-ordres et éloignent les chefs de leurs subordonnés, opacifient la lecture de la guerre. Encore faudrait-il, si l'on s'intéresse à la largeur du « champ visuel du soldat », selon l'expression de Marc Bloch[9], ajouter à la perception de la bataille, la diversité des composantes psychologiques, sociales et culturelles, qui contribuent à l'extension de son prisme.

Si la guerre pose en profondeur, comme on vient de le suggérer, la question du vrai et du faux, c'est d'abord parce qu'elle trouble le rapport au réel. Rupture subite dans le temps et dans l'espace apparemment continus de la paix, l'éclatement de la guerre d'août 1914 bouleverse *ex abrupto* repères temporels et références géographiques. Le temps devient hétérogène, alors que nombre de vies sont immédiatement fauchées en leur début et que l'épaisseur du temps devient synonyme d'une durée de la guerre chaque jour interrogée. Il est bien connu qu'on s'attendait à une guerre courte. Mais cette perception ne fut pas linéaire. Septembre 1914, qui vit stopper l'avance allemande sur la Marne, fit passer du désir d'un conflit bref à l'évidence, et au souhait, côté français à tout le moins, d'une guerre qui dure. Il faut attendre le 17 juin 1915, en France, pour que l'on reconnaisse officiellement et publiquement, à la Chambre des députés et par la voix du président de la commission de l'Armée, que la guerre serait « longue ». Comme on le verra plus loin, cette élasticité des temporalités est sensible dans les correspondances échangées entre les poilus et leur famille.

L'identité intime n'est pas épargnée par l'ébranlement des certitudes, quand le parcours individuel prend la dimension d'un destin, et les vies personnelles sont redéfinies dans les termes d'un roman d'apprentissage. Daniel Halévy l'exprime au plus juste dans son journal de guerre, aux premières semaines : « *Moi* dans cette aventure. Soumis à l'attente d'un appel qui ne vient jamais. Près du gouffre où je voudrais qu'on me jette, mais s'y jeter, c'est une autre affaire. Tant d'arrêts font obstacle : arrêts en soi, arrêts hors soi[10]. » Cette guerre, qui figure comme « le comble du réel historique[11] » par les conditions paroxystiques dans lesquelles elle plonge ceux qui la vivent, est ainsi intensément perçue comme déréalisée par des contemporains dépourvus des cadres qui la rendent pensable dans son ampleur et sa durée. C'est un truisme de dire que ce n'est qu'une fois terminée qu'elle deviendra facilement identifiable, comme la *Grande Guerre*. Mais ceci est vrai de chaque moment du conflit : les batailles de la Marne ou de la Somme, pas plus que les micro-événements dont le sens stratégique reste caché à tous, n'apparaissent comme des découpages immédiatement saisissables par les acteurs.

RUMEURS, SECRETS, MENSONGES

Marc Bloch nous livre une autre remarque qui enrichit ces premières pistes. « On ne croyait pas aux journaux ; aux lettres guère plus ; car outre qu'elles arrivaient très irrégulièrement, elles passaient pour très surveillées. D'où un renouveau prodigieux de la tradition orale, mère antique des légendes et des mythes[12]. » Ainsi la soif d'informations put-elle favoriser le retour en force d'une culture orale que n'avait jamais tout à fait vaincue une culture écrite progressivement déployée au cours du XIXe siècle[13]. Il n'est donc aucune contradiction entre ce que l'on pourrait appeler la lucidité critique associée à une culture savante portée par l'écrit et la croyance supportée par l'oralité (aujourd'hui les journalistes et les commentateurs ne cessent de nous alerter sur les pièges de l'image et nous préviennent contre les moindres rumeurs dont ils se font pourtant les premiers propagateurs). Les modalités du croire ne se limitent pas à l'alternative trop simple du vrai-faux. Sociologues et ethnologues ont bien décrit tous les bricolages possibles et toutes les combinaisons existantes entre le croire et le ne pas croire. Le plausible fréquente l'invraisemblable. Les sources d'information entrent en concurrence les unes avec les autres et sur ce marché il faut bien admettre que la mauvaise monnaie chasse souvent la bonne. Les fausses nouvelles sont vite crues car elles rassurent plus vite que les vraies, elles permettent d'espérer[14].

Dans la Grande Guerre, l'instabilité du réel se fondait largement sur l'impossibilité d'en prendre la mesure et d'en rendre compte. « Nous ne savons rien de ce qui se passe[15] », souligne le soldat Castex au deuxième jour de sa mobilisation. Est-il leitmotiv plus répandu dans les témoignages d'août 1914 que ce « on ne sait rien » généralisé : point de départ qui ne cessera de rejouer à tout moment du conflit, et dans toutes ses dimensions. L'extinction soudaine du flux d'informations qui irriguent en temps de paix l'espace public associe immédiatement l'état de guerre à l'ignorance et institue le doute en norme sociale. Clausewitz l'avait déjà théorisé[16], les poilus l'éprouvèrent sur le terrain. « On ne sait rien de nos armées, déplore le soldat Henri Désagneaux, on polémique à perte de vue[17]. » Lucide dès la première lettre qu'il envoie à sa femme Alice le 4 août 1914, l'ethnologue durkheimien Robert Hertz la met en garde contre « les nouvelles (toutes fausses) qui circulent[18] », établissant ainsi un invariant du conflit : la pénurie ne crée pas du vide, mais un espace criblé de nouvelles, vraies ou fausses. Les zones occupées, tout particulièrement, se nourrissaient de ce qu'elles pouvaient : des bribes d'informations échappées des renforts montant en ligne ou du constat de l'état des troupes revenant du front, de brefs échanges arrachés au passage de prisonniers français, de quelques journaux parisiens lâchés par des avions français mais aussi, parfois, de confidences de prisonniers allemands ou de signes plus ténus : le silence des affichages officiels ou la sonnerie des cloches[19]. La lecture du journal tenu par l'enfant Congar montre comment la rumeur peut naître du son d'un canon qu'on repère comme plus ou moins proche : « Rien de neuf, on entend le canon et madame Pageot a prédit que nous serions délivrés le 29 avril or que ce mois passe vite », écrit-il au 31 mars 1915. Et le 8 avril : « On dit que les Français de Verdun ont fait une sortie et avanceraient alors tout porte à croire que la prédiction de madame Pageot se réaliserait. C'est tordant : on dit que les Noirs chargent les Boches à la baïonnette et qu'ils n'ont pas le temps de relever leurs morts : car au fur et à mesure qu'ils avancent, les Noirs mangent les morts et les blessés. On dit que les Boches ont reculé de 13 kilomètres c'est un avancement pour le 29[20]. » Tandis que les enfants participent aux représentations guerrières des adultes[21], les croyances de ceux-ci ne se distinguent plus guère de celles des enfants et laissent à penser que s'installe peu à peu le règne de l'ingénuité.

La guerre constitue le terrain de choix, soulignait Marc Bloch, pour le surgissement de manifestations de la conscience collective émanant de sociétés fragilisées et rendues vulnérables par le conflit, prêtes à régresser dans ces circonstances vers des stades sociaux antérieurs. Que la dialectique du vrai et du faux ressortisse intimement de l'ordre de la croyance et des représentations, c'est ce que l'historien établit dans le programme d'« enquête sérieuse » qu'il proposait de consacrer, dès 1921, aux fausses nouvelles de la guerre. Nous y reviendrons. La floraison des rumeurs, légendes, superstitions et mythes retint ainsi l'attention des praticiens des sciences sociales qui en firent aussitôt un objet de recherche, alors que les études folkloristes connaissaient un point d'orgue. Si l'écrit est alors réputé du domaine du mensonge, la tradition orale ouvre quant à elle le champ de l'imaginaire, vecteur de la fausse nouvelle « sincère ». Le linguiste Albert Dauzat, dans son livre *Légendes, prophéties et superstitions de la guerre* qu'il publie en 1919, s'intéresse ainsi au succès de ces « formations collectives », et le sociologue belge Fernand Van Langenhove traite en 1915 des « cycles de légendes » comme des savoirs autonomes constitués à la faveur des « états d'âme collectifs » que la guerre révèle[22]. Bloch proposait dans ce sens d'écrire « la vie légendaire du *Kronprinz* allemand », cent fois mort et ressuscité pendant la guerre par la tradition orale qui le charge de gloire et d'opprobre et qui en fait un des points de cristallisation de représentations merveilleuses et mythiques forgées de part et d'autre de la frontière[23]. L'observateur peut alors privilégier l'approche de la guerre comme une complexe configuration de récits, qui naissent, se diffusent et se transforment, s'alimentant constamment les uns aux autres, pratiquant la citation et la réitération, selon les mécanismes discursifs de la constitution de stéréotypes[24].

Si tout un chacun pouvait contribuer à alimenter de ses inquiétudes ce genre propre au temps de guerre – le docteur Lucien-Graux s'en fit l'annaliste anecdotique dans une somme de sept volumes et trois milles pages consacrée aux « fausses nouvelles de la Grande Guerre » qu'il puisa dans les journaux et publia de 1918 à 1920 –, chacun refusait cependant d'en être la dupe. Ne pas céder à la crédulité, exercer sa méfiance systématique, envers l'écrit surtout, devint un exercice critique loin d'être réservé aux seuls intellectuels et un motif d'ironie, dont les journaux de tranchées se firent l'écho systématique : « Quant aux grands journaux dits d'information (sans doute parce qu'ils nous informèrent de la révolution à Constantinople, des cosaques à cinq étapes de Berlin, du cancer de Guillaume et des usines à cadavres), leurs colonnes sont bourrées d'enthousiastes récits de combats [...] et de ces ineptes bons mots de poilus composés à la grosse par des spécialistes[25]. »

Du « rien n'est sûr » provoqué par la rupture des communications habituelles, au « tout est faux » induit par la conscience d'une falsification délibérée des informations, le seuil était indistinctement franchi. Le succès de l'expression « bourrage de crâne » en témoigne. La circulation de l'information atteste ainsi le brouillage des catégories que la guerre induit : on passe aisément du registre de l'ignorance (on ne sait rien parce que les conditions du combat l'imposent) à celui du mensonge (on ne sait rien parce qu'on nous ment). Car si l'on assiste à une perte du sens des événements qui constituent la guerre comme autant de ses composantes, en revanche le sens global assigné à « la vérité de la guerre » ne disparut jamais pendant quatre ans et demi, comme en fait état l'immense et durable implication des sociétés européennes dans le conflit : l'effort de tous est bien légitimé par un accord profond sur ce qu'est, au fond, la guerre. C'est bien là un des enjeux fondamentaux que recouvre la mobilisation des notions de « vrai » et de « faux ». Même pour ceux qui la vécurent, les niveaux de perception s'entrecroisaient et la guerre figurait une entité presque naturalisée autant qu'une construction idéologique et discursive, un ensemble de faits qu'il convient d'authentifier autant qu'un répertoire de représentations collectives.

Que la guerre sape le vrai par nécessité, chacun en semble d'emblée convaincu au nom d'un usage fonctionnel du faux, qui serait justifié par les nécessités du combat moderne. Le conflit en associe deux avatars complémentaires, sous la forme du secret et de la propagande. Le secret, mal nécessaire du champ politique en temps de paix, devient une donnée structurelle du temps de conflit, tout entière tournée vers l'ennemi : « matrice du combat des guerres contemporaines[26] », le secret tend à dissimuler la stratégie, perturber la conduite des opérations, cacher les informations, en somme désinformer l'ennemi, et si possible l'abuser, le tromper, l'intoxiquer. Le champ de bataille participa à la gestation de ces outils. La Première Guerre mondiale connut l'émergence des transmissions, avec l'énorme accroissement du volume des communications radiotélégraphiques, le brouillage radio et les avancées de la goniométrie, les interceptions, la cryptographie et la guerre des codes secrets. L'histoire militaire discute encore aujourd'hui de la contribution des techniques du chiffre à la victoire, depuis la guerre sous-marine jusqu'à la bataille de Tannenberg[27]. Quant à la propagande, elle élargit à l'espace public de la nation les logiques de l'occultation de l'information, voire de la fabrication de l'opinion. Il ne s'agit plus seulement d'un message destiné à l'ennemi, mais d'une immense entreprise de conviction qui vise autant les pays neutres que l'ensemble des sociétés confrontées à la guerre, dans lesquelles il s'agit de créer un accord fondateur et pérenne. Ainsi, le mensonge, revendiqué comme tel, devient un ressort culturel majeur de la compréhension de la guerre : mensonges destinés à, et en provenance de, l'ennemi, légendes fabriquées par le grand quartier général et relayées par ses rédacteurs officiels, censure de la presse, contrôle postal, le conflit produit une véritable technique de l'occultation, jusqu'à la falsification[28]. Est-il meilleure icône de ce déploiement, sur le terrain autant que dans l'ordre des représentations symboliques, que le camouflage[29] ?

On voit bien que dans la guerre, saisie au prisme d'une histoire des représentations (une histoire culturelle ?), la compréhension de l'événement ne se passe pas du discours du faux qui contribue à le fonder. Le thème des atrocités en fournit un exemple canonique. Les travaux de John Horne et Alan Kramer ont montré, comme nous le verrons dans le chapitre suivant, à quel point ce thème était au cœur des mythes qui structuraient l'expérience de l'invasion, en Belgique et en France. Aux accusations de campagnes de terreur menées par les troupes allemandes contre les populations civiles envahies (exécutions, viols, mutilations, prises d'otages, incendies...), répondaient celles des exactions que les francs-tireurs étaient réputés perpétrer à l'encontre des soldats allemands. Leur déni mutuel alimente le cycle des violences, dans un conflit où la représentation du fait est aussi délétère que le fait lui-même, car la réalité des événements se conforme à la perception subjective et à l'horizon d'attente qu'en a chaque protagoniste, en une sorte de prédiction autoréalisante.

QUELLE « VÉRITÉ HISTORIQUE » ?

Si les usages du faux s'affirment comme une composante structurelle de l'état de guerre, *a contrario* dire la vérité de la guerre devint un thème central de la mobilisation culturelle. La démarche d'établissement du vrai est ici intrinsèquement, face à la généralisation du faux, une démarche de rétablissement de la vérité. Pour contrecarrer la fausse nouvelle autant que le mensonge, on fit appel aux professionnels de l'authenticité, à ceux qui pourraient faire parler les faits, dont le degré de véracité importera toutefois moins que leur part d'effectivité. Il s'agissait autant de certifier les faits que de les qualifier. Deux modèles s'imposèrent dans cette tâche : les témoins et les érudits – historiens de préférence.

Premier modèle : le témoin. « Les récits des combattants nous montrent la guerre sous un autre aspect que les communiqués menteurs et les relations du bureau historique[30]. » Ce propos galvaudé des années 1930 constitue déjà le souci des acteurs de la guerre, dans l'immédiateté même et dans l'urgence du conflit dans lequel ils sont plongés. Comme le souligne François Hartog, après que l'histoire s'est constituée au XIXe siècle en science du passé, « les voix s'étaient muées en sources ; et au terme de cette mutation, les témoins ont même cru qu'ils devaient ressembler à des historiens[31] ». Au témoin doit revenir d'établir la vérité de la guerre à l'intention de ceux qui vont en faire le récit. Cette volonté délibérée se manifeste par la constitution de traces écrites – et aussi graphiques, photographiques – en profusion, témoignages qui prennent la forme de carnets, journaux, correspondances, récits personnels, mémoires, traces immédiatement collectées et constituées en sources par compilateurs et historiens, ainsi qu'en témoigne la multiplication des collections de « documents » que les éditeurs lancèrent au cours du conflit, et bien après aussi. L'acteur devient témoin, dépositaire de la mémoire d'une expérience unique. La métamorphose de ce statut ambigu s'achève quand l'acteur devenu témoin se comporte aussi en historien, responsable de l'authenticité du compte rendu de la véritable expérience de guerre.

Deuxième modèle : l'historien. L'affaire Dreyfus avait déjà montré combien le champ politique pouvait puiser dans les ressources scientifiques – celles des savants et des experts de tous bords – pour asseoir une certification des traces écrites et asseoir le vrai sur l'exact[32]. La Première Guerre mondiale prolonge cette posture, elle qui s'affirme comme la « guerre du droit[33] » : l'administration de la preuve en devient la pierre de touche, pour laquelle sont mobilisés historiens, juristes et scientifiques. Dans chaque camp, il s'agit d'attester la légitimité de l'entrée en guerre, avant de justifier, quatre années durant, une « croisade » menée au nom du droit. Le Manifeste des 93, sur lequel nous reviendrons plus loin, signé dès les premiers jours du conflit par les principaux universitaires allemands, scelle cette démarche : construit sur une chaîne de dénégations – « il n'est pas vrai que » –, il montre combien il s'agit d'inverser la charge de la preuve entre ennemis, plutôt que de seulement dévoiler la vérité sous-jacente. Tout au long de la guerre, l'engagement intellectuel – en France, celui des Lavisse, Durkheim, Bédier, et des institutions qu'ils fondent tel le Comité d'études et de documentation sur la guerre – met en exergue les méthodes de l'érudition positiviste : critique interne des textes, compilation documentaire, certification ou répudiation des sources inscrivent la guerre en cours dans un temps immédiatement historique. La savante construction documentaire destinée à justifier la guerre se focalisa sur un thème entre tous : celui du déclenchement du conflit, qu'alimentait un topos symétrique de part et d'autre du Rhin. La guerre serait tout entière fondée sur un mensonge initial, logé dans une déclaration de guerre fabriquée de toutes pièces : « C'est sur la base d'odieux mensonges que la guerre a été déclarée[34]. » La déclaration de guerre de l'Allemagne à la France remise à Viviani, président du Conseil et ministre des Affaires étrangères de la République française, par le baron de Schoen, ambassadeur d'Allemagne à Paris, s'appuyait sur un certain nombre de faits : violations de frontière, incursion d'avions militaires français en Belgique, bombes lancées sur le chemin de fer près de Karlsruhe et de Nuremberg[35]. En réponse, les juristes français pratiquèrent l'inversion de la preuve, dans des pamphlets qui devinrent un genre de la littérature de guerre. En 1917, le *Mensonge du 3 août 1914* reconstituait ainsi, à rebours des accusations ennemies, le tableau des violations de la frontière française par l'Allemagne : « Patrouilles pénétrant sur notre territoire, attaques de nos petits postes à dix kilomètres de la frontière, assassinat d'un de nos soldats, blessure d'un de nos douaniers, dirigeables et avions survolant notre territoire, avion bombardant une ville française, capture de paisibles civils emmenés en captivité où certains vont mourir, vol de chevaux et de matériel, tout y est. Tous les griefs que l'Allemagne inventait, et même plus, c'est nous qui les pouvons dresser contre elle[36]. »

Au-delà des pamphlets, chaque pays entama un travail de réunion de pièces diplomatiques entièrement consacré au thème de l'entrée en conflit et des violations des lois de la guerre qui l'accompagnent. Cette vaste entreprise consistait à fonder sur la revendication de la vérité la conduite d'une guerre juste et sur la dénonciation du mensonge la construction d'un ennemi vil et déshumanisé, capable de toutes les barbaries. Les guerres du XIXe siècle n'avaient sans doute pas fait l'économie d'un travail de justification, et la ressource diplomatique formait déjà la base de l'échafaudage qui rend légitime le passage de la politique à la guerre. Mais le premier conflit mondial inaugura un changement d'échelle, celui de la guerre totale et de la mobilisation de tous : c'est l'ensemble de l'espace public, et au-delà la nation dans son entier, qu'il fallait désormais convaincre d'une légitimité que seule la vérité fonde et qui fleurit dès les premiers mois des hostilités dans les livres bleu anglais, jaune français, blanc allemand, orange russe, rouge austro-hongrois, gris belge.

Près d'un siècle plus tard, la logique est-elle différente quand l'administration américaine appuie la justification de l'entrée en guerre sur « les preuves » de la présence en Irak d'armes de destruction massive ? Quand, à l'issue de la guerre d'Irak, le numéro deux du Pentagone, Paul Wolfowitz, reconnut en mai 2003 que cet argument n'était qu'un prétexte « bureaucratique » – soit un mensonge – « parce que c'était la seule raison sur laquelle tout le monde pouvait tomber d'accord[37] », la polémique enfla aux États-Unis, des commissions d'enquête furent nommées et le consentement de la nation fut mis en péril.

Le monde de la guerre semble donc peuplé de simulacres, de leurres, de plastrons. C'est bien l'univers par excellence de la « fausse nouvelle ». Comment situer dès lors, aujourd'hui comme hier, le rôle de l'historien dans cette entreprise presque impossible de relation vraie des événements et, bien au-delà, de toute une expérience ? Car l'établissement du « vrai » et du « faux » ne concerne pas seulement la question des faits bruts. On sait d'ailleurs que la restitution de la factualité passée, passage naturellement indispensable dans l'opération historiographique, en constitue aussi la part la plus pauvre et la plus friable. Comprise dans sa radicalité, elle est au demeurant exceptionnelle, en tout cas pour l'histoire contemporaine : dans leurs grandes lignes, il est finalement très peu de faits contestables ! La révélation historique, à ce niveau, est rare. Il n'est guère que l'entreprise négationniste, concernant les camps de la mort, pour s'arrêter encore à la discussion des faits en s'appuyant sur l'existence d'incertitudes ou d'erreurs mineures présentes dans les récits historiques traditionnels ou les témoignages. On sait comment il convient de traiter ce genre de dérives intellectuelles. Il est aussi bien peu fréquent que des historiens aient à débusquer de faux documents historiques. Le « journal de Hitler » composé par Konrad Cujau a valeur d'exception. Ces faux grossiers ne résistent d'ailleurs que fort peu à la critique[38].

Les historiens, et ceux qui se penchent sur les situations extrêmes tout particulièrement, ont plutôt une autre vérité perdue à restituer : l'expérience du paroxysme à laquelle les conditions de la vie ordinaire leur interdisent d'accéder intuitivement. L'entreprise est terriblement ambitieuse. Même ceux qui ont été soumis à la tourmente des événements les plus exceptionnels, et en témoignent, éprouvent parfois quelque mal non seulement à en reconstituer le fil mais aussi à se convaincre de la réalité même de ce qu'ils ont vécu tant celle-ci se situe aux limites du pensable et du dicible : « Aujourd'hui encore, à l'heure où j'écris, assis à ma table, j'hésite à croire que ces événements ont réellement eu lieu », écrit Primo Levi au retour d'Auschwitz[39]. Lui aussi, « assis à sa table », l'historien peut-il prétendre saisir le secret intime de l'expérience extrême, celui des camps comme celui de l'univers effroyable des tranchées, voire de tout vécu guerrier, alors même que ceux qui en reviennent ont parfois tant de mal à en rendre compte ? Il faut sans doute admettre que toute une dimension de l'expérience ne pourra jamais se soumettre à l'investigation savante. Dans chaque vie, même la plus banale, même la plus ordinaire, il est une part d'ineffable. Que dire alors de celui qui rencontre la guerre ! Comment saisir ce dédale d'émotions, de comportements, de réactions, dans leur diversité et leurs contradictions, dans leur incohérence ? Le point de vue surplombant de l'historien l'autorise peut-être à opérer une mise en ordre qui justifie sa démarche compréhensive. Il ne doit pas pour autant modeler le réel à son image, l'appauvrir à force d'y introduire du reconnaissable et du prévisible, surtout là où ces deux structures de l'entendement humain semblent ne plus avoir prise.

À l'issue du grand affrontement de 1914, l'enjeu n'était plus la constitution de l'accord collectif pour faire tenir les sociétés en guerre, mais devint celui de la « vérité historique » et de son régime de connaissance spécifique. La question du déclenchement de la guerre se déplaçait ainsi vers celle des responsabilités, et son intérêt était loin de se limiter aux seuls historiens. Tandis qu'en Allemagne se cristallisait la contestation des articles du traité de Versailles relatifs aux responsabilités et aux crimes de guerre allemands, dans les pays alliés, à la faveur de la démobilisation culturelle et d'un pacifisme intellectuel désormais dominant, la désillusion fut de mise[40]. Le scepticisme, cantonné dans les années de guerre à la réception de l'information officielle et à la circulation des rumeurs, pouvait désormais se déployer avec une autre ampleur, portant ses attaques rétrospectives contre les mensonges de la propagande de guerre qui avait trompé les nations pour mieux asseoir le consentement.

Georges Demartial, un des fondateurs de la Société d'études documentaires et critiques sur la guerre en janvier 1916, devint en France l'un des principaux porte-parole de ce courant pacifiste réputé radical qui réclamait la révision des articles 227 à 231 du traité de Versailles au nom de la vérité[41]. Dès 1922, dans *La Guerre de 1914. Comment on mobilisa les consciences*, il attaqua violemment les intellectuels mobilisés dans la « guerre du droit » à l'origine du « rôle du mensonge dans la guerre moderne », croisade qu'il poursuivit avec insistance dans les années 1930 dans des livres aux titres explicites, *Le Mythe des guerres de légitime défense*, ou *La Haine de la vérité*[42]. Il en appelait aux documents authentiques – les vraies archives – qu'il opposait aux « forgeries » (le terme semble surgir d'une affaire Dreyfus mal éteinte) des livres jaune et blanc, qu'il identifiait aux « historiens officiels » – autant dire qu'il ne parviendra pas à susciter l'intérêt des universitaires Aulard, Bloch ou Renouvin[43].

La question du vrai et du faux est ici centrale, et dément la vision simpliste du pacifisme qui le réduit à l'état d'un mouvement de guerre à la guerre. Demartial au contraire prétendait ne pas faire le procès de la guerre, mais seulement celui du mensonge[44], comme l'illustrait à sa manière l'article qu'un jeune normalien consacrait, en 1928, à la question des responsabilités : « Ce que nous reprochons à Poincaré, c'est moins d'être l'auteur de la guerre que d'être l'auteur de ses Mémoires. Car la guerre, il n'a pas été le seul à la faire, tandis que ses Mémoires, c'est bien lui qui les a écrits. Nous avons tous voulu la guerre, les pauvres comme les riches, les soldats comme les chefs, les femmes comme les hommes, et même les enfants qui n'ont pas assez pleuré en voyant partir leurs pères et qui répétaient la guerre dans les jardins publics… Les vrais responsables apparaissent alors. Ce sont ceux qui ont menti. Mentir est la plus grande faute. Et le pire mensonge, pire que la faute, c'est accuser autrui de sa propre faute[45]. » Le consentement n'est pas en cause, mais les rouages qui le rendent possible. Toute la justification morale du « révisionnisme » tient dans ces lignes, affirmait Demartial.

Le thème des « atrocités allemandes » dont il sera question au chapitre suivant constitue là encore un cas d'école. Comme l'ont montré Horne et Kramer, si la guerre devient elle-même la « vraie » atrocité, les « atrocités » du champ de bataille ne sont plus qu'inhérentes à la cruauté de la guerre, voire elles constituent – et là aboutit le procès de déréalisation, souvent présenté par les historiens de la Grande Guerre comme l'un des grands obstacles opposés à une interprétation correcte du conflit – le produit, non de la violence allemande, mais de la propagande alliée, autant dire une invention au service de la culture de guerre. C'est ce que les pacifistes français s'efforcèrent de démontrer dans les années 1930. Il s'agit là d'un singulier retournement : alors que les atrocités avaient contribué à établir le consentement – notamment par leur participation au processus de déshumanisation de l'ennemi –, elles formèrent désormais la base de l'accord qui fondait l'opposition à la guerre. Dans ce cas, comme le soulignait Hannah Arendt à propos des « Protocoles des sages de Sion », ce qui devient essentiel pour l'historien n'est plus le départ entre le faux et l'authentique, mais de constater qu'« on a cru à ce faux. Ce fait est plus important que la circonstance (historiquement parlant, secondaire) qu'il s'agit d'un faux[46] ».

La revendication des pacifistes, habitée par la hantise de la manipulation, aura une durable postérité. Le thème du « mensonge » de la Grande Guerre, et la difficulté à dire dans cet événement de quatre ans le « réel tel qu'il est », fait passer une première épreuve au statut de connaissance de l'histoire. Nombre de révisionnismes puiseront ainsi paradoxalement dans le combat pour la « vérité historique » inauguré par la guerre des armes destinées à leurs entreprises de négation. C'est le destin par exemple du livre d'Arthur Ponsonby (1871-1946), libéral passé au socialisme puis au pacifisme, *Mensonges du temps de guerre*, publié d'abord en anglais en 1928[47]. Cette contribution au recensement des rumeurs et des falsifications du temps de la Grande Guerre évoque, parmi d'autres « légendes » mises en circulation selon l'auteur par les services de propagande des Alliés, l'histoire de l'usine allemande de transformation en graisse de cadavres humains. La démystification qu'en fait Ponsonby lui vaudra d'être détournée, à la fin du XXe siècle, par les négationnistes qui en feront un terrain d'application de leur sophistique[48], selon laquelle la partie vaut le tout (si un élément est faux, tout est faux) : qu'une atrocité ait été inventée, ou qu'une rumeur ait circulé, jette immédiatement le soupçon sur toutes les atrocités et invalide tous les témoignages ; c'est aux victimes d'apporter la preuve qu'elles sont bien des victimes.

UN CONFLIT CONTEMPORAIN

L'histoire des guerres proches recèle nombre de configurations culturelles comparables, que la Grande Guerre, analysée en ces termes, rend beaucoup plus compréhensibles. Ainsi en va-t-il, au premier chef, de l'institution de ce doute général minant la possibilité même d'informer. Comment être sûr, en effet, quand la vérité semble avoir éclaté en de minuscules parcelles de « vrai » que chacun prétend détenir « de source sûre » ? Les guerres des années 1990 sont riches en exemples de ces jeux du vrai et du faux où chaque partie affirme des thèses invérifiables, s'applique à remettre en cause la version « avérée » de l'adversaire, introduit le scepticisme face à toute relation des faits, même les plus apparemment solides, fonde des légendes, fait circuler des rumeurs, etc. Un premier inventaire serait facile à établir qui montrerait que dans chaque guerre les armes ne sont pas les seules à parler… Au printemps 2002, l'invasion des territoires de l'Autorité palestinienne par les troupes israéliennes donna lieu à des controverses ayant pour objet des « massacres » perpétrés par celles-ci dans le camp de réfugiés de Jenin. Une escalade de témoignages et de dénégations rappela les formes mêmes de l'affrontement qui avait opposé les Allemands aux Alliés dans les premières semaines de la Première Guerre mondiale autour de la question si sensible des « atrocités ».

La « déréalisation » de l'expérience guerrière frappe désormais tous les théâtres d'opération contemporains. Elle résulte de sa mise à distance par tout un dispositif de représentations au cœur duquel se trouve, presque de façon caricaturale, la carte de géographie. Chargée de représenter ce que l'on ne peut voir, elle peine à s'animer de quelques flèches menaçantes évoquant le mouvement de troupes invisibles. La guerre n'est-elle pas en effet difficilement « réalisable » dans la mesure où nul ne sait exactement ce qui s'y déroule ? Les combattants eux-mêmes, on vient de le dire à propos de la Première Guerre mondiale, n'ont souvent qu'une connaissance extrêmement partielle des événements auxquels ils participent et sont d'ailleurs bien loin de tous partager la même expérience. Cette « déréalisation » s'accompagne, remarque-t-on aussi, d'une « euphémisation ». La guerre s'observe, se commente et s'étudie, toujours de loin, au filtre du halo d'une abstraction qui en élimine les aspérités les plus intolérables mais aussi les plus consubstantielles : la violence, la mort, la souffrance. Son quotidien, subi par des hommes de chair et d'os, semble échapper à qui tente d'y voir clair : le temps vécu, la peur, l'ennui, la précarité et l'inconfort, ne sont point ou mal restitués.

En cultivant des poncifs sur l'expérience du combat, bien des témoignages de la guerre de 14, pas tous heureusement, ne nous informent pas mieux que ne le faisaient les images glauques proposées par la chaîne américaine CNN lors de la guerre du Golfe de 1991. Il n'est guère étonnant que les écrans de télévision verts du moment, striés de temps à autre par des lignes lumineuses qu'il fallait comprendre comme les signes mêmes de la mort infligée et de la destruction, n'aient pu détourner un intellectuel comme Jean Baudrillard de la tentation de s'interroger sur la réalité de la guerre qui semblait avoir lieu sous ses yeux. Comment croire à un conflit « sans mort et sans soldat » où les hostilités ne semblaient devenir réelles qu'à la comparution télévisée de deux pilotes américains, au visage tuméfié, capturés par les troupes irakiennes ? Les contemporains de ce spectacle guerrier ne manquèrent pas de relever l'analogie existant entre une telle représentation d'une guerre pourtant bien réelle avec les combats virtuels des jeux vidéos auxquels s'adonnent les adolescents, parfois aussi les adultes. Le déplacement de la guerre du côté ludique, qui, on en conviendra, contribue aussi beaucoup à la déréaliser, trouve également ses prolongements, dans la présentation que firent les autorités militaires américaines aux médias des responsables irakiens pourchassés après la seconde guerre du Golfe sous la forme de cartes à jouer.

Tirant sans doute les leçons de la façon dont la guerre de 1991 avait été mise en scène, à laquelle beaucoup avaient reproché son irréalisme esthétisant, les Américains avaient pourtant changé de stratégie de communication pour celle de 2003. On tenta de représenter les opérations « au ras du sol », notamment grâce aux journalistes embarqués (« *embedded* ») à bord de chars, suivant au plus près l'évolution des troupes de la coalition anglo-américaine en direction de Bagdad. Crut-on davantage à la guerre ? Ou, pour le dire de façon moins brutale, fut-on mieux en mesure d'en approcher la « réalité » ? Son expérience nous fut-elle plus proche ? Rien n'est moins avéré. Non seulement parce que les autorités militaires continuaient naturellement à soigneusement contrôler l'information, pour des raisons d'ailleurs parfaitement compréhensibles, mais aussi parce que la production des images, le style des commentaires, la mise en spectacle journalistique s'apparentèrent de façon stupéfiante au répertoire classique des films de guerre. Tous les clichés s'y trouvaient : décollage ou atterrissage d'hélicoptères dans des nuées tourmentées de sable et de poussière, auxquels ne manquait que la *Chevauchée des Walkyries* popularisée par un épisode célèbre du film *Apocalypse Now*, défilé de chars, physique buriné d'officiers choisis comme porte-parole, embuscades, bombardements, etc. La vogue des « *reality shows* » promue par la télévision américaine et reprise par toutes les télévisions occidentales, dans lesquels la fiction côtoie la « vraie vie », n'est sans doute pas non plus pour rien dans l'échec de cet effort de réalisme où l'on croit sans trop y croire. Pour ceux qui y assistent de loin, la guerre, comme toute expérience extrême d'ailleurs, suscite toujours un tant soit peu l'incrédulité. Notre âge sceptique, « postmoderne » diront certains, n'est pas là pour contrarier une telle attitude.

Le régime de l'image, dans lequel nous sommes désormais totalement immergés, eut aussi plutôt tendance à renforcer le vacillement de la certification des faits si intéressant à étudier dans le cas de la Grande Guerre[49]. Parce qu'on fit beaucoup appel à l'image pour le représenter (photographies, films, gravures, dessins, œuvres picturales, etc.), le premier conflit mondial fut une étape majeure dans la constitution, en même temps d'ailleurs que dans l'affaiblissement, du statut de l'image comme preuve. La méfiance à son encontre fut immédiate et inaugura un scepticisme de masse à son endroit dont la représentation des conflits ultérieurs paie encore le prix. Dans *Clavel soldat*, Léon Werth illustre, par la narration d'un bref épisode, le mensonge toujours possible que contient la photographie réaliste :

> « Un des brancardiers vend des photographies des cantonnements. Il fait le portrait et le groupe, le poilu et l'escouade. Mais il veut photographier une scène plus guerrière : un convoi de blessés dans Xivray. La difficulté est que les blessés sont transportés à la nuit. Alors, le brancardier apporte des brancards, réunit des soldats, fait coucher les uns sur les brancards et fait soulever les brancards par les autres.
>
> – Attention…

Et les faux blessés et les faux porteurs regardent droit dans l'appareil.

Plus ambitieux encore, il rêve de mettre le feu à un tas de paille.

– Ça ferait une belle photo d'éclatement d'obus[50]… »

Sur le même registre, on pourrait aussi citer tel extrait d'une lettre que Jean Norton Cru, maître de la critique documentaire « à qui on ne la fait pas », adresse à l'une de ses sœurs. Il s'y montre irrité par les photographies publiées par le *New York Times* : « Les photos représentant des scènes de guerre sont nombreuses mais rarement fidèles. Ce sont des vues de la ligne de feu prises à 200 kilom. en arrière dans les tranchées d'instruction. Les documents vrais sont rares, surtout ceux qui montrent "l'action" (charges, attaques, etc.)[51]. »

La projection des premiers films documentaires sur les camps nazis le 1er mai 1945 par les Fox Movietone News engendra d'abord le doute chez les spectateurs américains qui n'avaient pas oublié que le thème des « atrocités allemandes » de 1914 avait mêlé le vrai au faux[52]. La manipulation des opinions par les images ou les récits a une histoire longue qu'il convient aussi ici de prendre en compte. Elle fait bel et bien partie de l'histoire de la vérité en guerre et l'on ne peut manquer de constater que celle-ci s'est très sensiblement densifiée sous le joug d'une mondialisation culturelle dont la télévision a constitué l'un des supports les plus efficaces. Dans chaque conflit, les belligérants ont désormais recours à l'image fixe ou animée. Cette invasion iconique a vraisemblablement beaucoup contribué, à son tour, à affaiblir le statut de l'image comme preuve[53]. Depuis la « découverte » des fosses communes de Timisoara, où, en 1989, une mise en scène macabre tenta de convaincre l'opinion publique mondiale de l'existence d'un charnier rempli de victimes du régime communiste de Ceaucescu, la découverte spectaculaire de tombes collectives stigmatisant l'adversaire a cessé d'être tout à fait efficace. La présence physique même des personnes n'est plus toujours complètement convaincante. La vigilance critique est devenue telle qu'elle conduit chacun à mettre tout en procès, même le plus visible, même le plus palpable. Rien d'autre ne semble plus faire preuve que l'expérience personnelle.

L'étude de la guerre de 14 nous montre ainsi que l'état de belligérance que connaissent certaines sociétés contemporaines impose un autre régime à la raison et à la perception. La confusion qui en découle favorise notamment les succès de la rumeur[54]. Il induit un resurgissement des croyances, réaction sociale qui peut s'interpréter comme une réponse apportée au redoutable régime d'incertitude qui s'impose à l'arrière comme au front. Il donne naissance à de nouvelles rationalisations plus à même de répondre aux questions angoissantes qu'appelle toute situation inédite.

Les hypothèses ayant couru sur le sort de Saddam Hussein pendant la guerre irakienne de 2003 trouvent, elles aussi, un éclairage intéressant dans les analyses portant sur la Grande Guerre. Elles travaillent un imaginaire nourri de séries télévisées ou de films d'espionnage. Saddam Hussein, comme Oussama Ben Laden, devenus l'un et l'autre introuvables (le premier avant sa spectaculaire capture), occupèrent le centre de récits dont le registre évoque les scénarios les plus traditionnels du genre : abris souterrains, complicités multiples et, plus encore, sosies. Un entrefilet, parmi tant d'autres, publié dans le quotidien *Libération* du 23 juillet 2002 exploite la veine : « Ben Laden vivant ? L'un des biographes d'Oussama Ben Laden a assuré dimanche que le chef d'Al-Qaeda est toujours vivant et circule entre le

Pakistan, le Cachemire et l'Est de l'Afghanistan. Il serait entouré de trente à soixante gardes du corps et aurait neuf sosies. » Il existait aussi, pouvait-on lire encore au temps de la traque du chef d'État irakien déchu, un vrai et des faux Saddam qu'on tentait de distinguer comme l'on s'efforce, à coup d'expertises, de reconnaître la voix d'Oussama Ben Laden régulièrement enregistrée et diffusée sur les antennes de radio et de télévisions. Que des foules aient vu le leader irakien avant sa disparition, que certains témoins aient affirmé l'avoir même touché, voire, élément d'information encore plus étrange, aient soutenu avoir reconnu les caractères intimes d'une gestuelle (peut-être repérée lors de semblables effusions télévisuelles), ne suffisait pourtant plus à administrer la preuve de sa présence réelle.

Les standards de vérité sont devenus autres et se dessinent peut-être dans tel propos d'expert rappelant que les services de renseignements américains disposaient de l'ADN de l'ex-président irakien. C'est à l'aune d'une science d'avant-garde, rompant avec le pacte antique institué par le voir, que la preuve peut être désormais apportée sans faille. Le témoin oculaire a perdu de son autorité. Il n'a pu résister face aux tenants de la « vérité scientifique » s'exprimant ici dans les termes de la biologie la plus avancée. Nous sortons sans doute de « l'ère du témoin » telle que la Grande Guerre l'avait ouverte.

Chapitre IV

SUR LES « ATROCITÉS ALLEMANDES » : LA GUERRE COMME REPRÉSENTATION

Pour illustrer plus précisément le régime d'incertitude qu'institue la guerre, l'exemple des « atrocités allemandes » vient à point nommé. Dans une livraison de la *Revue de synthèse* datée de 1921 entièrement consacrée à la Grande Guerre, Marc Bloch en appelait à une histoire de la « fausse nouvelle ». Note critique davantage encore qu'étude empirique, ce texte évoqué au chapitre précédent fait le tour des grandes études que les sciences sociales avaient consacrées au sujet. Au sortir de l'épreuve du feu, l'historien se trouvait en outre armé par les résultats que lui avait procurés une expérience unique : « Les fausses nouvelles ! Pendant quatre ans et plus, partout dans tous les pays, au front comme à l'arrière, on les vit naître et pulluler ; elles troublaient les esprits, tantôt surexcitant et tantôt abattant les courages ; leur variété, leur bizarrerie, leur force étonnent encore quiconque sait se souvenir et se souvient d'avoir cru[1]. » Comme nous l'avons vu, la rumeur fut un phénomène social auquel combattants et gens de l'arrière furent immédiatement sensibles. Les correspondances et les témoignages de toutes sortes débordent de remarques la concernant. Certains, comme ce fut le cas d'Apollinaire[2], y virent même l'occasion d'exercer leur talent d'observateur et d'analyste.

Comment ne pas s'étonner que pendant longtemps les historiens de la Grande Guerre ne donnèrent pas suite à un tel programme ? Les conséquences intellectuelles les plus directes issues de ces préoccupations sont surtout repérables dans deux grandes œuvres historiques seulement de l'entre-deux-guerres : d'abord chez Marc Bloch lui-même dans *Les Rois thaumaturges* (1924), où le phénomène décrit s'apparente, écrit Bloch, à une « gigantesque fausse nouvelle » mais aussi dans *La Grande Peur* de Georges Lefebvre (1932), comme le rappellent les deux historiens John Horne et Alan Kramer dont il sera beaucoup question dans ce chapitre parce que la leçon d'histoire qu'ils administrent est exemplaire de la nouvelle « histoire culturelle » de la Grande Guerre[3]. Il fallut donc attendre les travaux de Stéphane Audoin-Rouzeau[4] ou ceux de Ruth Harris[5], avant le très grand livre de Horne et Kramer, pour voir le vieux projet de Marc Bloch enfin réalisé.

Atrocités allemandes et « atrocités allemandes »

Ici l'histoire culturelle cesse de se réduire à l'inventaire des productions, des acteurs ou des institutions de la « vie culturelle ». Elle constitue un « programme fort », alternatif d'une histoire sociale à teneur réaliste. Elle invite à une nouvelle lecture des mécanismes sociaux qui n'oppose pas l'imaginaire aux faits ou, comme on le lit encore parfois, les « représentations » à la « réalité ». Volontairement placée au « bord de la falaise[6] », la subtile étude sur le cas des « atrocités allemandes » que nous livrent John Horne et Alan Kramer met en évidence la très complexe intrication entre des faits avérés et leur construction sociale. Les événements ne sont « faits historiques », nous disent-ils en substance, que parce que nous les percevons et que dans ce que nous en percevons. Il est ainsi plusieurs façons d'en rendre compte et d'en produire l'existence, dans le temps même de leur avènement comme après. Le cas des « atrocités allemandes » est une occasion parfaite d'évaluer une telle position épistémologique qui ne conduit nullement à quelque renoncement postmoderne. Le relativisme des deux auteurs n'est pas un nihilisme : il permet, au contraire, de mieux établir l'existence des faits. Soignant leur dispositif typographique par l'usage fin des guillemets, Horne et Kramer savent distinguer entre les « atrocités allemandes », ensemble d'événements plus ou moins bien attestés et parfois tout à fait imaginaires servant de thème de propagande aux fins de déshumaniser l'ennemi, et les atrocités allemandes (sans guillemets), série d'événements ayant bel et bien eu lieu en Belgique et en France, au moment de l'offensive allemande des mois d'août à octobre 1914, dont on est en mesure d'affirmer l'existence.

Cette histoire culturelle-là est bel et bien une histoire sociale. À les lire, on comprend mieux toutes les transformations, plus ou moins rapides, que la guerre produisit sur les comportements de chacun, au front comme à l'arrière. La haine de l'ennemi en est l'un des aspects les plus unifiants que ne contredisent nullement les nombreuses déplorations contre la guerre et ses souffrances, elles-mêmes d'ailleurs parties prenantes de la « culture de guerre ». Cette haine de l'ennemi, présente chez tous les belligérants, explique les mécanismes psychologiques qui gouvernent pour une grande part les « atrocités allemandes ». Il n'est donc pas étonnant de constater que ceux qui dénièrent toute réalité à ces violences extrêmes et les rapportèrent aux seuls effets de la propagande se comptèrent beaucoup parmi les pacifistes, c'est-à-dire chez ceux qui contestèrent, surtout à partir de la seconde moitié des années 1920, la réalité même de la haine de l'ennemi durant les années de conflit. Ce « grand roman pacifiste » n'a d'ailleurs pas fini de marquer l'historiographie de la Grande Guerre. Les traces en sont encore tangibles chez ceux qui confondent critique historique et empathie avec les soldats.

Par la très grande méticulosité de leur étude, Horne et Kramer apportent une pierre décisive à l'édifice historiographique de la Grande Guerre. On ne peut donc s'arrêter sérieusement à l'objection susceptible d'être lancée contre leur entreprise et que les deux auteurs soulèvent eux-mêmes presque malicieusement : que pèsent les six mille cinq cents victimes environ des atrocités allemandes perpétrées, pour la plupart en Belgique, au cours des trois premiers mois de la guerre, au regard de ce qu'il advint ultérieurement ? L'historien n'est pas un moraliste. Certaines morts lui paraissent plus utiles que d'autres lorsqu'il se mêle de comprendre le grand par le petit. Le livre de Horne et Kramer en constitue un exemple lumineux : sa lecture nous éclaire sur une masse imposante de phénomènes et de problèmes que rencontre tout historien au cours de son travail. Ainsi en va-t-il des imaginaires sociaux, de la circulation de l'information, de la naissance des rumeurs, du vrai et du faux, des formes et de la nature de la croyance comme de l'administration de la preuve et du statut des sources. On pourra facilement allonger la liste tant l'examen des atrocités allemandes, sous toutes leurs facettes, tout à la fois fait militaire, représentation, thème de propagande, mémoire, enjeu politique voire religieux, ouvre sur une histoire générale des sociétés en guerre dépassant très largement l'ordre monographique.

Fondamentalement soucieux de reconstituer l'univers mental ayant présidé à la construction des représentations du temps de guerre, Horne et Kramer n'en sont pas moins partis d'un travail d'établissement des faits. À ce premier niveau de l'examen de ce que furent les atrocités allemandes, leur démarche s'apparente à une instruction judiciaire. La documentation publiée ne manquait pas. Des commissions d'enquête furent réunies dès les premiers mois de la guerre. Elles délivrèrent plusieurs rapports. À quoi s'ajoute un immense corpus de sources composé de témoignages, notamment ceux émanant de soldats allemands publiés par Joseph Bédier, qui eurent un grand écho dès les années de guerre, mais aussi de rapports et de contre-rapports, de récits relatés par la presse, de procédures judiciaires comme celles drainées par le tribunal de Leipzig chargé de juger les crimes de guerre allemands à partir de mai 1921, mais aussi de jugements *in abstentia* des cours martiales françaises et belges. De cette masse documentaire, il fallut prendre connaissance, il fallut aussi faire le tri en mobilisant la bonne vieille méthode historique fondée sur la mise en série, la plausibilité des faits, le recoupement. Cette partie est sans doute la plus délicate du travail. Il s'agit de reconstituer des faits toujours douteux puisque pris dans un écheveau de dénégations et d'affirmations commandées par les intérêts évidemment contradictoires des belligérants. Il est rare que les historiens aient à ce point à disputer du vrai et du faux. Il est rare aussi qu'on exige d'eux d'établir les faits de façon aussi radicale.

Les faits : le juge et l'historien

À ce niveau, l'étude de John Horne et d'Alan Kramer se présente comme une réflexion, conduite à partir d'une démarche empirique, autour de l'administration de la preuve. Elle montre la parenté existant entre le travail du juge et celui de l'historien[7]. Rien ne le met mieux au jour que les pages consacrées à l'analyse des circonstances de la mort du colonel allemand Stenger à Aarshot qui provoqua l'une des plus dures répressions ayant été exercées contre les populations civiles (cent cinquante six morts). Les Allemands ayant accusé le fils du bourgmestre Tielemans, Horne et Kramer reprennent littéralement l'enquête, rouvrent le rapport d'autopsie (qui permet de restituer le trajet suivi par la balle qui tua Stenger), réévaluent les témoignages et dégagent finalement une très grande probabilité recoupant d'autres faits relevés ailleurs : le colonel Stenger tomba sans doute sous les balles de ses propres soldats pris dans une situation de panique. Il semble bien – plusieurs officiers allemands finirent d'ailleurs par en convenir – que nombre de victimes allemandes moururent aussi sous les balles de francs-tireurs imaginaires qui n'étaient autres que leurs propres compagnons d'armes, affolés par la peur, pris de boisson ou ivres de fatigue à la suite de longues marches en territoires hostiles. Ces conditions psychologiques ont pesé lourd dans les massacres les plus odieux. Il y faudrait ajouter le manque d'habitude des soldats dans le maniement des armes modernes, plus rapides et de plus longue portée, face aux effets sonores inattendus aussi qui trompaient parfois sur la place réelle du tireur. Il y eut bien des erreurs d'appréciation sur l'origine des coups de feu qui renforcèrent la croyance dans la présence proche de francs-tireurs ennemis.

L'attention minutieuse portée aux circonstances dans lesquelles se déclenchaient les atrocités (exécutions en masse de populations civiles d'où ne sont pas exclues les fractions taboues que constituent femmes, vieillards et enfants en bas âge, pillages et incendies, boucliers humains, viols, etc.) permet de comprendre le déroulement des faits. S'en tenir aux causes générales qui constituent le ressort commun à toutes les atrocités et autorisent à rassembler sous un même terme des faits ayant eu lieu dans des circonstances et des espaces divers ne suffit pas. La résistance obstinée des Belges, notamment à Liège, non anticipée par les autorités militaires allemandes, qui mettait donc en péril le plan Schlieffen dont la réussite dépendait de la rapidité avec laquelle la France serait vaincue, constitue néanmoins l'un des facteurs décisifs du déclenchement des atrocités. Cette situation générale donna naissance à une tension extrême qui conférait au moindre incident une signification d'hostilité et une dangerosité imprévue dans ces formes.

À Jarny, en Meurthe-et-Moselle, un ouvrier italien tua son chien avec une arme à feu par mesure d'économie, selon les consignes officielles. Une patrouille allemande entendant le coup de feu crut qu'elle se trouvait menacée par des francs-tireurs embusqués, arrêta une quinzaine d'Italiens et les fusilla. Dans un article de la *Revue de Paris* (1er janvier 1915), Joseph Bédier transcrit un extrait d'un carnet d'un officier saxon : « 24 août – L'admirable village du Gué-d'Hossus (Ardennes) a été livré à l'incendie, bien qu'innocent, à ce qu'il me semble. On me dit qu'un cycliste est tombé de sa machine, et que, dans sa chute, son fusil est parti tout seul : alors on a fait feu dans sa direction. *Là-dessus, on a tout simplement jeté les habitants mâles dans les flammes.* » Tels sont quelques-uns des exemples qui illustrent au mieux l'engrenage des atrocités.

Cette matrice événementielle est celle qui commande la plupart des faits d'atrocités. La deuxième phase de l'offensive allemande, à partir du 18 août 1914, fut marquée par la multiplication des atrocités dont les premières étaient apparues dès le 5 août. Le ralentissement inattendu des opérations, la chaleur de l'été et la crainte de l'empoisonnement de l'eau qui poussent à la consommation excessive de boissons alcoolisées souvent dérobées lors de pillages de maisons et de caves, des manifestations non négligeables d'indiscipline et le sentiment de responsabilité collective qui scelle celui de l'irresponsabilité personnelle constituent les principaux facteurs matériels qui expliquent le basculement dans l'horreur : à Andenne-Seille où l'on tua deux cent soixante-deux personnes, à Tamines où la plupart des trois cent quatre-vingt-trois civils furent fusillés à la mitrailleuse, à Louvain, dont la destruction symbolique de la bibliothèque universitaire qui eut tant d'écho, à l'égal du bombardement de la cathédrale de Reims, s'accompagna de l'exécution de deux cent quarante-huit civils et, surtout, à Dinant où eut lieu le plus grand massacre puisque six cent quarante-sept personnes y périrent, soit 10 % de la population de la ville.

Le tableau récapitulatif des atrocités du 5 août au 21 octobre (mais la fréquence diminue très sensiblement après le 6 septembre) établit à cinq mille cent quarante-six (quatre mille quatre cent vingt et un pour la Belgique et sept cent vingt-cinq pour la France) le nombre des civils tués au cours des « incidents majeurs » (durant lesquels furent tuées au moins dix personnes). Il convient d'ajouter à ce bilan les personnes tuées au cours des « incidents mineurs » pour atteindre le total de six mille quatre cent vingt-sept victimes. Nous ne disposons pas en revanche de statistique générale concernant les viols. Leur nombre est régulièrement sous-estimé. Les déclarations sont rares, la honte faisant souvent obstacle à l'aveu. Reste la question pendante des atrocités sur d'autres fronts, souvent invoquées par les Allemands. Les récits ne manquent pas en effet qui concernent d'autres zones de combat et d'autres troupes : les Russes en Prusse Orientale, en Galicie et en Bukovine, les Allemands en Pologne et en Lituanie, les Autrichiens en Serbie. Mais les sources font défaut pour l'établissement des faits. Les enquêtes sont absentes, les témoignages authentifiés rares. Sur le front oriental, les quelques violences attestées et assimilables aux atrocités commises sur l'autre front semblent davantage résulter de l'indiscipline de certains régiments cosaques ou encore relever de la haine antisémite. Les populations civiles souffrirent beaucoup de la retraite russe de 1915 qu'accompagnèrent des déportations massives de populations. On estime d'autre part à une fourchette de mille cinq cents à deux mille personnes le nombre de pertes civiles découlant de l'invasion de la Serbie par les Austro-Hongrois à la mi-août 1915, dont les modalités ressemblent à s'y méprendre à l'invasion allemande d'août 1914.

Au risque de sombrer dans un relativisme complet qui ferait douter de l'existence même de l'historien qui les relate, des faits se sont bien produits, qu'il est possible de restituer, dans la mesure du possible, en dépit de la difficulté de l'entreprise. Le contexte conflictuel, les impératifs moraux sous-jacents à la discussion (le respect dû aux victimes), la minceur de la documentation, l'absence de témoins vivants fragilisent la preuve mais ne la rendent pas tout à fait dérisoire. Les négationnistes des années 1950, obsédés quant à eux par le démantèlement d'une autre vérité historique, celle des camps de la mort nazis, s'adossèrent à l'exemple des « atrocités allemandes » pour tenter de faire vaciller la réalité de l'extermination des Juifs. Selon eux, des vérités officielles ayant rendu les faits incertains par le passé, de nouvelles le faisaient pour ce qui concernait les camps, avec pour mobile la même haine de l'Allemagne. Quelques faits douteux, quelques inévitables erreurs repérées dans les témoignages suffisaient à renverser tout l'édifice. D'où l'importance qu'il y eut à certifier les faits au plus vite, quitte à laisser quelques zones d'ombre aux marges, afin de reléguer les négations hors du savoir historique.

DES FAITS À LA CROYANCE

Sans doute en va-t-il quelque peu différemment dans le cas des « atrocités allemandes » même si d'utiles homologies peuvent être dégagées entre les deux cas. Les circonstances de l'invasion éclairent donc entièrement le phénomène des atrocités. Elles expliquent singulièrement le mythe (« *myth-complex* ») des francs-tireurs qui constitue le ressort principal des atrocités allemandes. Mythe, légende, « fausse nouvelle », tout montre en effet que s'il est impossible d'exclure tout à fait quelques actes de résistance civile isolé, ceux-ci furent très rares. Horne et Kramer disent avoir cherché en vain les preuves susceptibles de mettre au jour un plan de résistance concerté qui serait à même de valider la thèse allemande visant à justifier la politique de répression et de terreur mise en œuvre. Mais c'est bien sous la hantise perpétuelle d'une guerre de partisans que les troupes allemandes avancèrent en territoire ennemi. Sous l'emprise d'une véritable illusion collective, les soldats allemands étaient convaincus d'avoir à faire face à de multiples tireurs embusqués dont la preuve la plus tangible de la présence était leur invisibilité même. L'illusion est d'autant plus forte et efficace qu'elle n'a nul besoin de se manifester visuellement. Les preuves sont inutiles et d'ailleurs presque impossibles à fournir. Que l'on ne retrouve jamais ou presque les tireurs isolés n'affaiblit en rien ce qui relève tout simplement d'une croyance.

Cette dernière remarque en entraîne une autre à valeur générale. Horne et Kramer administrent une belle leçon d'histoire en mettant à bas la distinction scolastique à l'œuvre dans toute une histoire positiviste qui pense encore utile de séparer la « réalité » des « représentations », au même titre que d'autres historiens aiment encore plaider la « rupture » contre la « continuité », ou l'inverse. Il n'est pas sûr qu'en opérant ainsi on suive le meilleur chemin pour comprendre les ressorts profonds qui animent les grands mécanismes historiques, que ceux-ci concernent l'histoire sociale ou l'histoire politique. La discussion, au vrai, est aussi ancienne que la philosophie de Platon mais trouve dans le cas d'espèce retenu par Horne et Kramer une illustration absolument éclatante. L'établissement des faits ne suffit pas à l'historien, même si ceux-ci s'imposent à lui avec une urgence absolue. Ce qu'il pourchasse est l'impact de ces faits et donc leurs interprétations souvent divergentes, parfois concurrentes, par les contemporains. Jamais les faits ne sont perçus dans l'espèce de pureté à laquelle croit le juriste et dans une extériorité fabuleuse. Ils sont reçus puis lus par des hommes incarnés, pris dans des situations où convergent des intérêts, des cultures, des psychologies, des logiques propres enfin qui les colorent singulièrement.

Dès lors tout peut prendre sens et abonder dans la direction voulue. Le moindre soupçon suffit à condamner et les mesures préventives sont aisément justifiées : le clocher des églises, les bâtiments de la Croix-Rouge, les ambulances et les personnes les plus « innocentes », femmes, enfants, prêtres sont perçus comme autant de dangers potentiels de par leur innocence même. Les prêtres ne haranguent-ils pas les populations dans leurs églises dont le clocher peut loger des mitrailleuses et servir à l'émission de signes de reconnaissance ? Les enfants ne participent-ils pas aux embuscades invisibles ? Les femmes n'arrachent-elles pas leurs yeux aux blessés allemands ? Convaincus qu'ils sont entourés par des ennemis sournois, les Allemands sont prêts à leur livrer une guerre sans pitié, d'autant plus qu'ils ont toujours dénié aux populations civiles le droit de faire la guerre. Ne s'étaient-ils pas fermement opposés, en vain d'ailleurs, au cours de la préparation des conventions de La Haye en 1907, à toute reconnaissance d'un tel droit ? Ainsi le franc-tireur est-il construit comme l'exact contraire du bon soldat respectueux des lois légitimes de la guerre et permet-il de victimiser l'envahisseur et donc de légitimer son combat par cet utile renversement. Les Belges, qui n'étaient pas, à l'instar des Français, des ennemis naturels, le devinrent ainsi immédiatement. Les accusations les plus graves purent dès lors trouver quelque crédit : empoisonnement de l'eau et de la nourriture, mutilations des blessés s'accordent avec les pratiques guerrières du franc-tireur qui assassine plutôt qu'il ne fait la guerre.

L'ennemi n'est pas une denrée naturelle. La construction dont il est l'objet obéit aussi à des logiques sociales et politiques[8]. La figure hostile s'élabore en relation avec celle de l'ami comme avec celle de soi. Elle présente, plus ou moins intensément, les traits de l'antonymie. Dans le cas de la guerre de 14, l'opération intellectuelle rencontrait bien des difficultés, d'autant plus grandes que la « haine de l'ennemi » atteignit des degrés tout à fait exceptionnels. L'ennemi y fut bien davantage qu'un adversaire : un *autre* absolu avec lequel la comparaison qui rend possibles les rivalités devenait même tout à fait inenvisageable. Cette altérité visait à exclure « l'Allemand » de l'ordre même de l'humanité. Plus sauvage que celle des « sauvages », qu'incarnaient jusqu'à ce jour les seuls peuples colonisés, sa barbarie côtoyait des seuils inouïs et s'exprimait particulièrement dans les « atrocités ». La radicalité et la violence de cette opposition durent ainsi renverser l'image d'un « Allemand », qui perdit d'ailleurs son nom au profit de celui de « Boche », autrefois admis dans le cercle de la civilisation même si le contentieux politique avait limité les conditions d'exercice d'une collaboration.

La première phase du conflit se nourrit de beaucoup d'illusions nées de cette configuration. Dès 1915-1916, le sociologue de l'institut Solvay, Fernand Van Langenhove, déjà cité, avait été frappé par cette dimension et en avait proposé une méthode d'analyse articulée sur trois points : dégager un « cycle de légendes » fait de schémas identiques sans cesse répétés, ne pas s'en tenir à ce que relatent des témoins marqués par une expérience traumatisante, inventorier les représentations collectives antérieures. Marc Bloch reprit à son compte bien des aspects de ce programme, notamment dans sa dernière dimension. La « fausse nouvelle » ne prend que si un « bouillon de culture » la précède et favorise son développement :

> « Une fausse nouvelle naît toujours de représentations collectives qui préexistent à sa naissance ; elle n'est fortuite qu'en apparence, ou, plus précisément, tout ce qu'il y a de fortuit en elle c'est l'incident initial, absolument quelconque, qui déclenche le travail des imaginations, mais cette mise en branle n'a lieu que parce que les imaginations sont déjà préparées et fermentent sourdement. Un événement, une mauvaise perception, par exemple, qui n'irait pas dans le sens où se penchent déjà les esprits de tous, pourrait tout au plus former l'origine d'une erreur individuelle, mais non pas une fausse nouvelle populaire et largement répandue[9]. »

Les situations extrêmes, et les guerres au premier chef, constituent les terrains les plus favorables au déploiement de la rumeur. Plus la situation est confuse, plus la rumeur se développe et prend de l'importance. Dans ses *Souvenirs*, au fil des pages qu'il consacre aux événements de février 1848, Tocqueville ménage ainsi toute sa place à la rumeur, celle du massacre du peuple, par exemple, qui enfle dans la journée du 24 février. Ne cherche-t-il pas à « montrer à l'aide de quelles rumeurs les révolutions cheminent[10] » ? Pendant le premier conflit mondial, le « bobard » se développait d'autant mieux que les sociétés et les groupes humains, repliés sur eux-mêmes, avaient soif d'informations et que celles-ci circulaient on ne peut plus mal, passant aux filtres des angoisses, des attentes et des imaginaires que portaient des psychologies déroutées. On comprend aussi que dans les micro-milieux que constituent une section, une brigade ou une tranchée, la rumeur assure parfois la prééminence de certains individus sur d'autres et installe leur autorité. Alain Corbin en fait la remarque dans *Le Village des cannibales* : « La rumeur n'est pas seulement une information reçue, elle est un acte qui valorise l'individu qui se prévaut dès lors d'un nouveau savoir, qu'il pourra transmettre à son tour[11]. » Or, les soldats n'eurent jamais qu'une connaissance très parcellaire du déroulé des opérations au niveau général et ne disposaient que d'un savoir, d'ailleurs très limité, sur ce qui se passait dans le secteur dont ils avaient la charge[12]. L'asymétrie de l'information favorisait donc évidemment la fortune de certains.

La fragilité du système d'information durant la Grande Guerre explique pourquoi les historiens de la Grande Guerre ont raison de ne pas céder à cette « dictature du témoignage » qu'on tente parfois de leur imposer. Dans le sillage de Marc Bloch, Horne et Kramer procèdent avec une salutaire distance critique. Ils ne mettent pas en doute la sincérité des témoins, ni même d'ailleurs, toujours et partout, la valeur informative de leur récit. Pour sa part, Bloch distingue soigneusement la « fausse nouvelle sincère » du « simple mensonge » ou de « l'imposture consciente » qui, selon lui, présentent beaucoup moins d'intérêt. La peur nourrit la colère qui commande, à son tour, les massacres et les destructions. Horne et Kramer ne font pas des soldats allemands convaincus de l'existence de francs-tireurs invisibles et parfois même vus par eux, affirment-ils, des menteurs cyniques qui justifieraient après coup leurs terribles forfaits par d'invraisemblables fables autojustificatrices. Même si les deux historiens admettent que l'on sut assez vite en haut lieu que les francs-tireurs n'avaient qu'une existence toute relative... On n'en laissa pas moins faire aux fins de ne pas ralentir l'avancée des armées et de ne pas briser l'élan né de la mobilisation. Les hautes autorités militaires allemandes s'emparèrent alors sciemment du mythe, le manipulèrent, dans le but d'alimenter une propagande nécessaire à l'installation d'une culture de guerre. Elles avaient en outre préparé leurs troupes à l'éventualité d'un affrontement avec les francs-tireurs en réanimant les souvenirs de la guerre de 1870 qui n'avaient cessé d'occuper la mémoire des militaires allemands depuis. On ne croit jamais, remarque encore Marc Bloch, que ce que l'on est prêt et, j'ajouterai pour ma part, préparé à croire.

Les « atrocités allemandes » sont faites de récits feuilletés. Le vrai et le faux s'y mêlent intimement. À la différence du mythe des francs-tireurs, elles se trouvent toujours enracinées dans le terreau d'une expérience qu'elles aident à dire. Chaque « atrocité » doit exprimer en termes simples une expérience quasi indicible de la guerre. John Horne et Alan Kramer ne manquent pas d'insister : les « atrocités » ne furent pas seulement un thème de propagande, elles offrirent aussi un cadre d'entendement qui offrait aux contemporains l'occasion de trouver une signification au conflit qu'ils vivaient.

Le viol est une illustration intéressante de ce phénomène culturel. Si ce genre d'atrocités fut bien sous-estimé par la statistique, il n'en est pas moins évoqué, à l'inverse de ce qui se passa au cours de la guerre de 1870. On saisit la densité symbolique du viol pour un peuple envahi comme on mesure, au même titre, la pertinence que représentent les récits de mutilation des seins, alors même qu'aucun rapport médical n'en fait état. Et l'on ne s'étonnera pas de voir le mythe des mains coupées être considéré par Horne et Kramer comme le mythe clé des Alliés. Pas plus que les précédentes atrocités, l'amputation des mains n'est répertoriée dans les sources. Très curieusement en revanche, le mythe des mains coupées renvoie à une pratique bel et bien réelle mise en œuvre avant-guerre par des officiers de la Compagnie du Congo belge à l'encontre de Noirs. Le scandale avait été grand, si grand sans doute qu'il permit à l'événement d'être retourné contre l'ennemi afin d'en révéler toute la barbarie.

USAGES POLITIQUES DU MYTHE

Derrière la dénonciation de la guerre des francs-tireurs se love par ailleurs une rivalité politique opposant la République française au régime impérial allemand, fondé sur une armée professionnalisée et disciplinée, culturellement héritière de ces soldats prussiens. Ces derniers avaient été harcelés entre octobre 1870 et janvier 1871 par quelque cinquante-sept mille francs-tireurs français. Deux armées aux valeurs et aux pratiques bien différentes. Celle de la

République française, armée de conscription qui cousinait encore avec la *levée en masse* de 1792-1793, se voulait l'armée du peuple, une armée démocratique dans laquelle pouvait se reconnaître cette curieuse Garde civique belge à laquelle les Allemands déniaient toute légitimité combattante, comme ils en dénigraient l'aspect extérieur, peu propre à s'apparenter à l'uniforme qui distinguait les armées régulières.

Ces enjeux politiques sont venus se greffer sur des situations nées des circonstances particulières de l'invasion de 1914. Ils exploitèrent le mythe. Affirmer l'existence d'une guerre de francs-tireurs revenait à délégitimer l'adversaire, à le renvoyer à un combat qui ne respectait pas les nobles lois de la guerre que des règles internationales s'acharnaient à définir depuis plusieurs décennies déjà. Il s'agissait de réduire l'adversaire à l'état d'un assassin et d'un traître, non d'un honorable combattant auquel convenaient les honneurs d'un conflit digne. Cette guerre républicaine n'était aux yeux des hauts officiers allemands qu'une guerre de bandits. Formés au sein d'une culture darwiniste, ils voyaient se confirmer tous leurs préjugés sur la décadence des peuples catholiques. Rabaissé d'un cran dans l'échelle de la civilisation, l'adversaire pouvait dès lors subir le même traitement que l'on avait infligé aux peuples indigènes au cours des guerres coloniales. Il n'est pas douteux que celles-ci permirent le développement de ces brutalités guerrières sur les sols belge et français. Si l'on ne dispose que de preuves bien minces susceptibles de montrer que des ordres d'exécution de civils vinrent des plus hautes autorités militaires, on ne peut toutefois totalement l'exclure tant le pensable militaire du temps tendait à rendre de telles actions non seulement possibles mais presque légitimes. Il n'y eut d'ailleurs dans la société allemande que fort peu de résistance face aux thèses défendues par les hauts officiers allemands.

Le mythe des « atrocités allemandes » répond à celui des francs-tireurs. L'un va avec l'autre. Toute la subtilité de la démarche de Horne et Kramer s'apprécie dans le traitement réservé à la part mythique des atrocités où se mêlent vrai et faux et dans la fabrication de laquelle les deux historiens soulignent le rôle des presses internationales et du million de réfugiés belges et français. On ne s'étonnera pas de voir d'abord les journaux se lancer dans la dénonciation des premières atrocités, dès les 7 et 8 août. Ce n'est que le 25 que les autorités envoyèrent une note de protestation mettant en cause les méthodes de guerre allemandes. La presse britannique ne réagit guère avant la troisième semaine du mois d'août. En France même, le journal *Le Temps* ne rendit compte du massacre de Dinant que trois semaines après les événements et dans la dépendance des seules informations délivrées par le *Daily News*.

Dans ce contexte fondamentalement dominé par les jeux de la rumeur, où les remplois et les fantasmes ont la part belle, le rôle du témoin oculaire n'en est que plus grand. La presse a néanmoins un effet démultiplicateur qui conduit à penser que, sans elle, les « atrocités » n'auraient pu avoir la place qu'elles eurent, ni jouer le rôle décisif qu'elles remplirent dans les différents processus afférents à la guerre des mots. Elle construisit littéralement les « atrocités allemandes » en ayant recours à de puissants artifices rhétoriques et en leur conférant un caractère national. Elle utilisa tout particulièrement l'important répertoire qu'elle héritait des récits de faits divers d'avant-guerre. Les Allemands sont souvent présentés comme des « assassins », des « meurtriers », des « apaches[13] ». En relayant toutes sortes de faits, avérés ou vite contredits par d'ultérieures vérifications (certaines n'en connurent pas moins une fortune considérable comme la légende de l'enfant au fusil de bois exécuté par des Allemands apeurés), la presse y laissa sans doute quelque peu de sa réputation. Le journalisme ne sortit pas grandi de l'épisode des « atrocités allemandes ».

Dans les premiers temps de leur révélation, il arriva aux « atrocités allemandes » ce qu'il leur advint une fois la guerre terminée : elles suscitèrent circonspection, scepticisme, doute et dénégation. Pour des raisons extrêmement diverses et parfois contradictoires. Dans la course au soutien actif ou pour le moins à la bienveillance des pays neutres, il était urgent de mobiliser tout un arsenal de justifications dont certaines sociologies d'aujourd'hui pourraient bien faire leur miel. Ce conflit, à l'instar de toute guerre de portée mondiale (mais quel conflit échappe tout à fait à cette dimension en tout cas à l'époque moderne et contemporaine ?) s'accompagne d'une lutte féroce où s'échangent toute une gamme d'arguments susceptibles d'endommager moralement l'adversaire. Les conflits les plus contemporains alimentent à chaque fois une guerre de vocables visant à discréditer l'adversaire, l'envahisseur, toujours plus meurtrier dans la phase de l'offensive, ou accusant l'envahi de ne pas respecter les lois de la guerre. Il faut convaincre, non l'adversaire bien sûr – l'entreprise est à peu près vaine – mais les éventuels partenaires. L'enjeu n'est pas mince. L'Allemagne se lança donc dans un travail de justification, moins en déniant la réalité des actes commis qu'en plaidant la légitime défense et la propre barbarie d'un adversaire qui impliquait des populations civiles dans un conflit qui ne devait concerner que des militaires. Il arriva aussi aux Allemands d'invoquer, comme on l'a vu, des actes de cruauté commis par les populations civiles elles-mêmes sur les soldats allemands blessés ou prisonniers. Mais l'argument ne pouvait profiter de l'efficacité symbolique du martyre subi par les populations civiles soumises à l'invasion que, par définition, l'envahisseur ne pouvait lui-même connaître.

Français et Belges bénéficiaient donc d'un avantage certain en termes de justification morale. Face au flot grandissant de réfugiés, vecteur important des « atrocités allemandes », Alexandre Millerand, le ministre de la Guerre français, décida promptement d'en interdire la publicité, de crainte d'avoir à affronter un effondrement moral et une panique généralisée. Les autorités militaires elles-mêmes s'étaient employées à en limiter sensiblement la diffusion pour les mêmes raisons. À l'inverse, en Angleterre, le thème des « atrocités » fut intensément utilisé pour justifier l'entrée en guerre et accélérer le processus de mobilisation, même si les Anglais se trouvèrent gênés par le rappel qu'on put faire de leurs propres atrocités dans le monde colonial, plus particulièrement celles de la guerre des Boers qui, après tout, n'était pas si éloignée (1899-1902).

L'histoire des « atrocités allemandes » ne prit pas fin lors de la stabilisation des fronts et des zones d'occupation en octobre 1914. Pendant toute la durée du conflit, dans l'immédiat après-guerre et presque jusqu'à nos jours, la question des atrocités allemandes resta sur la sellette. Non seulement elle fut au cœur des processus de mobilisation et de remobilisation qui ponctuèrent la guerre et constituèrent, en quelque sorte, le noyau dur du consentement patriotique, mais elle activa aussi les entreprises de propagande en direction des neutres et, tout particulièrement, des États-Unis.

Dès le début de la guerre furent réunies des commissions d'enquête aux fins d'établir des preuves irréfutables. En janvier 1915, une commission française rendit un rapport qui eut un très grand écho. Les Belges en firent autant. En Angleterre, James Bryce, grand universitaire libéral, fut chargé d'une mission analogue. Son enquête rassembla de très nombreux témoignages auprès des réfugiés belges arrivés en Angleterre. Selon John Horne et Alan Kramer, le rapport Bryce est moins scrupuleux dans l'établissement des faits que les rapports belge et français. En revanche, plus proche, dans l'interprétation des faits, du rapport belge que du français, qui attribuait les atrocités à la « culture allemande », il chargeait le militarisme germanique. Bryce accusait les autorités allemandes d'avoir mis en place une véritable politique de la terreur lors de l'invasion.

Suivant le principe de symétrie absolue qui commande cette guerre symbolique où s'emboîtent des dénégations successives et se retournent des interprétations, les Allemands ne pouvaient laisser le champ libre aux Alliés. À leur tour, ils mirent sur pied une commission d'enquête chargée de faire la lumière sur l'implication des civils dans la guerre et sur les conditions précises de la destruction de Louvain, l'un des événements qui avaient le plus ébranlé la presse internationale. Les autorités allemandes considéraient que Belges et Français avaient systématiquement organisé une résistance civile. Ils ne purent en établir la moindre preuve puisque, à l'encontre même de leur thèse, les autorités belges n'avaient cessé de réclamer la passivité à leurs populations par des avis officiels. Elles avaient même procédé à leur désarmement. Seule la Garde civique avait pu conserver ses armes et remplir un rôle militaire comme il était de son devoir, quoique les Allemands aient pu penser de la légitimité de ces troupes régulières. En dépit de cet échec, un livre blanc fut publié en mai 1915 qui confortait la thèse allemande grâce à tout un travail de manipulation de témoignages censurés ou tronqués et à l'utilisation habile de rumeurs. À leur tour, les autorités belges répliquèrent par un livre gris dans lequel la thèse allemande se trouvait une nouvelle fois réfutée.

Les États-Unis, principal enjeu de cette rivalité, semblent avoir été très sensibles au thème des « atrocités allemandes », même si l'opinion y était naturellement davantage divisée que dans les pays belligérants où l'on entendit bien peu de voix s'élever contre les versions défendues par les gouvernements. D'importants correspondants de guerre américains, à l'instar d'Alexander Powell ou de Richard Harding Davis, dénoncèrent sans cesse les massacres allemands et allèrent même jusqu'à relayer certains mythes, bien que les représentations des « atrocités allemandes » fussent censurées. Les voix discordantes, comme celle d'Irvin Cobb qui s'en prit vigoureusement aux légendes, furent exceptionnelles. Le thème devint pourtant central lors de la mobilisation américaine de 1917. Alors que le président Wilson venait de faire campagne en vue de sa réélection, en novembre 1916, sur le refus de toute intervention américaine dans le conflit européen, la mémoire des « atrocités allemandes » fut une providence. Elle excita les indignations et lança les États-Unis dans une guerre pour la civilisation contre la barbarie. Il est frappant de voir alors se développer outre-Atlantique un processus de mobilisation tout à fait analogue à celui que les Alliés avaient connu trois ans plus tôt. Dans le même temps, les gouvernements alliés entamaient une politique de remobilisation, après le décrochage moral de la fin de l'année 1916, qui s'appuyait largement sur une politique de la mémoire des « atrocités ». En France, la ligue Souvenez-vous, présidée par le poète Jean Richepin, qui avait été fondée en février 1917, se mit à développer une intense activité qui exploitait plusieurs thématiques dont celle du martyre. On mit aussi l'accent sur la destruction des grands monuments français, d'autant plus sensible que le XIXe siècle les avait patrimonialisés.

Hitler et les nazis se souvinrent bien que les Allemands avaient subi une lourde défaite politique lors de la guerre symbolique qui avait entouré les « atrocités allemandes ». Les neutres ne purent épouser la cause de l'Allemagne. Ils prirent, plus ou moins activement, le parti de ceux qui en dénonçaient la barbarie. On ne peut que souligner l'attitude du Vatican. Tôt avertie de la réalité des massacres dont se trouvaient victimes de nombreux prêtres, la papauté n'en maintint pas moins, avec fermeté, sa ligne d'impartialité. Il faut interpréter cette attitude tout à la fois comme une volonté politique de tenir l'Italie à l'écart du conflit et le désir de protéger le clergé allemand en butte au développement d'une nouvelle vague d'anticatholicisme, malgré les assurances du gouvernement allemand soucieux de conserver une cohésion nationale. L'*imparzialità* vaticane fut aussi la réponse la plus adéquate à une exigence plus profonde : échapper à la rivalité des hommes et s'en tenir à la seule cause de Dieu. Les hiérarchies catholiques belges (le cardinal Mercier) ou française (le cardinal Baudrillart) eurent beau protester et prendre le risque de se heurter au clergé allemand qui campait sur les positions du gouvernement impérial, le pape resta inflexible.

La criminalité allemande fut encore un enjeu important lors des négociations de paix de 1919. Les désaccords qui n'avaient cessé d'opposer sur ce point particulier les Alliés aux Allemands ne s'effacèrent pas. Comment ne pas remarquer que le nouveau régime républicain installé en Allemagne, pourtant prêt à endosser les responsabilités de la guerre et à accepter les conditions économiques draconiennes de la paix qui en découlaient, rejetait le poids des atrocités ? Seul le président Wilson tenta de contourner l'obstacle à la paix en rappelant que, selon lui, les « atrocités » étaient communes à toutes les parties engagées dans le conflit. C'était là une position inacceptable pour les Alliés, convaincus qu'ils étaient de leur supériorité morale et favorables au jugement des crimes de guerre.

En janvier 1920, ces derniers publièrent une liste de huit cent cinquante-trois criminels de guerre à juger. Clemenceau puis son successeur Millerand, en bonne entente avec Lloyd George, se montrèrent d'ailleurs plutôt prêts à accepter une voie de compromis avec les Allemands. En dépit d'opinions publiques très ébranlées par les « atrocités », on fut en mesure de faire d'importantes concessions afin que les procès pussent avoir lieu. Il fut établi que quarante-cinq cas seraient jugés par la Cour suprême de Leipzig. Ouvert en mai 1921, le procès ne fut interrompu que par l'arrivée au pouvoir des nazis. Les jugements prononcés à Leipzig furent cependant vite discrédités. Les premiers accusés, impliqués par l'Angleterre, ne furent condamnés qu'à des peines légères qui satisfirent d'ailleurs les Britanniques : n'assistait-on pas pour la première fois à un tel jugement qui constituait un grand pas dans l'histoire des relations internationales et un développement encourageant du droit international ? Les réactions de la France et de la Belgique furent beaucoup plus négatives. Les premiers cas que les deux pays avaient souhaité voir jugés à Leipzig ne débouchèrent que sur des acquittements. Français et Belges quittèrent la cour de Leipzig pour se replier sur leurs propres cours martiales qui prononcèrent des jugements *in absentia* jusque dans la seconde moitié des années 1920.

L'échec de ces entreprises judiciaires traduit aussi un processus, finalement assez rapide (même si Horne et

Kramer insistent davantage sur ses lenteurs), de démobilisation culturelle. Si l'occupation de la Ruhr par les Belges et les Français en 1923 fut l'occasion d'un resurgissement du thème des « atrocités », cette fois-ci retourné contre ceux-là mêmes qui l'avaient promu, ce qu'il convient surtout de noter, pour les années 1920, est la montée en puissance d'un discours pacifiste qui rendait inaudible toute évocation des « atrocités allemandes ». Celles-ci connurent alors une manière de déroute symbolique par la mise en doute dont elles furent l'objet dans le camp même des vainqueurs. Publicistes et intellectuels (Georges Demartial en France, Arthur Ponsonby en Angleterre) s'appliquèrent à rejeter la spécificité des « atrocités allemandes » pour présenter la guerre comme une monstruosité globale. Aux États-Unis, on considéra de plus en plus qu'il ne s'était agi là que d'un thème de propagande, tissu de mensonges ayant visé à impliquer les États-Unis dans un conflit à l'écart duquel il eût été sans doute plus sage de se tenir.

Ce que l'on prit l'habitude d'appeler, un peu paresseusement, « l'esprit de Locarno » fit le reste. La politique commémorative des années 1920, lorsqu'elle s'appliqua aux villes martyres (Nomény, Badonviller, Louvain, etc.), ne se fit pas sans accroc. À Louvain, on dut renoncer à l'inscription d'une devise latine sur la nouvelle bibliothèque mettant en accusation la « fureur allemande » : n'allait-elle pas interdire toute collaboration allemande future ?

Chapitre V

QUI NE DIT MOT CONSENT ? UNE APPROCHE CRITIQUE DU « CONSENTEMENT PATRIOTIQUE »

Chaque controverse historiographique draine des concepts, des mots clés, des tournures presque magiques, à partir desquels se configurent les débats et se définissent des « camps ». On a examiné au chapitre I de ce livre quelques interprétations de l'histoire de la Grande Guerre âprement débattues par plusieurs historiens. Avec un autre terme, « culture de guerre », auquel il est directement connecté, le mot « consentement » constitue une espèce de chiffon rouge qui active toutes les passions politico-historiographiques, à vrai dire en France et peu ailleurs, davantage aussi du côté des « adversaires » (puisque les « camps » se sont figés) d'une telle notion que de ceux qui l'ont promue. Tout se passe comme si les spécialistes qui entreprirent de dénoncer la « thèse du consentement patriotique » étaient aujourd'hui les premiers responsables du point de crispation qu'un tel terme constitue. Mieux : ceux qui l'ont avancée s'en défient désormais, tant sans doute celle-ci s'est trouvée caricaturée, mal employée, « dogmatisée ». Il n'est pas certain que les uns et les autres voient toujours clair dans la signification de cette formule ni n'en contrôlent parfaitement l'usage. Les réflexions qui suivent ne visent nullement, dans une optique irénique, à mettre tout le monde d'accord, mais s'efforcent d'esquisser l'histoire d'un concept dans le champ de l'historiographie de la Première Guerre mondiale, tentent d'en apprécier les usages au regard des sources avant d'en tester la pertinence face à d'autres utilisations, courantes dans les sciences sociales, quand bien même elles sont appliquées à d'autres domaines d'étude.

CONFIGURATION D'UNE CONTROVERSE : « POURQUOI ONT-ILS TENU ? »

L'entêtant mystère de la durée de la guerre de 14 a trouvé l'une de ses explications dans la thèse dite du « consentement patriotique ». Cette interprétation, jadis défendue par Jean-Jacques Becker, aujourd'hui reprise et développée par plusieurs historiens issus de l'histoire culturelle de la Grande Guerre, a été violemment remise en cause par des spécialistes s'affirmant comme plus sensibles aux composantes sociales et politiques des sociétés. Trop peut-être. Insistant sur les systèmes de contrainte intériorisés ou non qui expliqueraient de façon satisfaisante la présence durable des soldats dans une situation proprement insoutenable, ces historiens s'arrêtent volontiers sur les incidents, les dissidences, les résistances, les refus, les indisciplines, les fraternisations. Ils soulignent la présence de sentiments pacifistes parmi les combattants. De ce point de vue, ils s'inscrivent, quasi explicitement, dans le prolongement des lectures de la guerre qui, dans les années 1920 et 1930, dénigrèrent le conflit et le présentèrent comme aberrant et criminel.

Qu'en est-il précisément ? Il convient d'abord de rappeler que la thèse classique de Jean-Jacques Becker avait rompu avec un poncif historiographique fondé sur une conception radicale du consentement à la guerre : les soldats français, enthousiastes, seraient partis au combat la fleur au fusil. Jean-Jacques Becker fit justice de cette interprétation simpliste et inexacte en la nuançant fortement[1]. Son enquête s'appuyait sur les récits rédigés, à l'initiative du ministre de l'Instruction publique Albert Sarraut, par des instituteurs de six départements. Ce dernier suivait les pas du recteur de l'académie de Grenoble, l'historien médiéviste Charles Petit-Dutaillis, qui en avait eu le premier l'idée. Becker avait complété cette première documentation par des rapports de préfets et la presse de trente-six villes de province. C'est ainsi qu'il en vint à réviser la version la plus répandue qui établissait l'adhésion enthousiaste des populations mobilisées en s'inscrivant en faux contre cette analyse unilatérale, biaisée, adossée à une documentation tronquée. Il rétablit d'une part l'importance de la chronologie dans l'analyse de l'opinion publique face à la guerre. Il adopta d'autre part une attitude nuancée quant au comportement global : les soldats en partance et leur famille avaient surtout fait preuve d'un comportement calme et résolu attestant une résignation devant le déclenchement d'hostilités que l'on prévoyait de courte durée.

Pour autant, Jean-Jacques Becker ne soutenait pas que les soldats étaient partis au combat sous la menace des gendarmes ni sous l'effet envoûtant de l'alcool. Les soldats s'engagèrent selon lui résignés, prêts à défendre leur patrie qu'ils jugeaient menacée. Le « consentement patriotique » ne signifie donc nullement ici adhésion enthousiaste à la guerre, acceptation aveugle, défense joyeuse du territoire. Même si de telles versions extrêmes du consentement initial se trouvent bel et bien exprimées dans certains témoignages, il n'est pas possible d'y rapporter toute expérience de la guerre, encore moins d'expliquer la longue patience des poilus sur la base de ces seuls récits.

Sur toute la durée de la guerre, les manifestations du « consentement patriotique », entendu sur le mode d'une acceptation réaliste et parfois désespérée, ne font pas défaut : le faible nombre des accrocs (refus d'obéissance, mutineries, désertions, mutilations, etc.)[2], l'esprit de responsabilité dont ont globalement fait preuve les soldats révoltés du printemps 1917, voire, à l'arrière, celui des ouvriers parisiens de 1918 qui reprirent le travail lors de l'offensive allemande de crainte de voir leurs camarades du front manquer de munitions.

Reste à apprécier les mobiles du consentement et les mécanismes qui le gouvernèrent. Nous y reviendrons plus en détail dans la dernière partie de ce chapitre. En soutenant, à juste titre, que le sentiment national est la clé de ce consentement, nous ne répondons en effet qu'à une partie de la question. Nous ne définissons pas encore les composantes ambivalentes de cet élan patriotique, ni les variables de son intensité, même si l'on peut suivre François Furet lorsqu'il écrit : « Un adolescent d'aujourd'hui en Occident ne peut même plus concevoir les passions nationales qui portèrent les peuples européens à s'entretuer pendant quatre ans[3]. » De même, nous n'éclairons pas assez ce qui se joue, individuellement et collectivement, dans l'énigmatique mécanisme du *consentir*.

Si la passion nationale n'avait été qu'une passion abstraite, un placage artificiel des fleurs de la rhétorique barrésienne sur l'ensemble de la nation, si celle-ci devait être réduite à l'état éloigné d'une idéologie politique toute sèche, le « consentement patriotique » ne serait alors qu'une pure construction *a posteriori* émanant d'historiens accordant une importance excessive à l'influence sociale des idées. Ceux qui dénient au sentiment national un rôle majeur dans l'adhésion des populations à la guerre auraient vraisemblablement raison. Mais le consentement patriotique n'est nullement réductible au nationalisme ni même à l'idéologie républicaine. Il résulte d'une alchimie beaucoup plus complexe que *résume* l'acceptation de la guerre. Dans *Clavel soldat*, Léon Werth, qui est aux antipodes de l'idéologie patriotique, affirme plusieurs fois que Clavel, son double ou presque, « consent » à la guerre, la mort dans l'âme. Consentir comprend une gamme complexe de comportements s'étendant de l'acceptation pleine et entière au refus intime. D'autres cas sont susceptibles de venir illustrer cette règle capitale.

On se battait pour la grande patrie aux fins de défendre la petite, mais aussi pour sa famille, son champ, sa vie. Les plus raffinés protégeaient peut-être un idéal qu'ils pensaient mis en péril et se mobilisaient en faveur d'une certaine conception de la France, probablement dans le but de sauver ce qu'on appelait la « civilisation ». Chacun consentit à la guerre suivant une histoire singulière, au fil des jours qui passaient, où les raisons succédaient aux raisons, et les doutes aux doutes, selon les moments et les circonstances. Ceux qui combattaient devinrent aussi peu à peu des professionnels du combat, appréciant le travail bien fait, à la manière d'un Sautelet, personnage décrit par Genevoix qui s'appliquait avec une méticulosité presque maniaque à creuser les abris susceptibles de « faire la pige aux sapeurs[4] ». Le consentement de Sautelet est le produit de cette petite vanité née d'une routine engendrée par la guerre. D'autres purent même aussi devenir des spécialistes sans âme, comme des hommes de devoir qui remplissent les tâches les plus répétitives sont conduits à oublier l'intolérable de leur vie ou l'immoralité de leur mission. La guerre en vint ainsi à donner un sens nouveau aux existences et à redistribuer l'ordre des valeurs. Dans une perspective appuyée sur une sociologie de l'obéissance inspirée par Max Weber, on pourrait aussi rappeler que les soldats obéirent pour la simple raison qu'ils reconnaissaient toute leur légitimité à ceux qui, détenteurs de l'autorité, leur donnaient des ordres. Parce que la guerre était à leurs yeux légitime. Nous y reviendrons. Tous ces modèles d'explication sont pertinents. Ils ne s'excluent pas, ils se complètent parfois.

À la suite de ses premiers travaux sur la mobilisation d'août 1914, Jean-Jacques Becker consacra plusieurs ouvrages à l'étude de la Première Guerre mondiale. La notion fut néanmoins principalement mise en orbite par un article déjà cité de Stéphane Audoin-Rouzeau et Annette Becker publié en 1997[5]. Ce texte en appelait à dégager l'historiographie du conflit des reconstructions de l'entre-deux-guerres qui en parasitaient la compréhension. Les deux auteurs avançaient « cette idée essentielle que la guerre fut largement refusée *après* le conflit – *voire* avant –, mais non *pendant*, sinon de manière relativement marginale[6] ». La thèse principale du consentement est posée : la guerre fut faite par des hommes qui, dans leur grande majorité, ne la refusaient pas. Ce qui laisse très ouvert le répertoire des attitudes les plus répandues, allant de la résignation désespérée à l'acceptation enchantée. Telle est en tout cas l'interprétation que je propose de cette citation. Le consentement est une acceptation *négociée* de la guerre, non une adhésion enthousiaste et univoque. À la complexité des contenus psychologiques, sociaux et politiques, recouverts par le vocable de *consentement*, s'ajoutent d'autres données prises en compte par les auteurs : la chronologie du conflit (ils soulignent notamment le tournant de l'année 1916, quand une « démobilisation » se fit jour, et celui des premiers mois de l'année 1918 marqués, à l'inverse, par une « remobilisation ») ainsi que les « inflexions dans l'évolution des représentations à l'intérieur du conflit lui-même[7] » qui en découlent.

Le « consentement » est donc la réponse apportée à l'énigme qu'évoquait, à propos de la Grande Guerre, François Furet dans *Le Passé d'une illusion*. Ce mécanisme énigmatique permet de répondre à la question fondamentale de la durée de la guerre et de la ténacité des troupes, au-delà des incontestables refus localisés qui émaillent toute l'histoire du conflit. Ces faits, très marginaux au regard des millions de mobilisés, relèvent à peu près de « l'exceptionnel-normal » cher à l'historien Edoardo Grendi : ils témoignent en creux de phénomènes contraires.

Audoin-Rouzeau et Becker précisent enfin le sens qu'ils assignent eux-mêmes au « consentement » : « C'est donc l'investissement des hommes de 1914-1918 sur leur nation, sans lequel on ne peut expliquer le courage, l'esprit de sacrifice, le sens du devoir (pour reprendre un mot omniprésent dans toutes les correspondances) des combattants. C'est leur sentiment, si fortement intériorisé, qu'ils avaient à défendre leur sol, quel qu'en pût être le coût. Car le conflit fut de nature fondamentalement défensive pour tous les protagonistes sans exception[8]. » Ainsi le consentement serait-il de nature « patriotique ». Il exprimerait le succès d'une éducation citoyenne d'avant-guerre diffusée par l'école, la caserne et tous les supports du discours républicain.

Sans nier cette dimension, sur laquelle je reviendrai pour la discuter, on ne peut s'y tenir pour rendre pleinement compte du consentement. La patrie est comprise, ressentie, vécue enfin, à travers le filtre de multiples expériences collectives et individuelles. En « défendant leur sol », comme on l'a vu, les combattants ne défendaient pas tous la même chose, mais se retrouvaient sans doute, au milieu de mille ambiguïtés, sur la volonté de protéger une nation commune, quelle qu'en fut le contenu.

Plusieurs historiens étudiant aujourd'hui l'émergence du sentiment national au XIXe siècle insistent sur le caractère composite de celui-ci. Sudhir Hazareesingh en a récemment fait une fort convaincante démonstration dans son étude de la grande fête, à la fois dynastique et nationale, que fut la Saint-Napoléon, célébrée le 15 août sous le Second Empire. Son analyse nous permet de comprendre les ambivalences des adhésions sociales, sans pour autant mettre en cause leur consistance :

> « Les festivités du 15 août montrent, en définitive, que des identités nationales étaient non seulement fluides et dynamiques, qu'elles tenaient du sentiment comme de l'idéologie, mais qu'elles étaient aussi constamment négociées par une variété d'acteurs œuvrant à tous les niveaux de la société, tissant ensemble des éléments universalistes et particuliers. Et même si cette nation s'édifiait autour de valeurs masculines comme l'honneur et la valeur militaire, il faut noter que les femmes pouvaient elles aussi prendre part aux célébrations civiques et donc être intégrées, en ce sens, au "monde politique" dont elles furent exclues en tant que citoyennes jusqu'à la Libération[9]. »

D'autres analyses, de même trempe, nous aident à assouplir et à mieux comprendre ce qui se distille dans le consentement patriotique de guerre. Publiée à la veille du conflit, une étude de Georges Siméon (mort en juin 1919 des suites de son gazage pendant la guerre), parue dans la revue de philosophie, la *Revue de métaphysique et de morale*, assume, elle aussi, la plurivocité du sentiment national et annonce en conséquence la complexité du « consentement patriotique » :

> « Nous voici bien loin de ce sentiment uniforme, supra-individuel, de cette fusion mystique que nous offrait au début la conscience commune. Nous sommes en présence d'individus, de groupes qui partagent des croyances politiques, sociales, des fois religieuses opposées. Il se trouve que pour chacun la réalisation de ses espoirs, la persistance de sa foi ont pour condition, négative sans doute, mais primordiale, la permanence du "champ" où ces réalisations s'effectueront ; or ce "champ", appelé territoire, est actuellement occupé par un système de lois, un État. Tous, ils défendront donc le même territoire, le même État, la même nation. Sans avoir la volonté de la même patrie, ils auront tous les mêmes volontés patriotiques ; ils seront des compatriotes, c'est-à-dire qu'ils seront patriotes en même temps. Il ne faudrait pas croire qu'à se dépouiller ainsi de ses vêtements littéraires, à se vider de ses contenus illusoires, le sentiment patriotique perde sa réalité et sa force ; bien au contraire il se fait plus proche de nous, il se gonfle de croyances vives, s'intègre à notre vie morale ; en devenant réel, il devient fort. Pourquoi s'obstiner à exiger ici de la part des consciences individuelles une sorte d'abdication alors que toutes n'ayant

> point vécu la même vie, n'ayant pas fourni les mêmes efforts, ne peuvent pas partager les mêmes croyances ? En disant que le patriotisme est en fin de compte pour chacun de nous une forme de sa volonté de justice nous ne croyons pas l'amoindrir[10]. »

Adossés à l'ego-histoire de Pierre Chaunu[11], Stéphane Audoin-Rouzeau et Annette Becker évoquent le « grand consentement » des populations à la guerre, devenu aujourd'hui, reprennent-ils, parfaitement incompréhensible. Sans doute faut-il les suivre ici dans la difficulté qu'il y a à restituer des pensables et des expériences qui ont perdu de leur évidence tant ils nous paraissent éloignés de nos univers mentaux[12]. La tâche est d'autant plus ardue qu'elle concerne des périodes dites « contemporaines », en principe donc des moments avec lesquels nous sommes en consonance. Le « grand consentement » serait d'abord le produit d'une sensibilité nationale déchue dont notre expérience actuelle nous a définitivement coupés.

La guerre aurait perdu son évidente « signification ». Cette forte thèse n'est pas celle que j'évoquais plus haut en défendant la diversité des contenus que l'idée de « défense de la nation » recouvrait. Elle est plus radicale, plus politique aussi : « Ce sont donc les patries qui l'emportent[13] », écrivent les deux auteurs pour décrire l'emballement d'août 1914. L'exemple anglais, pays qui ignora la conscription jusqu'au début de l'année 1916, est particulièrement frappant à cet égard. Alors même que le pacifisme semblait dominer l'opinion publique et la classe politique britanniques, un retournement brutal se produisit dès le 4 août 1914 et embrasa immédiatement tout l'empire. Le ralliement des Boers d'Afrique du Sud, étonnamment prompts à souhaiter défendre une mère patrie qu'ils avaient pourtant combattue moins d'une quinzaine d'années auparavant, n'est pas le moins surprenant : « La Grande Guerre est bien restée, jusqu'à la fin, la guerre de ce consentement[14]. »

Encore convient-il de nuancer, puisque les auteurs rallient finalement une position qui ménage toute son ambivalence à un phénomène qui ne fut pas gouverné par la raison : « La manière dont les contemporains semblent avoir été empoignés, au sens émotionnel du mot, par la guerre qui commençait reste un phénomène dont il est sans doute impossible de rendre compte en termes rationnels[15]. » Le consentement ne résulte pas d'une délibération intime et posée. Il intègre des sentiments et des postures contradictoires. Il résulte aussi d'une dynamique collective tout aussi composite. Il ne se présente pas sous la forme d'un état stable, insensible à une histoire de cinq ans : « Les lignes qui précèdent ne signifient pas que l'investissement dans la guerre ait été d'intensité constante d'un bout à l'autre du conflit, et encore moins qu'il ait été identique parmi tous les pays, parmi toutes les classes sociales, parmi toutes les nationalités composant les États multinationaux[16]. »

À la thèse dite du consentement est opposée une ligne d'arguments divers, plus ou moins mêlés d'enjeux externes à la pure controverse scientifique[17]. Ils peuvent être ramenés à trois types, au cœur desquels reposent la question de la documentation et celle ayant trait au statut du témoignage. L'intérêt de la controverse, quand elle est dépouillée de ses petites misères humaines, relève de la réflexion générale concernant l'administration de la preuve en histoire, les relations entre quantitatif et qualitatif, la notion de représentativité enfin, ensemble de problèmes sur lesquels ce livre reviendra à plusieurs reprises. S'y affrontent des conceptions différentes de l'histoire et du métier d'historien. Pour le dire vite, et très partiellement, s'affrontent une conception réaliste, arc-boutée à une prise en compte littérale des sources, et une approche plus herméneutique mettant notamment en œuvre une critique sans concession du témoignage.

L'objection la plus répandue lancée contre la thèse du consentement s'appuie sur la mise en évidence des refus : les soldats manifestent sous des formes diverses leur opposition au combat. Nous avons vu plus haut le caractère extrêmement minoritaire de ces manifestations, le plus étonnant étant qu'il n'y en ait pas eu davantage. De bons observateurs soulignent parfois qu'en politique le plus remarquable est moins l'abstention au vote que la participation… À la réalité de la très grande faiblesse quantitative des actes traduisant le rejet pratique du combat, et des difficultés qu'il y a souvent à les interpréter, on oppose que ces événements ont été sous-estimés, voire occultés par « l'histoire officielle » (on retrouve ici le thème du « dernier tabou », évoqué au chapitre I, que constitueraient les fraternisations). Cette conception complotiste de l'historiographie – on vous cache ce que vous devriez savoir – est vulnérable tant que les sources n'ont pas encore contredit les faits. Quand elles le feront, si elles sont en mesure de le faire un jour, il sera alors temps de réviser l'interprétation de la durée de la guerre appuyée sur la notion de consentement. Nous sommes pour le moment très loin du compte.

Comme je l'ai déjà suggéré plus haut, il y a néanmoins tout intérêt à prendre en considération tous les refus de la guerre, y compris du point de vue de l'histoire du consentement, mais en des termes qui ne se résument pas à la lecture compassionnelle qui les soutient encore bien souvent. Les travaux déjà cités de l'historien américain Leonard V. Smith sur les mutineries de 1917, appuyés sur une approche micro-historique, constituent un exemple du genre. Ils montrent comment celles-ci furent d'abord un moment de renégociation du contrat guerrier, qu'on pourrait apparenter à une grève, et non à un refus pacifiste[18].

Il est une autre parade à l'argument soulignant la faiblesse quantitative des manifestations d'opposition. Il constitue le deuxième type d'objection opposé au consentement. Si les soldats se sont peu révoltés, c'est qu'ils étaient soumis à une forte contrainte les poussant à combattre. C'est ce que défend Frédéric Rousseau dans *La Guerre censurée. Histoire des combattants européens* : « Qu'est-ce qu'un soldat, sinon un homme opprimé, brimé, déshumanisé, terrorisé et menacé de mort par sa propre armée[19] ? » Les soldats auraient ainsi non pas consenti au combat mais cédé aux injonctions d'une hiérarchie implacable et d'un ordre social et politique. L'armée et la discipline de fer qui la caractérise en temps de guerre seraient seules comptables de l'implacable ténacité des poilus. Mais il est aussi une autre facette, plus subtile, de la contrainte, qui insiste sur le caractère intériorisé de celle-ci par les soldats. Ces derniers *s'autocontraindraient* sous l'empire d'une automobilisation qu'encourageraient non seulement les efforts d'une propagande active mais aussi les ferments d'une éducation républicaine reçue avant la guerre, voire d'une morale sociale au sein de laquelle l'honneur jouerait un rôle déterminant. Cette approche de la contrainte, une contrainte incorporée donc et inconsciente, renvoyant à une discrète sensibilité foucaldienne, est, à vrai dire, passablement plus intéressante. Elle nous met sur la piste d'une réflexion qui peut s'armer, comme on le verra plus loin, d'une puissante tradition sociologique.

Le troisième type d'objection est sans doute l'un de ceux qu'il convient de prendre le plus sérieusement en compte. Il peut d'ailleurs concerner toute forme de surinterprétation « culturaliste » qu'entraîne parfois l'anthropologie culturelle, notamment celle qui se place dans le sillage des analyses de Clifford Geertz. Dans ce cas, le chercheur attribue aux acteurs des motivations qui ne sont pas nécessairement les leurs. Cette surimposition fait l'économie de l'analyse des circonstances qui encadrent toute action et des caractères propres des individus qui s'y trouvent engagés. Elle suppose une constance de la nature humaine qui obéirait à des lois éternelles. Elle fait aussi l'hypothèse implicite de l'existence de lois symboliques immuables qui gouverneraient les hommes en société. Cette critique, sans doute excessive au regard des propositions examinées plus haut, moins « culturalistes » que leurs adversaires le sous-tendent, n'en met pas moins le doigt sur les risques d'une interprétation immédiate des récits de poilus et sur les dangers d'investissements empathiques périlleux. On les comprendrait parce qu'ils nous ressemblent. Leurs comportements sont analogues aux nôtres. Rien de cela, évidemment, ne résiste au regard de l'historien sensible au poids des situations dans l'analyse des actions humaines.

Trop scientiste, cette mise en cause de la théorie du consentement, dérivée de la sociologie critique, n'en pointe pas moins la fragilité des thèses du consentement, si celles-ci s'en tiennent à l'imposition d'un modèle explicatif universel dans l'ignorance de la singularité des expériences guerrières et des itinéraires individuels. Elle dénonce justement la stérilité de la « guerre des témoignages » initiée par les historiens. Elle invite donc à se tourner vers d'autres sources ou à interroger différemment les témoins.

TÉMOINS CONTRE TÉMOINS

La thèse du consentement a beaucoup pris pour cible le discours pacifiste élaboré dans l'entre-deux-guerres, et plus particulièrement dans les années 1920. De nombreux témoignages, rédigés durant cette période, sont à l'origine d'une lecture pacifiste des événements présentant les soldats comme des victimes sacrifiées et non consentantes. Certains témoignages, au demeurant extrêmement poignants comme celui du célèbre tonnelier Barthas évoqué au début de ce livre, alimentèrent cette approche. C'est en se tournant vers une autre documentation que l'on en vint à mettre en cause l'universalité de ces récits victimisants rédigés ou retouchés après la guerre.

Les historiens sont désormais plus attentifs à des sources immédiatement contemporaines du conflit. Depuis une dizaine d'années, les très nombreuses publications de correspondances et de journaux intimes ont permis de faire de Barthas plutôt un hapax qu'un témoignage « représentatif ». Il faut bien convenir en effet que rares sont les documents de ce genre susceptibles d'aller dans le sens contraire du consentement à la guerre. Ce qui ne signifie pas que tous les documents font état d'une adhésion enthousiaste à celle-ci. La plupart reflètent l'incertitude et la confusion des sentiments, l'alternance, sur la durée de la guerre, entre périodes de mobilisation et moments de découragement, d'enthousiasme et d'abattement, de désespoir et d'espérance, de colère et de docilité.

Il y a donc quelque chose d'un peu dérisoire dans une bataille de témoignages où chacun cherche la preuve littérale de l'acceptation ou du refus de la guerre, comme si les implicites de la recherche ne conditionnaient pas leur dévoilement et leur interprétation. Le consentement s'exprime parfois, il est vrai, avec une transparence désarmante, comme dans le cas remarquable de la correspondance de Robert Hertz à sa femme Alice, aux accents quasi barrésiens. Dans une lettre qu'il lui adressa le 3 novembre 1914, en intellectuel, fils d'un Allemand naturalisé français, Hertz justifie son engagement dans la guerre à ces trois motifs : « Comme juif, je sens l'heure venue de donner *un peu plus* que mon dû – parce qu'il y en a beaucoup qui ont donné ou qui donnent beaucoup moins qu'ils n'ont reçu » ; « comme socialiste, j'ai toujours prétendu que le désir de servir la communauté peut-être un mobile d'action aussi puissant que le désir de profit ou l'intérêt individuel » ; « comme sociologue et rationaliste, j'ai toujours affirmé que la seule pensée du salut commun suffisait à inspirer et à soutenir le don de chaque individu, jusqu'au complet sacrifice de soi, s'il le faut, sans qu'il soit besoin de symbole, ni de figuration mythologique[20]. »

Mais tous les témoignages, loin de là, ne disposent pas de cette netteté. Le consentement s'exprime parfois par des voies très détournées et autrement plus critiques. Un autre cas extrême peut être aussi ici sommé de comparaître. S'il n'est pas plus représentatif qu'un autre (mais quel témoignage pourrait l'être en l'absence de toute approche sérielle, au demeurant sans doute illusoire face à de tels enjeux ?), il nous aide à comprendre ce qui se passait chez certains. Léon Werth, écrivain au sens aigu de l'observation, issu des rangs libertaires et socialistes opposés à la guerre, ne cesse de rendre compte de son « consentement ». Le terme est récurrent, surtout dans son principal ouvrage, *Clavel soldat*. Il y revient dans son second récit sur la guerre, *Clavel chez les majors*, dans lequel il narre son expérience de blessé de guerre :

> « La guerre ne fut pas une crise de conscience. Elle ne prêtait guère à délibération. Les actes à accomplir ne dépendaient guère d'une opinion ou d'un sentiment. Ils étaient déterminés par le fascicule de mobilisation et obligatoires. Le plus mystique, le plus aveugle des patriotes et le révolutionnaire le plus fervent ne pouvaient qu'accomplir exactement les mêmes mouvements : obéir à leur fascicule de mobilisation[21]. »

Et dans le *Journal du peuple* du 3 avril 1918, Werth fait cette remarque de grande portée sociologique pour qui observe le comportement des hommes dans la guerre : « On ne voit dans la guerre nulle trace d'une volonté populaire. Mais on y voit partout les marques de l'obéissance populaire[22]. »

À première vue, les thèses de l'écrivain vont à l'encontre de celles qui s'appuient sur la notion de consentement. Léon Werth n'insiste-t-il pas sur l'obligation et la discipline, l'une et l'autre formes d'une contrainte pesant sur les poilus ? Sans doute. Mais cette contrainte est intériorisée, elle est la marque même du lien social et le résultat probable d'une éducation civique. Nul besoin d'injonction violente ou de menaces physiques. Le soldat obéit parce que l'obéissance aux autorités légitimes fait partie de la formation du citoyen normal. C'est ce qui navre sans doute le libertaire qu'est toujours resté le bon soldat que fut Werth, pris lui-même, avec une manière de lucidité désespérée, dans le même ordre de contrainte acceptée.

La problématique de l'obéissance et du consentement à celle-ci est d'époque. Comme l'a remarquablement mis en évidence un jeune historien, Emmanuel Saint-Fuscien, l'armée française s'est trouvée traversée avant la guerre par d'intenses débats ayant trait à la nature de l'obéissance et à ses modes opératoires. S'opposaient une vision traditionnelle, engageant une conception unilatérale de l'obéissance qui repose sur la contrainte et la répression, à une autre, plus moderne et plus démocratique, soulignant l'impératif d'une obéissance consentie. Ce dernier point de vue est défendu, avant que n'éclatent les hostilités, par Paul Simon, capitaine républicain, professeur à Saint-Cyr de 1906 à 1911, ancien élève de l'École polytechnique, tué au combat en mai 1915 :

> « Il faut que l'impulsion morale qui poussera les hommes en avant et la pensée qui les dirigera n'émane point du chef seul, mais qu'elles naissent et agissent spontanément dans le cœur et dans le cerveau de tous les gradés et de tous les soldats. En somme : l'ordre très dispersé et l'utilisation minutieuse des plus minimes accidents du sol, nécessaires dans l'offensive en face des armes modernes, créent fatalement pour tous les combattants une liberté, par l'activité spontanée, l'intelligence éclairée et le dévouement volontaire de tous[23]. »

Saint-Fuscien note très justement que cette « version militaire d'un "contrat social" passé entre l'individu soldat et la nation en armes a pour objectif de rendre compatible la pratique militaire de l'autorité et la démocratie[24] ». Avant-guerre, la thèse du consentement à l'autorité et aux devoirs militaires est plutôt installée sur la partie gauche de l'échiquier politique. L'atteste encore telle proposition de Jaurès extraite de *L'Armée nouvelle*, ouvrage publié en novembre 1910 dans lequel le grand leader socialiste, bientôt premier martyr de la Grande Guerre, s'efforçait de dessiner les contours d'une armée républicaine :

« Ce qui fait la beauté de la profession des armes, c'est qu'elle exige de l'homme qu'il soit toujours prêt à donner le plein effort, l'effort suprême. Il n'en est pas de plus grand que de donner sa vie, et de la donner, si je puis dire, avec réflexion et sagesse en obtenant du sacrifice consenti le plus d'effet possible pour la patrie. Garder la maîtrise de soi-même et la lucidité du commandement jusque dans l'extrémité du péril, et en ces minutes mêmes d'un sublime équivoque où l'homme ne sait plus au juste de quel côté de la mort il se trouve, c'est le devoir de l'officier, et pour qu'il y puisse atteindre, il faut que toutes les puissances d'héroïsme et de raison soient exaltées au plus haut[25]. »

Léon Werth n'est pas le seul témoin de la Grande Guerre à avoir abordé de face et en ces termes la question du consentement. Le mot n'est pas rare. On le trouve sous la plume de quelques grands témoins habituellement convoqués par les spécialistes pour renforcer leurs thèses ou annihiler celles de leurs adversaires. Emmanuel Saint-Fuscien en donne plusieurs exemples parmi lesquels j'en retiens deux tant ils mettent au jour la précocité d'une controverse qui n'a pas fini d'habiter les historiens, enrichissant leurs arguments de témoignages apparemment définitifs. Le premier est celui de Pierre-Alexis Meunier :

« […] il ne faut pas croire qu'ils ne savent pas, qu'ils ne se rendent pas compte. Allons donc ! Cette hypothèse pourra peut-être, un jour, servir de thème, dans les salons, aux beaux discours des derniers naturalistes ou de prétendus connaisseurs de l'âme populaire. Mais elle ferait hausser les épaules de quiconque sait voir et sentir. On osera encore dire que de tels hommes marchaient par soumission aveugle et craintive, comme un troupeau de moutons que les chiens de berger poussent vers les flammes ?

Non ! Ce n'est pas vrai des Boches. Ce l'est encore bien moins des Français[26]. »

Et le second d'André Maillet, rédigé en 1915 mais publié en 1919 :

« Quelle est donc la force qui nous pousse à la mort ? [...] Elle n'est pas humaine, je le sens bien. Aucune volonté d'homme ne pourrait nous imposer ces souffrances et la mort pour les autres si nous ne le voulions pas, si nous n'étions pas consentants. Aucune volonté d'homme ne pourrait résister à la puissance de nos volontés groupées et armées. Nous avons bien des chefs ; mais ce sont des hommes comme nous qui subissent la même poussée jaillie des profondeurs inconnues de la Vie. Ils s'en vont courbés sous le même souffle qui nous chasse ; ils obéissent aux mêmes lois, nous le savons. Ils ne nous sont pas étrangers, ce sont nos frères. Agents d'exécution du Destin, ils sont chargés d'organiser, de diriger la réalisation matérielle des injonctions données par Lui – le grand maître – acceptées par nous. [...] Des ordres ? Mais ils ne les formulent même pas. Nous les devinons ; ils sont en nous : c'est l'expression des nécessités que nous sentons et que nous pensons tous. Qui a formulé l'idée de l'attaque où nous allons ? Qui nous a demandé d'aller nous faire tuer ? Personne. Des coups de sifflet réglant l'étape, la durée de la pause, et c'est tout. Et nous sommes venus ici parce que nous sentions que c'était dans l'ordre logique et préétabli des événements. Qui a protesté ? Qui a murmuré ? Quel est celui qui a été un instant tenté de se soustraire à l'impérieuse nécessité, de déserter, le devoir ainsi créé ? – Personne[27]. »

Dira-t-on, comme les adversaires de la thèse du consentement le soutiennent, que ces témoignages sont politiquement déterminés ? Il n'est que de puiser dans le stock des citations venues de militants de la gauche syndicale et socialiste pour constater à quel point l'ordre des déterminations politiques n'est pas à lui seul un facteur d'explication en la matière. Ainsi cette lettre de Roger Cibot, militant antimilitariste d'avant-guerre, signataire de l'affiche rouge de 1905 éditée par l'Association internationaliste antimilitariste (AIA) :

> « Je croyais avoir suffisamment payé ma dette, il n'en est rien hélas. Lors de la déclaration de guerre en raison des causes qui la motivait je décidai avec nombre de mes amis de rejoindre mon corps escomptant d'aller à la frontière lutter contre l'impérialisme allemand. Je mettais là 20 années de propagande antimilitariste sous mes pieds et si je n'abdiquai pas mes idées premières, je partais sans arrière-pensées heureux d'apporter dans la lutte mon effort à l'effort commun. Il m'a fallu, monsieur, déchanter, car en raison de ma condamnation pour émission de fausse monnaie je fus assigné dans une section d'"exclus" de l'armée à Orléans. Je ne vous parlerai pas du milieu où je me suis trouvé, mais je ne saurai trouver les termes nécessaires pour vous peindre mes désappointements, d'être réduit à l'inutilité la plus complète, enfermé, et naturellement sans profit pour personne[28]. »

D'autres sources, plus sérielles, confirment ces analyses partielles et subjectives ou, pour le moins, ne les contredisent pas. Telles sont, par exemple, les archives émanant du contrôle postal, service progressivement institué dans le cours de l'année 1915 pour examiner les correspondances des soldats, afin notamment d'y repérer des oscillations du moral. On y cherchera en vain des expressions massives de dissidence ou de refus. Bruno Cabanes l'a montré pour la toute fin de la guerre[29], mais des sondages sur toute la durée du conflit vont dans le même sens, tout en confirmant les phases de démobilisation (qui ne signifient ni renoncement ni défaitisme ni même pacifisme, il faut insister sur ce point) comme celles de remobilisation. Une récente analyse des graffitis et des inscriptions figurant sur les trains de soldats, lieux d'une expression normalisée et relativement contrôlée depuis 1914, ne remet pas non plus en cause ce constat général, au-delà de quelques nuances liées au contexte très particulier de l'année 1917[30].

Plusieurs travaux de recherche se sont trouvés orientés, dans les toutes dernières années, par ce contexte historiographique. Chacun à leur manière, tous ont contribué à éprouver la solidité ou les limites de la thèse du consentement. L'un d'entre eux mérite qu'on s'y arrête un peu plus longuement. L'ouvrage, issu d'une thèse universitaire soutenue à l'École des hautes études en sciences sociales, met en évidence le consentement par son versant négatif : l'embusquage[31]. L'auteur, Charles Ridel, y dévoile toutes les stratégies possibles mises en œuvre par ceux qui voulaient échapper à la guerre. Plus précisément, il montre comment ceux qui souhaitaient sauver leur vie tentaient d'éviter le front tout en s'efforçant de préserver leur honneur selon les normes patriotiques en vigueur. Le regard social mais aussi la considération de soi contrecarraient toute espèce de fuite assumée. Il fallait parvenir à se soustraire à la guerre tout en donnant l'impression qu'on y participait, à moins de trouver une légitimité bien solide à ne pas la faire.

Deux exemples montrent à quel point le refus affiché de la guerre constituait une posture socialement impossible à tenir : le premier est dans la pratique de la dénonciation des « embusqués », non seulement dans la presse qui l'adopta comme l'un de ses thèmes de prédilection ou chez certains hommes politiques, comme Clemenceau, qui en firent l'un de leurs chevaux de bataille, mais aussi sous la forme de très nombreuses lettres de dénonciation adressées aux autorités sociales et aux journaux. Le soupçon partagé par tous – ne pas participer « vraiment » à la guerre même si on semble y participer – réduisit beaucoup les marges de manœuvre de ceux qui ne voulaient pas combattre.

L'autre exemple, d'une ampleur sans doute moindre, et beaucoup plus difficile à documenter, est dans la mauvaise conscience que l'on repère chez les hommes refoulés des rangs des combattants alors qu'ils souhaitaient contribuer au combat. La thèse de Yaël Dagan ayant trait au milieu de la *NRF* pendant la Grande Guerre illustre ces cas de figure[32]. L'auteure fait état du surinvestissement patriotique dans l'action symbolique, voire dans l'engagement civique d'intellectuels ne combattant pas, comme dans le cas d'André Gide, fondateur, avec Charles du Bos, du foyer franco-belge en charge des réfugiés belges. L'exemple de Gaston Gallimard, affichant haut et fort son rejet de la guerre et son refus à tout prix d'y participer, est tout à fait exceptionnel, car presque intenable dans une société qui fait du consentement à la guerre la norme sociale par excellence, avec laquelle on peut négocier, mais de laquelle on ne peut se soustraire.

On est en outre frappé dans quelques cas de fusillés, ceux par exemple étudiés par Nicolas Offenstadt, de constater que, loin de mettre en cause les formes normales du consentement à la guerre, ceux-ci ne font que mieux l'illustrer par les marges. Si l'on en croit les relations, toujours douteuses certes, des derrières paroles de certains fusillés, ceux-ci ne dénonçaient pas l'injustice ou n'en appelaient pas seulement à la pitié de leurs bourreaux. Il leur arriva de révéler leurs sentiments patriotiques comme l'atteste le « dernier cri » du zouave Garçault : « Je meurs pour la France et pour ma famille, vive la France[33] ! » Plus symptomatiquement encore, les « réhabilitionnistes » de l'entre-deux-guerres tentèrent souvent de montrer en quoi l'injustice était intolérable au regard des qualités de bons, voire de très bons soldats qu'avaient été les « fusillés pour l'exemple ».

On peut même aller plus loin dans l'articulation du refus et du consentement. Une lassitude, un désespoir circonstancié, sous l'emprise par exemple d'une dynamique collective qui fut celle des mutineries de 1917, peuvent ne pas rendre contradictoires le rejet de la guerre (« À bas la guerre ! ») et la volonté de résister à l'adversaire, soit, de fait, celle de poursuivre le combat. « On les aura quand on voudra, les sales Boches », peut-on lire sur les trains en juillet 1917, dans le contexte pourtant hostile au discours officiel des mutineries du début de l'été[34]. Le consentement peut abriter de telles configurations dont ne peuvent rendre compte des analyses trop durement clivées (consentement *vs* contrainte).

Les documents, à l'encontre de ce que l'on entend parfois dire, ne parlent jamais en eux-mêmes. Il convient toujours de les interroger et « leurs réponses » sont étroitement corrélées aux questions posées. Une source ne prouve jamais rien par elle-même, et certainement pas une thèse aussi généralisante que celle du consentement. Le massif documentaire mis à la disposition des historiens de la Grande Guerre, en l'état actuel de son inventaire en tout cas, n'en fournit pas moins un nombre considérable d'indices susceptibles de s'accorder avec l'hypothèse d'un consentement majoritaire des soldats. Mais, on l'a déjà entrevu, l'hypothèse est plus complexe qu'il n'y paraît. Elle ne peut pas trouver sa sanction sur la seule base de quelques « preuves » tirées de témoignages explicites qui viendraient la soutenir. Il convient donc, pour finir, de travailler davantage la notion et de l'enrichir en recourant à l'examen des usages auxquels elle donne lieu en d'autres domaines de la connaissance.

FACETTES DU CONSENTEMENT

Pour tenter de dépasser des querelles souvent devenues stériles, notamment lorsqu'elles se réduisent à la « bataille des témoignages », un détour par les usages du concept de « consentement » dans les sciences sociales peut s'avérer fécond. On réalisera alors que celui-ci est au cœur de leur démarche. N'ont-elles pas toutes pour ambition d'explorer les différentes modalités prises par le lien social ?

Un rapide inventaire met au jour trois grands types d'usage. Le premier est juridique, le deuxième médical, le dernier psychologique. On trouve dans le premier tout ce qui relève des traités internationaux, de la diplomatique mais aussi de certains types de contrat, comme le mariage (le « consentement » des époux mais aussi celui de la famille accordé si nécessaire), voire l'épineuse question du « consentement des victimes ». Dans le deuxième, se développe la question de plus en plus contemporaine du

« consentement des malades ». Dans le dernier affleure le vaste domaine du « consentement amoureux » dont on connaît la fortune littéraire et dramatique. On pourrait y adjoindre le volet particulier de l'hypnotisme, lorsqu'il s'agit de savoir s'il est ou non possible d'hypnotiser un individu sans son consentement.

À l'examen de ces différents registres d'utilisation, il est possible d'envisager cinq dimensions : a) sociale ; b) morale ; c) juridique ; d) politique ; e) psychologique. C'est à ces cinq niveaux que le dossier du consentement durant la Première Guerre mondiale devrait être rouvert afin d'y apporter des réponses plus méthodiques et moins idéologiques, de l'inscrire aussi dans une plus longue durée et une tradition conceptuelle susceptible d'en préciser et d'en densifier le contenu. Il apparaît, par exemple, que le *consentement à la guerre* se pose différemment dans une nation de type républicain, démocratique ou autoritaire, « le lien de dépendance et de subordination » n'allant « plus de soi dans l'horizon démocratique », remarque justement Claude Habib dans une étude consacrée au « consentement amoureux[35] ». Je reviendrai plus loin sur les enjeux politiques inscrits dans ce périmètre problématique.

Le consentement désigne, comme on l'a vu, une gamme très composite de comportements où entrent en jeu des règles et des mécanismes de nature différente et à des intensités très contrastées, qui vont de l'expression de la pure liberté individuelle à la contrainte extrême résultant de l'intériorisation de valeurs : le consentement peut être « libre » ou « forcé ». Qui plus est, le consentement, comme le note Geneviève Fraisse dans un tout autre contexte d'analyse – celui de la relation hommes/femmes –, « n'est pas toujours pur, il s'obscurcit de toutes sortes d'ombres portées sur sa liberté ; car le consentement peut être obtenu par la contrainte, peut être le fruit d'un rapport de force, implicite ou explicite[36] ». Elle ajoute :

> « Le consentement peut être *libre*, ou *forcé*, et le "oui" oscille toujours entre choix et contrainte. Libre de se marier, de divorcer, de choisir sa sexualité, de se vendre d'un côté, forcé de se marier, de quitter l'école, de se prostituer, de l'autre. Le consentement doit être *éclairé* pour qu'il soit valable face à un acte médical ou un engagement moral. Avant une intervention chirurgicale ou une décision judiciaire, on développe une pédagogie de l'acte de dire "oui" de manière à exprimer le respect de la personne concernée. Le consentement est parfois *tacite*, implicite, muet et, entre mimique et silence, les interprétations vont bon train ; inversement, il peut être acté, ou prouvé par des marques et des signes, des gestes et des mots[37]. »

Le féminisme et les études féminines sont profuses de réflexions sur le consentement placé au centre du lien social et de la relation entre hommes et femmes. C'est dans cette optique que l'on trouve souvent en usage des formules associant le consentement à la « figure de l'individu démocratique, privé et public[38] ». De tout aussi vifs débats que ceux qui divisent aujourd'hui les historiens de la Grande Guerre ont opposé entre eux, il y a une vingtaine d'années, plusieurs anthropologues (à commencer par Nicole-Claude Mathieu et Maurice Godelier) autour du consentement, de la violence et de la « défaite des femmes », vocabulaire qui, on le remarquera, renvoie directement à la guerre[39]. Nous constatons une nouvelle fois à quel point le terme est chargé d'affects car il interroge notre liberté d'agir et en dégage toutes les limites. Le consentement n'est pas le produit pur de consciences pures ayant librement choisi d'agir ou d'opter. Qui d'ailleurs aujourd'hui défendrait encore raisonnablement un tel schéma d'analyse qui pose naïvement l'individu face à la société, infiniment libre de ses choix ? Le consentement n'est jamais tout à fait libre, pas plus qu'il n'est tout à fait forcé. C'est dans cette marge ténue que se joue la liberté des acteurs. Restreinte, elle n'est pas dérisoire.

Un dramaturge du XVIIIe siècle comme Guyot de Merville intitula l'une de ses pièces en 1738, *Le Consentement forcé*. Cette comédie relate la façon dont un père est finalement convaincu du bien-fondé d'un mariage clandestin par la mise en évidence des qualités de la mariée. Ainsi une tricherie, une manipulation si l'on préfère, permet-elle d'obtenir l'accord final d'une personne qui s'y refusait initialement par principe. La forme la plus extrême de ce consentement paradoxal réside dans la figure juridique du consentement des victimes. Une thèse de droit de 1911, celle de René Fleury, aborde ces types de cas. S'appuyant au seuil de son étude sur la fameuse scène du *Médecin malgré lui* au cours de laquelle Martine lance à Monsieur Robert qu'il ne faut pas « s'ingérer dans les affaires d'autrui » et revendique son droit à être battue (« Il me plaît d'être battue. Voyez un peu cet impertinent qui veut empêcher les maris de battre leur femme. Et si je veux qu'il me batte, moi ! »), l'auteur soutient avant de les examiner l'existence de nombreux cas de cette espèce : « Tous les jours, autour de nous, nous voyons se manifester sous des formes diverses de semblables acceptations ; tous les jours il arrive que des gens consentent bénévolement à être lésés par les agissements délictueux d'autrui » : euthanasie, séduction et toutes les formes où se trouve contestée l'autorité ou la légitimité d'un acteur social[40].

Un autre terrain d'épreuve du consentement mérite aussi d'être évoqué, cette fois-ci dans l'univers médical. L'expérimentation nazie sur des sujets non consentants conduisit à l'adoption en 1947 du « Code de Nuremberg » qui exige le consentement *éclairé* des personnes soumises à tout protocole de recherche médicale. Le premier point du code peut passer pour une contribution à l'éclaircissement de la notion qui nous retient. Il suppose possible la transparence complète et parie sur la liberté et l'autonomie totales du sujet :

> « Le consentement volontaire du sujet humain est absolument essentiel. Cela veut dire que la personne intéressée doit jouir de capacité légale totale pour consentir : qu'elle doit être laissée libre de décider, sans intervention de quelque élément de force, de fraude, de contrainte, de supercherie, de duperie ou d'autres formes de contraintes ou de coercition. Il faut aussi qu'elle soit suffisamment renseignée, et connaisse toute la portée de l'expérience pratiquée sur elle, afin d'être capable de mesurer l'effet de sa décision[41]. »

On pourrait enfin évoquer d'autres espaces sociaux dans lesquels le consentement est requis comme forme nécessaire du lien social. Ni l'Université ni le monde de l'entreprise n'y échappent. Dans un ouvrage s'en prenant sévèrement aux dérives démocratiques du mouvement de Mai 1968, Raymond Aron revient sur l'articulation fondatrice du lien social en démocratie : la contrainte et le consentement. Selon lui, le déboîtement des deux notions n'a tout simplement aucun sens :

> « À certains égards, toutes les entreprises vraiment modernes ressemblent aux universités et exigent le consentement des travailleurs. Si vous considérez dans une usine complexe, même appartenant à la paléotechnique, une chaîne de montage d'automobiles par exemple, chacun est tenu d'accomplir une tâche parcellaire sans que s'exerce à chaque instant sur lui une menace de sanction. Bien entendu, les moyens de pression ne manquent pas : risque de renvoi, de chômage, etc. etc. Malgré tout, la vie quotidienne de l'organisation suppose la coopération de ceux qu'Auguste Comte appelait les sociétaires. Le fondateur du positivisme affirmait que l'ordre industriel tenait de l'ordre militaire, avec cette différence que la hiérarchie industrielle n'excluait pas la communauté de sociétaires[42]. »

Cette analyse est très suggestive. Elle pourrait nous servir de viatique… Mais je m'en suis tenu ici à en appeler à des répertoires d'actions éloignés de la Grande Guerre, encore que les situations dramatiques n'y manquent pas. Il n'en reste pas moins vrai que cette réflexion aux limites, effleurant la pointe extrême du consentement, nous permet d'en enrichir le contenu. Il est de bonne méthode historiographique que de ne pas s'en tenir au sens commun d'une notion pour tenter d'en éprouver les significations par un dépaysement contrôlé.

Au terme de ce chapitre, on peut prendre le cas d'une étude récente consacrée au consentement des Français à l'impôt des années 1860 aux années 1930 réalisée par Nicolas Delalande. Son étude inédite nous ramène vers les débats historiographiques qui nous intéressent ici. La longue citation qui suit montre que la façon retenue par l'auteur de poser la question du consentement s'inscrit dans une problématique parfaitement transposable au cas de la Grande Guerre. Comment un régime libéral, dépourvu des armes de la terreur policière, peut-il obtenir des citoyens une contribution, ces derniers ne bénéficiant pas en retour de ses effets immédiats ? Les enjeux sont évidemment beaucoup plus lourds dans le cas de ce qu'il est précisément convenu d'appeler « l'impôt du sang » : l'expression, utilisée pour la première fois sous une acception péjorative par le général Foy sous la Restauration, fut remise au goût du jour durant la Grande Guerre, notamment chez plusieurs députés[43]. Le cadre théorique de l'analyse peut ainsi rester le même à peu de chose près :

> « La notion de consentement, autour de laquelle nous souhaitons articuler notre étude, permet d'analyser le rapport des individus à l'impôt comme un processus social complexe orienté vers la recherche d'un système fiscal juste et légitime. Les moments critiques de contestation de l'impôt mettent en évidence les limites de la répartition des charges communes mais ne signifient pas que les conduites de rupture ou d'évitement privilégiées par les acteurs à un moment donné constituent à leurs yeux un mode souhaitable de rapport à la collectivité sur le long terme. Les publications savantes, les prises de parole autoproclamées des contribuables, les actions violentes de certains, malgré la diversité de leurs mobiles et de leurs manifestations, s'inscrivirent toutes plus ou moins dans un horizon d'attente fondé sur l'acceptation du principe fiscal (les ultralibéraux et les anarchistes mis à part). La question qui nous importe est donc la suivante : à quelles conditions le système fiscal, et à travers lui l'État, peut-il être jugé légitime et équitable

par le plus grand nombre des citoyens et accepté par eux ? C'est à la lumière de cette interrogation que l'on peut lire les expressions contestataires non comme de simples attitudes de refus catégoriques de la fiscalité mais comme des expériences de mises à l'épreuve des principes démocratiques du « vivre ensemble »[44]. »

C'est durant la guerre (à partir de 1917) que l'impôt sur le revenu s'est appliqué, après avoir été voté le 15 juillet 1914, et a ainsi contribué, pour sa part, à fabriquer du lien social, de la citoyenneté. Le recours à l'emprunt se situe dans la même lignée et éclaire la thématique du consentement à sa manière. Il n'est enfin pas indifférent de relever que la loi de mars 1926 établissant une caisse d'amortissement de la dette publique incitait les citoyens à apporter des fonds en mobilisant des références patriotiques et des appels à l'esprit de sacrifice tout imprégnés encore de la mémoire de la dernière guerre. On ne s'étonne pas de voir le maréchal Joffre présider le comité national chargé de collecter les sommes.

Il est d'autres raisons à la longue citation qui vient d'être faite. À quelques adaptations près, la problématique du consentement qu'elle met en œuvre s'adapte presque mot pour mot à celle que l'on a appliquée à la période de la Première Guerre mondiale[45]. L'auteur pointe justement deux aspects majeurs : l'égalité et la légitimité. L'une va d'ailleurs avec l'autre. La demande de sacrifice est d'autant plus légitime qu'elle est formulée par un régime républicain qui inscrit l'égalité au fronton de ses mairies. D'où l'enjeu majeur qu'a constitué l'embusquage. Les réponses apportées par les gouvernements (lois Dalbiez et Mourier) en prirent toute la mesure. En outre, l'idée de « dette sociale », déployée par toute une idéologie solidariste d'avant-guerre[46], a contribué aussi à légitimer la demande républicaine en replaçant chaque individu dans une chaîne de générations, en amont comme en aval, et dans la dépendance organique et morale de ses semblables. On pourra toujours contester l'impact de la diffusion de telles valeurs dans les profondeurs du corps social. Elles n'en ont pas moins été des références communes, une ligne de flottaison mentale et intellectuelle qui ne peut avoir été tout à fait sans effets.

Ce répertoire d'usages ouvert plaide en faveur de son utilisation pour la Grande Guerre. « L'autorité militaire pendant la Grande Guerre ne fonctionnait pas de manière unilatérale, mais plutôt dans le cadre d'une négociation complexe du consentement[47] », remarque Leonard Smith, suggérant que l'autorité ne peut disposer d'une efficacité que si elle est « consentie » mais « dans le cadre d'une négociation complexe ». En régime républicain, pas d'autorité sans consentement à celle-ci, car l'autorité ne peut s'y appuyer sur la seule force. Voilà pourquoi il valait mieux recourir au terme « consentement » qu'à celui d'adhésion, vocable qui exclut cette dimension décisive de la négociation. À l'encontre de ce qu'écrit un adversaire obstiné de la thèse du consentement, les deux termes ne sont absolument pas interchangeables, l'un dispose d'avantages certains sur l'autre[48].

Sous-jacente à toute cette discussion s'est affirmée à plusieurs reprises une réflexion qui tient à la nature du contrat social et du régime politique. Aborder le problème du consentement des soldats sans cette double perspective revient sans doute à n'en pas saisir l'un de ses principaux aspects. La difficulté que nous avons à penser le consentement des combattants à la guerre tient beaucoup à l'aporie dans laquelle nous enferment les principes politiques et moraux qui régissent les sociétés libérales. C'est ce que relève justement le philosophe Bruno Bernardi au seuil d'un ouvrage consacré à la notion d'obligation : « La modernité, en prétendant fonder la société sur la volonté de ses membres et en soustrayant celle-ci à la dépendance de tout pouvoir et à l'autorité de tout principe transcendant, aurait mis au fondement du lien social l'agent le plus propre à dissoudre tout lien d'obligation. Elle se serait écrite sous le signe d'un principe dont elle rendrait simultanément la réalisation impossible[49]. » Quelle société pourrait tenir sous le régime d'un individualisme radical qui dissoudrait tous les liens ? Les nations démocratiques ont ainsi inventé l'obligation *consentie* pour répondre à cette menace. Dans les sociétés organiques, la question de l'individu ne se posant pas, l'obligation n'a pas lieu d'être. L'obéissance y est une mécanique sociale indiscutée parce qu'impensée. La société des individus fonctionne en revanche sur d'autres ressorts que l'on observe fort bien se déployer dans le grand laboratoire social que constitua la Première Guerre mondiale. On y peut observer à loisir le fonctionnement de l'obligation démocratique :

> « L'obligation est la seule modalité du lien que puisse reconnaître une volonté libre. Cette proposition pourrait être le lieu commun des théories modernes de la morale et de la politique. L'affirmation du principe de la liberté de conscience, son prolongement dans le principe moral de l'autonomie (Kant lui aurait donné son expression canonique) reposent sur l'idée que la liberté et le devoir sont dans un rapport de double présupposition : il n'y a qu'une volonté libre qui puisse être susceptible d'une action par devoir ; c'est le fait de se déterminer par

> la représentation d'un devoir qui constitue la liberté de sa volonté. L'action libre est l'action faite par obligation. D'une autre façon, la relation d'obligation est au fondement de ce qui s'est imposé, au long d'un processus pluriséculaire, comme principe de la démocratie : c'est parce qu'il est présumé être engagé librement dans une communauté politique, et parce que cette présomption est rendue effective par le pouvoir, qui lui est reconnu et assuré, de participer à la formation des décisions collectives, que l'individu est obligé de les exécuter[50]. »

Des trois comportements sociaux décrits par Albert Hirschmann, défection, protestation et loyauté (*exit*, *voice*, *loyalty*)[51], face aux institutions prises dans la tourmente, ce sont surtout les deux derniers qui correspondent le mieux à ceux qu'adoptèrent les poilus-citoyens de la Grande Guerre. La grande majorité fut loyale, beaucoup protestèrent, très peu s'enfuirent. Pourquoi ? Non parce qu'ils trouvèrent dans le conflit l'accomplissement enthousiaste de leurs idéaux et qu'ils répondirent aveuglément à une propagande qu'ils étaient bien souvent les premiers à dénigrer. Les soldats eurent plus d'autonomie, aménagèrent des réponses et des comportements en fonction de leurs expériences mais restèrent tous dans le jeu. On pourrait aussi pour finir en appeler à la sociologie de l'obéissance weberienne et soutenir tout simplement que les soldats obéirent, dans la plupart des cas, parce qu'ils reconnaissaient toute légitimité non peut-être toujours dans les donneurs d'ordre immédiats mais dans la source de l'autorité (la République) que ceux-ci détenaient. En ce sens, qui n'est pas idéologique, l'armée française était bel et bien une armée républicaine.

Cette dernière hypothèse est la plus fragile car elle est au point de jonction, toujours on ne peut plus délicat, de l'individuel et du collectif. C'est à ce niveau que réside la source des plus grandes confusions d'analyse et que s'explique sans doute la virulence des controverses historiographiques. Les échelles et les lieux d'observation ne sont pas les mêmes. La variable individuelle, on le sait, est à l'origine d'une vieille querelle au sein des sciences sociales, qui ne divise plus, aujourd'hui, sociologues durkheimiens attachés au « fait social » ou aux régularités et historiens sensibles à l'homme et à sa psychologie. Y a-t-il une conscience individuelle en discordance derrière les actes et les manifestations sociales ? Que pense « au fond de lui-même » le soldat qui se bat, se bat bien et justifie la cause pour laquelle il se bat ? Dans son grand livre sur la « religion de Rabelais[52] », Lucien Febvre refusait de se poser la question de savoir si Rabelais croyait ou non en Dieu mais s'interrogeait sur le fait de savoir si la croyance ou l'incroyance étaient tout simplement *possibles*. On pourrait, sans trop d'artifice, déplacer la problématique du côté de la question qui nous a retenus tout au long de ce chapitre. Dans quelle mesure était-il *possible* de ne pas faire la guerre sans mauvaise conscience ? Et à quel prix ? Dans l'ouvrage que j'ai déjà cité, Geneviève Fraisse propose une approche du consentement qui tente de dépasser le clivage, tout aussi scolastique qu'épuisé, opposant la « société » aux « individus ». La société n'est jamais que le produit instable de relations sociales, résultat toujours en déséquilibre de l'interaction entre individus. Le consentement, comme le rappelle Fraisse, n'est jamais qu'un « compromis », « où il faut démêler l'écheveau du oui et du tant pis, de l'accord et de l'asservissement[53] ». Dès lors, il nous est utile de comprendre le consentement des soldats de la Grande Guerre dans le sillage de la philosophe : « User du consentement, non comme la reconnaissance de son double sens, adhérer et se soumettre, mais comme un seul sens, unique, celui qui ne fait plus la différence entre vouloir et subir, celui qui ne veut plus penser la victime, celui qui soutient l'individu dans sa capacité d'autonomie[54]. »

SUR LE TÉMOIGNAGE DE GUERRE
NORTON CRU ET Cie

DEUXIÈME PARTIE

Au sortir du XXe siècle, les témoins des expériences les plus dramatiques qui l'ont marqué ont pris une place prépondérante qu'ils ont conservée depuis. Il y a certes belle lurette que les historiens ont fait un sort aux souvenirs et aux récits de ceux qui avaient vécu les événements sur lesquels ils se penchaient. On pourrait même renvoyer aux périodes les plus anciennes et remarquer que bien des historiens de l'Antiquité furent attentifs aux témoignages[1]. L'histoire scientifique s'est montrée, elle, dans un premier temps en tout cas, plus frileuse avec la mémoire. Elle eut plutôt tendance à tenir à distance les témoignages directs. La Grande Guerre institua pourtant « l'ère du témoin[2] ». Elle mit en avant ce personnage tout à la fois nécessaire et dérangeant à qui l'on attribue une autorité particulière fondée sur sa seule expérience. Comme le remarque avec un brin de malice l'historien américain Leonard V. Smith, si les historiens de la Première Guerre mondiale éprouvent toujours quelque difficulté à cohabiter avec les témoignages, il leur serait tout à fait impossible de s'en passer[3].

C'est cette difficulté et cette nécessité que les chapitres qui suivent abordent. Dans le premier chapitre de cet ouvrage, j'ai présenté les vives controverses qui ont opposé entre eux les historiens de la Grande Guerre. On aurait tort cependant de s'en tenir à l'évocation de ces querelles dont je n'ai pas caché ce qu'elles trahissaient aussi de rivalités professionnelles ou politiques. Il convient maintenant de s'avancer sur le terrain même de l'histoire et de présenter les travaux eux-mêmes qui ont justifié des prises de position historiographiques.

J'ai déjà mentionné à plusieurs reprises le cas emblématique de Jean Norton Cru, auteur désormais placé au centre de bien des disputes ayant trait à la question du témoignage. Étrange personnage en vérité, furieusement intéressant et qui occupera principalement deux des trois chapitres de cette deuxième partie. Les problèmes soulevés par Norton Cru ne concernent d'ailleurs pas seulement l'histoire de la Grande Guerre. Ils touchent au métier de l'historien en général. C'est la raison pour laquelle il valait la peine de s'y arrêter un peu longuement. Nouvelle illustration, si nécessaire, de l'espace considérable occupé par la Grande Guerre dans l'histoire du XXe siècle, histoire comprise ici en ces deux sens : suite événementielle et science du temps.

L'autre versant qui nous permettra d'aborder concrètement la question du témoignage nous conduira à examiner le rôle qu'eurent les correspondances dans le maintien de la cellule familiale dispersée à la suite du déclenchement des hostilités. Norton Cru et ceux qui le suivirent, zélateurs comme critiques, ont surtout porté leur intérêt aux récits, journaux, carnets de notes, souvenirs, romans. Ce n'est qu'assez récemment que les historiens se sont interrogés sur ce qui transpirait de ces traces si émouvantes que sont les correspondances échangées entre les poilus et leurs familles.

Si les échanges épistolaires témoignent, comment et de quoi témoignent-ils ? C'est l'une des questions que je souhaite éclairer autant que faire se peut dans le deuxième chapitre de cette partie. Notons d'emblée que les soldats épistoliers eurent tôt le sentiment que leurs écrits allaient remplir un rôle décisif dans ce que l'on retiendrait de leur expérience combattante. Il ne fait aucun doute qu'une conscience historique commune lia entre elles ces multiples individualités, convaincues qu'elles étaient de vivre une séquence unique. Ainsi furent-ils nombreux à réclamer à leurs principaux correspondants de conserver les lettres qu'ils leur adressaient. Il leur arriva même de leur retourner les épîtres qu'ils avaient reçues d'eux. Tout bien pesé, ils furent les premiers archivistes de leur histoire.

Peut-être faut-il aujourd'hui réviser de fond en comble la façon un peu crédule dont les historiens français ont traité les documents témoignant sur la Grande Guerre. Ils n'y ont le plus souvent reconnu que d'immenses stocks de citations susceptibles de venir appuyer leurs thèses. Dans le sillage du livre classique de Norton Cru, *Témoins*, ce mode d'administration de la preuve ne retient de ce que relate l'ancien combattant que le « vrai », soit une factualité attestée, pour écarter le « faux » où s'accumulent les faits inventés. J'ai cité plusieurs historiens ayant adopté cette démarche dans la première partie de cet ouvrage. Leonard V. Smith opte, lui, pour une autre approche qu'il faut absolument prendre en considération si l'on souhaite sortir par le haut de ces entêtantes batailles de témoignages aussi stériles qu'épuisantes. Appuyé sur les théories de l'expérience développées par plusieurs historiens américains dans le cours des années 1990 – au point que l'on a pu parler d'un « *experiential turn*[4] » –, Smith considère que l'expérience des soldats s'est forgée à travers le récit que ces derniers ont fait de la guerre qu'ils avaient vécue (« récits et narrateurs s'engendrent les uns et les autres », remarque-t-il lapidairement[5]). L'historienne américaine Joan W. Scott, citée par Smith, note pour sa part, dans un important article, que « ce ne sont pas les individus qui ont une expérience, mais des sujets qui sont constitués par l'expérience[6] ». Ce renversement de perspectives offre de réels avantages à qui veut comprendre ce qui se joue dans les si nombreux témoignages qui traitent du premier conflit mondial. Cette immense expérience, les soldats ne l'ont peut-être réalisée qu'au moment où ils en parlaient et où ils en reconstituaient le fil narratif. La guerre est aussi une affaire de conscience, une affaire intellectuelle. Ce que réclame Smith à l'historien de la Grande Guerre est que celui-ci accepte de renoncer à ne considérer le témoin que sous un jour « judiciaire ». Le témoin n'est ni à répudier, ni à valider : il est à entendre, il est à comprendre.

Chapitre VI

LES MOTS POUR LE DIRE : JEAN NORTON CRU, DU TÉMOIGNAGE À L'HISTOIRE

L'œuvre de Jean Norton Cru ne peut être comprise dans l'ignorance de son auteur et du cadre intellectuel dans lequel celle-ci s'insère. Jusqu'aux plus récentes controverses qui ont fait de ce singulier auteur un véritable point de fixation, Jean Norton Cru fut, dès la publication de son maître livre *Témoins* en 1929, au centre d'affrontements opposant ceux qui le vouaient aux gémonies à d'autres qui saluaient son courage intellectuel[1]. La récente édition de sa correspondance de guerre apporte d'utiles informations sur la genèse de cette œuvre et la psychologie de son auteur. Les très nombreux adversaires de Norton Cru qui s'élevèrent contre son livre dès sa parution ne se firent pas faute de relever le caractère rigide de l'auteur : « sectaire du fait », écrivait de lui Julien Benda. Sa conception du témoignage lui valut quelques répliques cinglantes comme celle de l'une de ses cibles favorites, Roland Dorgelès, auteur célébré des *Croix de bois*, écrivant dans les *Nouvelles Littéraires* : « Ce que M. Cru inaugure, c'est, en somme, la critique selon saint Thomas. Ce qu'il n'a pas vu, il le nie. Il le nie obstinément, aveuglément. Il sait mieux que nous ce qui se passait dans notre propre tranchée, reprend les artilleurs, dément les sapeurs du génie, contredit les aviateurs, et pousse l'aplomb jusqu'à récuser le témoignage de Remarque comme combattant allemand[2]. » Le même avait noté avec un brin d'ironie, à l'occasion de la parution de *Témoins*, que s'il « suffisait d'avoir vécu un drame pour le bien conter, ce n'est pas Flaubert qui aurait écrit *Madame Bovary* : c'eut été le pharmacien[3] ».

Même si les échanges épistolaires de Norton Cru avec sa famille (sa mère et ses deux sœurs au premier chef) révèlent que *Témoins* est une œuvre qui surgit progressivement non pas, comme on le dit souvent par habitude, durant les hostilités mais après (sans doute au début des années 1920), les lettres n'en trahissent pas moins un système et des valeurs intellectuels, un outillage mental si l'on veut, qu'on retrouve à l'œuvre dans *Témoins*.

Cette configuration psycho-intellectuelle propre à l'auteur repose sur un trépied : réalisme, rationalisme, utilitarisme. Le réalisme de Norton Cru s'apprécie dans sa volonté d'accorder les mots avec les choses. Rien de surprenant à voir ce professeur de français aux États-Unis (il avait obtenu un poste d'enseignant en 1912 au Williams College de Williamstown dans le Massachusetts) devenir interprète à partir de la fin janvier 1917 et se passionner pour son travail. On ne s'étonnera pas non plus de son enthousiasme pour les synonymes, qui lui permettent d'exercer son goût pour ce qu'il appelle l'exactitude, ni de ses obsessions hygiénistes qui le conduisent à réclamer l'indulgence de sa sœur tant il l'accable de conseils en la matière (« Pardonne ton vieux maniaque de grand frère[4] », lui écrit-il), ni pour le savoir encyclopédique qui le pousse à accumuler des connaissances précises sur tout : longueur des réseaux de chemin de fer du monde entier, liste des sept lignes transcontinentales à travers les Rocheuses, types de locomotives et poids des modèles récents[5].

Son rationalisme s'exprime dans sa référence appuyée à Descartes et à Pascal :

> « J'ai glané pendant plusieurs années des noms, des œuvres, des faits, des chiffres. C'est si peu pour une si vaste question, mais lorsque je parle, j'ai la satisfaction de pouvoir m'appuyer sur des réalités, de faire connaître à certains tant de choses dont ils ne se doutent pas, mais dont ils ne peuvent douter car je ne parle pas en l'air, "de chic", d'imagination, comme c'est la déplorable habitude chez la plupart des humains. Ayons donc l'esprit logique et scientifique ! Croyons-en Descartes et Pascal qui ont tant fait pour nous apprendre l'ordre et l'honnêteté dans l'expression des pensées et dans leur enchaînement. Songeons au sérieux de la raison raisonnante, aux méfaits de ses erreurs, de son oubli des règles. N'oublions pas tout ce que les grands penseurs ont dit de la valeur du témoignage et du critérium de la vérité. Soyons scrupuleux[6]. »

Quant à l'utilité, elle constitue l'un des thèmes principaux de la morale de Jean Norton Cru. Chaque existence et chaque action se doivent d'être utiles. Ainsi se plaignit-il longtemps, jusqu'à son affectation dans le corps des interprètes, de ne pas être « utile ». Sa guerre de territorial, souvent en premières lignes du mois d'octobre 1914 au mois de janvier 1917 mais rarement combattant, quoiqu'il se soit trouvé à deux reprises en situation de combattre, notamment à Verdun à l'été 1916, ne lui semblait pas correspondre à ses compétences.

Sans doute serait-il aventureux de s'élancer dans une psychologie du personnage sur la seule base de ses lettres de guerre, exceptionnelles par leur longueur et par ce qu'elles traduisent d'un tempérament. La vie de Norton Cru, jusqu'au déclenchement des hostilités, comme ses propriétés sociales, conduisent sans doute à apporter quelques éclairages sur le témoignage qu'il voulut laisser de la guerre au travers de sa lecture critique des témoignages d'autrui. Né en 1879 d'un père français, pasteur ardéchois mais gyrovague à l'existence dissolue, ayant d'ailleurs fini par quitter le foyer familial en 1903 (il mourut en 1914), et d'une mère britannique qui survécut à son mari, dont le nom de famille, Norton, fut intégré au patronyme du fils aîné, Jean, l'auteur de *Témoins*, se trouva tôt placé, par suite de l'absence du père, au centre d'une famille de cinq enfants dont il devint comme le patriarche de substitution. À ses yeux, cette famille était élue : elle formait un clan qu'il voulait souder, une communauté qui se distinguait de toutes les autres, disposant d'un statut singulier lui conférant une mission particulière. Celle-ci octroyait à l'aîné d'éminentes responsabilités :

> « Si nous faisons bien notre travail, c'est donc moins par un mérite personnel que par suite de circonstances indépendantes de nos caractères : c'est notre naissance et notre passé qui nous mènent. Je ne songe certes pas à nous mettre au-dessus des autres, mais je comprends que nous apportons au sein de nos collaborateurs un levain spécial : nous semblons être mieux affranchis des

traditions, des méthodes, des théories toutes faites ; nous semblons être riches d'initiative, d'idées neuves, de facilité d'adaptation[7]. »

Ce contexte familial a incontestablement pesé sur la rédaction de *Témoins*. Le livre a bénéficié d'une aide importante de la part de la sœur cadette, Hélène, normalienne de l'École de Sèvres, devenue agrégée de lettres en 1917. J'aurai l'occasion de revenir dans le chapitre VIII sur le rôle de cet environnement familial dans l'œuvre de Jean Norton Cru

Témoins et témoignages

La démarche de ce dernier s'inscrit aussi dans un cadre général et en relation avec celui-ci. Il ne fut pas le premier à prendre conscience de l'importance qu'il y avait à témoigner des événements inouïs que la guerre avait engendrés. Comme nous l'avons vu précédemment, dès le début du conflit, Charles Petit-Dutaillis demanda aux instituteurs de son ressort de consigner par écrit les événements qu'ils étaient en train de vivre et qu'ils estimaient dignes d'être relevés. De son côté, par une circulaire du 3 mai 1915, le directeur de l'Enseignement supérieur fit appel aux sociétés savantes, aux comités départementaux de l'histoire de la Révolution, aux recteurs d'académie et aux professeurs d'université, afin de mobiliser les instituteurs comme l'avait fait Petit-Dutaillis. Il leur recommandait « expressément de n'accueillir que des renseignements rigoureusement contrôlés » car il ne s'agissait pas « de laisser s'établir des légendes, ni des “ mots historiques inventés”[8] ».

Du bon témoignage

Le témoin en histoire n'a pas le même statut que le témoin en justice. Sa parole est « bien plus qu'un message informatif ». Elle possède « une réflexivité politique » et une dimension morale[9]. Le témoin relate des faits et s'efforce de donner une signification morale à son expérience. On comprendra que l'œuvre de Jean Norton Cru puisse constituer « une page importante dans l'histoire théorique du témoignage ». Ce « témoin de témoins » reprit à son compte le « requisit des magistrats vis-à-vis d'un témoin oculaire : faire la preuve qu'il raconte ce qu'il a vu[10] ». S'il ne fut pas le seul de son espèce à mettre en œuvre le « modèle judiciaire » du témoignage, il fut l'un des plus rigoureux critiques des témoins de la Grande Guerre.

S'arrêter sur le cas Norton Cru pour approcher les catégories qui gouvernent selon lui le bon témoignage ne revient pas à le considérer comme « représentatif », mais comme le plus propre à rendre compte des limites extrêmes auxquelles peut tendre la critique du récit proposé par un témoin. Norton Cru disposait de quelques habitudes professionnelles qui éclairent ses choix sans pour autant en rendre compte dans leur totalité. Ses origines protestantes l'encouragèrent-elles à entretenir avec la vérité un rapport spécifique[11] ? Son métier de professeur de littérature et de langue le poussait-il (mais comment ?) à une vigilance particulière lorsqu'il s'agissait de penser les rapports entre littérature et vérité ? Son histoire familiale lui assigna-t-elle une position d'autorité qui le disposa à s'instituer en juge ? Toujours est-il qu'à l'encontre de nombre de ses contemporains, camarades de tranchées, il ne s'engagea pas dans la rédaction de ses souvenirs pour préférer lire ceux des autres aux fins de les évaluer. Il sélectionna deux cent cinquante auteurs et trois cent volumes publiés entre 1914 et 1928, puis commença un énorme travail de critique qui déboucha sur la célèbre publication de 1929.

Pour Norton Cru, l'enjeu que recouvre la question du témoignage de guerre est proprement formidable. Sa démarche ne s'apparente nullement à celle de l'historien érudit, même s'il en partage souvent les pratiques et s'il conçoit que son travail doive d'abord servir aux historiens du lendemain. Mais il aspire à beaucoup plus. De la qualité du témoignage sur la Grande Guerre dépend ni plus ni moins « la destinée future de l'humanité[12] ». Les insuffisances de la « science du témoignage » de son temps (Norton Cru n'est pas sans bien connaître les travaux des psychologues sur la question), qui inverse souvent les rôles entre « bons » et « mauvais » témoins, ont pour conséquence d'interdire l'accès à une connaissance correcte de la guerre. Cette méconnaissance contient en germe le péril d'une autre guerre. Il y a dans l'œuvre de Norton Cru une dimension civilisationnelle qu'explique peut-être son âme de missionnaire.

Quand Jean Norton Cru, en tête de son ouvrage, livre des informations biographiques le concernant (à l'exclusion toutefois d'un portrait psychologique), c'est aux fins de respecter l'un de ses propres critères qui font le bon témoignage. Ce dernier ne peut émaner d'un anonyme. Il faut connaître du témoin tout ce qui permettra d'éclairer la teneur de son récit : son expérience de la guerre en tout premier lieu (les fonctions, le grade, l'unité, la durée de séjour au front, etc.), mais aussi, dans la mesure du possible, la date de sa naissance, et, quand il y a lieu, celle de sa mort, ses origines familiales, ses études, ses diplômes, sa profession. C'est le témoin qui fait le témoignage et non l'inverse. La déclinaison de son identité et de sa biographie vient valider la relation testimoniale que l'on entreprend. Norton Cru est ainsi à l'origine d'une prosopographie qui guida et guide encore bien des études d'historiens. Ses informations résultant du croisement de sources secondaires (il ne put aller à la source des états civils par exemple), Norton Cru souligne, quand il le faut, les contradictions, comme dans le cas de la date de naissance de Barbusse, ou les silences.

Telle est la méthode de travail. Il convenait ensuite d'expliciter les choix. Ceux-ci devaient répondre à l'objectif du livre que Jean Norton Cru présentait en ces termes :

> « Ce livre a pour but de donner une image de la guerre d'après ceux qui l'ont vue de plus près ; de faire connaître les sentiments du soldat, qui ne sont pas des sentiments acquis par imitation ou par influence, mais qui sont sa réaction directe au contact de la guerre. Il a pour but de faire connaître toute une littérature, toute une classe de témoignages, une attitude d'esprit, une foi, un idéal, l'âme secrète de cette franc-maçonnerie des poilus, toutes choses inconnues, ou plutôt, et ce qui est pire, mal connues et méconnues[13]. »

Dès lors ne pouvaient être sélectionnés que les récits provenant d'auteurs ayant séjourné sur le front et dans des conditions qui leur avaient permis d'avoir une connaissance directe de ce qu'ils relataient. Ainsi récuse-t-il les témoignages d'auteurs dont le grade est supérieur à celui de capitaine. Dès que le témoin s'éloigne du récit de sa propre expérience, par exemple sous l'influence de lectures ultérieures ou de légendes qui viennent troubler son récit personnel, il perd de sa fiabilité : « Ces quelques citations prouvent de la façon la plus irrécusable que l'auteur a raconté les faits non d'après ses notes du front, mais d'après ses lectures ou d'après le folklore de l'arrière, celui de la période octobre 1914-mai 1915[14]. » Il fait les mêmes reproches à tous ceux qui abdiquent leur autonomie intellectuelle, pensant, hélas, mieux servir les historiens de demain en conférant à leur propos une portée générale dont le témoignage individuel serait dépourvu. C'est précisément le contraire que soutient Norton Cru tout au long de son livre.

Cette condition de production du témoignage constitue l'un des éléments de sa validation. Elle n'en est pas la seule. Viennent ensuite des qualités intrinsèques et associées à la personne même de l'auteur. La première tient à la dimension littéraire du texte. À cet égard, la position de Norton Cru est plus nuancée qu'il n'y paraît de prime abord. S'il semble en effet repousser la « littérature » (qu'il distingue du roman) de l'horizon du témoignage, car la recherche des « effets » éloigne l'auteur du souci qu'il doit avoir de rapporter les faits dans leur exactitude la plus absolue, il n'en sait pas moins recourir à des catégories propres à une appréciation esthétique pour louer certains témoignages[15]. Sa correspondance de guerre est d'ailleurs émaillée de notations qui trahissent une sensibilité et une culture littéraires tout à fait remarquables. Ayant d'emblée rejeté la poésie et le théâtre, il ne s'en montre pas moins sensible à la part « littéraire » d'une œuvre pour valider ou exclure un auteur.

Les exemples sont nombreux. Pour condamner un récit : « Le style est proprement apocalyptique, c'est dire qu'il est le plus mal adapté à la peinture de la guerre (en dépit de ceux qui ont usé et abusé du terme "apocalyptique" en parlant de la guerre ; noter l'absence de ce mot chez Genevoix, Lintier, Pézard, Pinguet, Dongot… tous les meilleurs)[16] » ; ou pour en nuancer la qualité : « Les idées justes, originales abondent dans le livre, bien que trop souvent mal exprimées[17]. » En général, l'enflure, l'outrance, l'héroïque (« les pages sur Verdun (p. 202-240) sont bien trop héroïques[18] »), tout ce qui laisse percer une volonté démonstrative appuyée sur le sang, l'obscène, l'horreur, etc., est discrédité par Norton Cru dont le système révèle une véritable « hantise de l'exagération » qui le rend parfois « difficile à vivre, pour ne pas dire terrifiant[19] ». Le « meilleur témoignage de médecin », celui de Max Deauville, mérite toutes les louanges précisément parce qu'il est « sain, honnête, sans outrance », écartant le « sensationnel », le « morbide », le « sadisme »[20], dont les seuils de tolérance chez Norton Cru sont difficiles à rétablir tant ses affirmations dépendent des circonstances de la formulation et d'inévitables préjugés dont il faudrait encore être en mesure de restituer la généalogie. Si l'humour peut avoir sa place (n'est-il pas inscrit dans le registre des passions humaines ?), il reste dans le cadre d'une stricte définition, qui, elle aussi, condamne l'excès, duquel il ne doit pas s'échapper au risque d'épuiser la valeur du témoignage avant même de l'abîmer par le mauvais goût qu'il traduirait :

> « Il y a diverses sortes d'humour. Celui dont Giraudoux et Mac Orlan usent et abusent dans leurs souvenirs de guerre est illégitime, faux, révoltant. Il consiste à présenter la guerre comme une grosse plaisanterie, une farce grotesque qu'il ne faut pas prendre au sérieux. Ces auteurs laissent croire que sous les obus ils n'ont jamais quitté leur sourire pincé ou leur physionomie gouailleuse, que l'angoisse n'a pas trouvé place dans leur âme. Quant à l'angoisse des camarades, c'est une grimace qu'ils notent pour l'ajouter aux autres drôleries[21]. »

Norton Cru a l'occasion de le formuler ailleurs dans son livre : « La guerre est un phénomène trop redoutable pour que le persiflage soit de mise à son égard[22]. » Comment ne pas mettre en relation cette dernière assertion avec cette remarque d'ordre général formulée dans l'une des lettres qu'il adresse à sa sœur Hélène pendant la guerre : « Je veux bien qu'on rie, je ne bannis pas le comique, mais je le juge d'après son degré d'utilité ou de nocivité[23] » ?

À l'inverse, le style littéraire d'une œuvre de témoignage peut la servir. Lorsqu'il combine, en une alchimie assez mystérieuse que Norton Cru juge possible, des qualités de sobriété et de concision avec le « vivant », le « coloré » et l'« évocateur »[24], toutes catégories renvoyant à son univers professionnel de professeur de littérature. Jamais en effet Norton Cru ne semble se départir de son sérieux professionnel. Il « surcorrige » son propre comportement comme celui des autres à la manière d'un professeur zélé. Ce sens de la mesure, régi par le balancement tranquille du « ni trop, ni trop peu », commande l'ensemble des appréciations littéraires de Norton Cru. Cette phobie de l'outrance répond à une préoccupation constante exprimée dans le cours même de la guerre : dans une lettre à sa sœur Alice, le futur Grand Correcteur s'en prend « aux excès de cette guerre, à l'hypertrophie émotionnelle qu'elle a créée, à la défaite de la pauvre logique qui s'enfuit sous les huées des enthousiastes bien intentionnés[25] ». Ancrer l'histoire de la guerre au socle de faits certifiés et crédibles. Toute démesure, excédant les frontières sages d'un récit véridique, quand bien même celui-ci traduirait une expérience réellement vécue, introduirait les germes dévastateurs du doute. On lit, sous-jacente aux normes du « bon témoignage » dessinées par Jean Norton Cru, cette règle générale qui affirme que lorsque le témoignage rend compte d'une expérience extravagante, il convient que celui-ci fasse place à l'ordinaire des choses aux fins de la certifier. Car au moindre vacillement, que provoquerait une relation frelatée, c'est l'ensemble même de l'expérience de la guerre, telle qu'elle était narrée par ceux qui l'avaient vécue, qui pouvait être mis en cause.

Ces quelques critères permettent de reconstituer une échelle d'appréciation sur laquelle étalonner tous les témoignages. Malgré quelques hésitations, les choix de Norton Cru se veulent définitifs : « Une fois qu'il a décidé qu'un témoignage était le bon, il le sacralise ; s'il a décidé qu'il n'était pas bon, il le renvoie dans le néant[26]. » La méthode de travail qu'il suit et qui, si on l'en croit, le pousse à lire et à relire plusieurs fois les mêmes textes comme pour mieux se les approprier (il affirme avoir lu *Ma pièce* de Lintier six fois et *Sous Verdun* de Genevoix, dix fois[27]), contribue à garantir une telle rigueur. Elle le conduit aussi à élever un système de valeurs qui autorise un jeu de références internes. Le comparatisme est sa méthode. Les témoins sont appréciés les uns par rapport aux autres, certains portés à l'état d'une quasi-perfection, d'autres enfouis sous les couches de son indignation. Ainsi s'oppose le « génie » de Genevoix à la « malhonnêteté » de Barbusse. Le premier a su conjuguer les qualités d'observation avec celles d'une narration tout à la fois exacte et de grande qualité littéraire :

> « Quelles sont donc ces qualités de narrateur que je n'ai pas craint d'appeler le génie de Genevoix ? Il a su raconter sa campagne de huit mois avec la plus scrupuleuse exactitude, en s'interdisant tout enjolivement dû à l'imagination, mais cependant en ressuscitant la vie des événements et des personnes, des âmes et des opinions,

des gestes et des attitudes, des paroles et des conversations. Son récit est l'image fidèle d'une vie qui fut vécue, comme un bon roman est l'image d'une vie fictive mais vraisemblable. Aucun récit de guerre ne ressemble plus à un roman, si bien que certains critiques se sont demandé dans quelle mesure l'imagination avait aidé à romancer la réalité. Il n'en est rien ; si ces critiques avaient vécu la vie du front, ils l'auraient reconnue chez Genevoix, sans transposition ; s'ils avaient su appliquer au texte l'appareil critique de vérification dont je me sers et qui appliqué à d'autres œuvres n'en a laissé que des ruines, ils auraient vu que Genevoix sort de l'épreuve réhabilité de tout soupçon. Ces dialogues si nombreux, qui ne peuvent pas avoir été notés en sténographie et que l'on pourrait déclarer fictifs, sont en réalité une de ces réussites merveilleuses qui font penser au génie. Comparez-les aux dialogues des romans de guerre, évidemment artificiels, comparez-les aux quelques dialogues des souvenirs et vous trouverez ceux de Genevoix savoureux dans leur simplicité, exempts d'effort et d'esprit littéraires, adaptés aux personnages, poilus, civils ou officiers. Genevoix est doué d'une mémoire auditive qui lui a permis de retrouver les mots typiques de chaque individu, son accent, sa manière de discuter, tout son tempérament enfin qui se faisait jour dans ses paroles. Aucun écrivain de l'avant ou de l'arrière n'a su faire parler les poilus avec un réalisme d'aussi bon aloi, un réalisme qui ne les idéalise pas plus qu'il ne les avilit. *Verba volant*... et l'on pourrait croire que les paroles vraies des poilus sont perdues à jamais faute de phonographes placés dans une niche du parapet. Mais au 106e leurs paroles impressionnèrent l'esprit spécialement doué d'un lieutenant qui sait les reproduire à temps, non pas dans leur mot à mot, mais dans la vérité essentielle de leur vocabulaire, de leur accent, de leur esprit. Nous autres combattants, nous avons une mémoire auditive qui ne nous permet pas de ressusciter les conversations comme Genevoix, mais qui nous rend capables de constater qu'elles *sonnent vrai*[28]. »

À l'inverse, Henri Barbusse, dans ses trois œuvres où la guerre est présente, *Le Feu*, *Clarté* et *Les Enchaînements*, a manifesté une rouerie de littérateur, avide d'effets et peu soucieux de vérité. Car, selon Norton Cru, il n'est qu'une seule route vers celle-ci, qui ne peut en aucun cas être atteinte par les voies détournées d'un récit qui n'en rendrait pas compte sans médiation. À la lecture des récits de Barbusse se dégage le sentiment d'être dupé par des moyens artificiels dépourvus de toute espèce de sincérité[29]. Truqueur, Barbusse n'avait retenu de la guerre que l'horreur la plus apparente, alors même que Norton Cru ne cesse de soutenir que les blessures les plus épouvantables résultèrent de l'épreuve psychique : « Barbusse, plus que personne, a usé et abusé de l'horreur anatomique. Il a mis à la mode cette façon de peindre la guerre, trop peu psychologue et trop peu renseigné sur le poilu pour comprendre que l'enfer des soldats est avant tout un enfer des idées : l'appréhension de l'attaque, le calcul des probabilités de mort, l'angoisse morale [...][30]. » Son irritation est d'autant plus grande que depuis 1917, un article de foi, assez largement répandu, faisait du *Feu* le témoignage le plus puissant et le plus original sur la guerre. Le triomphe de librairie l'avait imposé au détriment d'œuvres demeurées obscures et qui, selon Norton Cru, dévoilaient davantage ce qu'avait été l'expérience de la guerre.

L'auteur de *Témoins* n'est pas le seul à élaborer les règles devant présider au bon témoignage par l'examen des innombrables récits de guerre. Son originalité est à nuancer par rapport à d'autres critiques qui tentent d'exercer, alors même que la guerre n'est pas encore achevée, une vigilance nécessaire à l'histoire de demain. La comparaison entre ses appréciations et celles qu'avancent les recenseurs de la *Revue historique* ou celles du bibliographe Jean Vic, met au jour la méfiance quasi obsessionnelle de Norton Cru. Vic, qui mêle dans sa bibliographie des ouvrages et des textes de genres extrêmement divers, se présente comme beaucoup moins assuré que Norton Cru de la pertinence de ses choix. Il est vrai que son *Manuel* précède *Témoins* d'une dizaine d'années et qu'il ne disposait pas encore de la masse documentaire que Norton Cru fut en mesure de traiter : « Cet ouvrage étant essentiellement objectif, on s'est efforcé de n'y exprimer, en aucune de ses parties, des opinions personnelles. – Il renferme certainement des erreurs : l'auteur s'en excuse comme il le doit, et acceptera avec reconnaissance les rectifications que l'on voudra lui transmettre[31]. »

Dans l'univers de l'histoire professionnalisée, que Jean Norton Cru est bien loin d'ignorer sans toutefois y participer, la *Revue historique*, à l'encontre de la *Revue d'histoire moderne et contemporaine* et de la *Revue de synthèse*, n'avait pas interrompu ses livraisons durant la guerre. Dans son numéro d'avril 1915, une rubrique « Histoire de la guerre » fut ouverte. Elle accueillit de très nombreuses recensions de témoignages. Elle disparut progressivement au cours de l'année 1921. Le « bon témoin » y présente des qualités proches de celles que retient Norton Cru : la sobriété et la méfiance pour les abus d'effets littéraires, une esthétique de la mesure (« on y admire une langue saine et châtiée, qui ne dédaigne pas le trait, qui sait être forte sans aucune déclamation[32] »), la minutie de l'information (« il est dommage seulement que les noms de lieux aient été presque partout supprimés ; il ne nous est pas possible le plus souvent de deviner quel fut le théâtre de ces exploits[33] »), l'expérience directe de la guerre (« le récit est alerte ; il fait souvent frémir. Ce sont des impressions vécues, document précieux pour l'historien futur de cette guerre[34] »). Il n'en demeure pas moins que la mise en œuvre de cette grille sur des cas concrets n'aboutit pas toujours aux mêmes résultats.

Ainsi, alors que Norton Cru porte une piètre estime à l'œuvre de Charles Le Goffic, la *Revue historique* place l'auteur au niveau de ses grandes références positives : « Admirable récit, abondant en détails précis et puisés aux sources les plus vives, des rudes journées où la brigade des fusiliers marins combattit d'abord pour protéger la retraite de l'armée belge [...][35]. » Il en va de même pour le témoignage d'Henry d'Estre qui prétend avoir reconnu le cadavre du lieutenant Péguy, ce qui est accepté par la *Revue*[36] mais laisse Norton Cru perplexe (« Je veux bien le croire, mais il faut avouer que c'est un hasard providentiel »). Cette discordance résulte d'une expérience de la guerre radicalement différente qui donne à Norton Cru un sentiment de supériorité, l'imposant comme un ancien combattant ayant eu une connaissance longue et directe du combat (ce qui est fortement à nuancer comme je l'ai dit), à même donc d'apprécier en expert techniquement habilité la relation des faits de guerre. Ni Charles Bémont, ni Christian Pfister, les deux directeurs de la revue et principaux rédacteurs des comptes rendus d'ouvrages, ne pouvaient arguer de la même expérience du front. Leur vigilance factuelle est moindre et ils se montrent plus sensibles aux qualités « littéraires » des textes (« une série de petits chapitres d'une belle tenue littéraire[37] »), intégrant dans l'horizon de leur critique les poèmes de guerre de François-Louis Bertrand : « C'est un volume de vers dont il faut louer le charme, le rythme musical, les strophes à la coupe variée. Mais nous devons surtout le considérer comme un document d'histoire. Il a pour auteur un combattant, blessé deux fois, un officier qui a vu nos soldats et la bataille de près. Les vers ont été composés à Verdun, au fort de Douaumont, dans la forêt de Coucy, sur le front de Picardie ; ils nous apportent, en une belle forme, des impressions vécues ; quelques-uns d'entre eux seront cités par les futurs historiens de la Grande Guerre.[38] » Ils n'en jugent pas moins les textes en fonction de leur qualité strictement documentaire et luttent aussi contre les clichés et les légendes que dissipent parfois certains récits.

Les différentes expériences de la guerre ne suffisent pas à l'explication des divergences entre les historiens de la *Revue historique* et Norton Cru. Si ce dernier n'ignore pas ce que les légendes peuvent révéler de la psychologie du soldat, il se fixe d'abord pour tâche d'en dénoncer l'imposture. Le récit du lieutenant Péricard, qui fit de *Debout les morts !* la manifestation même de l'existence d'une communauté des soldats par-delà la mort, est jugé avec la plus grande sévérité par Norton Cru. Il s'en prend à son invraisemblance et, plus encore, s'irrite de la multiplicité des versions concernant un événement devenu mythique, né de la cervelle fantasque d'un combattant mythomane : des soldats tués auraient sauvé Péricard d'une mort certaine. La *Revue historique* réagit différemment, plus froidement, plus analytiquement, avec plus de distance que le pouvait non pas seulement un ancien combattant mais aussi un historien amateur : « Ce qui nous intéresse, plus que le détail du fait, c'est l'état d'âme d'où le cri a jailli. M. Péricard nous en donne une analyse qu'on ne saurait souhaiter plus complète ; c'est un véritable document dont s'enrichit la psychologie du combattant[39]. »

Il y a en revanche des sélections communes. Paul Lintier, avec *Ma pièce*[40], ou Genevoix font l'unanimité. On sait que ce sont là les deux ouvrages fondamentaux à l'intérieur du système de valeurs développé par Norton Cru. La préface que Lavisse a fournie à l'ouvrage de Genevoix contribua peut-être à l'intégrer aussi dans le patrimoine des récits de guerre utiles à l'historien. L'académicien, très convoité, ne préfaça que deux livres de guerre : celui de Genevoix et celui de Charles Delvert[41]. Il convient en effet de souligner que ce sont d'abord des écrivains, à commencer par Barrès, auxquels on faisait surtout appel pour préfacer les récits de témoignage. Leur notoriété était susceptible d'attirer davantage les lecteurs. Dans sa préface à Genevoix, Lavisse célébrait des qualités qui composaient le répertoire d'appréciations positives des recenseurs de la *Revue historique* : « Voilà du vrai, du réel, et cette vérité, cette réalité, au lieu de me déprimer, me fortifient. Je vois le soldat comme il est, et, sûr de le bien connaître, je l'aime et je l'admire en pleine sécurité[42] ! » Cet ouvrage fut sans doute l'un des plus loués par la *Revue historique* sur la base d'un argumentaire proche de celui que développa Norton Cru quelques années plus tard :

> « Le livre se compose des notes prises hâtivement, au jour le jour, sous l'impression directe des événements ; il a surtout le mérite d'être un document d'une rare sincérité ; au lieu de nous présenter une image édulcorée de la guerre, où un héroïsme facile se manifeste à chaque instant, il nous montre la poignante réalité. Il sait rendre la pénible tâche du chef de section. Pas de lieux communs ni de phrases sur les grands sentiments, mais

la description de ces menues besognes qui absorbent l'existence du soldat en campagne. [...] Il a su faire une œuvre d'art pittoresque, d'où se dégage la véritable physionomie du troupier français : grognard, nerveux, impressionnable, capable de panique, mais aussi goguenard, patient, docile, brave à l'excès et prêt à tous les sacrifices pour qui sait lui inspirer confiance[43]. »

Administrer la preuve

Souligner la qualité d'un témoignage ou en dénigrer la valeur passe toujours par une pratique de l'administration de la preuve qui s'appuie sur divers argumentaires. C'est encore une fois chez Norton Cru que l'on peut mettre en évidence le système le plus achevé et le plus rigoureux. Il est possible de distinguer chez lui plusieurs niveaux dans lesquels des indices extrêmement variés concourent à la validation d'un témoignage ou à sa répudiation. Les uns relèvent d'une critique interne du texte susceptible de mettre au jour des incohérences ou des impossibilités. Les autres s'apparentent à une critique externe, beaucoup moins probante, mais dont la force morale et littéraire est loin d'être négligeable, en raison même de la référence à l'expérience de la guerre qu'elle signale comme épreuve suprême.

Parmi les premiers, on relève, à plusieurs reprises, une analyse des termes employés. Cette attention portée à la langue prolonge une nouvelle fois des habitudes professionnelles : professeur de littérature en temps de paix, interprète en temps de guerre. L'observation révèle parfois des anachronismes qui fragilisent, selon Norton Cru, le témoignage dans sa totalité. Les mots sont des traces indélébiles qui valent les empreintes laissées par le criminel. Ainsi en va-t-il, par exemple, de l'utilisation des mots *poilus* et *Alboche*, auxquels les auteurs ont souvent recours dans leur récit de façon erronée. Norton Cru s'en prend à l'ouvrage d'Arnauld Doria, en y adjoignant un autre mot, « pinard », employé de façon anachronique : « Le mot "boche", inconnu en août 1914, se trouve aux pages 75, 77, 163, 164, 215, 220. Le mot "pinard" à la page 160 est aussi un anachronisme révélateur[44]. »

Mais le critère de vérité le plus utilisé par Norton Cru est celui qui renvoie à sa propre expérience de la guerre. C'est à cette aune qu'il tente aussi d'établir une *unité de témoignage*, réduisant à néant la diversité des expériences individuelles. La grille de qualité qu'il établit et qui fonde son système de mesure conjugue ses lectures et leur hiérarchie avec sa propre mémoire. À ceux qui lui opposent la fragilité de celle-ci au nom des acquis d'une psychologie mettant au jour sa sélectivité, il répond par la spécificité de l'événement. À la différence de l'incident dont on a été le témoin, la guerre par sa durée a imposé une uniformité qui rapporte les accidents à peu de chose. L'expérience de la guerre ne se présente pas comme un chaos d'expériences individuelles mais comme un tout « où tout s'harmonise », au-delà de la diversité apparente des témoignages. Il gît chez Norton Cru l'idée forte d'une vérité de la guerre sans laquelle son utopie s'effondrerait.

La conception intégriste de la vérité historique chez Norton Cru le pousse à une position extrême. Chaque guerre, comme chaque événement dont l'historien n'a pas une connaissance directe, soulève la question de ce qui fait preuve. Qui peut parler de l'événement advenu ? Les témoins disparus, la réponse devient simple, mais Norton Cru élabore son œuvre quand les témoins nombreux sont encore susceptibles d'intervenir et de contester les dires de l'historien qui ne dispose que d'une connaissance indirecte des faits qu'il relate. Norton Cru défend pour lui-même une posture éminente. Son *livre des livres* est rendu possible par son double statut : historien (même s'il n'est pas reconnu comme tel par une communauté professionnelle) et témoin. L'instance dernière qui lui permet de trancher de la qualité des témoignages n'est autre que lui-même. Jean Norton Cru institue ainsi *la preuve par le moi*. En un retournement paradoxal, la subjectivité devient la garante même de l'objectivité :

> « [...] on dira peut-être que pour n'être pas assez objectif mon travail n'a pas de valeur scientifique. Mais le lecteur attentif ne songera pas à me faire un procès en équivoquant sur les mots. Je ne suis subjectif que dans la mesure où, témoin moi-même, je juge des témoignages. Qui donc serait mieux à même de faire un premier triage des récits de combattants qu'un de leurs frères d'armes pourvu qu'il soit probe et patient dans ses recherches ? Comment un non-combattant de nos jours ou de l'avenir pourrait-il faire certaines critiques que l'on trouvera ici et qui seules peuvent établir que certains témoignages sont douteux ? Les petits faits significatifs de la tranchée constituent un domaine fermé, connu de ceux-là seuls qui vécurent la vie du poilu. Au tribunal et ailleurs on ne peut être juge et partie. Mais si l'on n'excepte pas notre sujet de cette règle, il faut renoncer à toute étude sérieuse des témoignages personnels de combattants et se résigner à ignorer la guerre telle qu'elle fut pour ceux qui en étaient les témoins-acteurs, c'est-à-dire la guerre en ce qu'elle a de plus intime, de plus concret, de plus humain, de plus essentiellement observable. Dans mon souci

> d'exactitude et de précision, entraîné d'ailleurs par la rigueur de ma méthode, j'ai été amené à juger des contemporains et des tués de la guerre comme il est d'usage de juger les auteurs morts depuis longtemps, comme M. Bédier juge Chateaubriand. On pourra trouver cela brutal, parfois cruel. Je m'en excuse très humblement auprès de ceux que j'aurai pu blesser, mais en vérité je n'avais pas le choix. Il me fallait procéder ainsi, sans souci des personnes, n'ayant pas le choix. Il me fallait procéder ainsi, sans souci des personnes, n'ayant en vue que des textes, ou alors renoncer à faire œuvre sérieuse et utile[45]. »

Il est désormais clair que la guerre ne peut se comprendre, ni surtout son expérience être rapportée, sur la seule base d'une connaissance livresque. Expérience qui éprouve l'âme par atteinte à l'intégrité du corps : nul ne peut se l'approprier par le seul effort intellectuel. La question se posait dès lors des conditions de possibilité d'une histoire de la guerre coupée de ses premiers témoins : « Je ne prétends pas par cela que les bibliographes de l'avenir seront désarmés car ils auront des modèles dans les bibliographies critiques que notre génération laissera [...] ; ils auront en outre bien des avantages que nous n'avons pas, dont le plus banal est la vision plus nette, plus objective, qu'on attribue au recul. Mais cet avantage ne saurait compenser leur inaptitude à critiquer certaines erreurs de témoins que seul un autre témoin peut discerner[46]. »

Ainsi les arguments d'autorité se multiplient-ils au fil des analyses. Le rejet est souvent fondé sur le caractère improbable ou impossible du vécu relaté au regard d'une expérience irrécusable, toujours présente, même si elle n'est pas explicitement évoquée à chaque instant : « Pour celui qui a fait la guerre, il est impossible que Christian-Frogé présente ici son carnet de campagne[47]. » D'où l'urgence de l'œuvre de classification à laquelle s'emploie Norton Cru sous l'empire d'une conscience historique proprement étourdissante. D'où aussi son empressement à dissiper, au plus vite, « quelques idées fausses sur la guerre » : dans la vaste introduction dont il fait précéder ses recensions, Norton Cru s'attache à démonter les fragments d'un discours militariste. Il s'engage ainsi dans une œuvre de révision historique qui relativise l'usage de la baïonnette agrémentant tant les représentations héroïques du poilu de 14 ou qui dénie l'existence des « monceaux de cadavres » et des « flots de sang » (« un des meilleurs critériums du faux témoignage[48] »), voire, plus loin, dans la partie analytique du livre, celle de la haine elle-même, un « sentiment que je déclare n'avoir jamais rencontré chez un poilu à l'égard de l'ennemi[49] ». Cette dernière mention ne correspond d'ailleurs guère à ce qu'il note lui-même dans une lettre où il relate un violent combat à Malancourt dans lequel il fut impliqué : « On fit peu de prisonniers dans cette affaire car nos troupes étaient indignées et leur fureur fut portée au comble lorsqu'on trouva un de nos blessés pendu à un arbre. Aussi les occupants des tranchées prises par nous furent massacrés à l'arme blanche, les seuls survivants durent la vie à l'intervention de nos officiers[50]. » L'euphémisation de la violence de guerre est toute relative chez Norton Cru, même s'il croit nécessaire de se justifier en se lançant dans une profession de foi au cours de laquelle il confesse son horreur de la guerre. Il sait évoquer les atrocités mais avec une réserve dont il faisait l'une des principales qualités du bon témoignage.

Classer et définir

Les premiers historiens de la guerre, toutes catégories confondues, se consacrèrent tout d'abord à une œuvre de classement par genre et par niveau de fiabilité. C'est de nouveau chez Norton Cru que cette entreprise est la plus aboutie. Comme pour mieux se prémunir contre des excès dans lesquels il s'abîme parfois, Norton Cru, par mesure de précaution, dénonce les dérives possibles : « Dans tout sujet qui n'est pas une science la classification poussée à ses dernières limites engendre plus de confusion et d'illogisme qu'elle ne procure d'avantages[51]. »

L'importante introduction dont il dota son ouvrage présente les cinq catégories qui présidèrent au regroupement des textes qu'il avait rassemblés. Chaque genre est apprécié en fonction de ses qualités d'authenticité. Au sommet de la hiérarchie se place le « journal » (journal de campagne, carnet de route, notes, etc.), matériau hétéroclite qui est formé des « documents les plus intéressants, les plus caractéristiques, les plus utiles ». Structurés par les dates, les journaux constituent une source falsifiable, qu'il est aisé de vérifier par recoupements même si la garantie n'est pas absolue : « Les dates sont un rappel à la probité : si elles n'ont pas opposé un obstacle à tous les récits mensongers, elles ont donné à l'ensemble des journaux une honnêteté moyenne qui dépasse de beaucoup celle des souvenirs et des romans. » À l'inverse, les « souvenirs », qui forment pourtant « la classe qui comprend le plus grand nombre d'auteurs », sont beaucoup plus douteux. Ils sont soumis à toutes les distorsions produites par la fuite du temps. S'appuyer sur eux pour fonder la vérité n'est point raisonnable. Le troisième genre, les « réflexions », est mal déterminé et peu à même de répondre à une enquête visant à rendre compte de l'expérience de la guerre. Les « lettres » en revanche ont des qualités propres qui les rapprochent du « journal » et constituent un gisement archivistique considérable et toujours susceptible d'être enrichi dans les années à venir :

> « Elles donnent la certitude que la version des faits racontés, l'expression des sentiments sont bien celles de la date de la lettre sans qu'aucune révision postérieure aux événements soit venue modifier le récit ou la pensée. L'impression immédiate, de premier jet, spontanée, primesautière, voilà ce que les lettres donnent et ce dont seules elles peuvent nous offrir la certitude. Or, ce que nous prisons le plus dans les impressions personnelles, c'est la vérité du moment. L'histoire peut attendre, elle gagne à attendre, à corriger, à réviser ; tout au contraire les impressions de témoins ont tout à craindre du temps, du délai, avec leurs repentirs et leurs palinodies[52]. »

Le « roman », enfin, donne naissance à la cinquième et dernière catégorie, genre « hybride » et peu fiable, proche des souvenirs.

Reste que cette taxonomie, de l'aveu même de Norton Cru, présente les défauts de sa rigidité. Certaines œuvres entrent difficilement dans l'une ou l'autre des rubriques proposées, quand certaines pourraient figurer dans plusieurs. Norton Cru dut entreprendre une comptabilité pour ne pas prêter le flanc à la moindre critique et renforcer la rigueur apparente de son système de classification. Ainsi en vient-il à classer en fonction du pourcentage du texte relevant d'un genre plutôt que d'un autre. Ce rigorisme taxonomique lui semblait absolument nécessaire aux fins de combattre d'autres systèmes de classification en cours, notamment dans la presse, qui lui paraissaient extrêmement nuisibles.

Une telle frénésie classificatoire s'apprécie aussi dans les annexes de *Témoins* composées de tableaux d'ensemble comparatifs et récapitulatifs. Le premier d'entre eux est le plus révélateur de la volonté normalisatrice de Norton Cru puisqu'il s'agit pour lui de construire une hiérarchie de valeur de vérité, « non pas vérité dogmatique, absolue ou transcendantale, mais vérité toute humaine, vérité du témoin sincère qui dit ce qu'il a fait, vu et senti, vérité accessible à tout homme intelligent qui sait voir, réfléchir et sentir. C'est la vérité que l'historien, le psychologue, le sociologue, prisent dans un témoignage[53] ». Sincérité et vérité se télescopent puisque la première, certifiée par l'intuition de l'observateur, est comme une garantie de l'accès à la seconde. Norton Cru établit ainsi six classes rassemblant ses deux cent cinquante auteurs sur une échelle de sincérité-vérité par ordre de valeur croissante : « nulle » (7 %) « très faible » (21 %), « médiocre » (26 %), « assez bonne » (20 %), « bonne » (14 %), « excellente » (12 %). Cette classification initiale est affinée en fonction des genres définis plus haut et « révèle » la supériorité des journaux sur tout autre type de témoignage. D'autres classements se font selon les professions, sur la base d'une taxonomie de métiers, selon les régiments et les divisions d'appartenance mais aussi en fonction des périodes de la guerre et des batailles évoquées par les récits, des dates de publication des volumes, des maisons d'édition, voire des préfaciers. Il s'agit bien, pour Jean Norton Cru, d'intervenir de la façon la plus directive et la plus visible dans le travail des futurs historiens, de se projeter dans l'histoire de l'histoire en fondant ce qui allait constituer une nouvelle historiographie, alors même qu'il œuvrait, solitaire, ignoré des historiens professionnels.

NAISSANCE D'UNE HISTORIOGRAPHIE

Que Jean Norton Cru n'ait pas été un historien de métier, selon les critères d'un temps marqué par la professionnalisation d'une pratique intellectuelle, n'ôte rien au rôle qu'il put remplir dans la naissance de l'historiographie de la Grande Guerre, encore moins dans la construction d'une conscience sociale de l'histoire du conflit qui ne put manquer d'imprégner les historiens de profession. N'entretenant aucune relation personnelle avec le monde de l'histoire universitaire, Norton Cru a cependant beaucoup consulté la *Revue historique*, avec laquelle il dialogue et à laquelle il sait d'ailleurs rendre hommage : « Cette revue a compris très tôt l'importance documentaire des récits de combattants ; aussi, malgré les difficultés du choix à cette date, s'est-elle efforcée de donner des comptes rendus d'un grand nombre d'entre eux dans les mois qui suivaient leur publication[54]. » Il fait aussi référence à la *Revue critique* ou au *Mercure de France*, où des « historiens » rendent compte, en nombre, des récits de la guerre de 14. À l'inverse, la *Revue historique* recense des ouvrages qui ne relèvent pas de l'histoire universitaire ou intervient sur des sources (les témoignages des combattants) qui ne font pas partie du patrimoine habituel des historiens professionnels. Plus encore que l'affaire Dreyfus[55], qui avait drainé toute une production d'ouvrages qui en élaboraient presque immédiatement l'histoire, la Première Guerre mondiale donna ainsi le jour à une historiographie du temps présent qui contribua à inscrire définitivement l'histoire contemporaine dans la pratique normale des historiens.

Les supports de la production

On a vu que Norton Cru ne fut ni le premier ni surtout le seul auteur à se lancer dans le travail titanesque de collecte des productions imprimées dont la guerre avait accouché. S'il se présente comme l'unique entrepreneur d'une telle tâche, c'est en raison de l'insatisfaction produite par l'œuvre de ses devanciers. À ses yeux, seul Albert Schinz[56], un professeur qui enseignait au Smith College dans le Massachusetts, avait approché l'idéal de rigueur qu'il s'était lui-même assigné.

Il existait pourtant un nombre important d'outils de travail qui servirent de base à son entreprise. L'Association des écrivains combattants avait édité une *Anthologie des écrivains morts à la guerre* sous la férule d'Edgar Malfère. En 1923, chez Berger-Levrault, Maurice d'Hartoy avait publié une bio-bibliographie des écrivains combattants français de 1914 à 1919 intitulée *La Génération du feu*[57].

L'ouvrage le plus imposant fut celui de Jean Vic[58] qui rassemblait plus de dix mille titres. Le projet de Vic, plus ambitieux que celui de Norton Cru, visait à rendre compte de l'ensemble de la production éditoriale, tout genre confondu. Il n'en partage pas moins les mêmes principes de rédaction, notamment la précision de l'information qui se manifeste, par exemple, dans la volonté de restituer la date exacte de parution de l'ouvrage, au mois près quand la chose était possible, soit par la recherche des annonces publicitaires, soit par l'examen des listes du dépôt légal. Lorsque ces deux pistes s'avéraient sans issue, Vic élargissait son enquête aux signatures des imprimeurs, aux comptes rendus publiés dans la presse ou encore, dernier recours, aux informations directement fournies par les auteurs ou les éditeurs.

La sélection des ouvrages répond à un choix tout aussi subjectif que celui de Norton Cru, mais il est présenté avec moins de rigueur apparente : « L'objet du présent travail étant l'étude de la littérature de guerre considérée comme expression de l'opinion publique, il n'a été tenu compte que des publications représentatives, en une certaine mesure, de l'état d'esprit général, soit par leur caractère, soit par leur diffusion[59]. » Nulle grille d'analyse ni même de théorie de la représentativité ou de la qualité du témoignage n'est présentée par Vic qui semble assumer cet arbitraire. Il est d'ailleurs soutenu par son préfacier Gustave Lanson qui se fait le défenseur d'une lecture rêveuse de la bibliographie au cours de laquelle l'imagination et la mémoire doivent se trouver sollicitées :

> « Je sais des "bibliographes", sévères conservateurs des traditions et des méthodes de leur science, qui se plaindront que M. Jean Vic ait conçu son catalogue d'une façon un peu libertine. Il a relâché l'austérité technique de la bibliographie ; il en a vêtu la nudité. Il a donné autre chose que des titres. Il a osé dire parfois ce qu'il y avait dans les livres, nous privant du plaisir de deviner, de vagabonder, de nous égarer sur des pistes fausses, mais si divertissantes ! Il a même eu l'audace – les jeunes ne doutent de rien – de dire son avis sur les livres : *celui-ci est important, celui-là ne contient pas grand-chose ; cet autre est spirituel ; en voici un qui est solide, etc.* Le vieux spécialiste grogne : ce n'est pas un travail tout à fait objectif[60]. »

Celui-là même qui défendait la liberté de l'auteur, jusque dans une science aussi austère et contraignante que l'était la bibliographie, se faisait l'avocat de ceux qui rédigèrent des histoires de la guerre, alors que le conflit n'était pas encore achevé. L'universitaire et le savant encourageaient donc leurs collègues à accepter l'idée de savoirs périssables. C'était là sans doute rendre possible une science historique du contemporain qui restait encore si fragile aux yeux de nombreux historiens.

Jean Vic est le premier à s'être engagé dans une œuvre d'une telle ampleur. Il avait été toutefois précédé par quelques travaux non négligeables qui lui fournirent une première base. Ainsi en est-il du catalogue publié par le Cercle de la Librairie en 1916[61] ou bien encore du Catalogue du fonds de la guerre établi par la bibliothèque de Lyon en 1917 comme, en 1916, celui de la collection de l'industriel Henri Leblanc, qui avait souhaité amasser toutes les traces du conflit susceptibles de fixer sa mémoire et d'en nourrir ultérieurement l'histoire. Cette frénésie collectionneuse n'est pas propre à la France : à Berlin, l'analogue des époux Leblanc, Richard Franck, œuvra à la constitution d'une collection de même type[62]. Ajoutons à ces inventaires plusieurs revues : *Polybiblion*, destinée aux bibliothécaires, inventoriant et rendant compte d'écrits publiés sur le conflit, le *Bulletin mensuel de la librairie française* et la publication officielle, *Les Livres de guerre*.

Il convient enfin de signaler tout un arsenal de collections ayant encadré la production éditoriale de guerre. Deux éditeurs l'emportent : Berger-Levrault, qui s'était spécialisé dans les textes militaires, et la maison catholique Bloud et Gay. Les deux publièrent quatre à cinq fascicules par mois, de quarante à cent vingt pages, intitulés, pour le premier, *Pages d'histoire*, et, pour le second, *Pages actuelles*. La première série est plutôt documentaire et accueille surtout des études de vulgarisation militaire et économique, des résumés chronologiques et des reproductions de documents officiels. La seconde, pour laquelle le Comité catholique de propagande française à l'étranger avait d'ailleurs son mot à dire, dispose davantage d'un caractère littéraire et accueille des essais de morale ou de philosophie. Ces brochures, très nombreuses, donnent lieu à des recensions régulières et paraissent occuper le centre de l'attention.

D'autres éditeurs ont aussi spécialisé certaines de leurs collections. Chapelot avec la « Guerre européenne », Floury avec « La Grande Guerre », Alcan et ses brochures rouges, Colin et les « Études et documents sur la guerre », Berger-Levrault avec sa « Bibliothèque de la guerre », Georges Crès avec « Bellum », Bloud et Gay avec « Récits et témoins », Hachette et ses « Mémoires et récits de guerre[63] », le ministère des Affaires étrangères, publiant lui-même des « Documents diplomatiques », sous l'égide de l'Imprimerie nationale, etc., encadrent une production éditoriale tournée vers la guerre qui, en fournissant tout à la fois les premières études et les premiers témoignages, fonde toute une historiographie. À quoi s'ajoutent des chronologies et des éphémérides visant à fixer le souvenir exact et la date précise des événements, si chers à Jean Norton Cru et à quelques autres. Remèdes à la crise du temps ouverte par une guerre à la durée devenue si incertaine…

À la fin de l'année 1921, l'ancienne section historique de l'Armée, réorganisée et renforcée, devenue Service historique de l'état-major de l'Armée, décida de commencer la publication systématique des documents officiels se rapportant aux opérations de guerre. Le travail de tri et de classement de près de soixante mille cartons, débuté en 1919, n'était alors pas encore achevé. De son côté, la Société d'histoire de la guerre publiait les *Archives de la Grande Guerre*, périodique qui portait le sous-titre de *Revue internationale de documentation contemporaine.* En 1923, ce périodique prit le titre de *Revue d'histoire de la guerre mondiale* et fut confié à deux historiens de métier : Camille Bloch et Pierre Renouvin. Cette prise en charge « scientifique », qui allait conduire à une spécialisation des historiens, se fit au moment même où la production historique relative au conflit connaissait un recul sensible. En mai 1922, dans la *Revue de synthèse historique*, Pierre Caron, historien qui avait fondé avec Philippe Sagnac la *Revue d'histoire moderne et contemporaine* en 1899, constatait que l'intérêt pour l'histoire de la guerre était en baisse depuis quelques mois : « Les éditeurs le savent bien ; "on ne veut plus, disent-ils, entendre parler de l'histoire de la guerre" ; ils exagèrent, mais il est certain que, dans ce domaine, la capacité d'absorption de la clientèle a sensiblement diminué[64]. » Dans le « Bulletin historique » que la *Revue historique* consacra à l'histoire de la guerre, Pierre Renouvin en faisait l'analyse suivante :

> « Au cours des deux dernières années, les tendances générales de la "production" historique relative à la guerre de 1914-1918 se sont modifiées : les souvenirs et les impressions de combattants sont devenus rares ; les témoignages les plus importants concernent la politique générale des États, autant que la conduite de leurs armées ; les publications de documentation contemporaine éparses dans les journaux, les documents parlementaires et les publications officielles, tandis que la fringale qu'avait provoquée l'apparition des premiers documents diplomatiques s'apaisait. C'est dans le domaine de l'histoire des opérations militaires ou navales qu'une élaboration systématique de ces matériaux et des

documents d'archives s'est le plus souvent développée ; mais le travail critique y est plus rare, car ceux qui ont accès aux archives sont tenus à une certaine réserve et s'inspirent souvent plus de considérations didactiques qu'historiques[65]. »

L'histoire de la guerre était définitivement entrée dans son âge scientifique. Mais de quelle science s'agissait-il alors ?

Un retour à l'ordre ?

On a pu parler de la Première Guerre mondiale comme d'un moment de « retour à l'ordre » dans le domaine esthétique[66]. Il s'agit, pour finir, d'examiner la valeur de cette thèse en ce qui concerne l'historiographie et de voir comment de nouveaux protocoles de recherche se mirent en place ou comment d'anciens furent réactivés. On sait que le début du siècle avait été marqué par des tentatives nouvelles du côté de l'histoire qui tentaient d'accompagner le mouvement entraînant l'ensemble des sciences sociales vers une plus grande pratique de l'interdisciplinarité. Que des disciplines aient revendiqué pour elles-mêmes la place la plus éminente dans ce vaste dispositif ne change rien à ce constat : une circulation entre les disciplines s'imposa progressivement. Quelques historiens commencèrent à sortir des sentiers ouverts par « l'histoire méthodique » pour tenter d'intégrer les apports d'autres sciences sociales, voire ceux de la philosophie. Henri Berr eut l'ambition de fédérer ces entreprises dans sa *Revue de synthèse historique* créée en 1901, périodique qui, comme d'autres, dut interrompre ses livraisons durant le conflit[67].

Lorsque la revue reprit sa parution en 1920, avec sa livraison datée d'août-septembre 1919, Henri Berr revint sur le conflit qui venait de s'achever pour apprécier sa place dans l'horizon des historiens de l'après-guerre :

> « L'histoire vécue fournit à l'historien une matière immense et d'un prodigieux intérêt. Mais l'histoire vécue, et vécue de façon si intense, comporte-t-elle, parmi ses conséquences, une modification du travail historique ? Voilà le problème capital auquel l'historien ne saurait se soustraire.
>
> Le travailleur qui, au début d'août 1914, a abandonné soudain son cabinet et ses livres, qui a interrompu un ouvrage, une thèse, au milieu d'un chapitre, et quelquefois – dans le trouble de ces journées critiques – au milieu d'une phrase, va-t-il reprendre tout uniment sa tâche et renouer le fil, sans hésitation ? Je n'entends pas seulement que le sujet choisi par lui jadis peut ne plus l'intéresser, ou que l'effort nécessaire pour rentrer en possession intellectuelle de matériaux anciens et se "remettre au courant" peut le rebuter. Je veux dire qu'il n'aura pas agi et souffert, qu'il n'aura pas été mêlé aux hommes, qu'il n'aura point participé à l'histoire la plus riche, la plus complexe et quelquefois, peut-être, la plus déconcertante pour lui, sans que des doutes sur l'utilité du travail historique, des scrupules au moins sur la meilleure façon de le concevoir, soient nés dans son esprit. Sans doute ceux-là mêmes que les questions théoriques laissaient le plus indifférents ne sont-ils plus aussi disposés à suivre, dans la recherche ou dans l'enseignement, soit leur instinct, soit la routine. D'une façon générale, il semble que, pour beaucoup, une vie de

l'esprit commence, presque neuve. La secousse a été si forte qu'elle a réveillé la faculté – très vite éteinte chez la plupart des hommes – de s'étonner et de chercher le pourquoi des choses[68]. »

Ce que Berr n'était parvenu que très partiellement à atteindre avant-guerre, le conflit allait-il donc le permettre ? Autrement dit, grâce aux événements vécus, allait-on assister à une accélération des efforts de « synthèse », c'est-à-dire à un approfondissement de cette démarche visant à conférer un sens général au travail historique sans toutefois sombrer dans les errements de la philosophie de l'histoire ? Ce que Berr considérait, au fond, comme une œuvre de modernisation de l'histoire parviendrait-il à se poursuivre et à s'enrichir ? C'est l'espoir qu'il caresse en appelant d'emblée au lancement d'un travail empirique : ouvrir une enquête susceptible de comprendre en quoi les événements passés pesaient désormais sur la production de l'histoire. C'était répondre à la science allemande, en refusant tout à la fois l'érudition, qui avait tant intimidé les historiens français de l'avant-guerre, et les « spéculations hasardeuses ». Il convenait de donner à l'histoire une application pratique. Car la guerre avait imposé à l'histoire la mission de devenir une science appliquée. En témoignait, remarquait Berr, l'orientation nouvelle prise par revues, livres et même chaires universitaires qui s'emparaient des « problèmes de l'actualité politique[69] ».

La pratique de l'histoire ne sortait donc pas indemne du conflit. Celui-ci, en ayant mis à flot des questions aussi fondamentales que la vie des individus et des peuples, le « sort même de la race humaine », comme la valeur des principes qui la dirigeaient, avait imposé de nouvelles exigences à l'historien. Récusant une nouvelle fois la « philosophie de l'histoire », beaucoup trop compromise avec la science allemande, Berr défendait avec force l'urgence d'une « synthèse historique » qui devait guider le travail des historiens.

On revint dans la revue sur la question de l'utilité de l'histoire. Berr, qui en défendait l'idée, n'était pas sans savoir que la nécessité qu'il y avait à doter l'histoire d'une fonction sociale ne devait pas conduire celle-ci à se soumettre à la politique des États, fût-elle aussi juste que celle menée durant la guerre par la France, nation injustement agressée. Il n'oubliait pas que la discipline historique à laquelle, depuis le début du siècle, il prétendait forger une identité intellectuelle qui aille au-delà de la simple chronique du passé, devait conserver une autonomie qui lui assurât un libre développement intellectuel. Voilà sans doute l'une des raisons pour lesquelles Berr ne rechigna point à publier dans la livraison de la revue de février 1920 la première leçon que son jeune disciple Lucien Febvre avait prononcée dans la toute nouvelle université de Strasbourg : « L'histoire qui sert, c'est une histoire serve. Professeurs de l'université française de Strasbourg, nous ne sommes point les missionnaires débottés d'un évangile national officiel, si beau, si grand, si bien intentionné qu'il puisse paraître. [...] L'histoire est une science. Elle n'est pas une avocasserie[70]. »

Il était bon sans doute d'élever cette position à la dignité d'un article de foi car l'environnement historiographique de l'après-guerre n'était pas nécessairement propice à une telle sagesse épistémologique. Lucien Febvre était l'un des plus sévères face à l'état dans lequel sa discipline se trouvait au sortir de la guerre : « Parmi les revues historiques, les doyennes seules subsistent – et ce sont de gros corps sans âme et sans vie. Tout cela nous ramène toujours à la nécessité de relancer la revue[71]... » De la guerre avaient surgi des questionnaires et des façons d'y répondre qui pouvaient orienter la pratique des historiens vers un retour aux règles de l'histoire méthodique. Au sein même de la *Revue de synthèse historique*, Pierre Caron défendait une histoire de la guerre repliée sur elle-même :

> « Le travailleur qui aborde l'histoire de la guerre doit s'être prémuni contre un danger : celui de donner au sujet, dans le temps, une extension démesurée. On se laisserait assez facilement aller à comprendre dans l'histoire de la guerre celle des événements qui l'ont préparée et celle de ses conséquences : il faut résister à cette tentation. L'histoire de la guerre n'est pas celle de l'avant-guerre, et encore moins celle de l'après-guerre. On doit considérer que le traité de Versailles a clos la guerre de 1914-1918 comme les traités de Vienne avaient clos les guerres de la Révolution et de l'Empire. Qu'on prenne comme terme final la date de la signature du traité ou celle de sa mise en vigueur, ou celle de la cessation officielle, en France, des hostilités, peu importe : la différence n'est que de quelques semaines, ou de quelques mois. L'essentiel, c'est que, une fois mise en place, la borne doit être respectée ; autrement on irait à la confusion, et, à force d'exagération, au néant. Pourquoi et où arrêter un exposé des conséquences économiques, sociales, politiques de la guerre[72] ? »

Il s'agissait bien de faire de la guerre une parenthèse dans l'ordre du temps comme dans celui des choses et de réserver son histoire à ceux qui savaient le mieux en parler : les hommes qui l'avaient vue de près. Que Norton Cru se soit référé à cet article dans la longue introduction dont il accompagna *Témoins* est ainsi tout à fait compréhensible. Caron plaide en faveur d'un travail de tri préalable et s'en prend aux pièges de la littérature de guerre dans lesquels, selon lui, tombaient trop souvent les historiens. Démêler le vrai du faux, par les techniques les plus appropriées et le sens critique le plus affiné, telle devait être la tâche nouvelle des historiens de la guerre : « [...] il y a un redressement à opérer ; et, plus efficacement peut-être que les exhortations théoriques, des prédications par l'exemple, en créant la réaccoutumance, permettront de renouer le fil de la tradition[73]. »

Les historiens, universitaires ou non, et les bibliographes qui participèrent à ce moment historiographique déployèrent une conception de la science historique héritée de la culture de guerre. Ce qui ne signifie pas que les catégories et les démarches avancées furent les mêmes pour tous. Il n'en demeure pas moins vrai que la conception dominante, contre laquelle me semblent réagir immédiatement Marc Bloch et Lucien Febvre, est commandée par la volonté incarnée à l'état presque pur par Norton Cru : la conquête première d'établir un fond de vérité intangible reflétant l'expérience de la guerre dans sa plus minutieuse exactitude. Il n'est pas d'autre tâche assignée à l'historien qui aspire à étudier le conflit. On mesure ainsi toute la différence d'approche qui oppose, par exemple, Bloch et Norton Cru face aux rumeurs de guerre. Le premier appelle à les étudier comme un phénomène en soi. Le second, qui signale à plusieurs reprises le phénomène, se préoccupe d'abord de les dissiper en soulignant leur invraisemblance ou leur impossibilité. S'il esquisse parfois leur généalogie, comme le propose Bloch, c'est pour en démontrer l'absurdité.

Reste que la posture historiographique de Norton Cru est moins traditionaliste qu'il n'y paraît de prime abord. Cet historien amateur (mais la guerre a contribué à ralentir la professionnalisation de l'histoire en intégrant des non-universitaires dans le champ de l'histoire scientifique de la Grande Guerre) développe des positions originales. Ainsi en va-t-il de sa critique de l'histoire militaire, incapable selon lui de rendre compte de l'histoire du conflit telle qu'il la souhaite. La façon dont il critique l'histoire militaire existante, articulant le général et le particulier, trouve écho dans une critique de l'histoire traditionnelle de l'époque. L'histoire résolument empiriste de Norton Cru le conduit ainsi à s'en prendre à l'abstraction qui règle l'histoire militaire et politique telle qu'elle s'écrit le plus souvent, à l'encontre de la seule réalité qui vaille de retenir l'attention de l'historien : les « faits psychologiques », autrement dit, les représentations :

> « Est-ce à dire que les documents d'état-major soient inutilisables ? Certes non. Seuls ils permettent de concevoir l'ensemble, de traiter du général, et sans cela il ne saurait y avoir d'histoire. Mais le général est constitué de la multitude de faits particuliers ; traiter du général sans consulter ceux qui ont agi, souffert, vécu dans le détail des faits particuliers, c'est créer de toutes pièces un général dissocié de toute réalité, c'est tenter de concevoir et de raconter le rêve que serait une guerre de cadres. En effet, les documents d'état-major ne sont pas une réalité par eux-mêmes ; ils ne contiennent de réel que celui qui leur a été transmis du front combattant et cette transmission comporte des pertes sérieuses, comme une sorte de déperdition de courant.

À cette cause d'erreur s'ajoute la fascination exercée par les grandes batailles sur les historiens militaires et sur leurs lecteurs. Notre esprit a une trop forte tendance à concevoir des abstractions et à les considérer comme des réalités objectives. Nous parlons de la bataille de la Marne comme si c'était un fait, et ce fait nous voulons tenter de le raconter, de l'expliquer, de le juger. La bataille de la Marne, dans l'état actuel de nos connaissances, n'est guère plus qu'une abstraction ; elle est une notion commode qui nous permet de concevoir plus clairement l'ensemble des batailles de l'Ourcq, des deux Morins, de Vitry, etc. Ces batailles elles-mêmes n'ont de réalité qu'en ce qu'elles résument les engagements de corps d'armées, divisions, régiments, compagnies, etc., pour arriver jusqu'au soldat individuel qui est la réalité primordiale, celle qui prête la vie à la notion abstraite de bataille de la Marne [...][74]. »

L'approche historiographique de la *Revue historique*, telle qu'elle se dégage durant les années de guerre et les années 1920, a finalement moins de consistance théorique. Réitérant, dans le numéro de septembre 1914, la profession de foi de la revue en faveur de « l'impartialité », Charles Bémont et Christian Pfister n'en prenaient pas moins le parti de la France contre le manifeste des intellectuels allemands. Ils y relevaient, « douloureusement », les noms de plusieurs de leurs collègues dont ils reconnaissaient les mérites d'autrefois. Tout se passait comme si la meilleure part des savants allemands avait été intellectuellement désarmée face à un « très grave problème d'histoire contemporaine » : « [...] ils ont oublié tout à coup, et comme s'ils obéissaient à une consigne, les principes mêmes de leur enseignement et de leurs livres[75]. » La nationalisation de la vérité entamait une belle carrière. Comment d'ailleurs auraient-ils été en mesure de réagir autrement[76] ?

Se développe une conception nouvelle de l'impartialité qui refuse de mettre sur le même plan les vérités de l'agresseur (l'Allemagne) et celles de l'agressé (la France). Le neutralisme ou l'impartialité absolue reviendrait tout simplement à trahir cette vérité même. La pratique de l'histoire doit se ressentir de cette voie nouvelle de construction du vrai en même temps qu'elle se fait encore plus exigeante dans la recherche de celle-ci. Et Charles Bémont, qui salue tout de même l'ouvrage, ne peut retenir une espèce d'étonnement face à la démarche que Fernand Van Langenhove adopte dans son livre consacré aux légendes de guerre[77] : « Il oublie qu'il est belge, qu'il a lu les enquêtes conduites cependant avec le plus scrupuleux souci de la vérité par les gouvernements belge, anglais et français, que l'abominable conduite des armées allemandes dans son pays est prouvée par les témoignages les plus nombreux et les plus certains. Il ne veut savoir qu'une chose, c'est qu'il est sociologue et qu'il a cette bonne fortune de pouvoir étudier sur le vif la manière dont se forment les légendes[78]. »

Dans la *Revue historique* aussi, on cherche d'abord à rétablir les faits dans leur exactitude. On ne s'intéresse guère à l'histoire des imaginations, à la genèse des représentations ou au déchiffrement des mythes. On salue le livre de Marguerite Baulu parce que pour la première fois « sont ici mises au point les ridicules légendes que des personnages intéressés ont mises en circulation [...]. Mlle Baulu a été renseignée de façon absolument précise, et ramène la vérité des bruits propagés indûment et acceptés sans contrôle, par les journaux[79] ». Faut-il lire la recension mitigée faite par Guignebert des *Rois thaumaturges* de Bloch, quelques années plus tard, avec cet arrière-plan ? On y peut en tout cas reconnaître un vocabulaire et une problématique qui placent la réception de l'étude de Bloch dans le cadre d'une longue et progressive démobilisation culturelle.

À l'occasion de l'affaire Dreyfus, une histoire immédiate s'était mise en place dans le même temps où des historiens mobilisaient leurs façons de faire pour tenter d'infléchir l'événement. La *Revue historique*, derrière son fondateur Gabriel Monod, avait d'ailleurs alors joué un rôle décisif. Rétablir les faits dans leur déroulement, dissiper les mensonges, recourir aux techniques mises en place par la critique documentaire interne et externe orchestrèrent cette pratique historiographique. Le passage à la guerre s'opéra avec cette expérience passée qu'on fut à même de renouveler. Les objectifs étaient semblables (quelques observateurs attentifs remarquèrent d'ailleurs le parallèle des deux situations) et l'investissement des historiens dans un processus historique constituait une situation commune. Reste néanmoins qu'entre les deux séquences, les historiens avaient été encouragés à déplacer les questions et à recourir à de nouveaux outils, souvent issus des sciences sociales dont le continent émergeait progressivement depuis la fin du XIXe siècle. Le conflit ralentit ce mouvement d'ouverture et de modernisation de la science historique.

Chapitre VII

AIMER ET GOUVERNER À DISTANCE
LE TÉMOIGNAGE DES CORRESPONDANCES

Jean Norton Cru attendait avec une impatience non dissimulée la contribution des correspondances dormant encore au fond des greniers à l'histoire du conflit de 1914. Surgies les unes après les autres, elles viendraient, selon lui, utilement compléter notre connaissance de l'expérience de guerre. Près de quatre-vingts années après la publication de *Témoins*, quelle part ont prise les lettres de poilus dans le témoignage de guerre ? Et de quel type de témoignage s'agit-il ? Dans *Apologie pour l'histoire*, Marc Bloch qualifiait les épistoliers de « témoins malgré eux de leur temps[1] ». Pour la première fois, à cette échelle, la pratique épistolaire devint, dès le début du conflit, le principal moyen auquel eurent recours familles et couples disloqués pour communiquer et tenter de remédier à la séparation.

Pas une année ne se passe sans que les historiens de la Grande Guerre ne soient sollicités par des descendants de poilus pressés de savoir ce qu'ils peuvent faire des lettres échangées entre pères ou aïeux avec leur famille demeurée à l'arrière. « Quoi de plus réconfortant pour un poilu que de recevoir une lettre ? », écrit tout simplement l'un d'entre eux[2]. Tous ceux qui ont réfléchi sur la fonction sociale des correspondances n'ont pas manqué de relever que celles-ci se présentaient comme des tentatives visant à annihiler la distance, l'atténuer à tout le moins, et combler l'absence[3]. Dans l'écriture d'une lettre, chacun fait l'expérience de l'absence. En tentant, évidemment en vain, de rendre présent celui qui manque, la correspondance engendre autant de fugitives satisfactions, de moments de bonheur vite enfuis, que de souffrances, de sentiments d'échec et de frustrations. C'est ce que révèle l'examen de nombre de lettres de soldats. Ce chapitre s'arrêtera particulièrement sur les lettres échangées entre les soldats et leur fiancée ou leur épouse. On constatera sans mal la médiocrité du contrat épistolaire, l'épuisement rapide de son efficacité mais aussi la nécessité absolue de ce compromis toujours douloureux et le rôle qu'un tel « pacte » eut dans la transformation des relations de couple. On appréciera également la part qu'il faut lui attribuer dans le « consentement patriotique ».

Le système épistolaire

Le cadre institutionnel

Une lettre ne s'écrit jamais sous le régime d'une totale liberté. De lourdes contraintes orientent toujours l'expression des rédacteurs. Les unes sont liées à la matérialité même de l'écriture. D'autres résultent des normes qui fondent le « rituel épistolaire[4] » et des règles administratives ou pratiques qui enserrent celui-ci. Des phénomènes de censure et d'autocensure pèsent aussi sur l'auteur de la lettre. La guerre constitue un moment exceptionnel qui alourdit ce « système épistolaire », les autorités civiles et militaires ayant à affronter une exigence double et contradictoire. L'une les conduisait à faciliter à l'extrême les échanges, garants du « bon moral » des soldats, qui devaient aussi atténuer les inquiétudes des familles. L'autre les poussait à contrôler au plus près le contenu des informations livrées par les poilus à leur famille, et, en tout premier lieu, celles concernant la localisation des forces militaires.

Le conflit devant être de courte durée, rien de spécifique n'avait été prévu pour répondre à la considérable inflation qui caractérisa la correspondance de guerre dès les toutes premières semaines. On voulut très vite donner et recevoir des nouvelles du front. L'effet des lois scolaires aidant, chacun put se mettre à écrire, même s'il apparaît assez nettement que le recours à l'épistolaire n'eût ni la même intensité ni les mêmes visées ou les mêmes conventions dans tous les milieux sociaux. La massification n'est cependant point contestable. Le système civil des Postes s'enraya. L'un des thèmes les plus fréquents des correspondances dans les premières semaines de la guerre est de déplorer l'absence de nouvelles et les retards considérables dans la distribution du courrier. Le 4 octobre 1914, un combattant, parmi tant d'autres, écrit à ses parents : « Depuis que j'ai reçu votre dernière lettre, en voilà déjà 4 ou 5 que je vous envoie sans recevoir de réponse. En somme, depuis 2 mois que je suis parti, voilà 2 lettres que je reçois de vous. C'est pas beaucoup[5]. »

Conscientes de l'enjeu que représentaient la fréquence et la régularité du courrier échangé entre les poilus et leur famille[6], les autorités militaires se donnèrent les moyens nécessaires pour surmonter un défi aussi considérable. La masse de lettres à traiter dans des conditions extrêmement difficiles fut, durant toute la guerre, proprement vertigineuse. Le Bureau central militaire écoulait quotidiennement, en temps normal, entre trois millions et demi et quatre millions de lettres et de cent cinquante mille à deux cent mille paquets. Le 31 décembre 1915, près de cinq millions de lettres transitèrent et cinq cent quatre-vingt-dix mille paquets le 29 du même mois[7]. On pourra sans doute considérer ces chiffres comme un indice de la cohésion familiale en temps de guerre. Il faudrait les augmenter du nombre de lettres qui continuèrent, tout au long de la guerre, à passer par un canal civil illégal.

Les sérieux mécomptes rencontrés dans la distribution du courrier au cours des premières semaines du conflit, sur lesquels ne manquent pas d'alerter de nombreux rapports administratifs dès le tout début du mois de septembre, s'expliquent par la lenteur des communications résultant des diverses transmissions entre différents dépôts mais aussi par l'impossibilité pour ces derniers, faute de renseignements fiables, de tenir leurs matricules à jour et d'opérer un tri complet et sûr. Dans les premières semaines, la guerre de mouvement, puis la recomposition des armées fragilisèrent toute information sur des affectations mouvantes. Les « bureaux-frontières », qui se trouvaient à la limite de la zone des armées en charge de la distribution du courrier qu'ils recevaient de l'intérieur du pays (« courrier descendant », le « courrier montant » ne se heurtant pas à ces complexes questions d'organisation), étaient parfois à la tête de liasses qu'ils ne savaient où réexpédier.

Il n'est pas impossible que la négligence avec laquelle les adresses étaient rédigées et la mauvaise qualité de certaines écritures (mais comment en aurait-il été autrement pour des « primo correspondants » ne disposant d'aucune habitude épistolière antérieure ?) n'aient pas facilité la tâche des postiers et vaguemestres. Un courrier errant en vint ainsi à embarrasser les circuits d'acheminement, privant les soldats de nouvelles pendant plusieurs jours, parfois plusieurs semaines. Des rapports d'inspections fustigent une incurie jugée comme extrêmement grave : ainsi celle du 22 septembre 1914 concernant la Ve armée qui révèle la présence à Tours de deux mille sacs de courrier en souffrance[8]. Il fallut mettre en œuvre des moyens exceptionnels à la fin de l'année 1914 pour résorber tout à fait le stock de lettres non distribuées que leurs destinataires reçurent parfois en grappes et très tardivement, avec les effets psychologiques qu'on imagine.

Une amélioration, sensible dans certains corps dès le mois de novembre 1914, provint notamment de l'arrivée de postiers professionnels dans le service postal des armées. Mais ce fut surtout la création des « secteurs postaux », mesure entrée en vigueur dès le 1er décembre, qui remédia aux gros problèmes. Le « secteur postal » n'est pas une circonscription territoriale mais la réunion des éléments recevant le courrier d'un même bureau payeur. Les soldats durent donc informer leur famille du secteur postal auquel ils se trouvaient rattachés. L'administration des Postes mit aussi à la disposition des familles des cartes postales mentionnant celui-ci. Des notices concernant la nouvelle manière de rédiger l'adresse des correspondances pour les militaires furent affichées dans les bureaux de poste et les mairies, insérées aussi dans les journaux ou répandues dans les campagnes par les facteurs ruraux.

Les plaintes concernant les retards d'acheminement ne cessèrent pas pour autant. Les pratiques dites du « retard systématique » ou des mesures prises localement pour contrôler de façon plus étroite les échanges épistolaires purent de temps à autre ralentir les mouvements, à la grande irritation des soldats et de leurs proches. À partir de 1915, les services du contrôle postal, qui firent de la séparation d'avec la famille et la femme aimée l'un des chapitres à mettre au compte du « découragement[9] », attestent encore plusieurs dysfonctionnements. Mais il est patent que le système fut très vite amélioré. On répondit ainsi à l'un des soucis prioritaires du gouvernement dont le discours officiel s'appliquait à souder les soldats à leur famille, le front à l'arrière. Le système du « secteur postal » tout en accélérant la vitesse du courrier assura de surcroît le secret des emplacements et des mouvements de troupes : l'adresse était désormais chiffrée.

D'autres mesures furent prises toujours aux fins de lisser une circulation aussi névralgique. Une loi spéciale fut votée à l'approche de Noël 1914 qui permit à chaque famille ayant un soldat mobilisé de lui adresser gratuitement un paquet n'excédant pas le poids d'un kilogramme. Une autre, votée le 24 juin 1916, autorisa chaque mobilisé à envoyer sans frais à sa famille un paquet de linge lors des changements de saison (mai et novembre en réalité). On veilla enfin, lors de l'institution du contrôle postal, à ce que celui-ci retarde le moins possible l'acheminement du courrier comme en font état plusieurs instructions adressées aux commissions qui en étaient chargées.

Les autorités civiles et militaires tentèrent aussi de mieux canaliser la correspondance échangée entre les poilus et leur famille en mettant à leur disposition des cartes postales à formulaire imprimé. Ces types de correspondance plus ou moins préfabriqués (« cartes de correspondance des armées de la République » distribuées gratuitement), limitant au plus sommaire les informations délivrées, avaient également pour but d'améliorer la communication entre le front et l'arrière. De l'aveu même de l'administration, cette tentative fut un échec. Les rares cartes pré-remplies, dont des cases étaient à cocher, qui furent utilisées « étaient couvertes de plaisanteries et quelquefois d'invectives à l'adresse de l'initiateur anonyme de ce mode de correspondance », constate laconiquement une note pour la Direction de l'arrière du mois d'avril 1918[10].

Statuts et pratiques de l'épistolaire

C'est dans ce cadre institutionnel que se coulèrent les pratiques épistolaires qui orchestrèrent les relations familiales et amoureuses. Durant la guerre, les correspondances furent l'unique support de celles-ci. Sans elles, les unes et les autres se seraient effondrées. D'où l'importance qu'il y a à les étudier non seulement comme un témoignage sur l'expérience de la guerre mais aussi sous le jour d'une écriture qui agit directement sur le social et le façonne, ce qu'on appelle une écriture performative. « Les lettres, écrit Roland Dorgelès, cela remplace tout[11]. »

Les soldats n'ont pas été les dupes d'un jeu épistolaire, toujours biaisé par les contraintes qu'il impose comme mode d'expression particulier et par les limites que lui conféraient les règles institutionnelles qui viennent d'être présentées. La généralisation progressive du contrôle postal fut un facteur contraignant supplémentaire avec lequel les soldats durent négocier[12]. La surveillance du courrier est une donnée avec laquelle ils composèrent dès les premiers mois, alors même que le contrôle postal n'était pas encore mis en place. « Si je ne t'ai pas dit ces choses plus tôt, écrit Robert Hertz à sa femme dans une lettre datée du 3 novembre 1914, c'est parce qu'en principe toutes nos lettres sont lues et non cachetées et qu'il est désagréable de parler quasi en public de choses intimes[13]. » Pendant la guerre, l'espace de la lettre est donc moins privé qu'il y paraît de prime abord. Il est soumis aux indiscrétions toujours possibles d'un public anonyme. Ignorer le nombre de lecteurs et les types de lecture pèse parfois sur l'auteur de l'épître. Nombreux sont les poilus qui brocardent explicitement l'indiscrétion du censeur à venir comme une provocation lancée à une autorité qu'on juge ici toujours indécente puisqu'elle vient perturber le dialogue familial ou amoureux.

L'intimité se trouve en effet au cœur de la correspondance de guerre. Dans le rituel épistolaire, le moment de la rédaction est d'abord un temps de séparation et de réclusion, l'une des rares séquences d'isolement dans la vie quotidienne des poilus. Cette mise à l'écart volontaire exigée par la volonté de se mieux rapprocher des siens est si importante qu'elle est abondamment décrite par les soldats. Chez les moins rompus à la pratique, la référence à ce moment si privé, où l'on tente d'instituer une présence imaginaire, sert d'entrée en matière : « Me voilà de nouveau auprès de toi car étant libre je croirais ma journée mal accomplie sans venir sur cette misérable feuille de papier causer un moment auprès de toi », écrit cet agriculteur quercynois au début d'une lettre adressée à sa femme[14].

Entrant dans la description des conditions où s'exerce la correspondance, celle de l'environnement immédiat et des circonstances acrobatiques, parfois dangereuses, entourant la rédaction, constitue l'un des thèmes les plus fréquents de la lettre de guerre. L'effet de réalisme vise à un partage plus sensible de l'expérience et tend à annuler l'absence en transportant ailleurs, autant que faire se peut, un vécu presque ineffable. De cette tentative littéraire, quel que soit son degré d'accomplissement sur l'échelle de la perfection, se dessine un nouveau pacte familial ou amoureux caractérisé par la volonté d'établir entre les individus une plus grande transparence. Jean Norton Cru avoue que la guerre a permis la transformation à distance des relations familiales : « Quel bonheur que nous en soyons arrivés à ce point ; une sorte de glace est rompue qui auparavant existait entre plusieurs d'entre nous par suite d'un sentiment très humain, très ancien, que les Grecs désignaient si clairement et que notre pauvre langue ne peut exprimer : ce n'est pas tout à fait pudeur, ni respect, ni honte, mais un peu de tous les trois[15]. »

Provisoirement sans doute, de l'absence jaillit un surplus de présence que les expériences historiques de paix n'avaient pas autorisé. Aux parents, à l'épouse, à la fiancée, on écrit souvent, très souvent, trop souvent peut-être, jusqu'à parfois ne plus savoir que dire, surtout lorsque les correspondants sont issus de milieux sociaux où l'écriture relevait avant-guerre d'une pratique rare : « Toujours pas grand-chose à te dire », conclut ce paysan de la Sarthe, père de cinq enfants, habitué depuis le début des hostilités à écrire en moyenne tous les deux jours à sa femme[16].

Il n'est pas que les mots dans leur abstraction même qui témoignent de ce désir de rapprochement, parfois presque fusionnel. Propice à la lecture collective, s'adressant parfois à différents membres de la famille, la lettre semble inviter à la cohésion familiale. Elle est aussi un *objet*, vite devenu sacré, qui se passe de main en main, qui se scrute et se palpe comme le témoin unique d'une expérience extraordinaire. Comme objet matériel, elle porte d'ailleurs les traces tangibles de la vie de son auteur : saleté, déchirures, larmes, sang parfois. L'écriture elle-même se fait l'écho des émotions ou des conditions dans lesquelles la lettre fut écrite : « Rien que ta pauvre écriture tourmentée me révélait ton chagrin », écrit une jeune femme d'Albi à son amant engagé sur le front[17]. Parce que trace directe, immédiate, la lettre manuscrite ne peut être remplacée par un télégramme qui réduit le message à son contenu : c'est ce dont se plaint un soldat à qui la fiancée vient d'adresser un message télégraphié : « Mais je voudrais voir ton écriture[18] ! »

Dans l'immédiat après-guerre, Raymond Radiguet joua efficacement de cette dimension pour mettre en évidence toute la cruauté du personnage romanesque de Marthe mariée à un combattant qu'elle trompe avec le narrateur : « Nous lisions ensemble à la lueur du feu. Elle y jetait souvent des lettres que son mari lui envoyait, chaque jour, du front. À leur inquiétude, on devinait que celles de Marthe se faisaient de moins en moins tendres et de plus en plus rares. Je ne voyais pas flamber ces lettres sans malaise[19]. » La *lettre-objet* n'est pas lue qu'une seule fois. Elle est parcourue sans cesse, soumise à toutes les interprétations, scrutée selon les humeurs de son destinataire. Elle est beaucoup plus qu'un simple support d'informations, vecteur d'affects intellectuellement transmis. Elle est presque un talisman.

On sait le succès des bijoux fabriqués dans le fer de l'ennemi, adressés aux femmes et fiancées comme autant de pièces précieuses. Il est d'autres envois qui signent la fidélité aux coutumes anciennes ravivées par le rétablissement d'une pensée sauvage née de l'expérience guerrière où la superstition recouvre ses droits. Dans une lettre du 17 mai 1917, Louis-Gustave Bruneau envoie ainsi à sa femme un brin de muguet. Roland Dorgelès trouve un mouchoir parfumé que lui envoie sa fiancée suivant une geste amoureuse que la guerre ne parvient pas à écarter : « Je l'ai embrassé comme un fou et, n'y tenant plus, je viens t'écrire[20]. »

La correspondance remplit aussi parfois une fonction beaucoup plus politique. En pleine guerre, des familles entreprirent de publier des choix de lettres de leur proche, fils, frère, époux ou fiancé, tué au combat. Ces recueils se veulent édifiants et élèvent des figures héroïques. Elles donnent à voir des familles unies et des couples épris en dépit ou peut-être en raison de l'épreuve de la séparation. Comme le remarque John Horne, ces correspondances quittent alors le seul ordre du privé pour obtenir un « statut de témoignage exemplaire » où se reflètent tout à la fois l'esprit de résistance et les vertus patriotiques du disparu. Ce « sous-genre florissant de la littérature de guerre » (*flourishing sub-genre of war-time literature*) compose une image du combattant arc-bouté sur un courage fait de « panache » et de « crânerie », réservant donc le front aux hommes et l'arrière aux femmes[21].

Mais il y a plus dans ces publications qui parurent en nombre dans la presse. Tout concourt à faire de la guerre un moment de refondation familiale sur les bases saines qu'avait peu à peu rongées un avant-guerre réputé libertin. Parmi d'autres, un choix de lettres publiées à la mémoire d'André Bouvet, soldat au 173e régiment d'infanterie, tué le 30 juin 1916, à l'âge de dix-neuf ans, illustre ce qui constitue également une démarche politique au-delà du travail de deuil qu'expriment dans le même mouvement ces recueils publiés par des parents éplorés : « Mon bien cher Papa, [...] je revois la fin de ta dernière lettre où tu me dis : “Je t'embrasse comme je t'aime”, et je suis bien ému. Du fond de mon petit bois, accroupi au pied d'un arbre, je t'envoie de gros baisers, papa, aussi gros que mon affection pour toi est grande, et je cueille un gros bouquet pour toi, pour ta fête[22]. »

La circulation de l'information

Gouverner à distance

Les correspondances servent à agir à distance. La durée imprévue du conflit bouleversa, en plein été, l'ordre des tâches qui furent laissées en suspens et qui reposèrent soudain sur les femmes ou les plus anciens. Nombreux furent les soldats à constater, encore au mois d'octobre, à l'instar de Louis-Gustave Bruneau, qu'ils ne bénéficieraient d'aucune permission pour aller arracher les pommes de terre… Cette situation fut à l'origine d'un renversement des rôles auquel les hommes tentèrent de résister par le truchement des lettres. La souffrance née de cette dépossession est souvent exprimée par les combattants qui déplorent de ne pouvoir assurer ce que le cours ordinaire des choses leur avait confié depuis toujours. Les conseils, les critiques, les demandes, voire les injonctions formulés dans les lettres remédient mal à l'absence. Les hommes ont perdu de leur pouvoir, alors même qu'ils étaient en train de remplir le rôle dévolu par excellence au masculin : combattre et protéger.

La différenciation sociale, très sensible dans la pratique épistolaire, s'affiche avec évidence dans le type de gouvernement à distance qui s'y exprime. Le contrôle postal le relève d'un point de vue général : « Les agriculteurs surtout se soucient de leurs affaires. Il y a presque unanimité chez les soldats à conseiller leur femme de ne payer ni le propriétaire, ni le fisc[23]. » Les exemples abondent. Conscients de la fragilité sociale et économique dans laquelle ils ont laissé leur femme – lorsque leur mari est mobilisé, celles-ci touchent un franc vingt-cinq par jour, pécule auquel s'ajoutent cinquante centimes par enfant –, les poilus enragent de ne pouvoir les protéger contre les « propriétaires » dont la réputation, déjà médiocre avant guerre, devint tout à fait scandaleuse pendant le conflit. Mais la rage est impuissante, situation intolérable pour celui qui défend le territoire national quand il ne peut protéger ses propres intérêts. Les propriétaires ne constituent d'ailleurs pas les seules menaces. Les ouvriers agricoles entrent dans la catégorie des profiteurs, abusant de la pénurie de main-d'œuvre et de l'absence de l'homme.

Les quelques correspondances de paysans dont nous disposons contiennent aussi les consignes dispensées à distance par les hommes retenus au front. Elles permettent de relativiser, tout au moins pour la première année du conflit, la coupure front/arrière. Celle de Louis-Gustave Bruneau adressée à sa femme Juliette déborde d'une volonté d'agir qui conserve à l'homme sa fonction de chef d'exploitation. Le ton est parfois rugueux. Les ordres précis et les reproches affleurent de temps à autre : « Tâche de faire tes semailles le plus tôt possible. J'ai grand regret de ma vache et je te prie de faire attention » (8 octobre 1914) ; « Pour le blé, tu peux en acheter trois sacs de Saint-Lô, si tu en as trop, il te servira pour faire du méteil pour le champ de Saint-Corneille, mais pour le champ de la Puce, il t'en faut de quinze à dix-huit boisseaux » (23 octobre 1914) ; « Tu me dis que tu as vendu ton veau mais tu as eu tort car à ce prix-là tu aurais dû le garder » (15 juillet 1915).

Jean Bascou, viticulteur des Pyrénées-Orientales, délivre avec précision les consignes techniques : « Pour la soufreuse, ton père, pour la faire fonctionner n'aura qu'à se rappeler de bien fermer la tige qui se trouve à côté avant de l'emplir, et de l'ouvrir, pour répandre les poudres, c'est là une condition essentielle du bon épandage des matières que vous emploierez[24]. » À l'été 1915, face à une rude *attaque* du mildiou compromettant la récolte d'automne – c'est un second front qui s'est ouvert pour ce viticulteur aux armées –, la correspondance de Bascou ne fait plus état que de la seule guerre agricole : sauver la vigne contre l'ennemi naturel[25].

Cette agriculture de papier, qui compense mal la distance, est d'autant plus source d'ébranlement dans la répartition traditionnelle des rôles sexuels que l'homme combattant se doit parfois d'accomplir des tâches « féminines ». Pendant les jours de repos, Louis-Gustave Bruneau écrit à sa femme qu'il lave son linge et raccommode. L'éloignement ne lui permet pas en outre de répondre à toutes les questions que lui pose Juliette à laquelle il laisse de plus en plus de marge d'action et tend à la renvoyer auprès de son père ou d'un petit notable local : « Tu me demandes s'il faut vendre tes cochons. Je ne peux guère te renseigner là-dessus mais je trouve que ce n'est pas mauvais et tu feras comme tu voudras » (9 octobre 1916). Renversement progressif des rôles qu'on peut aussi apprécier dans ce cas, qui n'est pas exceptionnel, dans la dépendance financière des hommes à l'égard des femmes : celles-ci envoient de l'argent à leurs époux, mandats ou billets imprudemment glissés dans les enveloppes[26].

Il est d'autres formes de gouvernement à distance qui concernent une gamme d'actions très variées. Henri Fauconnier, « père à distance » d'un nourrisson, comme tant d'autres soldats, en fit l'expérience. Il conseille sa femme sur les usages alimentaires[27]. Un jeune officier d'origine toulousaine oriente les investissements financiers maternels après le décès de son père[28]. Marie-Auguste Collomp, instituteur provençal et secrétaire de mairie, tente de conserver le contrôle de l'éducation de ses enfants et appuie sa femme en matière d'administration municipale[29]. Les correspondances fourmillent de conseils en tout genre distribués dans les deux sens et le gouvernement des émotions n'est pas de moindre importance lorsqu'il s'agit de rassurer, de consoler, d'encourager.

Partager l'expérience

L'épreuve de la distance s'apprécie aussi dans l'un des plus grands défis qu'affrontèrent tous les combattants épistoliers de la Grande Guerre : tenter de faire partager leur expérience du conflit. « Voilà mon existence, conclut Robert Dubarle, en une lettre adressée à sa femme : vous pourrez ainsi vivre de plus près avec moi et me suivre dans ma vie guerrière[30]. » À les lire avec minutie, il semble bien que l'entreprise fût vouée à l'échec. En dépit de tous les efforts déployés pour tenter de communiquer ce qui finalement parut aux soldats incommunicable, la constitution d'une communauté d'expérience semble bien avoir été une illusion dont la société française paya le prix dans l'entre-deux-guerres.

Les poilus tentent pourtant de décrire ce qui les environne au plus près, avec le réalisme le plus fidèle à leur vécu, sollicitant l'outillage littéraire fourni par la description de type scolaire[31]. La comparaison est l'un des biais les plus fréquents auxquels ont recours les combattants dont, il convient de le rappeler, l'écrasante majorité est d'origine rurale, sensible donc à l'environnement naturel. Ils dépeignent les conditions climatiques ou la géographie encadrant leur vie et les rapportent à leur région d'origine. Cette dernière reste évidemment le point de référence durant les premiers mois du conflit. Elle s'estompe progressivement par la suite. Les régions d'affectation deviennent des pays d'adoption. La professionnalisation du métier de soldat entraîne, de façon plus ou moins nette, une désaffiliation au détriment de la petite patrie d'origine et au profit d'un nouveau sentiment d'appartenance à ce qui était autrefois un ailleurs parfaitement inconnu : « Tu me dis qu'il commence à geler dans *ton* pays, je crois que dans le *mien*, il fait encore plus froid[32]. »

La description ne s'affranchit pas toujours d'un pittoresque que commandent les habitudes professionnelles : « Dans ce pays-là, il n'y a pas de chevaux, nous ne voyons que des bœufs attelés à des charrettes à quatre roues », écrit Louis-Gustave Bruneau[33] ou, en appelant à la comparaison familière : « Ici, c'est la plaine, les prairies sont encore bien des fois plus grandes que la prée de Connerré[34]. » Il y a aussi ce qui ressemble au pays et le rappelle : « Le pays, le paysage rappellent agréablement à nos yeux la terre chère de Provence ; les collines ont le profil du Faron et les femmes l'accent de chez nous[35]. » Découverte d'une nation par des hommes qui n'avaient souvent jamais quitté le périmètre de leur village et dont on peut légitimement penser qu'elle contribua à donner au sentiment national une nouvelle dimension.

L'écart est grand entre ce que l'on observe et les pauvres analogies qui ne parviennent que très approximativement à rendre la réalité. Le lexique ordinaire emprisonne les correspondants les moins habiles, souvent les plus socialement démunis, qui souffrent de leur peine à faire état de leur nouvelle vie. L'incompréhension entre les correspondants s'installe dans cette *écriture-compromis*. L'envoi fréquent de photographies équivaut à un contournement de la difficulté. Contrevenant aux interdictions réglementaires, il arrive que les soldats adressent à leurs familles des cartes postales ou des clichés des régions de combat prises par leurs camarades ou eux-mêmes et que leurs lettres viennent commenter.

Le plus épineux n'est pourtant pas de décrire la géographie environnante. C'est un autre défi, beaucoup plus important, que les soldats ont conscience de ne jamais parvenir à relever : le récit de la guerre proprement dite. Des hostilités, aucun ne semble réussir à en transcrire l'essence : la violence. Tous se plaignent de cette insurmontable incapacité. Tous expriment la claire conscience qu'elle creuse peu à peu un abîme entre eux et ceux qu'ils aiment. C'est aussi la part la plus faible des récits de guerre, qui échouent dans la même entreprise[36].

Les poilus ne ménagent pas toujours leurs proches en leur cachant le paroxysme du combat. Certains s'essaient, avec les moyens du bord, à traduire leur enfer. Ce faisant, ils tentent ainsi de s'en rendre les maîtres, autant que possible. Mais aussi loin qu'ils aillent, les mots semblent toujours en retrait. Les moins agiles renoncent d'ailleurs à évoquer la guerre pour ne faire de leur correspondance qu'un recueil de nouvelles insignifiantes, de douces considérations, un carnet d'injonctions ou d'impérieuses requêtes.

Du silence presque absolu sur la violence de guerre qui tend même à présenter celle-ci sous le jour d'un encasernement bien instructif – telle est la ligne de description suivie par Robert Hertz –, en passant par la guerre anecdotique et peu dangereuse[37], jusqu'à l'évocation froidement macabre[38], existe tout un éventail de descriptions collectives qui forgèrent une représentation de la guerre à l'arrière. Chez le même soldat, les registres peuvent d'ailleurs varier selon les contextes d'énonciation, rendant sans doute la guerre encore plus abstraite et incompréhensible aux destinataires des lettres. L'aveu de l'impuissance à décrire suit souvent les moments paroxystiques : « C'est impossible de s'en faire une idée, il faut voir cela. Les éclats de terre, de pierre, de ferraille retombaient sur nos tranchées. Une pierre est venue s'écraser pas à 5 centimètres de ma tête, sur une pièce de bois », écrit Marcel Papillon à ses parents[39]. Pas d'autre solution que celle de voir la guerre pour la bien comprendre…

Une stratégie analogue à celle évoquée pour tenter de remédier aux difficultés rencontrées dans la description des lieux se fait jour lorsqu'il s'agit d'approcher au plus près l'expérience du combat. Les photographies en font partie, celles de soi, celles des autres, celles des tombes des camarades tués qui témoignent de leur disparition et permettent aux familles de se recueillir à distance, celles du champ de bataille, enfin, malgré les interdictions, et sur lesquelles s'appuient les commentaires des lettres qui les accompagnent.

Mais il en est une autre, plus réaliste encore, qui consiste à adresser aux familles ou aux fiancées des trophées pris sur le champ de bataille, dont certains sont bien éloignés du brin de muguet que Louis-Gustave Bruneau envoie à Juliette. Un jeune capitaine du 3e régiment d'artillerie de campagne, issu d'une famille aisée de Toulouse, expédie ainsi un colis à sa mère et à sa sœur contenant un crâne humain, une fusée allemande et un fusil anglais[40]. Encore plus près du sacré, Marcel Papillon adresse à sa mère plusieurs objets-souvenirs qu'il introduit dans une « musette encore couverte de boue du quart en réserve, le fameux coin où Jojot et Simon ont été tués[41] ». Marie-Auguste Collomp va jusqu'à espérer transmettre des odeurs : « Mes lettres, comme les discours de Démosthène, doivent sentir l'huile. Nous sommes encore logés dans un moulin à huile[42]. » L'objet est aussi transactionnel, lorsqu'il permet de se rapprocher de ceux qui manquent, y compris parfois lorsqu'il s'agit de nourriture : « Ce matin j'ai goûté le pâté que tu m'as envoyé, il est délicieux. Chaque fois que j'y goûterais je penserais à toi[43]. »

Du désordre dans les familles

Il n'est rien de dire que la guerre introduisit du désordre dans les familles. Leur désarticulation physique eut des conséquences capitales sur les hiérarchies internes et sur les rôles traditionnels assignés aux âges et aux sexes. C'est d'ailleurs pour contrer ou limiter les effets de cette anomie que tout un discours officiel se mit en place.

Le premier des troubles résulte d'un renversement des rôles sociaux. Pour le dire vite, les enfants s'engagèrent dans la protection des parents, quand les femmes durent remplir des missions habituellement masculines. Ce brouillage s'exprime très nettement dans les correspondances échangées entre le front et l'arrière. Nous avons vu des fils conseiller leur mère, des pères réels ou symboliques prendre la place des fils absents dans les travaux des champs, des fils consoler leurs parents et s'inquiéter d'eux. Le désordre correspond parfois à une véritable reconfiguration intrafamiliale qui déroge à l'ordre symbolique normal des familles. Jean Bascou écrit ainsi à son beau-père : « Vous êtes en même temps que le père de votre fille, et le mien, celui de mes chers enfants[44]. »

Mais le principal désordre, aux conséquences les plus sérieuses, tient au régime d'incertitude produit par l'éloignement. Le contrat de confiance qui les lie à leur famille, à leur épouse ou à leur fiancée est devenu extrêmement friable. Le doute s'immisce partout. Il donne naissance aux conflits les plus graves.

Deux sources alimentent ces crises de confiance. La première est liée à la volonté des soldats de ne pas aggraver l'inquiétude de leurs proches. À l'inverse, les proches occultent les mauvaises nouvelles de l'arrière dont ils ne veulent pas accabler les combattants déjà en butte à la misère morale. Les recueils de lettres à visée édifiante reprennent les poncifs, comme l'atteste la colère de Jean Fantassin découvrant que ses parents lui ont caché la mort d'un ami tué au combat : « J'aurais honte, à votre place, de prendre mon fils pour une femmelette ! Si le malheur le plus funeste tombait sur nous, si l'un de vous, qui m'êtes très chers, mourait, *je voudrais le savoir aussitôt* ; il faut vous décider à me traiter comme un homme et comme un soldat. *C'est un sentiment que papa ne peut pas ne pas comprendre.* Vous m'avez fait beaucoup de chagrin[45]. » Le *Bulletin des armées de la République*[46] relève pour sa part : « "T'en fais pas." C'est l'expression à la mode. »

Cette volonté réciproque de s'éviter des souffrances ou des tristesses en vient souvent à ébranler les liens familiaux. Qui croire désormais si même les plus proches ne sont pas les plus fiables ? Dans la correspondance échangée entre Georges et Marie-Thérèse, publiée par Sylvie Decobert, celle-ci fustige son amant. Elle découvre qu'à l'encontre de ce qu'il soutient dans ses lettres lui certifiant la tranquillité de son secteur, Georges est soumis à une canonnade allemande ininterrompue : « Si tu penses me tranquilliser en ne me disant rien, tu te trompes bien, car le résultat obtenu est diamétralement opposé à celui souhaité. Je ne te dis rien de plus, à toi de savoir ce que tu dois faire, mais j'ai beaucoup de peine[47]. » La vérité n'était plus de ce monde.

Les relations de couple sont les premières concernées par la généralisation de la rumeur dont elles sont souvent l'objet. Le contrôle postal fait état des inquiétudes concernant « l'inconduite des femmes » que relatent les permissionnaires de retour dans leurs corps[48]. Jean Norton Cru est ici aussi un observateur et un moraliste qu'il convient de citer : « Jamais le problème de la fidélité conjugale n'a été posé de cette manière, jamais encore des millions de maris n'ont été séparés de leur épouse pendant un an et plus, jamais l'adultère n'a trouvé de circonstances plus favorables. Il fallait jadis être l'épouse d'un capitaine au long cours pour avoir les occasions de chute que toutes les femmes ont aujourd'hui. J'avoue que je n'aurais jamais pensé à cette question si certains accidents n'avaient pas attiré mon attention[49]. » On constate en effet à Paris une augmentation sensible du nombre d'enfants nés hors mariage qui passe de 24,1 % des naissances en 1913 à 31 % en 1917, alors même que le taux de natalité diminuait[50].

Des lettres publiées confirment une attitude de suspicion générale : « J'ai vu à Bordeaux un soldat venu en permission, arrivant sans avertir, trouvant sa femme devant sa porte… dans une situation très intéressante… et lui flanquant une volée à la laisser sur le pavé[51] ! » Nous disposons de plusieurs correspondances amoureuses qui témoignent des effets de ce nouveau régime de vérité. Dans celle échangée entre Georges et Marie-Thérèse, le doute s'insinue dans les deux sens et ne concerne pas seulement les informations livrées par Georges sur son secteur de combat. Alors que tous deux sont en instance de divorce, leur sentiment amoureux naissant – ils font connaissance peu de temps avant le début des hostilités – est porté par une correspondance incandescente où s'exprime aussi une jalousie engendrée par les indices les plus ténus. Les incidents les plus triviaux donnent naissance à de similiruptures. Infirmière, Marie-Thérèse doit justifier ses relations avec ses malades : « Quant à être coquette, je te montrerai toutes les lettres que mes blessés m'envoient, quand ils sont repartis. Tu jugeras alors ce que je suis pour eux : une mère ou une femme[52]. »

L'infidélité et l'adultère, après avoir été deux grands thèmes du vaudeville d'avant-guerre, sont devenus deux grandes phobies sociales portées par la culture de guerre et que surent exploiter romans, nouvelles ou films[53]. Il faut rassurer sur sa vie, sur sa santé physique et morale, comme sur sa fidélité. Dans les mouvements insurrectionnels de mai-juin 1917, les soldats exprimèrent souvent leurs craintes face à de prétendus massacres de femmes perpétrés par les travailleurs annamites, fantasme où se conjuguaient les angoisses proprement liées à la guerre et celles en relation avec la fidélité conjugale[54]. Un rapport du 4 juin 1917, encore pris dans la tourmente des « mutineries », en souligne le caractère très sensible. Les manifestations qui avaient touché les 2e et 3e bataillons du 120e régiment d'infanterie s'expliquaient notamment, selon le rapport, par un incident qui trahissait les mauvaises relations entre officiers et hommes du rang : « En outre certains de ces officiers auraient eu l'imprudence de causer le dimanche 3 juin très ostensiblement avec des femmes de la localité dans des intentions galantes, ce qui indispose vivement les hommes. Le Lt colonel Genet a été alerté par moi de ce manque de tact regrettable au milieu d'événements aussi graves et fera les observations nécessaires[55]. »

De ce point de vue, le cas de Roland Dorgelès est l'un des plus illustratifs qui soit. Lié à Madeleine rencontrée en 1910, il entretint avec elle une correspondance amoureuse qui s'altéra très vite sous l'empire d'une jalousie irrépressible. Très épris, Dorgelès écrit quotidiennement. Comme dans d'autres cas, les irrégularités de la réception du courrier inquiètent et sont à l'origine de quiproquos, d'interrogations, de doutes. L'évocation d'une rencontre marque le début d'un soupçon : « Tu me parles du soldat belge, que tu défends avec une chaleur admirable. Mais, dis-moi, où et comment as-tu fait sa connaissance ? Cela m'intrigue[56]. » Renforcés par des informations émanant d'autres correspondances, les doutes augmentent d'intensité, rongeant sans espoir de retour le lien unissant les deux époux. En 1917, la rupture est consommée, l'un et l'autre tombant victimes d'un système d'information les ayant broyés. À l'inverse de Guillaume Apollinaire, dont la relation amoureuse avec Madeleine Pagès ne repose que sur la distance et la jouissance érotique qu'engendre l'écriture et où la rencontre « réelle » n'aura d'autre conséquence que de mettre fin à ce couple épistolaire[57]…

La production des sentiments

Le couple

On ne saurait limiter l'histoire du sentiment amoureux durant la Grande Guerre à celle de la jalousie engendrée par un régime de vérité spécifique et des conditions matérielles qui sont à son origine. On a vu à quel point celles-ci perturbèrent les relations amoureuses. Les individus n'en disposent pas moins de marges de manœuvre grâce auxquelles ils composent avec leur environnement.

L'éloignement a favorisé l'expression socialement diversifiée du sentiment amoureux avec une fréquence et une visibilité que ne pouvait connaître la vie quotidienne. Tout se passe comme si les couples s'étaient libérés d'une partie des conventions qui encadraient la vie conjugale et amoureuse avant l'ouverture des hostilités. L'acte d'écrire force encore le trait et l'absence pousse à dire le manque, même quand les mots se dérobent. Louis-Gustave Bruneau ne dit pas autre chose que Roland Dorgelès quand le premier affirme : « Je m'ennuie beaucoup de revenir auprès de toi[58] » et le second : « Tu es ma femme, Madelon, la femme que je voulais, que je devais rencontrer, la grande compagne[59]. » L'un et l'autre pourtant ont formé leur couple plusieurs années auparavant. L'expérience de la guerre et celle de la distance exacerbent les sensibilités. L'écriture elle-même entretient cette montée en puissance du sentiment amoureux, en lui donnant une nouvelle vigueur, en instituant une transparence psychologique que la vie quotidienne avant-guerre ne supposait pas.

Discrètement, et pour tout dire, exceptionnellement (il faut évidemment faire une place à part à la correspondance d'Apollinaire qui déborde d'érotisme), la sexualité affleure dans certaines lettres comme une donnée normale de la formulation amoureuse, alors même que les couples ont dû y mettre un terme en même temps qu'ils se séparaient. Crûment évoquée par Louis-Gustave Bruneau qui se réjouit d'avoir « bien travaillé[60] » lors de l'une de ses permissions en apprenant que sa femme se trouve enceinte d'un sixième enfant lui ouvrant peut-être les droits à la réforme, la sexualité est aussi présente dans quelques autres correspondances, en référence parfois aux permissions.

La guerre agit sur les sens, les « rajeunit », écrit encore Henri Fauconnier qui redonne vie, sans trop de pudeur, dans une lettre adressée à sa fiancée, à quelques jours de permission passés avec elle : « Alors une volupté si forte a passé sur moi que j'ai été obligé de vous écarter un peu. Tu te souviens ? Ces caresses, après un an sans que rien de tendre ne m'ait effleuré, un an de solitude, de torpeur, et parfois d'angoisse, étaient un philtre trop violent pour mes sens. Et voici que je ferme les yeux maintenant, pour me rappeler cette minute aiguë et les instants qui l'ont suivie, leur douceur, leur langueur[61]. » Cette sexualité à distance, adossée au plaisir de l'évocation intime dans les replis protégés d'une correspondance de couple, vient compenser les frustrations nées d'un monde militaire auquel elle faisait défaut, en tout cas sous cette forme : « La vie sexuelle est abolie », écrit l'analytique Hertz à sa femme[62]. Au couple, la Grande Guerre n'imposa pas seulement l'amour et la sexualité à distance, supportés par l'artifice de la correspondance. Les autorités se soucièrent aussi de donner la possibilité aux jeunes gens de se marier *à distance* en faisant voter une loi autorisant le « mariage par procuration[63] ».

La famille

Ce que l'on pourrait pointer comme un changement de régime émotionnel au sein des relations familiales comprises au sens large touche aussi la famille nucléaire. Entre parents et enfants s'ébauche également une nouvelle sensibilité faite d'un élan affectif encouragé par la communication écrite. L'aveu, la confession consommée jusqu'à l'impudeur, comme on l'a vu, sont au cœur d'un nouveau pacte familial. Cette modification n'échappe pas à l'observation de tel rapporteur du contrôle postal : « Les sentiments de famille paraissent arriver à un point critique. Ils subissent une sorte de renouveau et la séparation est plus impatiemment supportée. Soit à cause de leur femme, soit à cause de leurs enfants, soit à cause de leurs intérêts, les hommes éprouvent une plus vive inquiétude de ne pas se trouver chez eux[64]. »

L'examen des correspondances confirme en tout point cette judicieuse analyse faite à chaud et sur un vaste corpus de lettres. Les correspondances familiales révèlent une intégration frappante des individus à la cellule familiale et aux cercles amicaux. Les lettres collectives, adressées à l'ensemble de la famille, destinées à être lues à haute voix, sont légion. Multi-adressées, ces missives rompent avec le modèle de la lettre intime qui isole une relation singulière. Les mères, parfois les sœurs, les épouses ou les fiancées n'en demeurent pas moins les principales interlocutrices, comme si l'exercice épistolaire relevait naturellement du genre féminin. L'intervention des pères est exceptionnelle et prend souvent un tour solennel. Elle semble instituer un rapport inédit entre père et fils, une relation d'homme à homme qui ne devrait pas concerner la pratique normale de la correspondance.

Dans le cas des familles nombreuses, les parents occupent généralement le centre du système d'informations dont ils sont le pivot. Ils concentrent les nouvelles et les redistribuent aux uns et aux autres, risquant parfois une rétention pour ménager leurs fils au combat. On leur demande des renseignements non seulement concernant le pays délaissé mais aussi les autres membres de la fratrie et les affectations mouvantes.

Les correspondances édifiantes dont il a été question rassemblent le plus souvent des lettres échangées entre des soldats célibataires et leurs parents. Elles proposent un modèle d'affection familiale exemplaire dans la contemporanéité du conflit qui aligne l'expression de l'amour filial sur celle de l'amour conjugal. Les lettres envoyées par les parents sont lues et relues avec ferveur. Jean Fantassin, jeune soldat de dix-neuf ans, explicite même le parallèle. La mère remplit le rôle de la fiancée qu'il n'a pas encore rencontrée :

« Maman chérie,

Tu sais combien je t'ai aimée tendrement et je te confie qu'éloigné de toi c'est à toi surtout et toujours que je pense – à toi presque uniquement. N'ayant jamais eu d'aventure sentimentale, c'est l'amour de ma mère qui est resté profondément ancré en mon cœur, c'est la seule passion qui l'emplit, c'est la pensée qui soutient mon isolement[65]. »

Le péril puis la mort font de chaque fils un enfant unique. Les parents les traitent comme tels. En retour, les fils débordent à leur égard d'une sentimentalité que les conventions familiales d'avant-guerre semblent avoir ignorée à ce point. À telle enseigne qu'elle peut inquiéter. Dans une lettre de Jean Fantassin, adressée à son père il est vrai, on lit aussi : « Je respecte la décision que tu as prise, elle est sage ; il faut être ferme, farouche presque, et reporter à la paix les effusions de tendresse, quand elles auront été gagnées et méritées[66]. » On notera du même un aveu qui met en évidence les conséquences d'une situation historique unique agissant comme le révélateur de sentiments occultés par le cours ordinaire des choses tel que la paix l'ordonnait : « À être privé de vous et sentir ce que je sens, je comprends comme je vous aime[67]. » Le message est clair : c'est le conflit qui réveille des sentiments enfouis et confère à la famille une dimension qui lui faisait encore défaut. Elle cesse de n'être qu'une simple nécessité sociale. Norton Cru n'écrivait pas autre chose à sa sœur Alice.

L'expérience du temps

L'expérience de la guerre comme l'éloignement familial et affectif qui en découle commandent une représentation de la durée qui rompt avec celle qui l'avait précédée. La relation épistolaire et ses dysfonctionnements, en dépit des efforts fournis pour régulariser la distribution du courrier, organise un nouvel agencement des temporalités en mettant fin parfois à l'ordre linéaire du temps.

On sait que les soldats et leur famille entrèrent dans le conflit avec la conviction que celui-ci serait bref et qu'ils se reverraient bientôt s'ils survivaient. On déchanta vite. Se manifeste, surtout après la stabilisation des fronts à la fin de l'année 1914, non pas la certitude inverse d'une guerre longue mais une incertitude déstabilisante face à sa durée probable. Les horizons d'attente se dilatent. La paix, en vue à quelques semaines, est repoussée à quelques mois, pour finalement disparaître tout à fait : les prévisions cessent peu à peu au cours de 1915 et ne resurgissent que de temps à autre. Les lettres font état de cette attente comme si dire le temps pour prendre conscience de la durée et en partager l'expérience avec une famille éloignée revenait à tenter de mieux le maîtriser. À défaut de partager le même espace, on tente de communier dans un ordre commun du temps.

L'expérience du temps éprouvée par le biais de la pratique épistolaire est tributaire des conditions matérielles imposées par celle-ci. L'attente des lettres qui n'arrivent pas semble ralentir le rythme d'une existence dont l'oisiveté et la patience sont déjà les composants majeurs. À l'inverse, tout semble se précipiter lorsque les lettres retardées s'accumulent dans le sac du vaguemestre. Leur arrivée désordonnée bouscule les temporalités et engendre de la confusion en secouant la chronologie des informations : c'est ainsi que naissent parfois les pires malentendus. Les chaînons manquants dans le déroulé logique des échanges entraînent des impatiences, des fureurs parfois. Les lenteurs appellent des anticipations et des commentaires sur des événements attendus comme une naissance dans le cas de Henri Fauconnier qui écrit : « Maintenant (au moment où tu lis ceci) tu as auprès de toi un petit être que j'essaye en vain de m'imaginer d'avance[68]. »

Le désordre temporel provoqué par les incidents de courrier est aussi source de conflits particulièrement lourds de conséquences dans le cas des correspondances amoureuses. En novembre 1914, quand l'administration postale connaît encore de sérieux problèmes, Marie-Thérèse se lamente : « Après la guerre, si j'étais le président de la République, je décorerais bien du monde, mais sûrement, je ne décorerais pas la sainte administration des Postes !... Imagine-toi qu'hier soir j'ai reçu 3 lettres de toi, une du 3 et une du 4 novembre [...]. Mais j'en ai reçu une troisième datée du 20 octobre, tu as bien lu, n'est-ce pas ? 20 octobre ! Elle a dû passer par le Japon pour arriver jusqu'ici[69] ! » Il est vrai aussi qu'en situation de pénurie, bien des soldats se satisfont finalement de nouvelles remontant à deux mois : on voit ici encore que la *lettre-objet*, talisman, amulette sacrée, l'emporte sur la *lettre-véhicule* : « J'ai reçu hier vos lettres du 20 août et du 28 octobre. Agréable mélange qui m'a rendu deux fois heureux. Même vos lettres d'il y a deux mois me font plaisir. C'est toujours un peu de vous qui m'arrive[70]. »

Cette confusion des temps connaît un dernier volet dans la correspondance familiale. Le présent n'est accepté que grâce à l'évocation d'un passé, douce et rêveuse nostalgie construite autour d'une représentation idéale de la famille (notamment dans les correspondances édifiantes[71]), qui annonce un futur, comme une terre promise, âge d'or annoncé où les bonheurs entrevus avant-guerre resurgiront.

On traite souvent les correspondances à la manière d'une documentation banale dans l'économie des conditions de leur production et du rôle qui leur est assigné. Ainsi y cherche-t-on souvent de simples témoignages sur des situations vécues comme on puiserait dans un stock de citations neutralisées rendant compte d'une expérience, cédant, qui plus est, à ce « préjugé indéracinable qui veut que les mots *traduisent* la pensée[72] » et ne disposent de nulle autre fonction. C'est oublier que les lettres sont écrites pour être lues et qu'elles constituent ainsi un anneau majeur du lien social lorsque celui-ci est distendu par la mise à distance des acteurs sociaux ordinairement liés par une communauté de vie. Ainsi les lettres familiales rédigées durant la Grande Guerre sont-elles beaucoup plus que des reflets. Elles sont surtout des facteurs agissant en faveur d'une nouvelle disposition des affections et des sentiments familiaux. Une nouvelle économie des affects semble s'être ainsi dégagée, même si celle-ci perçait déjà, ici et là selon les régions, avant la guerre[73]. Formuler et reformuler le sentiment amoureux à distance institua de nouvelles conventions dans son expression et peut-être même en son vécu[74]. Mais soutenir, comme on le fait souvent lorsqu'on tente de mettre en évidence des grands tournants historiques, que la guerre de 14 marque une étape importante dans la modernisation des relations de couple et au sein même des familles, caractérisée par l'autonomisation des sujets et l'affichage plus net des sentiments, ne revient pas à dire que cette évolution n'affronta pas des tendances contradictoires, ni même qu'elle concerna l'ensemble du corps social. Elle ne fut pas non plus définitive comme le signalent nettement de nombreux épisodes juridiques, politiques et culturels de l'après-guerre. Elle semble pourtant suffisamment importante pour avoir frappé quelques esprits et appelé la vigilance des autorités sociales inquiètes, après-guerre, d'avoir à repeupler une nation saignée à blanc.

Chapitre VIII

D'UNE GUERRE À L'AUTRE
DE NORTON CRU À PAUL RASSINIER

Dans un essai[1] qui fit date, Pierre Vidal-Naquet, réfutant toute possibilité d'entamer un dialogue raisonnable avec les sectateurs du négationnisme, laissait cependant la porte ouverte à des démarches historiques qui le constitueraient en objet d'étude. Ce chapitre s'inscrit dans un programme de cet ordre. Il n'y s'agit point d'y discuter des propositions qu'une forte tradition savante est venue démanteler tout en reconnaissant ce qui restait d'obscurités, de mystère et, pour tout dire, d'inconnaissable, dans l'expérience des camps de concentration et d'extermination nazis. Ce qui retiendra l'attention relève de la forme du discours négationniste et des postures sociales caractérisant ses principaux auteurs. Ces deux aspects nous ramènent singulièrement à Jean Norton Cru. C'est donc une nouvelle fois la présence de la Grande Guerre au XXe siècle qui est ici en jeu.

Plusieurs négationnistes se réfèrent en effet plus ou moins explicitement à *Témoins* et à son auteur. Ils prétendent œuvrer à ériger une vérité de l'expérience concentrationnaire contre un récit dominant qu'ils estiment inexact, voire mensonger, à la manière de Norton Cru qui s'était en son temps escrimé à mettre en place les fondements d'une vérité de l'expérience de guerre dangereusement égratignée, selon lui, par la multiplication d'une littérature empreinte de clichés et d'inventions. Le rapprochement est sans doute audacieux... Il n'est évidemment pas question de soutenir que l'œuvre de Jean Norton Cru est à l'origine du négationnisme, mais de chercher à comprendre pourquoi une telle récupération a été possible. C'est donc de l'histoire d'une réception qu'il s'agit, que commande une proximité existentielle entre deux expériences, en dépit – est-il nécessaire de le souligner ? – d'une fondamentale différence de nature.

De la Première à la Seconde Guerre mondiale

La mise en relation des deux conflits mondiaux du XXe siècle constitue l'une des clés d'accès à l'histoire culturelle du négationnisme. Paul Rassinier, le fondateur du négationnisme français, naquit et vécut les premières années de sa vie dans un département, le territoire de Belfort, qui avait été durement éprouvé par la Grande Guerre. Né en 1906, Rassinier ne connut la guerre que comme enfant. La marque semble pourtant en avoir été profonde. Son père fut mobilisé mais fut aussi amputé du droit à la gloire : il ne connut du conflit que les tâches réservées aux troupes de l'armée territoriale. Sa guerre manqua d'étoffe et de souvenirs sanglants. Faut-il faire de cette enfance un moment capital dans l'itinéraire biographique d'un négationniste dont le mobile principal fut toujours la haine de la guerre en soi, toujours injustifiable, toujours scandaleuse ? La tentation en est grande[2]. Paul Rassinier n'eut de cesse de revenir sur le caractère tragiquement fondateur de la Première Guerre mondiale dont il traque les effets et débusque les leçons dans nombre de ses écrits des années 1950 et 1960. Son fantôme est si présent qu'il arrive parfois à Rassinier de rapprocher l'expérience concentrationnaire de celle des poilus de 14. Dans *Le Mensonge d'Ulysse*, il prend appui sur une citation d'un collaborateur du *Figaro littéraire*, André Rousseaux, qui écrit dans la livraison du 9 octobre 1954 : « Mais, pour les survivants de l'enfer, la condition d'anciens déportés n'est-elle pas devenue très vite analogue à celle des anciens combattants de toutes les guerres : beaucoup plus des victimes que des témoins[3]. » Dans ce même ouvrage, Rassinier déroule tous les effets de la Grande Guerre sur l'histoire du XXe siècle. Le procès à charge est sans concession. De la guerre de 14 est né tout le mal du siècle. Le nazisme en est issu, ce que l'on peut comprendre. Ce qui semble plus étrange est une autre assertion qui vient surtout révéler le rejet radical du premier conflit mondial dont il n'est sorti que de l'effroyable : les camps de concentration n'en ont pas d'autre origine. Le monde des tranchées, que certains célébraient comme une expérience unique où fusionnèrent entre elles des classes d'individus qui s'ignoraient auparavant, trouve son écho dans les camps, « véritables tours de Babel », qui mettent au jour le mensonge de cette illusion historique. La diversité sociale et nationale dans les camps engendra le chaos, la haine, la rivalité, soutient Rassinier, fort de son passé d'ancien déporté : « Les intellectuels regardent les ouvriers manuels de haut, et ceux-ci se réjouissent de les voir "enfin travailler"[4]. » Cette lecture analogique s'est imposée à lui, si l'on s'en tient à son propre aveu, dès son internement à Dora : « D'instinct, je me trouvais reporté au lendemain de l'autre guerre, aux anciens combattants, à leurs récits et à toute leur littérature[5]. » Il faudrait bien un jour *témoigner*, raconter ce que l'on avait vu et vécu. Mais avec quels mots et sur quel ton ? Serait-on entendu ? Serait-on cru ? On s'était si vite lassé des récits de guerre ! On avait si souvent mis en doute certains d'entre eux dont l'horreur excédait les frontières de l'imagination humaine ! Les « atrocités allemandes » avaient subi de si vifs assauts de dénégation même parmi les Alliés ! L'acte de témoigner n'était désormais plus sans péril.

En dépit de cette vigoureuse mise en accusation de la guerre de 14, Rassinier ne s'en est jamais vraiment fait l'historien comme on eût pu s'y attendre. Il y consacre étrangement bien peu de pages dans son essai intitulé *Les Responsables de la Seconde Guerre mondiale*, se bornant simplement à y regretter que le traité de Versailles et ceux qui l'avaient conçu ne soient plus comptés parmi les premiers responsables du déclenchement du second conflit mondial[6]. Il est vrai que les diatribes contre le Traité ne manquent pas chez Rassinier ni chez ceux qui lui emboîtèrent le pas : « La guerre de 1939-1945 n'est que la conséquence de l'aberrant Traité de Versailles et que, par conséquent, ceux qui l'ont fait y ont la première et la plus lourde part[7] », écrit-il dans *Le Véritable Procès Eichmann*, ouvrage dont la deuxième partie est entièrement consacrée à une analyse du Traité comme péché originel du XXe siècle. Songeant évidemment à Nuremberg et aux conditions de la paix ayant entouré la fin de la Seconde Guerre mondiale, Rassinier, qui, curieusement, ne s'appesantit jamais sur les procès de Leipzig durant lesquels furent jugés, à partir de 1921, quelques responsables des atrocités allemandes perpétrées dans les premières semaines de la guerre de 14, explicite sa critique de la paix de 1919 en soulignant l'injustice commise par des nations victorieuses sur un peuple vaincu en l'absence de ses représentants : « La paix qui devait sortir des débats ne pouvait être comme toutes les paix jusque-là, qu'une paix imposée à des vaincus par des vainqueurs, une sentence rendue par des juges contre des accusés absents, non une paix de justice puisqu'on avait exclu de la rendre fraternelle en n'envisageant pas de la discuter en commun[8]. » Dans *Le Drame des Juifs européens*, Rassinier y revient encore en attribuant au traité la responsabilité même de l'émergence du national-socialisme allemand[9]. Lors de la crise munichoise, devenu militant socialiste, il en avait appelé à une urgente réforme du Traité : « Il faut que les démocraties comprennent que doivent disparaître de l'Europe toutes les traces du traité de Versailles[10]. »

Ces thèses défendues dans les milieux de la gauche pacifiste des années 1920 imprégnèrent tôt le jeune Rassinier. Elles le structurèrent pour longtemps. Dans les années 1930, il partagea la sensibilité des instituteurs pacifistes telle qu'elle s'exprimait notamment autour de la revue *L'École émancipée*. Une partie de cet entourage lui resta d'ailleurs acquise malgré les avanies politiques qui brouillèrent sérieusement l'image de Rassinier dans le cours des années 1950 et 1960[11]. Son itinéraire politique heurté dispose pourtant d'une constante : sa fidélité au pacifisme. Il s'en imprégna dans sa première adhésion au parti communiste avant de quitter celui-ci à la veille du retournement qui entraîna le PCF dans la défense d'une ligne patriotique et antifasciste. Devenu anticommuniste dans les rangs socialistes où il se compta parmi les « paul-fauristes », il fut de ces pacifistes intransigeants, irréductiblement hostiles à l'Union soviétique accusée de menacer la paix du monde.

La guerre de 14 est la référence dernière qui fonde toutes les analyses et justifie tous les refus, toutes les lâchetés, tous les renoncements. « C'est la faute à la guerre, évidemment, écrit-il en 1938, assistant impuissant à l'irrésistible montée des tensions internationales. À la guerre qui, passant sur notre enfance, nous a enlevé le sens du précis, du profond, du solide, tout ce qui fait des êtres sérieux, posés, consistants, réfléchis. Qui a fait de nous une proie facile, jetée en pâture à tous les extrêmes, dans notre âge d'hommes[12]. » Dans *Germinal*, l'hebdomadaire de la fédération socialiste du Territoire de Belfort, Rassinier déplie sans interruption le même argumentaire. Il s'y oppose fermement à Léon Blum « qui a plusieurs fois déclaré qu'accepter la défense nationale (c'est-à-dire la guerre) pouvait coïncider avec le devoir de l'internationalisme » (septembre 1935) et multiplie les appels à renoncer à toute forme de conflit armé car « la guerre est un crime abominable que le militarisme aggrave de crimes plus abominables encore » (novembre 1935)[13]. Il salua très normalement le choix non-interventionniste de Blum en Espagne à l'instar de tout le milieu des instituteurs pacifistes dont il est une parfaite illustration. Rien d'étonnant donc à le voir munichois sans réserve : « Ce fut un beau, ce fut un grand geste », écrit-il le 1er octobre 1938[14].

Dans *Le Véritable Procès Eichmann*, Rassinier revient sur ces années pour en rendre compte. Pour mieux justifier son détachement de la gauche, devenu explicite au début des années 1960, il prétend en dégager l'esprit de trahison à l'égard des valeurs de paix qui semblaient la constituer pour une bonne part. Au lendemain de la Première Guerre mondiale, les intellectuels de gauche, chez qui il avait trempé son militantisme enthousiaste, Romain Rolland, Alain, Victor Margueritte, Anatole France, Félicien Challaye, Jean Giono, Michel et Jeanne Alexandre, étaient d'abord des critiques lucides du conflit de 14 auxquels on n'en avait pu conter

« sur le caractère unilatéral des horreurs et des responsabilités de la guerre : ils passèrent tout au crible et ils menèrent une vie très dure aux hommes de Versailles seulement soutenus par quelques intellectuels vieillis, fatigués ou fossilisés d'une droite qui ne les suivait déjà plus ». Quel contraste, constate Rassinier, en assimilant sans nuance les deux sorties de guerre, avec les intellectuels de gauche qui appuyaient le procès de Nuremberg !

Ce renversement de configuration suffirait peut-être, seul ou presque, à éclairer l'itinéraire du fondateur du négationnisme :

> « Quant aux intellectuels de gauche, dans leur écrasante majorité, ils ont approuvé et exalté Nuremberg au nom des principes dont, au temps de Versailles, ils reprochaient le caractère réactionnaire à ceux de la droite qui les faisaient leurs, et le phénomène n'est pas moins remarquable. Il y a là en tout cas un assez curieux chassé-croisé dans le secteur des principes et c'est dans ce chassé-croisé que s'inscrit mon drame personnel[15]. »

Plus qu'un ralliement ou un rapprochement esquissé en direction de l'extrême droite, c'est plutôt un détachement idéologique commandé par la nécessité de trouver des appuis qu'il convient de souligner. C'est ce qui se dégage d'une ligne de défense visant à justifier l'embarrassant soutien que vint apporter Maurice Bardèche, beau-frère de Robert Brasillach, au militant socialiste Rassinier, exclu de la SFIO en avril 1951. Il y défend aussi la trahison des clercs de gauche qui ont renoncé aux valeurs pacifistes :

« On m'a dit que M. Maurice Bardèche était d'extrême droite et que, dans de nombreuses autres circonstances, il n'avait pas fait preuve du même souci d'objectivité : c'est certain et je ne me suis jamais fait faute de le dire chaque fois que j'ai cru en avoir sujet. Mais ce n'est pas une raison ni pour contester son mérite en l'occurrence, ni pour refuser de reconnaître qu'à une page près, dans ses deux ouvrages sur Nuremberg – tout aussi injustement condamnés que *Le Mensonge d'Ulysse* –, il traite du problème allemand à partir des mêmes impératifs qui étaient au lendemain de la guerre de 1914-1918, ceux de Mathias Morhardt, de Romain Rolland et de Michel Alexandre, lesquels étaient, eux, bien de gauche. Et ce n'est pas ma faute à moi, si, par un curieux balancement historique, les gens de gauche, adoptant à partir de 1938-1939 le nationalisme et le chauvinisme qui étaient de droite, ont par là même, obligé la vérité qui était de gauche, à chercher asile à droite et à l'extrême droite. De toute façon, le chroniqueur ne peut pas accepter de se prononcer sur la matérialité des faits historiques en fonction des impératifs changeants de la politique et, à l'exemple de M. Merleau-Ponty, ne reconnaître un fait vrai que si cela sert une propagande[16]. »

POSTURES : « VRAIS » ET « FAUX » HISTORIENS

Comme l'ont souligné ses plus récents biographes, le « drame personnel », que Rassinier évoque lui-même, contribue beaucoup à éclairer son itinéraire intellectuel et politique[17]. On ne peut manquer d'être frappé à la lecture de ses textes à quel point le hante un déficit de légitimité sociale qui pourrait bien être l'une des clés de son œuvre tout entière. Son travail d'historien – c'est ainsi qu'il se définit lui-même[18] – passe par la récusation d'une histoire « officielle » qui n'est autre que l'histoire universitaire empêtrée dans le conformisme, victime de son manque d'audace et arrêtée par des tabous la rendant suspecte aux esprits libres parmi lesquels se compte Paul Rassinier. Cette histoire-là est tissée de récits douteux que le véritable savant, fidèle aux règles du métier d'historien, doit balayer.

Rassinier est en effet dépourvu de tout titre qui fait la noblesse académique. D'abord instituteur, il put devenir professeur d'histoire. Ses ambitions ont toujours été plus hautes. Les circonstances d'une vie faite d'échecs et de malchances ne l'ont pas permis. Cette dimension est loin d'être négligeable. La relation au monde universitaire et le statut intellectuel de l'œuvre sont au cœur de la querelle négationniste jusque dans les dernières années du XXe siècle. Dans une interview accordée en août 1979 à *Storia illustrata*, Robert Faurisson revenait sur la médiocrité sociale de Rassinier pour lui en constituer un avantage : « Paul Rassinier, modeste professeur d'histoire et de géographie, a donné une remarquable leçon de clairvoyance et de probité à ses éminents collègues de l'université[19]. » Par ce biais, il s'agit bien de rabaisser les prétentions scientifiques du monde universitaire et donc sa volonté de fonder en vérité un discours historique unique, au profit des aventuriers de la recherche, libérés qu'ils sont des pesanteurs d'un univers socialement et intellectuellement réglementé, plus inventifs, plus ouverts. Dans une lettre adressée au quotidien *Le Monde* datée du 16 décembre 1978, le même Faurisson ironise sur le récent discrédit scientifique dont il se trouve accablé : « Or, avant 1974, j'étais non moins officiellement tenu pour un "très brillant professeur", un "chercheur très original", un homme doté d'une "personnalité exceptionnelle", un enseignant aux "remarquables qualités intellectuelles et pédagogiques" ; mes publications avaient "fait grand bruit" et ma soutenance de thèse en Sorbonne avait été jugée "étincelante"[20]. » Comment dès lors faire confiance à une institution aussi versatile qui semble accorder sa confiance à ceux-là seuls qui confortent les préjugés dominants ? Fragile vérité…

Rassinier multiplie les traits contre l'histoire universitaire de l'après-guerre. Tout en affichant ses résultats d'historien, il solde de très anciens comptes et tente de surmonter enfin ses propres échecs lui ayant interdit l'accès au monde académique. Lui, le petit instituteur autodidacte, allait en remontrer à ces prétendus maîtres. Telle est l'ironie acide versée sur le compte de Léon Poliakov dont il critique les calculs. Il ne cède rien à la légitimité scientifique du chercheur : « On m'assure que M. Poliakov est maître de recherches au Centre national de la recherche scientifique. C'est possible. Mais, si c'est vrai, on les choisit, dans cette maison[21] ! », et oppose son expérience à la science académique : « M. Georges Weullers, maître de recherches au Centre national de la recherche scientifique de Paris – encore un "Professeur" ! – est venu témoigner à la barre du tribunal de Jérusalem, le 9 mai 1961, que quatre mille enfants juifs rassemblés à Drancy avaient été déportés à Auschwitz à partir d'août 1942 et que, quand il y était arrivé, il n'en avait retrouvé aucun, de quoi il conclut qu'ils avaient tous été envoyés à la chambre à gaz. Mais moi, je puis témoigner que, de janvier à mars 1943, j'ai vu à Buchenwald des centaines d'enfants de toutes nationalités qui y avaient été ramenés d'Auschwitz[22]. »

S'en prenant à une historiographie officielle qui affecte d'ignorer le rôle du Traité de Versailles dans le déclenchement de la Seconde Guerre mondiale, il charge l'auteur de la bibliographie destinée aux étudiants préparant l'agrégation publiée dans le *Bulletin de la Société des professeurs d'histoire et de géographie de l'enseignement public* du mois d'octobre 1964 : « un M. René Rémont (*sic*), Professeur d'histoire contemporaine à la Sorbonne[23] ». La hargne de l'*outsider* s'exprime à plusieurs reprises face aux cautions apportées par les historiens légitimes aux témoignages que conteste Rassinier : les historiens de la Sorbonne, Ernest Labrousse et Pierre Renouvin en France, Rothfels en Allemagne[24]. Il en va de même pour Raul Hilberg : comment comprendre, ironise Rassinier, qu'un historien, aussi convenablement formé par l'Université, se révèle aussi maladroit dans le traitement du témoignage ? S'agirait-il de mauvaise foi[25] ? Aspirant à une histoire-science, Rassinier pourchasse toute perturbation introduite par l'opinion. Dans le même temps, pris dans les controverses qui s'apparentèrent tôt à des polémiques politiques, l'historien amateur sait jouer avec certaines légitimités qui lui paraissent opportunes le moment venu. Il ne dédaigne pas s'appuyer sur « l'historien juif Til Jarman » pour dénombrer les camps de concentration en Allemagne au début de la guerre. « L'histoire officielle » portée par l'histoire universitaire n'est autre qu'une « usine de fabrication de faux historiques[26] ». Ceux « qui se disent historiens » s'arrogent une qualité indue : « Depuis la fin de la guerre, il y a décidément de tout et n'importe qui dans notre métier[27]. » Figure classique de renversement pour qui, se trouvant en situation de marginalité par rapport à une communauté scientifique, souhaite promouvoir une opinion que celle-ci ne peut entendre.

Il n'est pas indifférent de noter qu'une configuration sociale analogue caractérise les relations entre Jean Norton Cru et le monde universitaire. Il y a certes beaucoup moins de morgue dans l'attitude de Cru qui ne prétend à aucune rivalité avec les historiens « de métier ». Tout au contraire, il se place volontiers dans la posture de l'auxiliaire qui prépare le travail des professionnels de l'histoire ayant à charge de rédiger le grand récit scientifique de la Grande Guerre. Tel est ce qui émane de ses positions affichées. En réalité, il semble bien que Cru ait manifesté davantage d'ambition et que ses rapports avec les historiens universitaires aient été moins simples qu'il apparaît de prime abord. Si l'on suit les bribes d'autobiographie publiées par sa sœur Hélène Vogel, Norton Cru présente tous les traits d'une personne souffrant d'une forme de complexe d'infériorité sociale : « *Témoins* est dû au petit primitif de Maré qui survit en moi, qui a survécu aux tentatives de conformisme au lycée, au régiment, à Aubenas, à Williams, au front. Un Genevoix, un Pézard, un Cazin me sont supérieurs en intelligence, en capacité de faire un livre d'après leurs souvenirs de guerre, mais ils n'auraient pas su avoir le détachement nécessaire pour imaginer le sujet de *Témoins*, concevoir la méthode, et publier des conclusions aussi contraires à l'opinion unanime du pays. Mon état de primitif irréductible, imperméable à ce qui est pure mode, m'a beaucoup servi pour donner naissance à *Témoins* [...][28] » Dans sa critique du conformisme intellectuel qui lui sert tant à expliquer le complot du silence ou les procès dont il se trouve également la victime, il arriva à Rassinier de soutenir des propos peu éloignés.

Il en va de même pour ce qui concerne les relations avec les universitaires. La famille Cru vécut pendant plusieurs années en Nouvelle-Calédonie, à Maré, où son père, Louis, était venu accomplir sa mission de pasteur tout en exerçant le métier de maître d'école. Jean Norton échappa durant ces années à toute éducation classique. Il fut d'abord l'élève de sa mère, Catherine. Rentré en France avec sa famille en

1892, il dut rattraper un important retard scolaire, un peu à la façon d'un autodidacte. Cet apprentissage a laissé des traces qui s'apprécient notamment dans les rigidités d'une culture reposant surtout sur un savoir acquis à force de mémoire comme dans le regard critique porté sur le monde universitaire dont il ne fut jamais vraiment. Apparenté à une lumpen-intelligentsia, dont on sait les sentiments de frustration sociale, Norton Cru dut d'autant plus ressentir son illégitimité[29] que son frère cadet, Loyalty, fut reçu à l'École normale supérieure puis à l'agrégation d'anglais avant de publier aux États-Unis un livre important sur Diderot. Sa sœur cadette, Hélène, avait, quant à elle, réussi le concours d'entrée à l'École normale supérieure de jeunes filles puis passé avec succès celui de l'agrégation de lettres. L'aîné de la famille se trouvait ainsi en position d'infériorité symbolique.

Sa carrière académique n'est pas sans parenté non plus avec celle de Rassinier : instituteur, professeur d'anglais à l'école primaire supérieure d'Aubenas, puis à Oran, il dut sa petite promotion universitaire à son départ de France pour les États-Unis où il trouva un poste à Williamstown, en Nouvelle-Angleterre, à partir de 1912. Il tenta de passer l'agrégation d'anglais en 1913 mais échoua aux épreuves orales[30]. Une lettre en date du 2 février 1932, après la publication de *Témoins*, révèle l'extrême sensibilité de Norton Cru à l'opinion émise par les universitaires sur son œuvre, quitte à s'en amuser quelque peu :

> « Je viens de recevoir dans une lettre des éloges dont la nature est unique. Je me demande s'il est jamais arrivé que de telles phrases aient été employées pour louer quelqu'un. Vous les trouverez savoureuses, je les trouve exquises : “Mais vous n'appartenez pas à notre

civilisation. Vous êtes l'homme primitif, le sauvage. Un homme qui devrait être gâté par notre culture… Vous vous êtes donc repris en sous-œuvre. Vous avez donc fait table rase de tout ce qui vous avait été enseigné, par tous, de partout !"(lettre de Derocquigny, doyen de la faculté des lettres de Lille.) M. Derocquigny nous révèle une chose que nous savions peut-être… dans notre subconscient, mais dont nous ne nous rendions pas compte. Il se pourrait bien que seul un sauvage, un paysan du Danube, ait pu concevoir une œuvre telle que *Témoins*. Maintenant que l'œuvre a paru, qu'elle est lue et discutée, nous comprenons mieux quelle absence de savoir-vivre et d'urbanité il fallait à l'auteur pour l'écrire comme il l'a écrite… En contraste avec ce jugement de Derocquigny, il est amusant de voir le flair de certains critiques comme Pierre Scize ou Vendérem, qui discernent dans *Témoins* l'œuvre typique de l'universitaire, du pion, du pédant marqué de la plus forte déformation professionnelle. Ils disent cela de moi, qui n'ai jamais été à l'école avant douze ans, et qui plus tard n'ai jamais mis les pieds dans une université que pour y passer des oraux d'examen[31]. »

Dans une lettre du 14 novembre 1929, il s'était montré encore plus explicite : « Je pense à la diffusion des idées parmi les intellectuels et je recherche surtout l'approbation des professeurs d'histoire[32]. » Et dans telle autre du 21 décembre 1929 : « La lettre de Brunot contient un éloge que je mets au-dessus de tous ceux que j'ai reçus. Qu'un érudit tel que lui approuve ma méthode et la déclare la même que celle qu'emploient les savants c'est plus que je n'aurais espéré. Bien que ce fut toujours mon rêve de faire un travail d'érudition, mais cela semblait une gageure, même à moi, en un sujet si peu semblable aux sujets traités par les érudits. Le jugement de Brunot a donc cette vertu unique de me donner confiance en mon œuvre, ma méthode, ma critique, comme aucun autre éloge ne pouvait le faire [...][33] »

Sa correspondance de guerre apporte d'utiles informations qui contribuent à préciser la nature du contentieux que Norton Cru entretient avec le monde académique français auquel il oppose celui qu'il connaît finalement mieux : l'université américaine. Il ne ménage pas ses rudes critiques contre le système scolaire français qui remplit les têtes sans compter mais ne sait pas fabriquer des hommes :

> « J'ai vu pendant la guerre bien des professeurs et je les ai vus non plus comme candidats bourrés de science, mais comme hommes. Oserai(s)-je le dire ? Les meilleurs sont lamentables. Ils continuent comme jadis à jouer avec des mots, avec des idées. Ils n'ont jamais vu une réalité encore, ils ne savent rien du monde. Ce sont des mandarins, des fruits secs. – Souvenons-nous que dans notre famille nous avons rencontré des occasions d'éducation exceptionnelles. Le sang de nos ancêtres anglais nous différencie essentiellement des autres : il nous fait aimer les faits, les choses, l'action, l'air libre[34]. »

Dans la même lettre, l'ancien candidat à l'agrégation livre une dernière salve contre un concours qu'il considère comme très représentatif des archaïsmes et des inadaptations d'un système éducatif à bout de souffle : « Il n'est pas admissible qu'un concours comme l'agrégation tienne la place qu'il tient dans l'université et accapare tous les efforts ;

il vide les cerveaux et en fait des fruits secs. L'agrégation devrait être tout au plus un début de culture, mais jamais un aboutissement. Or chez la plupart des étudiants l'agrég. ou une tentative d'agrég. clôt leur préparation intellectuelle[35]. »

L'analogie entre deux postures sociales (deux intellectuels dominés en lutte contre le pouvoir intellectuel légitime) ne suffit pas à expliquer l'appel à Norton Cru que l'on est à même de relever ici et là dans les milieux négationnistes. D'autant plus que Norton Cru présente bien des aspects en rupture avec certains éléments majeurs éclairant l'itinéraire des négationnistes. Ainsi en va-t-il, par exemple, du pacifisme dont Rassinier était un représentant radical. Norton Cru, de son propre aveu pacifiste avant la guerre, s'est fait extrêmement critique au cours des années 1920 : « Depuis j'ai fait la connaissance de Barbusse, de Vaillant-Couturier et j'ai beaucoup appris sur les pacifistes anglais et américains. J'avoue que cela m'a dégoûté du pacifisme[36]. » Aux pacifistes, il reproche surtout d'être à l'origine d'une représentation altérée de l'expérience guerrière. Ils sont, à ses yeux, les premiers grands pourvoyeurs de légendes sur la guerre.

Cela n'empêcha pas les négationnistes de faire de Norton Cru un modèle, même s'il n'est pas avéré que tous l'aient lu avec attention. Seul Rassinier semble avoir été un lecteur précis de Norton Cru. Dans *Le Mensonge d'Ulysse*, il en appelle à « quelque nouveau Norton Cru, s'inspirant de ce que fit l'autre à propos de la littérature de guerre, au lendemain de 1914-1918[37] » qui se consacrerait à un travail de même type pour la littérature concentrationnaire. La construction du livre rappelle aussi vaguement, en certaines de ses parties, l'architecture de l'énorme édifice que constitue *Témoins* dont il n'est pourtant qu'une pâle copie.

Comment ne pas être frappé cependant par la référence, même lapidaire, à Norton Cru chez d'autres auteurs négationnistes ou antisémites ? Maurice Bardèche l'évoque à deux reprises dans *Nuremberg II* : « Comme la guerre de 1914, écrit-il, les camps de concentration auront un jour leur historien. Ce nouveau Norton Cru, l'accuserez-vous d'apologie de meurtre[38] ? » Habile façon de dédouaner sa démarche de tout antisémitisme en réintégrant le négationnisme dans une histoire intellectuelle normalisée, indemne de tout racisme. On peut douter de la connaissance directe que Bardèche avait de l'œuvre de Norton Cru puisqu'il prête à « l'historien américain » une « histoire de la guerre qui fit sensation en Europe[39] » rédigée sur la base d'une documentation inédite fournie par les Chancelleries… Peu importe ici : c'est la figure de l'historien non conformiste, pourfendeur des légendes officielles dispensées par des historiens à la solde des États, qui fait de Norton Cru une manière de héros intellectuel. D'autres références à l'auteur de *Témoins* figurent chez Pierre Guillaume, Henri Roques et Serge Thion. *Du Témoignage* est présent dans le catalogue de la librairie Ogmios spécialisée dans la diffusion d'ouvrages apologétiques sur la collaboration et le IIIe Reich[40]. On pourrait enfin citer une lettre de Céline à Milton Hindus du 2 octobre 1947 : « Un professeur américain CRU avait remporté un succès mondial après l'autre guerre avec un livre dans lequel il avait étudié les états de guerre des écrivains européens qui avaient écrit sur la guerre… La plupart y avaient passé huit jours ! Un mois ! Une demi-heure… ! Grande rigolade – Faites la même épreuve avec ceux qui ont chanté les souffrances de l'Occupation vous allez rigoler[41] ! » Les approximations céliniennes sur le contenu même du livre de Norton Cru soulignent l'intérêt qu'une certaine lecture de celui-ci a suscité chez tous ceux qui estimaient que l'histoire de la Seconde Guerre mondiale et des tragédies qu'elle avait engendrées relevaient de l'affabulation ou de la manipulation. Norton Cru était bel et bien celui qui s'était élevé, dans le scandale, contre une version officielle de l'expérience de guerre, armé tout à la fois d'arguments, d'une méthode et d'une rhétorique, homologues à ceux que mirent en œuvre les négationnistes.

MÉTHODE : LA RECHERCHE IMPÉRIEUSE DU « VRAI »

Les négationnistes et Norton Cru partagent une même conception réaliste de l'histoire. Il découle de cette position intellectuelle, nettement affichée chez les premiers, plus impatients d'écrire l'histoire, que chez le second qui a décidé d'adopter face aux historiens une posture d'auxiliaire, un attachement analogue à la « science », à l'« exactitude », à la précision et à la minutie. Norton Cru cite dans ce sens Renan – et la référence à Renan est ici un indice intéressant – qui dans *L'Avenir de la Science* affirme : « Les résultats généraux qui ne s'appuient pas sur la connaissance des derniers détails sont nécessairement creux et factices[42]. » Peu de place est faite au rôle de l'imagination. L'hypothèse, l'intuition, la supposition n'ont presque aucun droit de cité chez les uns et les autres.

Rassinier développe une définition de l'histoire apparentée à celle de la chronique, à l'exclusion de tout autre dimension et de tout autre usage que le seul service d'une conception asséchée de la « vérité » : « L'histoire est le livre de bord de l'humanité. À ce titre elle est un inventaire et un inventaire doit être exact. Dresser celui de toutes les actions des hommes est la mission des historiens et cette mission se limite à cela. Ils ne se préoccupent en conséquence d'aucun des impératifs de la morale à l'exception d'un seul : la recherche de la vérité. À plus forte raison sont-ils totalement étrangers à ceux de la politique et c'est ce qui explique le souci de l'objectivité qui a présidé à tout ce que j'ai écrit sur la déportation[43]. » Une correspondance échangée avec Maurice Merleau-Ponty, à propos du témoignage du docteur Nyiszli Miklos sur les camps, contribua à renforcer son obstination à maintenir absolument étanche la démarche de l'historien[44]. Au nom de cette conception intégriste du métier d'historien, il conteste assez logiquement l'intrusion de la justice au sein de controverses qui ne devraient concerner que les seuls spécialistes : « La vérité historique promue par décision de justice est encore une des tragiques originalités de notre temps[45]. » Il eut encore l'occasion de développer ce point de vue historiographique dans une série de conférences prononcées sur le thème « Vérité historique ou vérité politique » lors d'une tournée dans quatorze villes allemandes et à Vienne au printemps 1960 : « La règle d'or de l'histoire est l'objectivité[46]. » Se dessine en creux une discrète épistémologie adossée à la priorité accordée à la compétence technique et à l'expérience de l'historien, à l'exclusion de tout autre mode de connaissance : « Prendre les faits un à un, les étudier dans leur matérialité et enfin les replacer dans leur contexte historique[47]. » Cette méthode si appliquée, où les étapes intellectuelles qui font la démarche de l'historien sont soigneusement et sagement distinguées l'une de l'autre, renvoie à un apprentissage du métier imprégné de l'esprit des manuels et du savoir stabilisé que diffusent avec conscience les bons maîtres d'école.

Cette recherche de la vérité dans la transparence complète des données disponibles et d'elles seules a des conséquences sur le lexique employé par Norton Cru comme par Rassinier. Dressés contre une version ordinaire et dominante de l'histoire, l'un et l'autre s'engagent dans un travail de dénégation particulièrement « rigoureux » au nom de la recherche du « vrai ». Sous leurs plumes, se multiplient les termes « inexact », « croire », « possible », « faux », « impossibilité », etc., tout un champ sémantique qui écrase l'histoire sous le poids de la seule dialectique du vrai et du faux. Il n'est d'ailleurs que de souligner le titre même de l'un des principaux livres de Paul Rassinier, *Le Mensonge d'Ulysse*, pour s'en convaincre. Ce vrai et ce faux ne se distillent pas dans les prétoires. Il revient aux historiens, ou plutôt à ceux qui adoptent avec rigueur leurs « méthodes », de dire en toute indépendance ce qui s'est passé. Dans l'interview d'août 1979 déjà citée, Robert Faurisson reste fidèle à cette ligne positiviste : « Pour moi, la critique des textes et des documents vise à établir le degré d'authenticité et de véracité de ce qu'on lit. On cherche là à distinguer le vrai et le faux, le sens et le contresens, etc. Je suppose que ce souci devait presque fatalement me conduire à la détection de certains faux historiques et, en particulier, à la détection de ce qui, dans quelques années, apparaîtra à tout historien comme un faux monumental[48]. »

On apprécie tout particulièrement ce registre limitatif lorsqu'il s'agit d'évaluer des phénomènes quantifiables. Dans une section de sa longue introduction à *Témoins*, Jean Norton Cru met en discussion les fréquentes descriptions de « monceaux de morts » chez nombre d'auteurs. Armé d'une implacable mathématique, il révoque en doute le constat effectué par certains témoins. Les cadavres ne se présentent jamais en amoncellements. Un simple calcul est en mesure de le montrer :

> « Nous avons ainsi concentré tous nos morts, amis et ennemis, éparpillés dans le temps de la durée de la

guerre, éparpillés dans l'espace de Liège à Revigny, de la Sambre au Grand Morin, d'Anvers à la banlieue de Paris ; nous les avons concentrés dans une bande de terrain de 3 000 mètres de large à laquelle nous attribuons une longueur de 900 kilomètres en la mesurant dans toutes ses sinuosités. La superficie de cette bande est 2,7 milliards de mètres carrés ou 270 000 hectares de 2 700 kilomètres carrés. En moyenne il y aura un cadavre pour chaque 1 080 mètres carrés, ou pour chaque carré de terrain de 33 sur 33 mètres, ou pour chaque rectangle de 100 mètres sur 10,80 m[49]. »

Fascinante comptabilité qui semble trouver son écho dans les démonstrations appliquées par les négationnistes soit à la question des chambres à gaz, soit à celle de l'ampleur de la destruction des Juifs. La réfutation par Rassinier du témoignage de Nyiszli Miklos sur Auschwitz en est une illustration :

« Je prétends que tout ceci est manifestement inexact et qu'à défaut d'avoir été soi-même déporté, un peu de bon sens suffit à l'établir.

Le camp de concentration d'Auschwitz-Birkenau ayant en effet été construit à partir de fin 1939 et évacué en mars 1945, si on en devait croire le Dr. Nyiszli Miklos, au rythme de 25 000 personnes par jour, il faudrait admettre que, pendant cinq années, environ 45 millions de personnes y sont mortes dont 36 millions ont été incinérées dans les quatre fours crématoires après asphyxie, et 9 millions dans les deux foyers de plein vent.

S'il est parfaitement possible que les quatre chambres à gaz aient été capables d'asphyxier 20 000 personnes par jour (à 3 000 par fournée, dit le témoin), il ne l'est absolument pas que les quatre fours crématoires l'aient été de les incinérer au fur et à mesure. Même s'ils étaient à quinze cornues de trois places. Et même si l'opération ne nécessitait que 20 minutes, comme le prétend le Dr. Nyiszli Miklos, ce qui est encore faux.

En prenant ces chiffres comme base, la capacité d'absorption de tous les fours fonctionnant parallèlement, n'eût malgré tout été que de 540 à l'heure soit 12 960 par jour de 24 heures. Et, à ce rythme, il n'eût été possible de les éteindre que quelques années après la Libération. À condition, bien entendu, de ne pas perdre une minute pendant près de dix ans[50]. »

Des exemples de l'affichage d'une telle rigueur arithmétique sont nombreux et se retrouvent, après Rassinier, chez bien d'autres. Le scientisme est l'un des ressorts efficaces de l'argumentation. Rassinier semble presque prêt à pratiquer lui-même les expériences. À défaut, il se renseigne au cimetière du Père-Lachaise sur « la durée d'incinération de trois cadavres dans une cornue, on s'apercevra que les fours d'Auschwitz brûlent encore et qu'on n'est pas près de les éteindre[51] ! » Les démonstrations qui prennent pour appui de tels calculs, d'apparence aussi froide, ont aussi pour origine une dénonciation sans cesse réitérée de l'excès caractérisant, selon lui, de nombreux témoignages.

On a déjà dit, ici et là, à quel point le travail de Norton Cru revenait à euphémiser la guerre. Ce dernier s'est donné en effet pour mission de pourchasser les « fantastiques exagérations[52] » que comprennent la plupart des récits de la

Grande Guerre, et jusqu'aux meilleurs, selon sa typologie. La réduction à néant de l'un des stéréotypes guerriers les plus répandus – les monceaux de morts – fait partie de cette entreprise. Selon lui, l'emphase (il convient ici de se souvenir de son rejet de la poésie comme support stylistique possible du témoignage), le lyrisme trop appuyé, la démesure dans l'horreur ou l'abject conduisent à fragiliser le témoignage et à rendre sceptiques ceux qui n'ont pas connu l'expérience guerrière. C'est, selon lui, un mauvais coup porté à l'histoire de demain. Rassinier ne dit pas autre chose : « Chose étrange, là encore, tandis que la littérature dans son ensemble, et non seulement la concentrationnaire, ne cherche toujours cette explication qu'en essayant de se surclasser dans la description des cruautés en tout genre de l'ennemi, tandis qu'historiens, chroniqueurs et sociologues cèdent toujours à ce fétichisme de l'horreur qui est le signe clé de nos temps, le sentiment public, à l'opposé, se manifeste déjà par des réactions d'un sérieux inattendu[53]. »

TÉMOIGNER

Norton Cru et les négationnistes font porter tous leurs efforts sur le tri des témoins, récusant les uns, acceptant les autres, confirmant certaines relations, s'opposant à d'autres, parfois au nom d'impossibilités matérielles, de contradictions, mais le plus souvent, à l'aune de leur propre expérience, jauge ultime de leur système d'administration de la preuve. Le label de l'authenticité est en dernière instance décerné selon une espèce d'intime conviction élevée en critère dernier de la vérité. Ces ouvrages cumulent ainsi deux fonctions, puisque leurs auteurs, Norton Cru et Rassinier, sont tout à la fois des témoins et des critiques du témoignage : l'un et l'autre se trouvent dans la double posture de fournir des témoignages et de proposer des leçons de méthode historique, voire des points de vue généraux sur le monde. Ainsi les œuvres de ces deux auteurs conjuguent-elles, pour reprendre la terminologie de Renaud Dulong, des dimensions tout à la fois « documentaire » et « monumentaire[54] » ou, si l'on préfère cette formule affadie, agencent-elles l'histoire et la mémoire dans des relations d'ailleurs extrêmement complexes.

Aucune archive n'est à même de rendre compte à elle seule des expériences extrêmes dans leur complétude. C'est dans cette impossibilité que réside le fonds de commerce des analyses dont il est ici question[55]. Cette situation a pour conséquence de laisser un espace considérable au témoignage dont on attend tout à la fois un apport factuel et un regard singulier sur une expérience historique presque incommunicable à qui y a tout à fait échappé. D'où l'importance de l'argument d'autorité et de la compétence critique fondée sur l'expérience qui ouvre le plus souvent sur des argumentaires quasi techniques. Celui qui n'a pas vécu l'enfer des tranchées ou l'abîme concentrationnaire est à la merci de n'importe quel récit prétendant en rendre compte. Cette règle de défiance est le premier moteur des écrits négationnistes avant toute dérive politique ultérieure ou concomitante. Voilà aussi pourquoi l'une des principales forces de séduction du négationnisme sur certains esprits tient à son anticonformisme apparent : il s'agit de lutter contre les stéréotypes, véhiculés parfois par les témoins eux-mêmes en toute bonne conscience, ou les versions officielles, trop vite acceptées.

Tel est ce qui rapproche la critique du témoignage chez Jean Norton Cru et Paul Rassinier. Chez l'un et l'autre, le témoin est par nature suspect. Tous deux manifestent à son endroit une vigilance que l'on peut pourtant parfois prendre en défaut. On ne se convainc pas toujours, en effet, à leur lecture, de l'existence de critères d'évaluation aussi rigoureux que les deux auteurs veulent bien le laisser entendre. Chez Rassinier, tout se passe comme si seul son témoignage était digne de foi : la dénégation des paroles des témoins, comme celle des analyses des historiens, le plus souvent considérés comme corrompus, l'emporte sur leur qualification au rang des propositions vraies. Il y a beaucoup plus de nuances chez Norton Cru qui rejette souvent (Barbusse, Dorgelès etc.), loue parfois (Genevoix, Lintier, etc.) ; mais sa quête de vérité est d'un autre ordre. Rassinier, lui, n'utilise les témoins que pour éclairer ce qu'il considère comme une hypothèse nécessitant une démonstration factuelle : l'existence d'un plan de destruction des Juifs européens dont la mise en œuvre serait passée par l'installation des chambres à gaz. La fragilité de cette thèse, selon lui, tient à l'inexistence de témoignage fiable certifiant une telle version des faits et l'absence de toute documentation archivistique permettant d'asseoir l'histoire des camps de concentration allemands sur ces bases. S'il critique, lui aussi, le témoignage dans un registre de pure factualité, Norton Cru y scrute davantage les traces d'une vérité universelle sur la guerre. Le véritable enthousiasme que suscite chez lui l'œuvre de Maurice Genevoix n'est pas seulement qu'il est presque tout à fait exempt de bévues factuelles, c'est que sa dimension « monumentaire » est tout à fait exemplaire : « Dans son œuvre de guerre, Genevoix a révélé une conscience, une aptitude, un talent, je voudrais ajouter un génie, mais le mot ferait sourire, qui constitue un cas unique non seulement dans notre guerre, mais dans toute notre histoire[56]. »

On s'éloigne ainsi sensiblement du seul répertoire trop restrictif du vrai et du faux auquel se limitent souvent

Rassinier et ses admirateurs. Encore faut-il constater chez celui-ci un durcissement progressif du discours, qu'expliquent l'hostilité grandissante et, plus encore, la marginalisation croissante, dont il fut l'objet. Faut-il rappeler que son premier ouvrage *Passage de la ligne* n'avait pas été mal reçu ? C'est le suivant, *Le Mensonge d'Ulysse*, qui alluma le feu des indignations. Mais dans ce dernier ouvrage, Rassinier, qui amorce une critique sans concession des grands témoignages classiques sur les camps, n'en fait pas moins preuve ici et là d'une prudence qui se dissipa bientôt. Le « probable », le « possible » ou l'« improbable » peuplent encore son discours, notamment lorsqu'il s'agit de traiter de la question des chambres à gaz : « Je suis donc fondé à dire que tous ceux qui, comme David Rousset ou Eugen Kogon, se sont lancés dans de minutieuses et pathétiques descriptions de l'opération, ne l'ont fait que sur des ragots. Ceci – je le précise encore pour éviter tout nouveau malentendu – ne veut absolument pas dire qu'il n'y a pas eu de chambres à gaz dans les camps, ni qu'il n'y a pas eu d'exterminations par les gaz ; une chose est l'existence de l'installation, une autre sa destination et une troisième son utilisation effective[57]. »

Pourquoi les témoins ne sont-ils pas fiables ? Les réponses divergent entre l'un et l'autre des auteurs. Chez Norton Cru, les défauts du témoignage ne tiennent pas à une entreprise générale de falsification comme l'idée finit par en affleurer chez Rassinier avant de s'exprimer très clairement chez Maurice Bardèche et la plupart des négationnistes. Chez Norton Cru, les failles sont individuelles. Elles résultent souvent d'une mauvaise information du témoin qui n'est souvent pas là où il devrait être et se trouve en conséquence dans l'incapacité de rendre compte lui-même de l'expérience qu'il prétend décrire. Mal posté, indisposé, victime d'hallucinations ou soumis à des rumeurs, pris dans un tissu de stéréotypes sur la guerre qui le précède et pèse sur lui, le poilu qui témoigne mal le fait le plus souvent sans malice. La mise en accusation morale du témoin chez Norton Cru est exceptionnelle. Henri Barbusse constitue un des rares cas où la colère du critique s'exerce vraiment : « Voici un fait qui ne peut être attribué à l'ignorance de l'auteur, il se trompe sciemment, il calomnie[58]. » Cette violente mise en cause s'explique-t-elle par le succès rencontré par Barbusse et donc par la considérable influence qui en a découlé ? Sans doute. Barbusse se compte parmi ceux qui ont le plus efficacement façonné une image de la guerre que conteste radicalement Norton Cru. Ce dernier s'indigne aussi de la prétention de l'auteur sur laquelle il s'interroge encore : « Barbusse [...] a répété sur tous les tons qu'il est le champion de la vérité sur la guerre, que seul il a eu l'audace d'être sincère. Est-ce naïveté ? ignorance ? outre-cuidance[59] ? »

Cette leçon ne fut par perdue pour Rassinier qui ne cesse de manifester les plus grandes réticences à l'égard du témoignage dans l'établissement de la vérité. Il lui préfère la documentation écrite (même si sa vigilance hypercritique, appuyée notamment sur une excellente connaissance de la langue allemande, ne s'atténue pas face à elle lorsqu'elle existe, le conduisant, par exemple, à considérer le compte rendu de la conférence de Wannsee du 20 janvier 1942 comme un « document apocryphe[60] »). Dans *Le Mensonge d'Ulysse*, il met en parallèle les « atrocités allemandes » considérées par lui comme inventées et certaines horreurs des camps : « Elles me paraissent relever du même état d'esprit qui poussa *Le Rire* à publier en septembre 1914, une photographie de l'enfant aux mains coupées, *Le Matin*, du 15 avril 1916, à présenter comme un paranoïaque cancéreux, ayant tout au plus quelques mois de vie devant lui, l'empereur Guillaume II[61]. » Il sait aussi rappeler le sort qui advint aux témoignages des poilus, d'abord accueillis avec compassion, puis vite délaissés avant d'être parfois injustement critiqués. Les poilus devinrent d'insupportables « radoteurs », rappelle Rassinier, en dépit de la qualité de la plupart de leurs récits. Il y a beaucoup moins d'effort de compréhension chez Rassinier à l'égard de ses propres témoins qu'il accable de son mépris. Les anciens combattants, selon lui, « ont raconté leur guerre, telle qu'elle fut. Pas un mot qu'à les lire ou à les entendre, on ne sentît profondément vrai ou pour le moins, vraisemblable. On n'en saurait dire autant des déportés[62] ».

Quelle différence donc dans la considération portée aux témoins ! Si chez Norton Cru, le témoin se trompe le plus souvent avec sincérité, chez Rassinier ou Bardèche, il est dénoncé sous les espèces du menteur qui défend ses intérêts. La mauvaise foi est toujours soupçonnée. Quand Norton Cru s'interroge sur les conditions de la production du témoignage pour en comprendre les faiblesses, les négationnistes dégagent, eux, les mobiles du mensonge. Une conception particulière de l'homme émane ainsi de ces écrits. Aucune générosité n'en habite le cœur. L'action humaine est soumise au seul jeu des intérêts, jusqu'aux plus sordides, dans le contexte particulièrement tragique des camps qui abaisse le sens des dignités bien plutôt qu'il ne l'élève. Comment dès lors se fier aux dires des anciens déportés puisque chacun « espère et veut sortir de l'aventure avec l'auréole du saint, du héros ou du martyr, et chacun ajoute à sa propre odyssée sans se rendre compte que la réalité se suffit déjà amplement à elle-même[63] » ?

Il en va de même pour ce qui concerne les témoignages de Hoess, l'ancien commandant d'Auschwitz, dont le témoignage est entaché de son désir légitime d'avoir la vie sauve. Derrière le témoin, Rassinier soupçonne toujours le coquin qui aurait beaucoup à se faire pardonner. Son rapprochement avec les milieux antisémites le poussa à mettre en avant ce qu'il finit par considérer comme le ressort principal du mensonge : l'intérêt financier de l'État d'Israël. Le Comité pour la recherche des crimes et des criminels de guerre et le Centre mondial de documentation juive contemporaine sont, aux yeux de Rassinier, « deux entreprises de fabrication et de falsification de documentations historiques » aspirant à saigner l'Allemagne au profit d'Israël[64]. La radicalisation de la mise en cause vise en personne historiens et témoins avec une brutalité dont les tout premiers écrits de Rassinier étaient dépourvus. Raul Hilberg est accusé, comme d'autres, de n'être qu'un historien à la solde d'une cause qui n'est pas celle de la vérité : « Il ne s'agit que de justifier par un nombre proportionnel de cadavres, les subventions énormes que, depuis la fin de la guerre, l'Allemagne verse annuellement à l'État d'Israël au titre de réparations d'un dommage qu'au surplus elle ne lui a, ni moralement, ni juridiquement causé puisqu'au temps des faits incriminés il n'existait pas et ce n'est qu'un problème purement et très bassement matériel[65]. » Il ne se montre guère plus indulgent avec d'autres témoins à l'égard desquels il avait su se faire plus compréhensif dans ses premiers écrits : « Qu'un Martin-Chauffier qui a bien des choses à se reprocher se les veuille faire pardonner en hurlant avec les loups, qu'un David Rousset dont le seul souci au camp était de s'attirer la protection des communistes, qu'un Eugen Kogon qui n'en a d'autre que de s'assurer un équilibre aussi confortable que possible entre les SS et les communistes, aient raconté ce qu'ils ont raconté, tout cela fait partie de la psychologie du témoin et c'est le métier du juge et du spécialiste des sciences humaines d'y démêler le vrai du faux[66]. » Dans le même ouvrage, publié en 1964, il s'en prend de nouveau avec la plus grande virulence à Nyiszli dont le témoignage sur Auschwitz se trouvait être de longue date, il est vrai, au cœur de sa critique : « Un faux témoignage sur ce camp qui restera une des plus abominables gredineries de tous les temps[67]. »

Le Mensonge d'Ulysse et *Témoins* présentent quelques ressemblances formelles qui trahissent l'influence du second sur le premier. Le traitement du témoignage, même si les six témoins retenus par Rassinier font une population bien maigre au regard des trois cents rassemblés par Norton Cru, apparaît identique dans les formes : une brève biographie, des informations concernant le lieu et les conditions de la déportation ainsi que des renseignements bibliographiques précèdent l'analyse du témoignage. Comme chez Norton Cru, il arrive souvent que Rassinier confronte les faits relatés par le témoin avec sa propre expérience concentrationnaire et en apprécie ainsi le degré de vraisemblance, en limite par là même la portée générale, y introduit le doute. Il s'attache ainsi, à l'instar de son illustre prédécesseur, aux moindres détails démentis par la « réalité » comme indices de fiabilité. Il regrette, par exemple, que Frère Birin ait négligé quelques informations concernant le régime alimentaire des déportés : « Pourquoi, diable avoir oublié ou négligé de mentionner le demi-litre de café du matin et du soir et la rondelle de saucisson ou la cuillerée de fromage ou de confiture qui accompagnaient régulièrement les vingt grammes de margarine ? Le caractère d'insuffisance de la nourriture quotidienne n'en eût pas été moins bien marqué et l'honnêteté de l'information en eût moins souffert[68]. » De ces analyses, comme chez Norton

Cru, résulte un classement final hiérarchisant les témoignages les uns par rapport aux autres. Les deux critiques, surplombant l'expérience de tous, s'instituent comme dernier recours à l'établissement du vrai.

Il faudrait pour finir souligner un autre parallèle, peut-être plus aventureux parce qu'il s'appuie sur ce que l'on peut supposer de psychologies toujours difficiles à atteindre par le truchement des sources. La psychologie des historiens est souvent grossière. Elle pourra le paraître ici. Comment cependant ne pas remarquer que Rassinier comme Norton Cru vécurent tous deux difficilement leur sortie d'expérience extrême ? Tous deux manifestent un probable sentiment de culpabilité que l'on relève souvent chez les survivants. Mais chez l'un et l'autre, ce complexe, bien connu, s'alimente à des événements et à des vécus sensiblement différents. Rassinier a vécu une déportation moins dure que celle subie par nombre de déportés. Un événement accrut peut-être ce sentiment : en février 1947, il renversa accidentellement un cycliste qui mourut peu après des suites de ses blessures[69]. Il en va différemment chez Norton Cru. Celui-ci confesse cependant à plusieurs reprises le sentiment d'être isolé. Il s'entend mal avec ses camarades de combat pour lesquels il peine à dissimuler un vague mépris, une compréhension condescendante ou un franc sentiment de supériorité familiale : « Je t'ai dit que je me compare à mes compagnons, c'est inévitable. Une différence jaillit qui me semble évidente. J'ai une conscience, eux semblent s'en passer. Je ne dirais pas brutalement qu'ils n'en ont point. Peut-être est-elle innée, embryonnaire, chrysalide stupéfiée par le siècle, par les souffles arides de la foi matérialiste[70]. » Un aspect de sa vie familiale surprend de surcroît chez un homme à qui l'on accorde volontiers une haute conscience morale : le peu de préoccupations affiché pour son épouse, Rose, demeurée aux États-Unis dans un environnement hostile (elle y a peu de relations et maîtrise très médiocrement l'anglais), et, plus encore, pour son fils Jean-Paul, né en 1911, enfant souffrant d'un sérieux retard mental qui conduira curieusement ses parents à en confier la garde à Hélène Cru. On ne pourra en dire plus pour le moment. Mais renoncer à tenir compte de ces aspects biographiques reviendrait à se priver d'éléments susceptibles de peser dans la relation de certains acteurs avec un passé aussi dramatique que celui que vécurent Paul Rassinier et Jean Norton Cru.

INTELLECTUELS EN GUERRE

TROISIÈME PARTIE

Les historiens de la Grande Guerre ont soin de distinguer deux fronts : l'arrière et les lignes de combat[1]. En réfutant une lecture d'époque, qui faisait de l'arrière la zone des insouciances, celle du repos ou des héroïsmes de pacotille, ils ont ainsi souhaité mettre en évidence la mobilisation de la société civile. Les spécialistes de langue anglaise rendent d'ailleurs encore plus palpable l'engagement général des sociétés en guerre en ayant recours au terme « *home front* » qui met en évidence l'idée d'un foyer familial à protéger. Au regard des conflits qui l'ont précédée, la guerre de 14 est bel et bien une guerre totale.

À ces deux fronts, on peut ajouter un troisième : celui de l'esprit. Les intellectuels n'ont pas été en reste dans la mobilisation générale. Ils en payèrent d'ailleurs le prix dans l'entre-deux-guerres. Le célèbre pamphlet de Julien Benda, *La Trahison des clercs*[2], qui les met en accusation en leur reprochant d'avoir cédé aux sirènes du nationalisme, n'est pas le seul procès retentissant visant les intellectuels, une fois la paix revenue.

Sur un mode plus enjoué, les surréalistes réunirent le 13 mai 1921 un tribunal parodique devant lequel ils convoquèrent le chef de file des « bourreurs de crâne », Maurice Barrès. L'écrivain y était représenté par un mannequin. André Breton le présidait. Benjamin Péret interprétait le soldat inconnu, inhumé quelques mois avant sous l'Arc de Triomphe. Son entrée en scène, cadencée au pas de l'oie, masque à gaz sur le visage, fut tout particulièrement remarquée. Philippe Soupault et Louis Aragon étaient les « avocats » du « Rossignol des carnages » accablé par « l'accusateur public », Georges Ribemont-Dessaigne.

On ne fut guère plus tendre avec Anatole France qui n'avait pas ménagé sa peine pour défendre et illustrer la cause de la nation. Combien d'autres encore durent rendre des comptes dans ces années de sortie de guerre ? Si l'on put en effet déposer les armes dans des délais raisonnables, le désarmement des âmes et des intelligences fut beaucoup plus lent et délicat[3].

Qu'avaient donc fait les intellectuels de si pendable ? Ils s'étaient engagés. Dans tous les sens du terme. Qui plus est souvent avec une ferveur qu'on ne leur avait pas toujours connue même aux grandes heures de l'affaire Dreyfus. Dans l'histoire de l'engagement des intellectuels, les deux épisodes ne sont d'ailleurs pas sans entretenir quelque relation entre eux. Julien Benda le relève d'une façon acide dans un livre de souvenirs, *La Jeunesse d'un clerc* : la guerre de 14 pouvait apparaître, selon lui, sous le jour d'une réplique de l'Affaire, « le rôle du pandour coupeur d'oreilles y étant tenu par l'Allemagne[4] ». Les guerres comme les grandes injustices ont constitué les principaux mobiles de l'entrée en politique des intellectuels.

Leur mobilisation s'apprécie à deux niveaux que les chapitres qui suivent mêleront tant ils sont parfois indiscernables. Il convient en effet de s'attarder sur les formes matérielles de l'engagement. Nombreux furent ceux qui désirèrent se battre et ne pas cantonner leur mobilisation à ce que l'on attendait souvent d'eux : l'action intellectuelle. La recherche d'une *action* du corps dans la guerre frappe chez ceux que l'on présentait comme de purs esprits. Tout se passe comme si savants et écrivains, que l'anti-intellectualisme virulent de la société française malmenait au moins depuis l'affaire Dreyfus, avaient souhaité faire valoir qu'ils n'étaient pas dépourvus de courage physique. Un sociologue aussi souffreteux en temps de paix que l'était Célestin Bouglé s'épanouit véritablement sous son uniforme d'infirmier. On examinera plus loin le cas de l'écrivain Jean-Richard Bloch qui, en rupture avec son ami Romain Rolland devenu le chantre du pacifisme de guerre et retiré sur son Aventin helvétique, trouva dans la guerre une source de satisfactions intellectuelles. Il y eut même l'élégant et diaphane Henri Bergson pour braver le danger. Si traverser l'Atlantique pour aller prononcer des conférences aux États-Unis ne revenait pas à mitrailler l'adversaire du fond d'une tranchée, l'action n'était pas sans péril alors que la guerre sous-marine à outrance faisait rage.

Le chapitre IX fait le bilan des principales modalités de l'action des intellectuels européens, action que l'on pourrait bien qualifier de *militante* au sens propre. On ne négligera pas cependant le deuxième niveau de cet engagement. Il repose sur une réorientation de l'activité intellectuelle, soumise elle aussi à la culture de guerre. Pour bien des intellectuels, écrivains, historiens, sociologues mais aussi physiciens ou chimistes, la guerre fut comme un grand laboratoire où il fut possible d'engager des expériences nouvelles[5]. Je donne ici à ce terme d'expérience une nouvelle signification, distincte de celle retenue dans le reste de ce livre, qui réinstalle le vocable dans le périmètre traditionnel de la pratique scientifique. Les hostilités furent aussi l'occasion de l'expérimentation littéraire, artistique et scientifique.

Dans les prochains chapitres, j'ai choisi d'ajuster la focale sur deux cas intéressants et mal connus. Le premier concerne Jean-Richard Bloch pour lequel nous disposons d'une vaste documentation constituée par une correspondance de guerre très dense et souvent inédite. Grâce à elle, on est en mesure d'étudier l'impact qu'eut le conflit sur un écrivain qui, dans les années 1910, appartenait à une audacieuse avant-garde littéraire et esthétique, en même temps qu'il cultivait une sensibilité de gauche. Le second cas est celui des grammairiens et des linguistes français qui s'employèrent à investir la « langue des tranchées ».

Cette dernière partie du livre montre que, à l'encontre de ce qu'une tradition tout à la fois pacifiste et enchantée de l'histoire des intellectuels avait occulté, la Première Guerre mondiale est une séquence importante dans l'histoire de leur engagement, et même – osons l'écrire – dans celle de la production intellectuelle européenne. Pendant la guerre, les savants ont poursuivi leurs tâches. La vie intellectuelle internationale a même été reconfigurée et a ainsi rendu possibles de nouvelles collaborations[6].

Chapitre IX

LE TROISIÈME FRONT
SAVANTS ET ÉCRIVAINS EUROPÉENS
EN GUERRE

La mobilisation des intellectuels européens ne prit aucun retard sur celle des troupes. Les plus jeunes partirent au combat, comme tout un chacun, sans d'ailleurs que leurs affectations ne correspondissent toujours, tout au moins dans les premiers mois de la guerre, à leurs compétences professionnelles ou à leur exceptionnalité supposée. En France, la loi Dalbiez (août 1915) qui devait mieux accorder les qualifications aux besoins ne leur profita pas toujours[1]. Les plus anciens se lancèrent sans plus attendre dans une guerre de mots qui avait sans doute commencé avant le début du conflit dans plusieurs pays et ne s'éteint vraiment que bien après son achèvement militaire. Peut-être faut-il reconnaître dans l'ardeur que ces derniers développèrent à défendre leur patrie comme une compensation morale des pères assistant au sacrifice de fils qu'ils venaient épauler, à leur manière, avec leurs seuls moyens intellectuels[2]. Cette guerre de papier et ce militantisme patriotique eurent mauvaise presse déjà pendant la guerre et, davantage encore, dans les années 1920. Le thème de la « trahison des clercs » avait trouvé son actualité bien avant : dans les pays occupés par les troupes allemandes (Roumanie ou Belgique), par exemple, on se demanda vite et longtemps si les intellectuels devaient ou non se taire. La question de la collaboration des intellectuels y était à l'ordre du jour et la plupart des écrivains belges firent le choix du silence ou de la confidence discrète aux journaux intimes[3].

GUERRE DE VALEURS, GUERRE DE CULTURES

Il ne fait aucun doute que les premiers à s'engager avec le plus d'éclat aux côtés de leur État furent les universitaires allemands. Certes, le *New York Times* publia, dès le 18 septembre 1914, un manifeste appelant au combat au nom de la « Civilisation », orné de cinquante-quatre signatures éditées en fac-similé et choisies parmi les plus prestigieux écrivains britanniques (Chesterton, Doyle, Galsworthy, Kipling, Wells, etc.). Il n'en reste pas moins que l'intense mobilisation des scientifiques est un trait remarquable de l'engagement des intellectuels en Allemagne. Les artistes n'y furent pas en retrait : durant le premier mois des hostilités, une centaine de poèmes patriotiques furent quotidiennement publiés dans la presse allemande. Un poète obscur, Ernst Lissauer, rencontra une soudaine célébrité grâce à la reproduction à l'infini de l'une de ses pièces patriotiques, *Hassgesang gegen England*, qui s'en prenait avec vigueur à l'Angleterre, désignée comme la principale ennemie. La reprise de l'activité théâtrale, dès octobre 1914, fut l'occasion d'une floraison de spectacles prenant la défense de la cause allemande et justifiant l'invasion de la Belgique.

La mobilisation de l'Université reste pourtant le caractère dominant. Son attitude durant les premières semaines du conflit marqua pour longtemps ses relations avec l'ensemble des intellectuels issus des États ayant combattu l'Allemagne, et, au premier chef, les universitaires et scientifiques français. Depuis les années 1890, l'Université allemande s'était trouvée engagée dans un processus de modernisation nationale qui l'avait conduite à être associée de très près aux politiques d'État[4]. Peu d'universitaires échappaient au pangermanisme rampant. La dénonciation de la « militarisation » ancienne de l'Université allemande trouva sa brutale actualité lors de l'ouverture des hostilités. La presse allemande fut envahie d'articles ou de correspondances émanant de savants de grand renom : ainsi, le 18 août 1914, un texte retentissant visant agressivement l'Angleterre (*England's Blutschuld am Weltkrieg*) fut conjointement publié par le zoologue Ernst Haeckel et le philosophe Rudolf Eucken.

Deux initiatives eurent un écho beaucoup plus grand et provoquèrent des réactions en chaîne dans le monde entier. Le 4 octobre 1914, un manifeste, *An die Kulturwelt!* (« Appel aux nations civilisées »), rédigé et conçu par trois écrivains, Ludwig Fulda, Hermann Sudermann et Georg Reicke fut rendu public. Véritable *Who's Who* allemand des arts et des sciences[5], le texte rassemble quatre-vingt-treize signatures parmi lesquelles cinquante-huit professeurs d'université dont quarante-trois étaient membres de l'Académie des sciences de Prusse. Les plus grands savants allemands, Walther Nernst, Wilhelm Ostwald, Max Planck, Wilhelm Röntgen ou Fritz Haber y figurent. Toutes les confessions et à peu près toutes les principales tendances politiques, à l'exception notoire de la social-démocratie, y sont représentées. Il est vrai aussi que dix des « 93 » (parmi eux l'astronome Wilhelm Foerster et l'économiste Lujo Brentano) retirèrent finalement leur signature affirmant n'avoir pas été informés de la totalité du texte qu'ils avaient été appelés à signer. Le texte, habilement composé (on se souviendra longtemps de l'anaphore « Es ist nicht wahr… »), dément toute une série de faits attribués à l'Allemagne, de la responsabilité du déclenchement de la guerre au viol de la neutralité de la Belgique et du droit international. Il revendique aussi pour l'Allemagne le droit à la légitime défense.

Cette pétition d'intellectuels ne fut pas la seule publiée durant la guerre en Allemagne. Il faut notamment évoquer le texte *Erklärung der Hochschullehrer des Deutschen Reiches* lancé par le philologue berlinois Ulrich von Wilamowitz-Moellendorff et l'historien Dietrich Schäfer, publié le 16 octobre 1914 et traduit en quatorze langues. Il eut un retentissement considérable et durable. En octobre 1919, Georges Clemenceau y fit encore allusion devant le Sénat français. En juillet 1915, une pétition de mille trois cent quarante-sept signataires rassembla encore professeurs, artistes et écrivains allemands réclamant des annexions à l'est et à l'ouest du pays.

Dans plusieurs pays, on eut recours à des pratiques analogues. Le 11 octobre 1914, l'intelligentsia russe, se présentant comme une corporation unie, publia son propre manifeste, *À notre patrie et au monde civilisé tout entier*, signé par mille cent intellectuels russes. Le 3 novembre, des universitaires français répliquèrent au texte allemand du 16 octobre par un *Manifeste des universités françaises aux universités des pays neutres. En réponse à la protestation des universités allemandes*. En décembre, un autre manifeste, dénonçant le viol des lois de la guerre par l'Allemagne, fut lancé par le professeur Nikolaj Zverev et signé par deux-cent-cinquante savants russes. Ces derniers se rassemblèrent autour d'un nouveau texte, *Au Monde de la Culture : une protestation des professeurs et savants russes*, en janvier 1915, dans lequel est dénoncée toute forme de militarisation de la culture. Des intellectuels portugais se groupèrent derrière l'ancien président de la République, Théophile Braga, par ailleurs philosophe et poète, pour affirmer dans un texte publié le 23 octobre 1914 qu'il convenait désormais « d'éviter tout contact avec les corporations scientifiques et artistiques allemandes ». Il y eut en revanche des réactions plus favorables à « l'appel des 93 » dans certains pays neutres comme le Danemark, la Norvège, la Suède, la Grèce et l'Espagne, où fut néanmoins publié en 1915 un manifeste épousant la cause alliée signé par plusieurs artistes (Manuel de Falla, Miguel de Unamuno, etc.).

L'un des problèmes les plus aigus ouvert par cet affrontement entre intelligentsias résidait dans l'intégration de la culture européenne. Plusieurs siècles de circulation intellectuelle avaient donné à l'Europe et à l'Occident, pour se restreindre au plus proche, des références et des habitudes intellectuelles communes. Toutes les cultures nationales contribuaient à donner sens à cette « civilisation » que tous les manifestes prétendaient défendre contre la barbarie de l'ennemi. Aux fins de dépasser cet obstacle, les intellectuels des pays alliés s'appuyèrent sur une théorie des deux Allemagnes (la bonne et la mauvaise). De plusieurs manifestes, russes, anglais et français, transpire l'idée de la trahison des intellectuels allemands. Héritiers d'une grande culture, ces derniers paraissaient en train de l'abandonner au profit d'un État militarisé qui les avait mis au pas. Dans le manifeste russe de décembre 1914, l'Allemagne de Kant, de Fichte, de Goethe et de Schiller est renvoyée au passé, face à une Allemagne où les réflexes prussiens avaient fini par triompher. Même propos sous la plume des cinquante-trois écrivains anglais de septembre 1914 ou dans le manifeste des universitaires français du 3 novembre où se laisse lire une admiration explicite pour la science allemande[6].

En France, les recyclages philosophiques se firent nombreux. Les philosophes, pétris de culture germanique, durent affronter particulièrement durement ce qu'ils considérèrent comme la désertion de leurs collègues allemands du camp de la Civilisation. Ils révisèrent leur rapport à l'Allemagne par la mise en œuvre de plusieurs stratégies intellectuelles. La controverse autour de Kant, à laquelle participèrent Victor Basch, Victor Delbos, mais aussi Émile Boutroux, Alphonse Aulard ou Georges Fonsegrive, illustre cet ordre de réinterprétations au cours desquelles les plus virulents purent régler d'anciens comptes avec l'Allemagne et lui dénier, pour finir, toute espèce de grandeur intellectuelle. La querelle sur la responsabilité de la science dans le processus de déshumanisation, qui, selon nombre d'intellectuels français, avait touché l'Allemagne contemporaine, fut l'occasion de remettre en cause l'idéologie scientiste sur laquelle la République française s'était en partie bâtie : la science et le progrès avaient déjà subi de très rudes attaques dans le climat de réaction intellectuelle qui avait caractérisé les années 1910[7].

Les intellectuels allemands se trouvèrent pris dans les mêmes contradictions mais n'eurent pas recours à de semblables solutions. Comment assumer désormais l'idée que, de la culture belge, il ne fallait retenir que la partie flamande ? Ludwig Fulda n'avait-il pas traduit Beaumarchais, Rostand et Molière ? Et Karl Lamprecht, l'une des grandes signatures du Manifeste des 93, n'était-il pas l'introducteur de l'historien belge francophone Henri Pirenne en Allemagne ? Et pourtant, la plupart des intellectuels allemands se firent les hérauts de ces « idées de 14 », ensemble incertain d'une culture reposant sur les valeurs de force, de virilité, définissant à elles seules la « science allemande ». Cette « *Kultur* » faisait face au raffinement superficiel des valeurs de la « Civilisation » qu'opposaient les Français à leurs collègues d'outre-Rhin. Ces derniers, se sentant agressés par la double sauvagerie « slave » (les troupes russes et notamment cosaques) et « nègre » (les troupes coloniales) incarnée par les Alliés, se posaient en garants de la culture chrétienne de l'Occident. Ce à quoi certains intellectuels russes (Nikolaj Berdjaev, Vasilij Rozanov, Vladimir Ern ou Sergej Bulgakov et de nombreux poètes symbolistes) répondaient par des polarités analogues, jetant l'une contre l'autre culture allemande dominée par le corps, la matière et la machine et culture russe enracinée dans les valeurs spirituelles de l'âme, de l'esprit et, pour tout dire, de l'homme.

De nombreux essais dénonçant l'attitude des intellectuels pendant la guerre, parmi lesquels l'ouvrage classique de Julien Benda, ont souvent relevé avec raison – mais sans toujours bien restituer le contexte d'émergence de tels discours – le caractère extrême de nombreuses prises de position chez des intellectuels européens dont on aurait pu attendre que l'« habitude professionnelle », comme l'écrivait Émile Durkheim au temps de l'affaire Dreyfus, les ait encouragés à davantage de mesure et d'esprit d'indépendance. La culture de guerre laisse peu de marge de manœuvres et s'en évader est chose quasi impossible. Au-delà des entreprises de justification nationale dans lesquelles furent engagés la plupart des intellectuels, presque par vocation, on ne peut manquer d'être frappé par le franchissement de seuils de violence qui poussa certains d'entre eux à ne pas s'en tenir à cette posture minimaliste.

En Autriche-Hongrie, les intellectuels germanophones, à quelques exceptions près (Karl Kraus ou Stefan Zweig qui furent pacifistes, Gustav Klimt ou Arthur Schnitzler qui se tinrent à l'écart), virent dans la guerre elle-même un bienfait. La plupart des savants et des universitaires soutinrent la dictature de guerre du Premier ministre Karl Stürgkh. Chez Robert Musil, Stefan George, Hugo von Hofmannsthal ou Hermann Bahr, on considérait que le conflit venait mettre heureusement un terme à un « avant-guerre » qui avait souffert des maux spirituels les plus sérieux. Chez d'autres, on y reconnaissait aussi une occasion unique pour établir la domination définitive du peuple allemand sur les nations magyare et slave. La « trahison de l'Italie » favorisait, quant à elle, l'unification de la nation. Il est vrai que l'enthousiasme des tout premiers mois de la guerre semble être retombé à la suite des vives désillusions militaires rencontrées par la double monarchie.

À certains, la guerre put donc paraître comme une manière de divine surprise susceptible de voir se réaliser de vieux projets d'avant-guerre et à même de permettre de solder quelques passifs[8]. En Russie, tout un courant symboliste, mystique et slavophile, vit dans le conflit la possibilité de réunifier la culture russe et de mettre fin au fossé grandissant qui séparait la culture des élites et celle du peuple. La régénération de l'âme russe passait par la réactivation de cette antique lutte opposant Slaves et Germains autour de deux conceptions de l'homme. Les futuristes italiens et quelques intellectuels comme Gabriele d'Annunzio attendaient aussi de l'entrée en guerre de l'Italie les mêmes vertus curatives[9]. On pourrait presque agréger à ce groupe d'attitudes celles des intellectuels révolutionnaires qui, à l'instar de Lénine, célébraient dans la guerre l'occasion offerte d'une révolution sociale, ou de Grigorij Plechanov qui redoutait une victoire de l'Allemagne à même d'arrêter la marche du progrès en Russie. En Bulgarie ou en Roumanie, les élites culturelles reconnurent aussi dans la guerre l'ombre d'une chance à saisir. Les intellectuels bulgares espéraient une ouverture vers l'Occident, quand les Roumains en profitaient pour accélérer un processus d'unité nationale. En France, les musiciens tentèrent de jouer de l'interdiction un temps faite à la musique allemande d'accéder aux scènes nationales pour promouvoir une musique française qu'ils estimaient avoir été injustement écartée par l'hégémonie musicale d'outre-Rhin[10]. À l'inverse, la production filmique allemande bénéficia du vide laissé par le cinéma français très présent sur les écrans allemands d'avant-guerre.

Naissance de la dissidence

On ne saurait réduire les prises de position des intellectuels européens au seul soutien à la cause de leur État, voire à celle de la guerre, même en en envisageant tout le répertoire possible. Que cette posture ait été majoritaire, et de façon écrasante, ne fait aucun doute. Cette hégémonie, cette façon apparemment unique de penser (même si bien des nuances sont à établir), donnèrent naissance, par contrecoup, à une figure nouvelle dans l'histoire de l'engagement des intellectuels : la dissidence. Il y eut ainsi quelques groupes isolés et étiques, parfois même quelques individus à peine entendus, pour s'élever avec énergie contre la guerre, en dénoncer les ruineuses conséquences et en réclamer l'arrêt immédiat. Certains pays échappèrent presque tout à fait à ces phénomènes toujours très minoritaires. Même si les sentiments changèrent sur l'ensemble de la durée de la guerre, les intellectuels allemands ou autrichiens ne furent pas touchés par le pacifisme au même degré que le furent leurs analogues, français, russes ou anglais, chez qui se firent entendre quelques grandes voix et se structurèrent de maigres réseaux. En Allemagne, on ne compte guère que les désaccords exprimés par l'historien berlinois Hans Delbrück, le mathématicien de Göttingen David Hilbert et le physicien berlinois Albert Einstein pour résister à la victoire totale des « idées de 14 ». Un contre-manifeste, *Aufruf an die Europaër*, dont le professeur de médecine Georg Friedrich Nicolaï, Albert Einstein, Otto Buck et Wilhelm Foerster eurent l'initiative, ne put circuler que clandestinement à une centaine d'exemplaires, malgré ses traductions suédoise, danoise, finlandaise et anglaise. Et on ne repère que quelques rares intellectuels pacifistes autour de la revue d'avant-garde *Die Aktion*. Le milieu est décidément très étroit.

En France, les intellectuels pacifistes durent aussi se heurter à la répression et à la surveillance de l'État. L'écrivain Romain Rolland ne quitta pas la Suisse d'où il avait fait connaître ses positions pacifistes dans une série d'articles publiés dans *Le Journal de Genève* d'août à décembre 1914 et publiée dans son ensemble en 1915 avec le titre *Au-dessus de la mêlée*. Cet ouvrage fut un point de ralliement pour une poignée de jeunes intellectuels pacifistes qui se rendirent régulièrement auprès de Rolland à partir de 1915. Ces voyages, plus ou moins clandestins, n'étaient pas sans danger et donnaient une dimension nouvelle à l'engagement des intellectuels. Dans *Au-dessus de la mêlée*, aussi peu tendre pour l'Allemagne que pour la France, Rolland s'en prend violemment aux intellectuels auxquels il reproche leur aveugle servilité.

Romain Rolland dispose de son correspondant en Russie en la personne de l'écrivain Maxime Gorky, principal opposant à la guerre, malgré les obstacles de la censure. Quelques disciples de Tolstoï, comme Valentin Bulgakov, son ancien secrétaire, se sont aussi engagés dans un combat pacifiste, estimant que toute guerre de libération ne pouvait être qu'un leurre. Ils furent quarante-deux à signer un manifeste, dès septembre 1914, dans lequel est dénoncé le massacre des peuples. Ils ne furent pas entendus. En Angleterre, enfin, une minorité d'intellectuels se mobilisa contre la guerre : George Bernard Shaw, Bertrand Russell, Arthur Graeme-West et les membres du « groupe de Bloomsburry », bientôt rejoint par Siegfried Sassoon, qui, après avoir incarné la figure du poète-soldat, blessé à la bataille d'Arras en avril 1917, en vint à dénoncer le mirage de la guerre défensive. Russell, qui mit sur pied un groupe pacifiste, l'Union of Democratic Control, représente, à l'exemple de Romain Rolland qu'il admirait, un modèle de dissidence, notamment face à ses collègues de Cambridge. En 1916, il rassembla ses articles dans *Justice in Wartime* dont celui intitulé « An Appeal to the Intellectuals in War-Time » resta longtemps dans les mémoires.

On trouve aussi parfois, sans que ce rapprochement vaille explication, des refus du côté des avant-gardes esthétiques. Des modernistes bulgares, rejetant toute poésie de guerre, aux dadaïstes puis aux surréalistes, en passant par le milieu de la revue allemande *Die Aktion* qui, dès 1915, était marquée par l'expressionnisme, toute une littérature née de la guerre tenta d'armer les esprits pour la fuir. Il y eut dans ces milieux des sources importantes de renouvellement à l'origine desquelles la guerre n'est certes pas la seule cause mais ne compte pas pour rien. Il faut aussi souligner tous les phénomènes de « démobilisation culturelle » nourris de désillusion et de souffrance qui affectèrent les écrivains les plus engagés dans une littérature de guerre patriotique et qui finirent par y renoncer : le scepticisme et l'ironie s'expriment dans *Mr. Britling Sees It Through* (1916) ou *God the Invisible King* (1917) de Wells ou dans *Saint's Progress* de Galsworthy. En Angleterre, le vif reproche que les jeunes écrivains ayant combattu dans les tranchées firent à leurs aînés prit aussi des formes littéraires neuves ou renouvelées comme le laconisme, l'ironie ou l'*understatement*. Par leur truchement, l'écrivain se ressaisit de sa liberté. L'idée que la guerre avait changé quelque chose dans les lettres fut d'ailleurs si puissante que les études consacrées à l'examen des rapports entre guerre et littérature apparurent alors même que le conflit n'était pas terminé. Dès 1916, en France, Paul Adam publia ainsi l'une des premières études sur le sujet : *La Littérature et la Guerre*.

AGIR ET COMBATTRE

Mais partout, ce sont les actions visant à la mobilisation des écrivains en faveur d'une guerre victorieuse qui l'emportent sur toute autre forme d'engagement. Le 2 septembre 1914, Charles Masterman, ministre proche de Lloyd George, à qui était revenue la responsabilité du Bureau de la propagande de guerre anglaise (Wellington House), parvint à y réunir la fine fleur de la littérature britannique : William Archer, Arnold Bennett, qui, en septembre 1918, prit la tête de la propagande anglaise, Robert Bridges, Hall Caine, Conan Doyle, John Galsworthy, Thomas Hardy, H.-G. Wells, Israël Zangwill, etc. Rudyard Kipling, empêché, fit parvenir une lettre dans laquelle il offrait ses services. La plupart firent de même, à l'exception de Thomas Hardy, le seul à refuser. Dans ce cadre, ces écrivains alimentèrent la propagande de guerre, surtout à destination des États-Unis, la communauté linguistique liant les deux nations l'une à l'autre. Outre-Atlantique, on reçut par centaines de milliers les livres et brochures confectionnés par les écrivains mobilisés par Wellington House.

Cette part de la littérature de guerre n'est sans doute pas inoubliable. On y trouve des récits appuyés sur l'expérience de guerre émanant de quelques écrivains en uniforme, à l'instar de ceux de John Buchanan, auteur d'une célèbre relation de la bataille de la Somme, ou de John Masefield, connu pour le récit tempétueux du désastre de Gallipoli. Certains sont aussi nourris de visites sur les zones de front comme en firent Bennett, Kipling ou Doyle, ce dernier, qui, après s'être porté volontaire, en vain en raison de son âge, participa finalement à l'organisation d'une force privée de défense. On y lit d'autre part des nouvelles et des romans débordant de couleur locale sur la guerre où sont glorifiés les exploits des Alliés et dénoncés la vilenie des Allemands qu'on accable de la responsabilité du déclenchement des hostilités. On y prend enfin la défense de la France et de sa culture qui exigeait une guerre à outrance. Les écrivains britanniques émigrés aux États-Unis comme Henry James, célèbre pour la maîtrise de ses passions mais qui céda à l'engouement patriotique, ou Edith Wharton, ne restèrent pas sur la réserve. Ils jouèrent un rôle important de relais pour cette littérature de propagande et furent suivis par nombre de leurs confrères américains ou canadiens[11].

La guerre appelait des engagements plus exigeants que ceux qu'avaient parfois connus les intellectuels avant-guerre. Le premier d'entre eux fut le combat lui-même qui marqua la vie de nombreux jeunes clercs. Le bilan est effroyable pour eux comme pour le reste de la population. Davantage peut-être si l'on en croit certains chiffres. En

France, les promotions des années 1910 de deux grandes écoles (l'École normale supérieure, qui fut sans doute l'institution universitaire la plus touchée d'Europe, et l'École polytechnique) furent décimées : deux cent trente-neuf élèves ou anciens élèves de la première (50,7 % de pertes pour les promotions en cours de scolarité en 1914) et deux cent soixante polytechniciens (23,7 % pour la promotion de 1913). L'importance du nombre de ces morts s'explique en partie par le grade : souvent officiers subalternes, ces jeunes intellectuels furent les premiers fauchés au combat de par leur fonction militaire qui les plaçait à la tête de leur section ou de leur compagnie. À Londres ou à Berlin, la famille étudiante fut aussi très éprouvée par la guerre : au King's College 15 % des effectifs ayant combattu et en Allemagne huit mille deux cent quarante et un étudiants périrent durant la Grande Guerre[12].

Il y a parfois un peu plus. Il faut compter dans certains cas avec une fibre patriotique qui poussa à l'héroïsme et qui en conduisit plusieurs à s'engager au-delà même de leur simple devoir. Le cas du lieutenant Charles Péguy, tué à Villeroy le 5 septembre 1914, illustre parfaitement ce consentement extrême à la guerre chez de nombreux intellectuels. Il en cache tant d'autres comme, par exemple, celui de Robert Hertz, qui ne cessa de réclamer à ses supérieurs d'être plus exposé qu'il ne l'était avant d'être tué en avril 1915 après avoir obtenu ce qu'il souhaitait.

Il convient donc de le marteler : la première forme d'engagement dans la guerre chez les intellectuels, les artistes et les écrivains fut d'abord de combattre sur le champ de bataille. Ce qui explique que l'expérience de l'écrivain est au cœur de la littérature de guerre[13]. À tel point d'ailleurs que les notions d'écrivains-combattants ou de poètes-combattants se chargèrent d'un sens bien particulier.

Durant les années 1924-1926, en France, une Association des écrivains-combattants publia une *Anthologie des écrivains morts à la guerre* en cinq volumes recensant cinq cent vingt-cinq décès. Avoir vécu ou non ce qu'on relatait n'était pas une mince distinction aux yeux d'un lectorat composé de nombreux anciens combattants. En tout pays, de grandes figures de la littérature du XXe siècle combattirent (certains en première ligne) et parfois en moururent. Comment ne pas évoquer Gabriele d'Annunzio l'Italien, Ernst Jünger l'Allemand, Jean Giono le Français, John Dos Passos l'Américain, Dimcho Debelianov le Bulgare, Ford Madox Hueffer le Britannique, et tant d'autres ? Tous ne partagèrent pourtant pas exactement la même expérience : d'Annunzio, engagé dans l'aviation à l'âge de cinquante-deux ans et dont l'avion s'écrasa en janvier 1916 dans les dunes du golfe de Trieste, Jünger, le fantassin participant aux rudes affrontements de Champagne, Giono, soldat d'infanterie alpine dont les yeux furent brûlés par l'ypérite en mai 1918, Dos Passos, accepté dans le Norton Harjes Ambulance Service en janvier 1917 mais n'arrivant en France qu'en juin 1917, Debelianov, tué au front en 1916, Hueffer, junior officer du 9e bataillon gallois à partir de juillet 1916 et combattant de la bataille de la Somme. Que l'on ait vécu la guerre de près ou de loin, comme artilleur ou comme fantassin, comme soldat non gradé ou comme officier ne change pas un fait littéraire fondamental : la confusion, jamais aussi intensément poussée, entre le moi biographique et le moi littéraire.

La gamme de l'engagement des intellectuels est très large. Elle ne s'arrête ni à la littérature de circonstances ni à l'expérience paroxystique du combat. Les écrivains britanniques, dont la tradition d'intervention civique avait été plutôt marquée par des formes d'opposition à l'État, se mirent immédiatement au service des bureaux de presse ou des agences de propagande. Ils se firent correspondants, traducteurs, censeurs (le cas très célèbre d'Apollinaire qui œuvra comme censeur au Bureau de la presse peut être ici convoqué). Ils subirent ce que S. K. Ratcliffe, dans un article retentissant, appela « une conversion » (« *a spiritual conversion*[14] »). En Autriche, un service spécial intégré au Kriegsarchiv, ayant pour mission de rassembler les récits héroïques, fit lui aussi appel à plusieurs écrivains : Rainer Maria Rilke et Stefan Zweig, malgré son pacifisme, y trouvèrent un emploi. Les artistes eurent l'occasion de se rendre auprès des soldats pour distraire des attentes souvent éprouvantes : en France, Émile Fabre, l'administrateur de la Comédie-Française, créa le « Théâtre aux armées » en 1915 et l'on reste stupéfait par l'intensité de l'activité théâtrale au sein de l'armée bulgare. En Russie, Fëdor Chalyapin, qui finança deux hôpitaux miliaires, chanta aussi pour les blessés.

On a déjà évoqué l'importante mobilisation déployée par les universitaires allemands pour soutenir l'effort d'une guerre qu'ils considéraient comme juste car d'abord défensive. Les savants et universitaires français surent en faire tout autant, et avec les mêmes motifs d'action. Ils furent nombreux à orienter une grande partie de leur temps de travail vers la propagande, notion qui prit alors une signification nouvelle[15]. Comme en Allemagne, les historiens et les philosophes furent les plus sollicités. Des amitiés professionnelles qui traversaient les frontières avant le conflit furent soudain sérieusement ébranlées, voire tout à fait brisées. On finit d'ailleurs par s'en inquiéter. Plusieurs initiatives tentèrent de préparer un après-guerre pour lequel il fallait envisager immédiatement un nouvel espace universitaire commun qui exclurait la science allemande, au moins dans un premier temps. Le 25 mars 1917 eut lieu à Paris, au palais d'Orsay, un premier déjeuner rassemblant cent quatre-vingt universitaires issus des pays alliés ou amis. Cette rencontre entre collègues belges, italiens, russes, serbes, portugais, américains, brésiliens et tchèques déboucha sur la création en mai 1917 d'un Comité pour le rapprochement universitaire.

Quelques grandes figures de l'Université payèrent beaucoup de leur personne dans cette guerre intellectuelle. Le philosophe Henri Bergson, qui présidait l'Académie des sciences morales et politiques, avait ouvert les hostilités dans un discours prononcé devant l'assemblée des académiciens le 8 août 1914 : « La lutte engagée contre l'Allemagne est la lutte même de la civilisation contre la barbarie. » Il légitimait ainsi la guerre à outrance des universitaires français contre leurs collègues allemands. À la requête d'Aristide Briand, il se rendit quatre fois aux États-Unis pour y faire des tournées de conférences visant à convaincre les Américains du bien-fondé de la cause alliée[16]. D'autres grands universitaires français suivirent un tel exemple en multipliant conférences ou écrits parfois bien éloignés de leurs premiers travaux scientifiques. Devenus de vrais militants de la cause nationale, ils furent aussi présents dans diverses institutions de propagande ou de soutien à la défense nationale quand ils n'en créèrent pas eux-mêmes, comme le firent l'historien Ernest Lavisse et le sociologue Émile Durkheim, tous deux à l'origine d'un Comité d'études et de document sur la guerre réunissant l'élite de l'Université française (Charles Andler, Joseph Bédier, Gustave Lanson, Charles Seignobos, Jacques Hadamard, Henri Bergson, Émile Boutroux, etc.)[17]. À Oxford, un groupe d'historiens du contemporain s'organisa pour publier des brochures de propagande sous l'égide des Presses de l'université.

Henri Pirenne est un autre exemple de la mobilisation des universitaires européens en faveur de la cause nationale. Cet historien de l'économie, en relation étroite avec ses collègues allemands avant-guerre, avait subi de plein fouet le choc de leur engagement, notamment lors de la publication du Manifeste des 93. Ce premier traumatisme tout à la fois intellectuel et affectif fut redoublé par la disparition de l'un de ses trois fils engagés dans le combat. Pierre Pirenne, à peine âgé de dix-neuf ans, fut tué lors de la bataille de l'Yser. En mars 1915, les Allemands, irrités par la résistance des universitaires gantois, arrêtèrent secrètement Henri Pirenne et son collègue Paul Frédéricq. Après la fin des hostilités, lors de l'inauguration des plaques apposées à la mémoire des étudiants gantois morts pour la patrie (l'une d'entre elles rendait hommage au caporal Pierre Pirenne), l'historien rendit compte de la solidarité entre professeurs et étudiants en ces termes : « Si elle [l'Université] s'est obstinément refusée à rouvrir ses portes durant l'occupation ennemie et malgré les menaces et les injonctions de l'envahisseur, c'est que ses maîtres ne voulaient pas remonter dans leurs chaires aussi longtemps que leurs élèves combattraient là-bas, sous la canonnade dont les vents d'ouest nous apportaient le lointain grondement. » Incarcéré à l'*offlag* de Crefeld puis au camp de Holzminden où se trouvaient dix mille internés belges, Pirenne y enseigna l'histoire de la Belgique. Puis il fut déplacé à Iéna et à Creuzburg-an-der-Werra où il entreprit son *Histoire de l'Europe*. L'arrestation de ce grand intellectuel européen, qui fut après-guerre associé de très près à l'aventure des *Annales* de Marc Bloch et Lucien Febvre, avait provoqué en vain une vague de protestations dans les pays neutres.

Les universitaires ne furent pas seulement considérés comme des agents efficaces de la propagande nationale. On sut aussi utiliser leurs compétences professionnelles : ils furent interprètes auprès des états-majors, géographes dans les services de cartographies, inventeurs au profit des militaires à la disposition desquels furent mis les laboratoires des universités et des grandes écoles. Les chimistes ne furent pas les seuls concernés par cette grande course aux inventions : physiologistes, médecins, physiciens contribuèrent à une mise de la science au service de la patrie.

À cet inventaire des pratiques propres aux intellectuels en guerre, il convient d'ajouter les fonctions que certains d'entre eux remplirent au cœur de l'État. En France, le cabinet du ministre de l'Armement, Albert Thomas, lui-même ancien élève de l'École normale supérieure et agrégé d'histoire, est peuplé d'universitaires, souvent issus des sciences sociales durkheimiennes. Le ministre socialiste s'était entouré d'un véritable *brain-trust* d'experts du social (les sociologues Maurice Halbwachs, Henri Hubert et Hubert Bourgin, l'économiste François Simiand, le géographe Fernand Maurette, l'historien de l'Angleterre Paul Mantoux, le philologue Mario Roques, etc.) dont l'engagement politique d'avant-guerre, dans la mouvance de la gauche socialiste et radicale, s'accordait avec l'idée que l'État s'appuie sur les syndicats dans sa gestion du social. Les compétences sociologiques et statistiques de ces universitaires conjointes à cette nouvelle expérience de gouvernance favorisèrent l'émergence, dans une France en retard ici sur l'Allemagne, de sciences camérales dont la pensée politique d'après-guerre fit son miel.

UNE LITTÉRATURE DE GUERRE ?

J'ai montré à quel point les années de guerre et d'immédiat après-guerre furent dominées par une littérature de témoignage[18]. En France, Henri Barbusse avait fondé un genre avec *Le Feu* (1916), auquel puisa tout un ensemble d'ouvrages : *Les Croix de bois* (1919) de Roland Dorgelès, *Vie des martyrs* (1917) et *Civilisations* (1918) de Georges Duhamel, *Clavel soldat* (1919) de Léon Werth, etc. Ailleurs, en Europe, aux États-Unis ou au Canada, il en va de même. Si Jünger, dans la préface dont il accompagna en 1920 l'édition à compte d'auteur d'*Orages d'acier*, affirme écrire pour ses camarades du front, il le fait au nom de la mémoire, aux fins de transmettre une expérience aux mondes auxquels elle a échappé. Il n'est pas le seul écrivain allemand à s'engager dans cette voie ! Werner Beumelburg, l'un des écrivains les plus productifs sur le thème de la guerre (*Die Gruppe Bosemüller)*, est publié en 1930, Walter Flex, qui publie en 1925 *Der Wanderer zwischen beiden Welten* écrit vers 1916-1917, Ernst Johannsen (*Vier von der Infanterie*, 1929) présentent tous leur livre comme des contributions au grand témoignage sur la guerre. En Allemagne, les livres sur le conflit se chargent d'un sens politique autrement plus lourd qu'en France ou en Angleterre. Le succès considérable de certains d'entre eux alerta les hommes politiques et les autorités : en avril 1931, Erich Maria Remarque atteint le seuil des trois millions d'exemplaires vendus de *Im Western Nichts Neues*, paru en 1929, et *Des Kaisers Kulis* (1930) de Theodor Plievier fut traduit en dix-huit langues.

L'association qui s'est imposée avec force entre littérature et témoignage (surtout celui de l'expérience militaire) a contribué à exclure tout un pan de la littérature de guerre européenne produit par les femmes[19]. Celui-ci eut immédiatement la réputation de l'inauthenticité et de l'irréalisme. On omettait en réalité bien des expériences vécues par elles et directement liées à la guerre : les déportations, les bombardements sur les objectifs civils, les réseaux d'évasion dans les territoires occupés, les soins aux blessés, voire le combat lui-même comme dans le cas de ces femmes soldats engagées volontairement sur le front de l'Est (Flora Sandes, qui servit dans l'armée serbe, et Marina Yurlova, qui s'enrôla dans les troupes cosaques, laissèrent, l'une et l'autre, des Mémoires). En excluant le témoignage des femmes, on a trop opposé l'arrière au front, beaucoup moins antagonistes que le discours dominant du temps de guerre le laisse parfois entendre. Les femmes aussi contribuèrent à la littérature de guerre : Emmeline Pankhurst, Rebecca West, Edith Wharton, Margit Kaffka, Marianne Moore, Edith Södergran, Colette, tant d'autres encore. Et toutes n'illustrèrent pas les thèmes pacifistes auxquels on les associe naturellement, ni les canons d'une « littérature féminine » au sein de laquelle il sied de les cantonner.

On ne peut donc réduire l'examen de la littérature durant la Première Guerre mondiale à l'histoire de la propagande. Si le conflit affecta tous les genres littéraires, il ne les soumit pas tous au régime de la seule défense des intérêts des États impliqués. Même les écrivains les plus lancés dans la propagande d'État conservèrent des espaces de liberté créatrice : entre deux articles de propagande, Bennett parvint à publier deux romans, *The Lion's Share* (1916) et *The Roll Call* (1918) qui traitent fort peu de la guerre. Des marges d'autonomie furent négociées et il vaut la peine de s'interroger sur les modifications formelles que la guerre put occasionner sur les pratiques littéraires qui l'avaient précédée.

La poésie connut elle aussi sa mobilisation. Il y eut des « poètes-combattants » qui puisèrent dans leur expérience pour nourrir leurs œuvres. La figure du « poète assassiné » est l'une des images les plus fortes illustrant les irréparables pertes subies alors par l'art poétique : Charles Péguy, déjà cité, ou Alan Seeger, jeune poète américain engagé au début de la guerre dans la Légion étrangère, tué le 4 juillet 1916 à Belloy-en-Santerre, durant la bataille de la Somme, pourraient bien passer pour des symboles. Les poètes d'avant-guerre, en outre, ne se turent pas et de nombreux soldats se mirent à écrire une poésie de contrebande, comme si cette forme littéraire convenait le mieux aux nécessités d'un certain type d'évocation et était le plus à même de traduire une expérience que la prose ne parvenait pas à épuiser. Tout se passe comme si la poésie réussissait à ramener au plus juste les morts parmi les vivants. Au-delà du style patriotique de *high diction*, style propre à la poésie anglaise, présent dans de si nombreuses pièces, il faut s'arrêter sur les nouvelles formes poétiques engendrées par la guerre. Un nouveau langage se dégagea peu à peu, à mi-chemin entre le lyrisme et le réalisme, grâce auquel l'un des principaux thèmes de la poésie de guerre put se développer : le retour des morts parmi les vivants. De tels morceaux se trouvent en Allemagne, chez Heinrich Lersch ou chez Anton Schnack, ce dernier ancien combattant de Verdun et des grandes batailles de 1918 ; en Angleterre chez Ivor Gurney ; en Italie chez Giuseppe Ungaretti ou en France chez Apollinaire.

La poésie de guerre se fit sans doute le principal vecteur esthétique du renouveau de la sensibilité religieuse. Les images de la Passion du Christ y abondent sous toutes les formes. L'expérience des tranchées est décrite comme sanctificatrice, comme l'illustrent bien des poèmes néo-classiques de Jean-Marc Bernard qui fut tué en 1915. On trouve aussi cette représentation chez Siegfried Sassoon (*War Poems*, 1919), notamment dans un poème ébauché en novembre 1915, *Le Rédempteur*, dans lequel le Christ apparaît au milieu des tranchées. Chez un autre grand poète britannique, Wilfred Owen, les mêmes thèmes religieux se moulent dans une sensibilité romantique qu'on peut aussi déceler chez d'autres écrivains et poètes anglais, comme Kipling, dont le fils de dix-sept ans, engagé trois semaines auparavant dans les Irish Guards, fut tué en 1915 à la bataille de Loos. Tous retiennent le motif du « sacrifice d'Abraham », révélant la culpabilité des pères à l'égard des fils morts pour lesquels rien n'a été fait.

Cette poésie de guerre reste bien éloignée des jeux de langage ou de l'ironie qui caractérisent tant la voie de la modernité. Elle peut être interprétée comme un moment, certes provisoire, de « retour à l'ordre ». Le clivage esthétique est particulièrement net dans certains contextes nationaux. En Bulgarie, la poésie de guerre rencontra un très fort écho. Un affrontement opposa ceux qui, comme Ivan Vazov, alors l'un des écrivains bulgares les plus célèbres, utilisaient leurs poèmes pour justifier la guerre, s'en prenant tout à la fois aux Serbes, aux Anglais ou aux Français (c'est le cas aussi de Kiril Hristov avec ses *Pobedni Pesni*, *Chants de victoire*, publiés en 1916) et plusieurs poètes modernistes, comme le symboliste Debelianov, qui se refusaient à faire la moindre place à la guerre dans leurs œuvres. De telles oppositions concernèrent aussi la France. Au sein du monde des « petites revues », où se distillaient prose et poésie, on s'interrogeait sur la conduite littéraire (et parfois aussi politique) à tenir face à la guerre. Les partisans de « l'actualité » affrontent ceux de « l'inactualité ». Poésie engagée de dénonciation pacifiste contre esthétique pure et fuite hors du monde… Un débat d'avant-guerre (l'art social *versus* l'art pour l'art) semblait resurgir dans de tout autres circonstances et, sans doute, avec une tout autre signification.

C'est le roman qui, cependant, marque de son empreinte la plus appuyée la littérature de guerre[20]. Deux aspects du genre sont susceptibles d'en rendre compte. Le roman est le plus à même de se rapprocher du compte rendu d'expérience que demandait tout un public durant la guerre elle-même comme dans les années immédiatement postérieures. Il est la forme la plus adéquate pour le témoignage et brouille d'ailleurs parfois les frontières qui séparent la fiction de l'auteur de la relation du témoin : il n'est pas toujours aisé en effet de distinguer entre romans autobiographiques et souvenirs ou Mémoires à la première personne. Le « vrai » et le « faux » s'y mêlent en proportions variables qu'il est souvent difficile d'apprécier. Certains romanciers surent d'ailleurs très bien jouer avec les nouvelles ambiguïtés du genre : dans *Nach Paris !*, paru dans *Le Mercure de France* en 1919 puis en volume en 1920, l'écrivain suisse Louis Dumur présente le journal fictif d'un jeune étudiant allemand et affirme dans l'avant-propos : « Je ne prétends point reproduire, ni suivre pas à pas la relation de mon narrateur. Je me suis borné à prendre des notes. Après quoi, me substituant à mon Boche, je raconte à mon tour son histoire, à ma manière. » Cette nouvelle relation à la vérité, si complexe, apparaît comme le principal gisement des inventions littéraires de la nouvelle littérature de guerre.

Le XIXe siècle avait placé le roman au-devant de la scène littéraire. Il en avait fait le genre par excellence destiné au plus grand nombre. Il était donc normal que ceux qui souhaitaient faire à autrui la relation d'une vie inouïe s'emparent d'une forme qui touchait le public le plus large. La guerre de masse était devenue l'affaire de chacun et ne relevait plus du seul fait d'un petit nombre qui combattait pour tous. Cette adaptation du roman à un nouvel environnement culturel ne devait pas aller sans quelque péril ni sans entraîner certaines adaptations. Comment en effet concilier la liberté de l'écrivain qui fondait l'aventure romanesque avec l'exigence de vérité qu'imposait la fonction testimoniale plus ou moins explicitement revendiquée ?

En lisant les romans de guerre, les lecteurs anciens combattants ou ceux qui avaient vécu les hostilités à l'arrière retrouvaient des *topoï* avérés ou imaginés mais qui tous constituaient des passages obligés. Le roman de guerre, tel qu'il commence à se forger vers 1916-1918, se définit aussi par des scènes de genre comme on en trouve dans toute autre forme littéraire classique. Le premier roman de guerre français, *Gaspard*, de René Benjamin (1915), enfile les uns après les autres tous les épisodes nécessaires à la description de l'odyssée complète du poilu : scènes de la mobilisation, départ joyeux vers le front, baptême du feu, cantonnement, blessure et univers de l'hôpital, retour au front, etc. L'originalité des auteurs réside davantage dans la perturbation ou la perversion qu'ils infligent à ces clichés qu'à leur évitement. L'importance accordée à la description de la situation, qui répondait à la nouvelle fonction assignée au romancier-témoin, se paya du prix de l'affaiblissement du personnage si décisif dans le roman du XIXe siècle. La psychologie y perdit en profondeur ce que l'ethnographie y gagna en densité.

Il ne faut pas négliger le poids de cette littérature dans la mise en place des représentations sociales les plus prégnantes de la Grande Guerre. Parfois relayés par les films qui adaptèrent quelques-unes de ces œuvres (Pabst adapta le roman de Johannsen, *Vier von der Infanterie*, dès 1930 et Raymond Bernard fit de même en 1932 avec *Les Croix de bois* de Roland Dorgelès) et les sanctionnèrent comme les plus « représentatives », des poncifs s'établirent vite comme autant de « vérités » sur la guerre et firent de ces livres des « témoignages ». Il n'est pas certain que les historiens de la Grande Guerre aient toujours su se démarquer de ces narrations qui alimentaient une puissante vérité sociale difficile à récuser. La littérature de guerre, y compris celle qui commença à s'écrire dans le cours du conflit, devint un acteur social à prendre en compte dans l'histoire de la construction d'une culture de guerre. Elle joua en particulier tout son rôle dans la constitution et la diffusion des mythes et légendes qui peuplent l'histoire d'une expérience extraordinaire à laquelle nulle trace de notre vie ordinaire ne peut ramener.

On eût vite fait, ici et là, la paix à peine conclue, d'accabler les intellectuels d'une grave responsabilité non seulement dans la conduite et la durée de la guerre mais aussi dans son déclenchement. En France, où ceux-ci avaient acquis depuis l'affaire Dreyfus une autorité sociale toute particulière, le procès prit un tour très sévère. Sans leur ôter toute la part qui leur revient dans la mobilisation des sociétés européennes, il convient de souligner que les élites culturelles ne firent le plus souvent que participer à un système dont elles étaient certes parties prenantes mais qui les dépassait. La guerre, dans toutes les nations belligérantes, fut faite par tous et par chacun. On mit, comme on le pouvait, ses ressources et ses compétences à la disposition de la nation. Les intellectuels firent comme les autres. Ceux qui résistèrent furent une poignée. L'avant-guerre avait tenté d'universaliser l'esprit contre toutes les forces centrifuges qui travaillaient à le nationaliser. La guerre mit fin à ce beau songe. Au sortir du conflit, le paysage intellectuel européen était en ruine : il fallait désormais le relever avec une patience infinie. Préfaçant en 1929 le volume que Henri Pirenne avait consacré à la Belgique en guerre dans la série de la Dotation Carnegie, James Shotwell, le maître d'œuvre, écrivait : « L'histoire de la guerre se prolongera longtemps après que celle-ci aura pris fin. » L'histoire lui donna sans conteste raison.

Chapitre X

UN ÉCRIVAIN DANS L'ACTION : JEAN-RICHARD BLOCH, SOLDAT ÉPISTOLIER

Pour évaluer le rôle des intellectuels durant la Grande Guerre, la vue cavalière du chapitre précédent ne suffit pas. Un changement d'échelle s'impose pour mieux comprendre les ressorts et la dynamique des engagements. On retrouvera ici, à hauteur d'homme, des observations faites à un niveau plus général dans le cours de ce livre. Emparons-nous d'un cas qui a l'immense mérite de ne pas être simple et de bénéficier d'une forte et dense documentation. Il illustre de façon originale une façon d'entrer en guerre, d'en éprouver les aléas et d'en sortir. L'expérience guerrière de Jean-Richard Bloch est une jauge à laquelle bien d'autres pourront être comparées, ce qui ne signifie pas, bien sûr, assimilées.

Né en 1884 dans une famille de la bourgeoisie juive, Jean-Richard Bloch était devenu dès avant-guerre un écrivain déjà bien intégré dans le monde des lettres[1]. Agrégé d'histoire en 1907, il s'était vite tourné vers une carrière littéraire. En 1910, Bloch avait fondé une petite revue, *L'Effort*, qui prit en 1911 le titre de *L'Effort libre*, où se défendait une littérature « d'action », en prise sur son temps. Bloch et ses amis s'efforçaient de promouvoir un « art révolutionnaire » que le fondateur de *L'Effort* définit en ces termes : « Un art qui prendrait pleinement conscience des mouvements qui agitent notre époque et qui s'assignerait la loi non d'en nier, mais d'en trouver, d'en proclamer la beauté[2]. » On y partageait aussi quelques grandes passions littéraires et artistiques, entre autres pour Romain Rolland, dont on sait qu'il devint pendant la Grande Guerre l'icône du pacifisme français et international. Un collaborateur de la revue, Henri Guilbeaux, fut aussi durant les hostilités un militant défaitiste appliqué et, en outre, l'un des premiers intellectuels français ralliés au bolchevisme[3].

L'engagement politique de Bloch fut sensiblement différent et suivit un itinéraire qui emprunta d'autres chemins. Militant socialiste à Poitiers dans les années 1910, il fut même l'année suivante secrétaire fédéral d'une assez fantomatique Fédération de la Vienne. L'affaire Dreyfus, qu'il vécut à distance comme un adolescent qu'il était alors, ne l'en marqua pas moins, si l'on en croit en tout cas quelques confessions ultérieures. Dans un texte publié en 1930, *Destin du théâtre*, Bloch place au même niveau l'Affaire et la Grande Guerre. Elles se présentent l'une et l'autre, à ses yeux, comme deux entrées dans le monde moderne. La première, écrit-il, est « le 89 d'une nouvelle génération bourgeoise » dans le sillage duquel s'est inscrite la mobilisation d'août 1914. La Grande Guerre a, quant à elle, donné naissance à l'homme nouveau et « consomme la rupture entre le XXe siècle et le XIXe siècle[4] ».

Lorsque l'heure sonna au cœur de l'été 1914, Jean-Richard Bloch ne ménagea pas un instant son entrée en guerre. Comme l'écrasante majorité de ses camarades socialistes, pacifistes et internationalistes, il céda à l'appel lui enjoignant de défendre la patrie menacée par l'appétit impérialiste de l'Allemagne. Bloch fit la guerre. Et la fit bien, avec conscience et application. Bien que père de trois enfants, il ne recula pas devant le sacrifice : « Nous aussi, écrit-il rétrospectivement, quand le monde nous l'a demandé, nous avons donné tout de ce que nous pouvions, abattu notre jeu, été jusqu'au bout de nos forces et de notre savoir. Nous n'avons pas non plus essayé de tricher, de nous embusquer[5]. » Le baptême du feu est daté du 20 août 1914. Il fut blessé une première fois au cours de la bataille de la Marne, le 10 septembre 1914. Puis, après avoir obtenu le grade de sous-lieutenant, l'écrivain fut de nouveau sur le front. Il fut blessé une deuxième fois en Champagne mais se trouve encore à Verdun en juin 1916 où une troisième blessure l'atteint au point de le laisser inapte au service actif. Jean-Richard Bloch acheva sa guerre dans une section de cartographie avant d'être affecté comme officier interprète en Italie[6]. De cette expérience, il a conservé les stigmates physiques dont il ne se releva jamais vraiment. On peut compter, en partie, sa mort précoce, en 1947, parmi l'un de ces nombreux décès consécutifs de la guerre, étalés dans le temps mais négligés par les bilans comptables d'après-guerre.

Les traces du conflit ne furent pas seulement corporelles. Elles parsèment toute l'œuvre de Bloch. Lors de l'entrée en guerre, l'écrivain socialiste communie dans le même consentement patriotique que tous ses contemporains, ou presque, tout en lui assignant une signification politique particulière. Les combattants de 14 s'engagent pour « parfaire l'œuvre de 93 », écrit-il à Romain Rolland dans une lettre du 2 août 1914. Jamais durant le conflit, Bloch ne mit en cause la légitimité de la guerre qui prolonge, selon lui, les guerres de la Grande Révolution – référence constante chez lui lorsqu'il s'agit de justifier la guerre – et fait d'elle la « guerre du droit ». La rupture fut nette entre Bloch et Rolland, même si le premier précisa quelques mois plus tard dans une lettre adressée au second le 23 octobre 1914 : « Mais s'il est établi que nous devons faire la guerre en hommes civilisés, ce n'en est pas moins une guerre de purification qui est attendue de nous. Nous devons exterminer le militarisme, le pangermanisme, la bêtise allemande. » Alors que nombre de ses amis d'avant-guerre ne l'avaient pas suivi et maintinrent, voire renforcèrent leur critique de la guerre, Bloch demeura fidèle à cette ligne initiale durant toute la durée des hostilités. Ce qui ne signifie pas qu'il fut dupe des attendus politiques qui se postaient derrière la guerre comme l'atteste une lettre (24 janvier 1915) adressée à l'un des anciens collaborateurs de *L'Effort libre* : « Nous traversons des temps horribles pour la conscience. Cette guerre offense en nous tout ce qui fait l'homme. [...] nous voilà mêlés, jusqu'à la paix, à la troupe des réactionnaires dans le cortège aveugle que le gouvernement cherche à maintenir derrière soi[7]. » Comme nombre de socialistes patriotes, il approuva le plan de paix proposé par le président américain Wilson en 1917 et s'y référa au moins jusqu'en 1919. La sympathie pour le mouvement révolutionnaire russe le détourna de cette voie. Bloch adhéra au parti communiste après le congrès de Tours. La mystique de la guerre, qui avait prolongé celle de l'Affaire, trouvait une reviviscence dans la foi révolutionnaire. Il retrouva alors ses amis abandonnés : Romain Rolland, Marcel Martinet et la petite phalange de ceux qui avaient refusé la guerre. Une autre histoire s'ouvrit alors, mais avec les mêmes attendus.

Fonctions de la correspondance

J'ai eu l'occasion de décrire longuement, au chapitre VII de cet ouvrage, pratiques et statuts de la correspondance durant les hostilités. On a vu qu'en temps de guerre, surtout lorsque la guerre est longue, l'activité épistolière vient remplir un rôle décisif et nouveau. Les situations paroxystiques, chères à Jaspers, dégagent ainsi des fonctionnements inédits ou mal perçus dans des situations plus calmes. C'est ce qu'en distingue Bloch lui-même qui écrit à sa femme dans des termes que des centaines de milliers de soldats ont tour à tour employés : « Comme tes lettres me rendent heureux. Elles me semblent avoir un ton qu'elles n'ont jamais eu [...][8]. »

Mais il y a plus. Outre l'espèce de laboratoire littéraire que la correspondance entretenue par un écrivain comme Bloch constitue évidemment en dépit des circonstances tragiques et dangereuses, les lettres fonctionnent chez lui comme un lieu de réassurance affective. On y assiste à des redéploiements de sentiments que traduisent des révélations qui n'en sont pas et des mises au point fixant le socle d'un monde affectif épargné par le cataclysme. Les moments de désespoir sont propices à la réaffirmation des passions. À l'égard de sa femme, Bloch n'en est pas avare et solidifie son couple, seule valeur sûre. Ses lettres, beaucoup plus qu'avant-guerre, sont empreintes d'une grande émotivité (les larmes affleurent souvent) et débordent parfois d'un lyrisme qui trahit la distance prise avec un environnement qui pourrait n'y porter point et qui devient pourtant nécessaire. L'écriture est un échappatoire (mais tout provisoire), une forme de résistance face à une action qui envahit tout : « Ô ma femme toujours égale aux plus hautes circonstances. Oui, je me serre contre toi, toi qui prêtes à ton accueil la tendresse fragile de la plus douce des caresses féminines pour envelopper ta constance de rocher, toi, l'inébranlable. Ô ma chère, chère bonté, et mon clair coup d'œil, ma certitude, ma si sage et si folle enfant. Je me demande tout le temps de quoi est donc fait ce mélange du don et de la possession de toi-même qui te rend unique. Ô mon aimée. Przemyol est repris, etc.[9]. » Les accents sont presque claudéliens.

Les citations de cette encre pourraient être multipliées. Elles appellent toutes les mêmes commentaires. Dans cette vie guerrière où il n'est plus d'intimité, Bloch tente de reconstituer la singularité du couple, presque au détriment des enfants, présents certes (d'autant plus que Claude, sa fille, naît en 1915), mais placés, si l'on peut dire, à l'arrière, comme le signe même de l'amour qui s'exprime dans les lettres et que la paix lui avait presque caché : « Je suis heureux d'être vivant parce qu'augmentent les chances de te revoir. J'ai senti une fois de plus que tu es ma raison de vivre. Enfants que j'aime, œuvre de ma moelle ne viennent qu'après[10]. » Que l'amour soit révélé à ce point par la guerre est la manifestation même des inversions sans nombre produites par la conflagration mondiale[11]. Simmel signalait déjà en quoi le conflit en général se trouvait au fondement même de la société : on pourra ici le prolonger en constatant que la guerre, le paroxysme même du conflit, encourage à l'épanouissement du sentiment amoureux. Bloch en fait presque l'aveu, à propos de ses enfants cette fois-ci : « Savais-je, jusqu'à ce jour, que *j'aimais* aussi mes enfants ? A-t-il fallu la guerre d'un monde, et ces photographies, [...] pour que je l'apprenne[12] ? »

La deuxième fonction de la correspondance de Bloch, sur laquelle il est possible de passer plus vite tant elle se déduit de la précédente, est celle qui assure l'entretien des réseaux d'amitié. Celui qui est né autour de *L'Effort* dans le courant des années 1910 est virtuellement maintenu[13] : soit par des correspondances directes ou d'exceptionnelles fugitives rencontres, soit, le plus souvent, par l'intermédiaire de Marguerite Bloch, la femme de l'écrivain, mais aussi par celui des épouses d'amis mobilisés. Dans ce jeu épistolaire, les femmes trouvent un rôle et une importance qu'elles n'avaient pas auparavant dans le réseau amical. L'un des premiers soucis que manifesta Bloch à la fin de la guerre, l'armistice n'étant pas encore signé, fut de reconstituer le noyau dur de ses amitiés. Dans une lettre du 1er novembre 1918 adressée à sa femme, alors qu'il était en route pour La Mérigote, sa maison de Poitiers, l'écrivain annonce un bref arrêt à Paris « pour y voir Jacques Rivière, Lemarié, Spire, Amédée Dunois, Gustave Kahn, et, si je le peux, Mauclair[14] ».

L'entretien de cette sphère amicale passe par une fonction épistolaire très importante dans la correspondance de guerre : la transmission des informations, avérées ou non. Celle de Bloch comporte ces éléments traditionnels. Elle colporte vraies et fausses nouvelles, crée ou dissipe des inquiétudes, mais – c'est sa fonction principale – tente d'abord de rassurer. De même qu'il est très peu de récits d'horreurs dans la correspondance de Bloch, on y trouve très peu d'abandons au désespoir ou de mauvaises nouvelles. Les lettres échangées avec son épouse établissent une relation égalitaire qui exclut que l'un des deux avoue son abattement à l'autre. Même si Bloch assigne à sa femme une mission escomptée de réconfort, il évite de la trop éprouver et se mortifie de le faire lorsqu'il confesse ses faiblesses. Il ne place pas l'arrière en posture privilégiée. Soldat du front, il protège sa femme du feu du désespoir, comme il contribue à la sauvegarde de son pays face à la menace de l'ennemi. Le soldat Bloch ne s'accorde aucun privilège moral et affirme mesurer les « sacrifices » (terme que le discours officiel réserve habituellement aux combattants) faits par son épouse.

Bloch, comme son homonyme, Marc, en son article de la *Revue de synthèse* consacré aux « fausses nouvelles » de guerre, développe à l'égard de la circulation des informations une véritable conscience d'historien. Après tout, Jean-Richard l'était aussi de profession. Il y revient à plusieurs reprises comme s'il s'agissait là d'un des phénomènes majeurs de son expérience de soldat. Les lettres qui font état des rumeurs se comptent nombreuses. Elles mettent à nu l'impression d'état transitoire dans lequel ces hommes inquiets se trouvent sans cesse. Rien n'est jamais sûr. Toute information demeure fragile et serait démentie par d'autres rumeurs tout aussi instables. Le 4 septembre 1914, Bloch fait état d'un « premier on-dit » – c'est là sa formule – rapportant le retrait du gouvernement à Bordeaux : « Mais que ne dit-on pas ? », ajoute-t-il. Dans une lettre adressée le 30 mars 1915, il affirme avoir appris d'un ami « que les Allemands fusilleraient les prisonniers porteurs de revolvers automatiques[15] ».

En juillet 1915, les informations les plus contradictoires circulent quant au retour en première ligne. Toute information est bonne à saisir mais les hiérarchies de la source ne sont pas sans importance : « Suite au "rapport des cuisiniers" : nous quittons censément nos cantonnements le 5 août. Il n'y a pas d'accord entre les cuisiniers touchant notre destination. [...] Les uns affirment que nous restons ici jusqu'à la fin août, d'autres prononcent avec mystère, et sans rire, la date du 14 octobre : avertant dii[16] ! » Prétendument venue du ministère, une autre nouvelle dispose évidemment de plus de poids que celle qui émane des cuisines[17], sans d'ailleurs que la provenance soit certifiée à moins que des « indices » ne viennent la corroborer en un faisceau de preuves. Ce monde du réel, celui de la guerre, du plus que réel, vit dans l'illusion d'espoirs, de mirages, construits on ne sait où, qui tous disent qu'il faut en finir, qu'il faut partir, qu'il faut sortir, qu'il faut se rendre ailleurs car le quotidien, même hors des premières lignes, est proprement insupportable. Les intellectuels les plus rationalistes n'échappent pas à ce système de croyances. Il ne leur reste que la lucidité de l'analyse :

> « Cette date et cette précaution de renipper à frais des troupes dont les guenilles ne sont pas encore usées s'accordent, avec quelques indices, pour faire présumer que nous sommes destinés à quelque corps expéditionnaire. Qui sait si cette date du 20 août n'est pas celle de l'entrée en jeu de la Roumanie ? Tu vois que, à l'ordinaire du soldat, nos déductions vont du particulier à l'immense. Rien n'égale le plaisir malicieux du troupier quand il a réussi à déchiffrer, dans un ordre de change de brodequins, les secrets déclenchements des grands traités historiques. Mille échecs ne le découragent pas, et il finit par tomber juste, comme le tireur au pistolet[18]. »

Bloch, à l'instar de ses camarades, se nourrit des rumeurs comme d'un aliment nécessaire à sa vie de chaque jour mais s'en empare aussi comme d'un objet d'enquête. N'est-ce pas là une matière qu'il conviendra peut-être un jour d'utiliser ?

> « Puisque j'en suis à ce sujet, je continue à inscrire ici, pour la joyeuseté de courbe qu'ils finissent par décrire

bout à bout, le dernier des tuyaux sensationnels, émanés des bien informés et des finement renseignés : celui-ci, le voici : il émane du capitaine adjoint au colonel, qui le tient du colonel, lequel le tient de Messimy qui le tient du général gouverneur de Lyon. (Messimy, sérieusement blessé dans les Vosges comme lieutenant-colonel d'alpins, est revenu en convalescence chez sa mère qui est du pays ; l'état-major du régiment est luxueusement niché dans la maison que ce hobereau parlementaire a fait restaurer à Pérouges ; et lui est venu rendre hier visite à notre colonel.) Ce tuyau se renforce par le canal des mitrailleurs qui le tiennent directement de la brigade, ma chère. Et voici : nous sommes si peu sur le point de partir, que nous allons une fois de plus changer de cantonnements, dans le voisinage de Lyon, toujours[19] ! »

Il est d'autres narrations ou des portraits qui prédécoupent dans un réel observé des morceaux qu'on pourrait dire d'anthologie et qu'il est possible de reconnaître comme des tentatives ou des exercices littéraires. Ce sont là autant d'amorces pour une œuvre à venir dont il est encore difficile de définir la nature. Peu importe : Jean-Richard Bloch s'applique à écrire et à décrire comme il le ferait dans une œuvre « littéraire » ou une réflexion d'essayiste. En fonction des affectations apparaissent puis disparaissent des personnes, soldats ou officiers plus ou moins gradés, comme autant de personnages, à tel point d'ailleurs que Bloch en envoie parfois les photographies pour en mieux fixer les traits vite devenus légendaires. Replié durant plusieurs mois dans les dépôts après sa première blessure, Bloch fait ainsi le portrait d'une logeuse, « dame Troïse » : « Dame Troïse est un souillon qui peut en avoir trente-cinq, loge en garnis des officiers qu'elle tente de violer quand elle peut, tient une manière de maison louche où elle héberge du reste le commissaire spécial du lieu (chambre à odeur de patchouli ; elle a tenu à nous la faire admirer). À sa façon un autre beau spécimen de ratage[20]. » Le portrait de l'un de ses capitaines, Fouriès, est aussi composé de petites touches qui font de ce dernier un véritable personnage. Les lettres se présentent ainsi sous le jour de petits récits, de brèves histoires écrites pour être lues à haute voix. Car les épîtres les plus longues jouent souvent sur plusieurs registres. Une partie est réservée à l'intimité de la relation amoureuse et conjugale, l'autre s'adresse aux différents membres de la famille (les parents et les enfants), une autre encore est composée par ces petites nouvelles écrites à la hâte.

Certaines lettres, enfin, rédigées en plusieurs étapes, surtout lorsque les événements sont trop denses, se présentent comme de véritables journaux de guerre, esquisses de Mémoires à même d'appuyer des efforts d'une remémoration ultérieure. Elles conservent la trace des événements et de l'ordre si fuyant de leur déroulement.

L'ÉVÉNEMENT

Ces lettres-récits sont d'abord faites de la relation d'événements. C'est par excellence l'écriture dans l'action, le plus souvent d'une action passée, mais pas toujours. Il arrive que l'écriture de l'action s'accomplisse dans l'action même. L'opération scripturaire est alors proprement vertigineuse, incarcérant l'acte d'écrire dans celui d'écrire l'acte. L'événement n'est pas encore achevé qu'il donne déjà lieu à son récit. Cette immédiateté de la transcription a des effets dont le plus étrange peut-être est de contribuer à l'abstraction même de l'événement en cours de description. Elle en réduit paradoxalement le caractère intolérable. La Première Guerre mondiale devient par ce biais ce grand roman héroïque à l'horreur indicible. Il est frappant de lire un écrivain-combattant incapable de rendre le son et le choc des bombes, alors même qu'il en supporte les coups. Dans la guerre et au moment où celle-ci se déroule, ce n'est pas la conscience historique qui semble l'emporter chez Bloch mais davantage ce que l'on pourrait désigner comme sa conscience littéraire. L'événement relaté dans son immédiateté même n'a que peu de rapport avec sa réalité. Le récit documentaire qui l'a pris pour objet est déjà une création littéraire, moins élaborée peut-être que celles qui émanent de l'écrivain en paix mais répondant aux mêmes lois et aux mêmes opérations. Plusieurs exemples l'illustreront.

Le premier qui s'impose est l'entrée dans le conflit. La dernière lettre conservée d'avant-guerre est datée du 22 juillet 1914. Elle est pleine des traces de l'activité insatiable de Bloch et de ses projets en tout genre. Elle annonce la publication imminente de son roman *... et Cie* (qui ne parut qu'une fois la paix revenue). Bloch y dit devoir rencontrer Gaston Gallimard dans la journée afin de discuter avec lui de la qualité du papier sur lequel le livre sera imprimé. Il est possible que des lettres ou des billets aient disparu entre cette dernière lettre de paix et le premier courrier de guerre daté du 14 août. L'entrée dans les hostilités est on ne peut plus brutal. Elle semble l'être beaucoup moins pour Bloch qui atténue immédiatement le choc que peut produire sa nouvelle situation, totalement inédite naturellement, puisque aucune expérience de paix ne peut l'approcher. Bien que la lettre soit écrite dans l'action, elle n'agite ni drame ni tragédie. Elle se présente à l'état d'un reportage de guerre, froid et rassurant :

« Je t'écris au bruit du canon allemand. Impression ? Nulle. Ça ne fait pas plus de tapage qu'aux manœuvres. [...] Sachez seulement que je suis le premier étonné de me trouver ici, et qu'il paraît bien prouvé qu'on ne nous emploiera pas seulement à faire de l'école de compagnie dans un camp. Vu des prisonniers ; – pas de blessés ; on dit qu'il y a peu de ces derniers.

De temps en temps passe un aéro ; on cligne de l'œil en levant le nez pour voir s'il ne laissera pas choir une pilule à la fracassite. Hier, peu de minutes avant notre arrivée, un fort en a démoli un allemand.

La chaleur continue à être forte. Le voyage a été accablant. Il a duré 34 heures. Si vous avez reçu mon mot d'hier *[ne figure pas dans le fonds, C. P.]* vous savez que je l'ai fait en grande partie sur les toits du wagon. Nous sommes cantonnés dans une propriété de campagne boisée et agréable. J'en ai profité pour aller coucher dehors, la tête sur ma musette, le bonnet de coton enfoncé jusqu'au nez et les pieds dans un sac. Il a fait délicieux et je me suis fichtrement bien reposé.

Aujourd'hui nous ne faisons rien. Je viens de laver ma chemise. Mais nous sommes en cantonnement d'alerte, prêts à partir au premier signal. Le moral est excellent. De bonnes gens viennent de nous donner une grosse omelette au lard et de la bière[21]. »

Le caractère assez paisible de la vie au cantonnement ne suffit pas à justifier cette mise à l'écart du drame qui agit comme une véritable euphémisation de l'expérience. Le récit du premier engagement n'est pas plus épique. Sa narration enlevée n'est pas héroïque et ne se marque que d'une notation laconique : « Eh bien, mes enfants, ce n'est pas très beau, une bataille, je n'ai pas honte de l'avouer[22]. » La lettre comprend en outre d'autres informations : nouvelles d'universitaires ou de son amie Jenny de Vasson.

Il est tentant de rapprocher cet événement fondateur – l'entrée en guerre – de celui qui y met fin – la sortie de guerre. Aucune trace de l'armistice ne peut être mentionnée. Tout se passe comme si la démobilisation culturelle, à défaut d'être militaire, avait été immédiate. Le contrecoup de la fin du conflit est évidemment différé. Les raisons de cette absence sont seulement en partie circonstancielles (Bloch se trouve alors auprès de sa femme et ne lui écrit donc plus). Depuis sa troisième blessure, l'écrivain n'est plus en première ligne. La guerre est devenue un horizon banal et éloigné, nourrissant un désarroi irrémédiable. Le désenchantement de « la guerre du droit et de la civilisation » est déjà ancien et interdit tout commentaire satisfait ou joyeux sur l'arrêt du conflit.

L'événement est noyé dans l'évocation d'autres faits. La guerre est indicible peut-être parce qu'elle ne ressemble à rien, plus encore parce qu'elle ne correspond pas à ce que l'espèce de pré-mobilisation culturelle des années 1910 avait défini comme étant la guerre. Jean Norton Cru donne peut-être la clé du mystère de ce silence :

> « J'ai dit que notre baptême du feu, à tous, fut une initiation tragique. Le mystère ne résidait pas, comme les non-combattants le croient, dans l'effet nouveau des armes perfectionnées, mais dans ce qui fut la réalité de toutes les guerres. Sur le courage, le patriotisme, le sacrifice, la mort, on nous avait trompés, et aux premières balles nous reconnaissions tout à coup le mensonge de l'anecdote, de l'histoire, de la littérature de l'art, des bavardages de vétérans et des discours officiels.

Ce que nous voyions, ce que nous éprouvions, n'avait rien de commun avec ce que nous attendions d'après tout ce que nous avions lu, tout ce qu'on nous avait dit. Non, la guerre n'est pas le fait de l'homme : telle fut l'évidence énorme qui nous écrasa[23]. »

J'incline ici à appliquer cette analyse au cas qu'offre Jean-Richard Bloch. Mais ajoutons-y un élément supplémentaire : la description de la réalité de la guerre semble poser à l'écrivain un problème proprement littéraire, quand le désir de dire s'écarte de la possibilité même d'écrire. Si Bloch refuse de se taire, comme le font certains de ses camarades qui occultent tout de la guerre à leur famille[24], il n'en demeure pas moins vrai qu'il adopte des stratégies de contournement. Le compte rendu strict et glacé, parfois l'ironie, pétrifie les événements vécus. Comme on le rencontre souvent dans les correspondances de guerre, celles-ci perdent tout ou presque de l'horreur dont elles témoignent.

La (mauvaise) littérature, celle des sanglots et du sang, n'a pas sa place dans la correspondance de Bloch. Le 29 mars 1916, il écrit : « Oho, l'artillerie allemande paraît s'être réveillée aujourd'hui. Ça tape fort, mais un peu sur notre droite[25]. » Le 9 avril 1916 : « Patatrak, Fritz tape sur toute la ligne, les marmites qui tombent sur les tranchées, en deçà de la hauteur qui nous fait écran, ébranlent la table sur laquelle j'écris[26]. » Il arrive même que les ressources du comique soient utilisées dans la description des incidents les plus angoissants :

« Les pièces sont profondément enterrées ; l'artillerie allemande les cherche. D'où s'ensuivent, toutes les deux heures environ, à deux cents mètres de nous, des bombardements de gros obus auxquels nous assistons de nos chemins en balcons, en comptant les coups loupés, comme à un spectacle puissamment divertissant. Dès que la salve est passée, les artilleurs surgissent de leurs "demeures profondes", et les batteries tirent quelques coups goguenards pour insulter l'adversaire. On a ri à gorge déployée, au spectacle d'un poilu qui a été surpris par une bordée de marmites au moment où il cherchait des fusées et des bagues d'aluminium au fond des entonnoirs de la matinée ; il a pris ses jambes à son cou, se plaquant à chaque arrivée d'obus, et faisant un bond sauvage aussitôt l'éclatement passé ; le danger mortel que courait cet étourneau n'empêchait pas un millier d'hommes de se gausser de ses gestes de pantin et de huer ce cross-country d'un nouveau genre [...][27]. »

Le danger est souvent atténué et agrémenté par le plaisir d'écrire et de décrire (puisque l'on s'en est sorti vivant).

Lorsqu'il faut rendre compte de l'état de son corps, même après les blessures, le drame n'est pas plus présent. Il s'agit de rassurer sans doute, même si Bloch prétend plaider pour la transparence la plus complète, habile mensonge contribuant sans doute à décupler l'effet des paroles rassurantes. Il se peut également que par l'écriture le soldat se rassure lui-même. N'affirme-t-il pas sans cesse qu'il ne s'est jamais si bien porté, que son appétit franchit toutes les limites atteintes en temps de paix, que son repos est parfait ? Lorsqu'une première blessure le touche, c'est « la blessure idéale, une balle dans le gras du bras – et du bras gauche[28] », « la blessure idéale, glorieuse, reposante et insignifiante[29] ». La pénétration de la balle dans le bras est réduite à l'« effet d'un gros coup de bâton[30] ».

L'euphémisation résulte d'une opération littéraire très visible dans certaines lettres où la précision des descriptions repose sur un travail appliqué d'écrivain : des mots sont rayés, d'autres ajoutés. La longueur du récit ne laisse rien au hasard. Celui de sa première blessure, très détaillé, est une pièce d'anthologie de littérature de guerre. Tout se passe comme si ce type de correspondance préparait le succès du *Feu* dans lequel le réalisme fait se côtoyer les registres comiques et pathétiques, à l'instar de Bloch évoquant les circonstances de sa première blessure : « Une autre balle ou des shrapnels ont percé mon képi, mais mon crâne de penseur ne s'est pas laissé entamer. » Et ce, quoique la lettre s'achève sans laisser le moindre doute quant à la nature perçue de la guerre au lendemain d'une attaque allemande meurtrière : « Au revoir, mon amour. La guerre est une chose abominable[31]. »

Représenter l'intellectuel

La guerre éprouve la condition physique des hommes. Les intellectuels ne sont pas les mieux placés dans cette expérience qui met en péril leur adéquation au monde ! Deux ordres de représentation viennent se heurter sur le champ de bataille : la brutalité technologique des armes et le raffinement fragile de l'esprit. Dans ses *Carnets de guerre*, le socialiste Georges Renard met en lumière la « brutalisation » qui affecta aussi les milieux intellectuels durant le conflit, même s'il s'agit là aussi d'une fanfaronnade bien mise en scène : « [...] un intellectuel élégant, raffiné presque à l'excès avant la guerre, vient le voir la semaine dernière arrivant du front. Il le retient à coucher. Celui-ci s'étend avec ses bottes sur le lit ; et le lendemain matin, quand on le réveille et qu'on lui demande s'il veut de l'eau chaude, il se met à rire, passe sa main dans ses cheveux, frise sa moustache et ne veut pas faire d'autre toilette. Le civilisé redevient sauvage[32]. » Qu'en est-il de la représentation de l'intellectuel en armes au travers des lettres que Bloch adresse à sa femme ? Les remarques à ce sujet ne manquent pas. On peut les rassembler sous deux chapitres : l'image donnée par lui-même de l'intellectuel en guerre (et notamment son rapport à autrui et le regard porté sur lui) ; la nature de ses activités intellectuelles.

Le premier est le plus riche. Les schèmes qui président à l'appréciation des hommes, hiérarchiquement supérieurs ou inférieurs, émanent d'un intellectuel, goûtant davantage la fréquentation des élites que celles des poilus, patoisant difficilement en picard. S'il n'est pas d'hostilité dans les portraits de groupe, la fusion sociale, si souvent évoquée, ne se produit pas. Bloch adopte l'attitude d'un ethnologue, d'un historien peut-être ou, sans doute plus vraisemblablement, d'un écrivain à la recherche de types :

> « Grâce à la composition exceptionnelle de mon bataillon et à l'ensemble de notre vie de garnison, je fais, sur l'officier de métier, des observations d'un intérêt presque enivrant. Il s'en dégage une grande estime et une teinte générale d'affection pour leur caractère. Je crois avoir saisi le mécanisme de leurs infériorités, qui sont indéniables, et dont ils parlent du reste avec une belle franchise. Si je tire mes os de la bagarre, que de choses n'y aura-t-il pas à raconter sur cette existence à la fois merveilleuse et mesquine, parce qu'extra-sociale ! Jamais Vigny n'a été aussi *vrai* qu'en 1915. Tout ça m'occupe et m'amuse passionnément. Je crois qu'ils me rendent la sympathie et la curiosité que je leur donne. Je suis *le petit Bloch* ; et s'ils mettent carrément à côté du but pour ce qui est de mon caractère et de ma fonction (j'employe [*sic*] ce mot dans le sens physiologique, – ma

fonction dans l'ensemble des rouages nationaux), il y a des moments où leur étonnement est assez aiguisé pour leur faire soulever le voile. Mais ma profession officielle d'universitaire les égare toujours. Ils devinent confusément l'écrivain et s'inquiètent de ne pas comprendre[33]. »

D'autres évocations mettent en relief la quasi-incongruité de la présence d'un intellectuel dans des circonstances où il est fait tant de cas du physique et du corporel. Tel capitaine se réjouit des prestations cavalières douteuses du sous-lieutenant Bloch[34] ou tel autre encore tient à faire bonne figure :

« J'ai fait la connaissance d'une nouvelle espèce de raté – un capitaine du premier d'infanterie, ancien saint-cyrien, grièvement blessé dès le début de la campagne. Son idéal se monte à faire le comique de café-concert de province mais son talent, assez encombrant et grimacier, est loin d'égaler son ambition. Je ne sais si je dois à mon menton glabre ou à ma physionomie l'espèce de fascination que j'ai subitement exercée sur cet homme – (Décidément j'ai une tête qui impressionne les militaires de métier). – Toujours est-il qu'il s'est donné tout le mal du monde pour se faire admirer de moi. Le timbre de ma voix l'a persuadé, je ne sais pourquoi, que je devais être un diseur de première force, il m'a persécuté jusqu'à ce que je leur aie récité un sonnet de Ronsard, qui compose à peu près tout le bagage de ma mémoire. Si j'acceptais de faire de vieux os dans ce dépôt, je crois que j'y jouirais vite d'une manière de petite célébrité, sur les racines de laquelle je n'arrive pas à me fixer les idées. Ils se pâment quand je raconte la plus insignifiante histoire ; j'y ai à la fois, m'a-t-il semblé, la double réputation d'un ponte sérieux qu'il convient de respecter et d'un type *rigolo*, d'un pince-sans-rire, d'un *ironiste incisif*. Les opinions des hommes sur leurs prochains demeurent la matière la plus constante de ma stupéfaction[35]. »

Jean-Richard Bloch fait figure d'intellectuel institué. Le regard qu'il porte sur autrui contribue également à construire cette image distanciée atténuant encore davantage les effets de brutalité qu'occasionne la guerre à chaque instant. Il s'étonne ouvertement de ses premières expériences : ici punir avec une once de mauvaise conscience[36], là diriger un bureau de cartographie sur le front italien à partir de 1917 – « Voilà la première expérience que je fais, dans ma vie, de diriger un bureau et de sortir du travail[37] », ou ailleurs se livrer aux jeux de société (chemin de fer, manille, jacquet et, qui plus est, y gagner des sommes d'argent respectables). Voici qui contredit une image de soi, que seule la guerre pouvait venir bouleverser.

La marginalité sociale de Bloch intellectuel trouve des prolongements dans sa singularité de juif[38]. Le fait d'être juif dans cette guerre ne compte pas pour rien, y compris parmi ces intellectuels juifs assimilés : « Mourir pour la patrie, n'est-ce pas, pour un Juif assimilé, même sans le confondre avec la surenchère nationaliste de nombre d'"Israélites" français, le moyen de parachever son identification au destin national ? », s'interroge l'historien Michel Trebitsch[39]. On pourrait d'ailleurs sur ce point aisément comparer Jean-Richard Bloch à un autre intellectuel juif, il est vrai, lui, fils d'un Allemand naturalisé français, Robert Hertz, qui écrit à sa femme : « Chère, comme juif, je sens l'heure venue de donner un peu plus que mon dû – parce qu'il y en a beaucoup qui ont donné ou qui donnent beaucoup moins qu'ils n'ont reçu[40]. »

Bloch relate pour sa part un incident auquel il n'accorde d'ailleurs qu'une importance secondaire mais qui permet de ressouder la petite communauté de soldats l'entourant. Au cours d'un déjeuner, celui-ci releva sèchement l'un de ses camarades qui, devant lui, recourait au terme de « youpin ». Bloch fut désormais connu comme juif alors même que, selon lui, la plupart de ses camarades l'ignoraient. Il estima d'ailleurs avoir tiré profit de l'épisode.

Intellectuel juif donc, qui combat pour défendre l'intégrité du territoire national. Intellectuel juif, qui ne renonce à aucune de ses qualités ni de ses opinions. Ses discours comme ses pratiques relatées dans sa correspondance font état de cette fidélité à soi. Le rapport à l'écrit et le fait d'écrire des lettres, et beaucoup (pour Bloch, presque tous les jours : « Tant de lettres à écrire à tant de gens, que je ne sais par qui commencer[41] »), ne sont peut-être pas propres aux intellectuels dans des circonstances particulières où chacun se mit à écrire. Il n'en demeure pas moins que le rapport à l'écrit s'affiche comme singulièrement fort. L'absence de lettres, comme l'absence de musique dont Jean-Richard Bloch dit souvent souffrir, provoque chez lui des sentiments de manque qui ne peuvent être rapportés à la seule absence de l'autre.

L'activité épistolière de Bloch demeure le dernier lieu d'exercice intellectuel dans un milieu, même hors des premières lignes, qui interdit toute espèce de recul. L'action semble y tout envahir. L'écrivain tente de préserver un espace de liberté par l'écriture dans un monde qui lui est matériellement hostile. Elle vient sauver le soldat du naufrage spirituel et intellectuel qui le menace toujours, même lorsqu'il se trouve replié dans les dépôts ou dans les hôpitaux. L'écriture est d'abord une ascèse. Elle est aussi une évasion où la guerre semble s'évanouir.

Si les lettres à sa femme ne se font qu'exceptionnellement l'écho d'analyses politiques ou philosophiques de la guerre, comme si celles-ci devaient être plus enclines à préparer un roman qu'un essai, elles conservent néanmoins la trace des lectures de leur auteur. Comment traiter du rapport entre ces lectures et la situation vécue par le lecteur ? Dans quelle mesure celle-ci inspire-t-elle les choix de Bloch ? Voilà qui n'est pas toujours simple à établir. Ici une lecture de Rabelais. Ailleurs Proudhon, *La Justice dans la Révolution* et sa correspondance. Du propre aveu de Bloch, qui tente de conserver son magistère intellectuel à distance en conseillant des ouvrages à Marguerite, il est des lectures qui conviennent aux temps de guerre et d'autres beaucoup moins : « Ce n'est pas le moment d'essayer la Sévigné, je crois[42] », ni Balzac : « *Les Paysans* ne sont pas du tout ce qu'il me faut [...] Et puis cette amertume qui n'a pas toujours tort, cette préscience qui se mêle si souvent aux bourdes, ce génie, quoi ! dans la découverte du mal de la France moderne, dès 1830, c'est fort pénible à endurer, et je m'y fais mal. » Conviennent beaucoup plus, en revanche, Jaurès, d'Annunzio (*Forse che si*), qu'il conseille d'ailleurs également à Marcel Cohen[43]. Bloch tient avec cette nourriture pour faire face au risque majeur de voir un jour son esprit « brûlé[44] ».

La tentation est grande de confronter l'expérience immédiatement représentée de la guerre avec celle qu'analysa ultérieurement Jean-Richard Bloch au cours des années 1920, notamment dans ses commentaires rassemblés dans *Destin du siècle*. À l'encontre de quelques-uns de ses amis écrivains, apparus dans le sillage de *L'Effort* avant-guerre, Bloch ne fit jamais de la guerre le sujet d'une œuvre romanesque. Il est probable qu'il n'ait pas été convaincu par l'adéquation du genre à ses possibilités propres de rendre compte de la tragédie. Il n'avait pas aimé *Gaspard*, le roman de René Benjamin, dont l'art lui avait paru « vide et désobligeant » en dépit de ses qualités de reportage[45]. Il est encore plus sévère à l'encontre de l'auteur en une lettre adressée à Duhamel : « Benjamin a trouvé le filon ; son Gaspard est du layus [*sic*] à l'usage du public de Cluny[46]. » Il avait en revanche été enthousiasmé, à ses dires, par la *Vie des martyrs* de Georges Duhamel, préféré au reste à *Civilisation*, du même auteur, en raison de la pudeur qui, selon lui, présidait à la description de l'horreur. Comme lui-même en ses activités épistolières de soldat : « J'aime entièrement la qualité de votre émotion et la mesure de vos descriptions. Ce sont des paroles viriles devant la souffrance et la mort[47]. »

Cette expulsion de la guerre de l'ordre romanesque n'en élimine pas sa présence littéraire ni intellectuelle dans l'après-guerre. La correspondance n'en est pas la seule trace qui nous reste. Que Bloch soit mort, en partie, comme une victime différée de la Première Guerre mondiale apparaît comme tout un symbole de la survivance du conflit dans son existence physique et sa vie intellectuelle ultérieures. L'impression d'avoir été la dupe d'une absurde boucherie l'emporte dans les écrits qu'il publia une fois la guerre achevée. Mais cette analyse est moins le fruit de ce qu'il avait vécu dans les tranchées, pour lequel il semble conserver un vague sentiment de bienveillance, que face à ce qu'il vivait en ce siècle commençant. Que la guerre ait été affreuse n'est point contestable, encore que cette horreur-là fût absolument ineffable. Elle eut sa grandeur, une grandeur qui tranche outrageusement sur un présent écrasé par la médiocrité marchande et l'abaissement culturel :

« J'entends la vraie guerre, celle qu'on appelle "la grande", avec un certain orgueil d'avoir réussi au moins ça, d'avoir eu au moins le spectacle de cette grandeur-là.

Elle leur a révélé que les gens ni les choses n'étaient comme on leur avait dit. Contrairement à la sombre, âpre et perpétuelle révolte dont on leur avait fait la peinture, tout s'est montré prêt à l'accueil, à la soumission, à l'esclavage, à l'adoration.

Et les enfants du plus vertueux, du plus libéral, austère et démocratique des siècles ont eu tout à coup le sentiment qu'ils avaient été les dupes d'une immense fumisterie[48]. »

Il était sans doute plus pudique et bien plus tragique de faire l'économie de personnages romanesques pour élaborer ce constat-là.

Chapitre XI

LA LANGUE DU FEU
SCIENCE ET EXPÉRIENCE LINGUISTIQUES

Laboratoire littéraire pour Jean-Richard Bloch, terrain d'expérimentations scientifiques pour d'autres, la guerre sert à tout et à tous. On ne s'est pas privé d'évoquer, parfois de façon polémique dans l'après-guerre, la mobilisation des savants et de la science dans le conflit[1]. On a vitupéré contre la « guerre-laboratoire » : des sciences physiques aux applications militaires immédiates, comme dans les cas de la chimie ou de la mécanique, aux savoirs médicaux qui ont des conséquences pratiques tout aussi importantes, c'est l'ensemble des connaissances humaines qui s'est trouvé jeté dans la mêlée. Sociologues, historiens, juristes, linguistes, tout aussi impliqués dans cette nouvelle culture de guerre, ne renoncèrent-ils pas à une éthique professionnelle fondée sur l'indépendance de l'esprit et l'autonomie professionnelle ? N'infligèrent-ils pas à leurs disciplines une régression durable en bloquant les flamboyants progrès qui avaient précédé la guerre dans l'observation du social ? Les sociologues durkheimiens ne se contentèrent pas de noircir des pages de propagande : certains d'entre eux entourèrent l'action d'Albert Thomas, ministre de l'Armement, pour y expérimenter une nouvelle science du gouvernement et y éprouver la mise en œuvre d'une réforme sociale depuis longtemps pensée à l'intérieur d'une « nébuleuse réformatrice[2] » composée de nombreux intellectuels proches de la mouvance durkheimienne. Sur le front, à une autre échelle, Robert Hertz maintint une attention vigilante face aux microsociétés que constituait chaque tranchée ou chaque dépôt.

On retiendra dans ce chapitre le cas d'autres savants. Lexicographes, philologues et grammairiens s'attelèrent à l'étude du langage en usage dans les tranchées[3]. Cet exemple nous conduit à nous interroger sur les conditions de mise en place d'un nouveau domaine du savoir en pleine guerre. Par quelles procédures, par quelles méthodes, par quelles controverses aussi, en quels lieux enfin surgit-il ? Comment les hostilités affectèrent-elles la science normale, en détournèrent-elles les voies habituelles, suscitèrent-elles de nouvelles interrogations ?

ENJEUX DE MÉTHODE

Situation d'une enquête : le statut impur d'une science en guerre

Parmi les fractures qui mirent efficacement à distance le front et l'arrière, le langage ou, pour le dire de façon plus neutre encore, la façon de s'exprimer adoptée par les combattants fut vite reconnue comme l'une des plus discriminantes. Ne traduisait-il pas tout simplement la radicale singularité de l'expérience des « poilus » et son caractère ineffable, en tout cas dans « l'idiome civil » ?

L'incommunicabilité pratique, l'impossible transmission d'un vécu indicible, le silence à peine détourné sont au cœur du discours des combattants tel qu'il s'exprime dans les carnets, les journaux ou même les correspondances au sein desquels cependant tous s'efforcent de rendre compte d'une existence inouïe, sur le mode le plus réaliste. Des termes, des tournures, un style et un ton semblèrent uniformiser un mode de narration. Il n'est pas rare de rencontrer sous la plume des combattants eux-mêmes l'ébauche d'un lexique ou des remarques esquissant une science de la langue spontanée. Tel instituteur provençal ne se fait pas faute de relever les formules propres à une « langue des tranchées », comme il a soin d'observer accents, intonations et vocables venus de la France entière : « On pourrait faire, écrit-il à sa femme, des études linguistiques et autres très intéressantes[4]. »

Les historiens de la Grande Guerre sont frappés, aujourd'hui encore, par les conventions d'écriture qui signent ce que certains, dans le cours même des hostilités, désignèrent comme une « langue » ou, à tout le moins, un « argot » propre au monde des tranchées. On recourt aux mêmes mots et aux mêmes formules pour dérouler les descriptions uniformes de situations analogues. Pendant la Grande Guerre, le genre épistolaire ou diariste est rempli, plus encore qu'en tout autre période, de stéréotypes : dans les correspondances, on décrit les situations dans un répertoire renvoyant souvent, comme on l'a dit, à la description scolaire et on désigne l'ennemi en reprenant les termes banalisés par une propagande officielle.

Cette pseudo-langue contribue à cerner un monde pour le mieux glorifier. D'où la multiplicité des acteurs à s'emparer de cette observation pour afficher une différence valorisante et l'utiliser dans un travail continu de construction du social qui s'enrichit, comme on le sait, durant la guerre, d'une partition nouvelle et majeure : le front et l'arrière. Le langage a toujours constitué l'un des modes de distinction sociale les plus tangibles. Distinguer une classe revient à repérer un langage. Avant-guerre, Zola et quelques autres ne s'y étaient pas trompés dans leurs entreprises naturalistes. La linguistique naissante avait elle-même parfois passé d'utiles alliances intellectuelles avec la sociologie. Le linguiste Antoine Meillet avait des amitiés durkheimiennes. D'autres philologues faisaient aussi du social une instance à ne point négliger dans l'étude des langues. De la science « pure » à l'observation « impure », celle des essayistes, des journalistes ou des écrivains, on ne se fit pas faute de se montrer attentif au langage propre des soldats, diversement nommé « langue », « argot », « parler », etc.

Dans les journaux de tranchées, articles, voire « dictionnaires » ou lexiques, présentés sous forme de feuilletons, visaient à définir les contours d'une « langue poilue ». Plusieurs d'entre eux vouent une rubrique à part à la recension de la terminologie spécifique des soldats. Les journaux de l'arrière s'emparèrent aussi de la question : *L'Opinion* sous la plume d'Edmond Valéry Guiscard ou *Le Temps* sous celle de Lenôtre. Il existe une évidente contiguïté entre science spontanée et science savante, l'une marquée par l'autre. Toutes deux contribuent à l'élévation de l'un des pans les plus pittoresques d'une « culture de guerre ». « Larousse des tranchées » pour *Le Petit Voisognard*, « Dictionnaire poilu-français » pour le *Dernier Bateau*[5], « Vocabulaire de la guerre » pour *L'Écho des marmites*[6], bien d'autres feuilles encore rassemblent les bribes d'une « langue » qu'il s'agit de mettre en forme aux fins de la faire exister.

Gît aussi derrière une telle démarche une ambition politique cherchant à instituer un monde homogène – celui des tranchées – au sein duquel s'effacerait, comme l'annonçait depuis le tout début de la guerre le discours des autorités, tout espèce de clivage culturel, politique ou social, en faveur de l'épiphanie nationale. L'existence supposée – qu'il fallait encore, comme on le verra, démontrer – d'un langage partagé fondait la commune appartenance et agissait en faveur d'une fusion des volontés favorisant le consentement à la guerre. Le conflit, inscrit dans la langue parlée, entrait ainsi dans l'ordre normal des choses. On comprendra que le *Bulletin des armées de la République*, l'organe officiel de l'armée à destination des combattants, ait attaché une importance non négligeable à une telle question. On ne s'étonnera pas non plus de voir brocarder cette entreprise d'invention d'une langue à des fins de propagande du côté des journaux de tranchées toujours prompts à dénoncer le « poilu imaginaire » que leur renvoyaient les clichés de l'arrière et le discours officiel : « [Le poilu] n'appelle pas [la baïonnette] Rosalie. La baïonnette ne s'appelle Rosalie que dans une chanson de Théodore Botrel que personne ne chante et dans le *Bulletin des armées de la République* que personne ne reçoit[7]. »

Parallèlement, des savants s'employèrent à investir le même champ d'étude. À y regarder de près d'ailleurs, ces deux modalités de la connaissance, celle qui s'exprime souvent de façon anonyme dans les journaux et celle que se réservent les spécialistes patentés du langage, ne sont pas indépendantes l'une de l'autre ni même si différentes qu'on le suppose. La science « pure » l'est beaucoup moins que l'on pourrait le penser. S'y manifestent des conflits bien peu scientifiques et s'y défendent des thèses polluées par des enjeux extérieurs à elle. Des « savants » interviennent dans les journaux, rédigent trop vite de petits ouvrages imparfaits et se récusent parfois les uns les autres au nom d'une légitimité qu'ils tentent de monopoliser à leur seul profit. Ces phénomènes ne sont pas propres au temps de guerre mais celui-ci, imposant la mobilisation générale y compris aux savants, est plus propice à de telles confusions, qu'on dissipe peut-être plus facilement sous le régime de la paix.

La distinction n'est pas toujours aisée à faire, dans la bibliographie que composent les études et inventaires de tout encre concernant le langage des tranchées, entre ceux qui rédigent de tels écrits comme un témoignage sur leur expérience et d'autres qui adoptent une posture plus savante. On peut trouver chez un même auteur l'un et l'autre mobiles. Les titulatures invoquées comme les éditeurs convoqués nous mettent évidemment sur la piste du genre recherché. La différence est sensible entre Claude Lambert[8], présenté comme « ex-brancardier sur le front », et Gaston Esnault[9] qui est « agrégé de grammaire » et dont les travaux comptèrent dans l'univers de la lexicographie. Il faut même entrevoir la nuance entre les articles d'Albert Dauzat publiés dans le *Mercure de France,* voire dans le *Bulletin des armées de la République* et ceux de Robert Gauthiot et de Marcel Cohen dans le très savant *Bulletin de la Société de linguistique*[10] dont Cohen et Antoine Meillet avaient tous deux la charge. Le marquage éditorial n'entraîne pas cependant des contenus nettement différenciés.

On ne peut tout à fait considérer comme un simple hasard le fait que les deux principaux auteurs, ayant avancé des thèses et produit des connaissances sur le sujet, aient occupé des places marginales au sein de l'Université, même adossés qu'ils étaient à une institution aussi prestigieuse dans la hiérarchie du monde philologique que l'École pratique des hautes études. Ni Albert Dauzat ni L. Sainéan (de son vrai nom Lazare Shaïnéanou) ne disposaient de toutes les lettres de noblesse nécessaires à la reconnaissance académique. L'un et l'autre possédaient pourtant les grades requis. Dauzat (1877-1955), qui avait été l'élève de Meillet, avait soutenu une thèse centrée sur les langues et les patois romans. Sous l'influence des travaux de Gustave Le Bon, il suscitait parfois les réserves, d'autant plus que, dès avant-guerre, il s'était tourné vers l'étude des argots auxquels il consacrait depuis 1910 l'une de ses deux conférences de l'École pratique[11].

L. Sainéan (1859-1934) était lui aussi docteur ès lettres. Il constitue un cas particulièrement intéressant. Étudiant roumain, marqué par l'enseignement du philologue Bogdan Hasdeu, initiateur du *Dictionnaire de l'Académie roumaine*, passionné par le folklore, il était venu étudier à Paris, grâce à une bourse, durant les années 1887-1889. Il avait alors suivi les cours des deux grands philologues, Michel Bréal et Gaston Paris, mais aussi ceux de Paul Meyer et de Barbier de Maynard. Après avoir entamé en 1889 une carrière d'enseignant en Roumanie, il se fit connaître par la publication d'une *Histoire de la philologie roumaine* (1892). En butte à l'antisémitisme (l'Académie roumaine refusa d'accorder à ce dernier ouvrage l'un de ses prix susceptible de lui revenir), il finit par quitter son pays natal en mars 1901, à quarante ans passés, après avoir publié un important *Dictionnaire universel de la langue roumaine* (1896), qui rencontra un succès dépassant le périmètre du monde universitaire. Il se convertit de surcroît au christianisme en 1899, choix qui lui aliéna l'amitié de plusieurs collègues juifs[12].

En France, L. Sainéan dut réorienter ses recherches et renoncer à sa carrière de folkloriste pour se consacrer tout entier à la philologie qu'il souhaitait aborder dans une perspective historique et sociologique. En 1902, il collabora ainsi à la *Revue internationale de sociologie* de René Worms ainsi qu'à la *Revue de synthèse historique* de Henri Berr. Son objet, l'étude de l'argot sur lequel il publia deux ouvrages (*L'Argot ancien* en 1907 et *Les Sources de l'argot ancien* en 1912), n'avait pas obtenu l'assentiment de son vieux maître Gaston Paris : « Lorsque je fis part à Gaston Paris de mon désir d'aborder historiquement l'étude de l'ancien argot, il m'en dissuada formellement : "Une pareille étude n'est pas digne d'un vrai philologue." Étant donné l'état chaotique des études faites jusqu'alors sur le jargon, le maître avait parfaitement raison[13]. » Durant deux années (1902-1904), Sainéan dut se contenter d'un cours libre à la section des sciences religieuses de l'École pratique des hautes études. Il ne renonça néanmoins jamais à sa passion intellectuelle pour les parlers marginaux comme l'attestent ses recherches sur l'argot des poilus.

Il semble donc bel et bien qu'un sujet d'enquête aussi illégitime que le parler des tranchées fut généralement traité par une majorité d'auteurs auxquels faisait défaut la légitimité universitaire ou scientifique. La langue comme bien commun ne pouvait d'ailleurs manquer d'attirer toutes sortes de savoirs, y compris ceux qui s'élaboraient parmi les rangs des simples amateurs. La lexicographie s'est toujours enrichie de travaux émanant de savants sans titres, versés dans l'étude de langues locales ou techniques. Aussitôt les hostilités terminées, la prétendue langue des poilus s'éteint presque aussi vite qu'elle avait surgi. Le langage fut démobilisé avec autant de vélocité qu'on avait déposé les armes. Preuve peut-être que cette « langue », comme le soutinrent immédiatement certains linguistes, n'en avait jamais été vraiment une. Elle n'avait été qu'une invention bâtie à partir d'un folklore lié aux circonstances et nourrie de commentaires pseudo-savants. On cessa vite d'y prêter attention, à la notable exception du livre de Henri Frei, publié en 1929, dans lequel l'auteur analysait les lettres des prisonniers rassemblées dans les archives de l'Agence des prisonniers de guerre[14].

Science sans expérience n'est que ruine de l'âme…

Qui ne sait évoquer correctement la guerre ne peut l'avoir faite. Tel est, comme nous l'avons vu, l'un des axiomes caractérisant le réalisme épistémologique qui anime Jean Norton Cru. Ainsi ce dernier s'en prend-il à l'un des écrivains qui a le plus sa défaveur, Henri Barbusse, en déplorant le langage dans lequel s'expriment les personnages du *Feu* :

> « On dit parfois *En avant !* tout court, jamais *Marche !* tout court [...]. Mais il est d'autres traits qui appartiennent en propre à Barbusse. L'un des plus connus est l'argot ordurier du *Feu*. J'ai eu la curiosité d'y collectionner toutes les variations sur *peau de… face de… tête de…* Cet exercice convainc vite le lecteur de l'artificiel qu'a un tel étalage. Barbusse a visiblement noté sur un carnet toutes ces diverses formes qu'un farceur lui a fait prendre pour de l'argot en usage, puis il les a entassées dans son roman, attribuant à deux ou trois soldats les gros mots cueillis sur les lèvres d'un très grand nombre d'individus. En réalité on parlait peu l'argot au front, les patois y tinrent une place plus grande. En général on parlait simplement français, un français mêlé d'un peu d'argot de caserne, d'argot colonial, adaptés et un peu augmentés pour les besoins de la guerre. Seul le *Parigot-gros-bec* pratiquait

> un argot plus riche, encore le faisait-il un peu exprès, pour jouer son rôle, et amuser la galerie des provinciaux[15]. »

Face à cette supercherie, Norton Cru est d'autant plus sévère qu'il n'ignore pas les effets de vérité que produit l'exactitude supposée du langage. Il dénie ainsi à l'œuvre de Barbusse toute espèce d'authenticité. Sa prétendue restitution d'une langue propre aux poilus présente tous les travers d'une reconstitution romanesque où l'artifice ne parvient pas à tromper les vrais connaisseurs : « Les amis de Barbusse se trompent en voulant voir une preuve de vérité dans l'argot du *Feu*[16]. »

Ce fut l'un des écueils méthodologiques les plus fréquemment évoqués que celui de la constitution d'un corpus observable. Où puiser le parler que l'on prétendait scruter ? Comment s'assurer de sa représentativité et éviter les pièges du cliché ? Deux méthodes, qui ne s'excluent pas toujours, furent proposées par les auteurs. L'une et l'autre renvoient à la question plus générale de la « vérité » de la guerre, à l'authenticité de l'expérience et à l'affrontement qui opposa les témoins, invoquant l'épreuve directe du combat, aux écrivains défendant la liberté de la création artistique et revendiquant le dévoilement d'une autre « vérité », ou aux historiens et aux sociologues en appelant, pour leur compte, à la science. La première de ces deux approches privilégie l'oralité. Elle vante l'observation directe du langage, rendue possible par une présence sur le front, gage de vérité. La seconde, sans renoncer à la collecte de phrases entendues, repose sur une documentation écrite saisie dans les journaux de tranchées, parmi les carnets et souvenirs, au sein des correspondances, mais aussi, ce qui était le plus sujet à controverses, dans les œuvres littéraires.

Au risque de trop durcir les positions des uns et des autres, il apparaît bien pourtant que les deux méthodes eurent chacune leurs partisans. Se rejouent les clivages qui opposaient déjà depuis plusieurs années ceux qui défendaient la linguistique d'enquête, notamment dans le sillage des « archives de la parole » lancées en 1911 par Ferdinand Brunot, l'auteur de la monumentale *Histoire de la langue française*, à ceux qui tenaient la ligne d'une grammaire philologique élaborée à l'écart, ou presque, de toute expérience sociale.

Pendant le conflit, de nouvelles dispositions se font jour et reconfigurent les anciennes controverses. Les vertus comparées de l'oral et de l'écrit sont appréciées selon une échelle de vérité. Les auteurs se différencient en fonction de la confiance qu'ils accordent à telle source sur telle autre. Lazare Sainéan, le premier à en appeler à l'étude de la langue des tranchées dans un article publié par *Le Temps* du 29 mars 1915, est le seul à mettre en avant la documentation écrite. Cet appel inaugural lui occasionna un abondant courrier contenant de nombreux renseignements. Il compléta ces premiers dossiers par l'exploitation, plutôt décevante de son propre aveu, des journaux de tranchées (« la langue de la plupart de ces canards du front ne différant pas de celle des journaux parisiens ou provinciaux[17] »), mais aussi par un roman d'Arnould Galopin, *Les Poilus de la 9e*, sans que ce choix soit expliqué, et enfin par la publication en feuilleton de *Gaspard* de René Benjamin dans le *Journal* de mars 1915.

Convenons-en : le corpus est fragile et les plus rigoureux des philologues ne se privèrent pas de le noter. Marcel Cohen n'est pas tendre avec son collègue. Il condamne le recours à Galopin, sans avancer d'arguments bien convaincants mais dans un périodique légitime : « inutilisable comme témoin du langage actuel ». Il fait tout aussi preuve de sévérité pour les journaux du front qui devaient, selon lui, « leur existence surtout à une manie de littérature boulevardière ». À l'inverse, il approuve – mais pourquoi ? – l'utilisation de *Gaspard*, le roman de René Benjamin, où il reconnaît des notations justes du langage populaire pour conclure en philologue rigoureux : « Je dois malheureusement déplorer que l'élaboration des documents donnés ait été trop hâtive : les méprises sur le sens et l'emploi des mots sont fréquentes, les origines souvent méconnues[18]. »

Pour sa part, Gaston Esnault légitime sa science par son expérience. Selon ce lexicographe, la « vraie langue humaine » ne peut être que celle « qui tombe de la langue que nous avons dans la bouche[19] ». Ayant combattu trente-huit mois durant à partir du mois d'août 1914, il admet s'être contenté d'écouter « les oreilles grandes ouvertes ». Avec une méticulosité qui n'est pas sans rappeler celle déployée par Norton Cru dans son essai critique, Esnault ne manque jamais de préciser les lieux et les circonstances qui encadrent son écoute. Chaque mot est ainsi mis en relation avec la situation qui le fit surgir. Participant de ce grand mouvement qui emporta bien des combattants hantés par un désir de communiquer l'incommunicable, Esnault, comme d'autres, a soin de demeurer au plus près de l'expérience et de ne rien détourner de la parole des poilus. Il en vient même à disqualifier l'écrit, en tout cas celui qui n'émane pas directement des combattants, au profit de l'oral : « J'ai donné, écrit-il, le pas à ce que j'entendais sur ce qui m'était témoigné, à l'oral sur l'écrit, aux lettres du front sur les récits imprimés, aux bonshommes sur les lettrés, à l'usage de 1914-1918 sur l'usage ancien témoigné par les lexiques. Après quoi, naturellement, j'ai de mon mieux expliqué le présent par le passé, rectifié les erreurs par la raison, préféré l'usage constant aux coups de langue de hasard, renié parfois mon expérience limitée en faveur de témoignages probants[20]. » Le témoignage est devenu à la fois la valeur suprême sur laquelle est fondée toute vérité historique, une manière de nouveau paradigme pour toutes les sciences de l'homme et la trace indélébile d'une culture de guerre.

Une obsession du vrai se manifeste aussi dans la recherche de la langue des poilus, avec une espèce de priorité et une hâte qu'on expliquera aisément par le statut de la langue. Méfiant face aux traces écrites, les « mots d'encrier », et en l'absence d'archives enregistrées de la parole combattante, Esnault a conscience du caractère éphémère de son matériau. Il est également convaincu que c'est dans la langue que siège la vérité de l'expérience dont il veut rendre compte dans l'urgence[21]. Le titre de son ouvrage, *Le Poilu tel qu'il se parle*, intègre cette dimension et installe la recherche de la vérité au centre du programme qu'il se donne. Il prétend chasser les faussaires qui ne cessent d'abuser le public en lui proposant une version tronquée ou tout à fait imaginaire de la guerre. Il censure « les textes faux », prétend faire le départ entre les « bons » et les « mauvais » témoins, le « vrai » et le « faux » donc, bouscule les romanciers usant d'un « lexique dangereux », mais aussi certains critiques de l'arrière qui se sont trop défiés des « mots poilus un peu baroques, fantaisistes, et obscurs, et qui ont eu peur d'être dupeurs des littérateurs[22] ». Car Esnault n'est pas ingrat à l'égard des écrivains : certains ont été fidèles au monde des tranchées. Il comprend aussi que la « nécessité de la condensation artistique » leur impose quelques petites trahisons vénielles.

Davantage en quête d'exactitude que de « vérité », Albert Dauzat partage la même indulgence pour les romanciers. Il reconnaît à René Benjamin la qualité d'avoir publié avec *Gaspard* l'un des tout premiers récits réalistes sur la guerre, comme à Barbusse la volonté d'avoir tenté de retracer « avec sincérité et exactitude » des tableaux de la guerre dans lesquels les acteurs du combat parlaient une « langue rude et imagée ». La sévérité de Norton Cru pour ces deux auteurs n'est pas encore de mise. Il n'en souligne pas moins le privilège qu'il accorde, lui aussi, au témoignage direct, garant, tel est le maître-mot, d'*authenticité* : « C'est, en effet, dans les conversations des soldats, prises sur le vif, qu'il faut étudier l'argot militaire, et non d'après les lettres publiées par les journaux, lettres plus ou moins authentiques et tout au moins rehaussées en couleur par d'ingénieux metteurs au point. D'ailleurs l'argot militaire est essentiellement un langage parlé : tout ce qui se dit ne s'écrit pas. Les nombreuses missives de soldats (appartenant à diverses classes sociales), dont nous avons eu les originaux entre les mains, ne contenaient presque aucune trace d'argot militaire[23]. » L'oral l'emportera toujours sur l'écrit, ce dernier toujours douteux, toujours frelaté, parfois trafiqué par des mains inhabiles, toujours forcé, y compris dans les journaux du front dont Dauzat se méfie tant, comme il redoute les pièges des livres de combattants remplis de locutions suspectes[24].

La démarche de Dauzat répond plus nettement encore aux canons de la science normale que celles de Gaston Esnault ou de L. Sainéan. Plus méthodique, plus détaché aussi de sa propre expérience de combattant (mobilisé le 2 août 1914 comme infirmier, Dauzat fut réformé le 29 janvier 1915 pour cause de maladie[25]), il manifeste moins d'empressement, faisant montre d'une grande prudence. En avril 1917, Dauzat considérait qu'il était encore trop tôt pour entamer la dissection d'un tel langage dont les transformations ininterrompues étaient liées, selon lui, au drame en cours : « Il s'agit d'abord de le recueillir et de le classer pieusement – comme disait Gaston Paris pour les patois – dans un grand herbier national[26]. »

C'est par la mise en œuvre d'une méthode systématique de collecte des informations que se distingue le plus Albert Dauzat. Des enquêtes analogues avaient été déjà lancées par la Société suisse des traditions populaires aux fins d'étudier le vocabulaire des soldats helvétiques. Le journal berlinois, les *Lustige Blätter*, avait fait de même en sollicitant ses lecteurs mobilisés dont le périodique semble avoir obtenu près de dix mille réponses. Au même titre que d'autres scientifiques, les grammairiens pouvaient envisager la guerre sous le jour d'un gigantesque laboratoire propice à évaluer en grandeur nature des phénomènes majeurs touchant au fonctionnement des sociétés humaines : « Nous avons l'occasion rare d'observer les contrecoups opérés sur le langage par le plus formidable conflit que l'histoire ait enregistré ; nous pouvons observer, contrôler, saisir sur le vif les créations et les figures jaillies spontanément de la tranchée, du cantonnement, de l'hôpital, les résultats produits par le mélange des contingents, des armées, des races. Laisserions-nous passer le moment favorable[27] ? »

Pour mener à bien un tel projet, Dauzat lança plusieurs « appels à témoignage linguistique » dans la presse (*Le Temps*, la *Liberté*, le *Mercure de France*, la *Revue pédagogique*, la *Revue des traditions populaires*, le *Musée et encyclopédie de la guerre* et surtout le *Bulletin des armées de la République* qui joua un rôle très important dans l'entreprise). Il demanda aux mobilisés de noter les mots qui leur semblaient les plus spécifiquement liés à leur état et à leur expérience et d'en fournir la signification française : « Uniquement des mots dont ils se servent ou *qu'ils ont entendus eux-mêmes* – à l'exclusion des mots qu'ils ont pu lire dans un livre ou dans un journal, fût-ce un journal du front, car tous les journaux cultivent la fantaisie[28]. » Le *Bulletin des armées* servit de boîte aux lettres à une étude dont le caractère scientifique revendiqué n'écartait pas, de façon peut-être un tant soit peu opportuniste, les attendus patriotiques. Au terme de cette compilation qui s'étendit entre les mois de février et de juillet 1917, Dauzat comptait cent quatre-vingt-quinze informateurs lui ayant permis de rassembler deux mille mots et expressions. Le travail interprétatif pouvait dès lors commencer à partir d'une thèse qui occupa le centre des controverses autour du lexique des combattants et que Dauzat présenta tôt mais non sans prudence : « En dépit des variations, il appert dès maintenant qu'il s'est bien constitué, au cours de la guerre, un vocabulaire commun à l'ensemble de l'armée, et que la moyenne des civils ne comprend pas sans l'aide d'un lexique spécial[29]. » Un « vocabulaire commun », écrivait donc Dauzat, pas un argot, encore moins une langue.

Controverses

Vocabulaire, langue ou argot ? Le langage des tranchées en question

L'un des moteurs les plus efficaces de la recherche scientifique réside dans les controverses qu'elle ne se fait jamais faute d'engendrer. Philologues, linguistes et grammairiens n'échappent pas à cette règle classique de l'épistémologie. L'étude de l'argot des tranchées, si peu légitime fut-elle dans le monde savant, n'y déroge pas. Il est d'ailleurs probable que le statut incertain du langage des poilus contribua à affaiblir la réputation scientifique de son étude aux yeux des chercheurs les plus proches du pôle académique.

Ces derniers ne furent d'ailleurs pas les seuls à contester l'existence d'une langue, voire d'un argot propre aux combattants. On a vu le mépris dans lequel Jean Norton Cru tenait le prétendu parler des soldats. Le langage des poilus ne méritait pas les flots d'encre qu'avaient déversés à son sujet les plus cuistres des grammairiens. Leurs efforts paraissaient bien dérisoires au regard de ce qu'était, en fin de compte, la prétendue langue poilue : un vague syncrétisme linguistique formé d'agrégats régionaux soudés autour d'un français tout juste enrichi d'une terminologie technique qu'engendraient les circonstances.

La controverse oppose les auteurs entre eux selon qu'ils accordent plus ou moins d'originalité et d'autonomie au langage en usage dans les tranchées. La gradation s'échelonne entre deux thèses radicales : la première soutient que les combattants s'étaient forgés, au gré des circonstances et au fil de leur expérience, un argot particulier composé de locutions originales ; la seconde estompait ou repoussait tout à fait l'idée d'un langage indépendant et neuf pour insister sur les emprunts qui conduisaient, comme en toute appropriation, à des détournements de sens plus ou moins sensibles. Entre ces deux positions, tout un dégradé est possible qu'unit un même constat jamais contesté : les poilus s'étaient donné un vocabulaire de métier comme le fait tout groupe d'hommes partageant une commune expérience.

Sainéan est l'auteur qui pousse le plus loin la thèse de l'autonomie d'un langage propre aux soldats. Il défend l'idée de l'existence d'un « argot des tranchées », même s'il rétrograde celui-ci au rang de « fragment de l'argot parisien ». Cette dépendance entre les deux argots fut à l'origine d'un incident qui révèle les perturbations qu'entraînait l'injonction patriotique sur le déroulement de l'activité scientifique. Après la publication dans les colonnes du *Temps* d'un premier article consacré au sujet, Sainéan en proposa un second. Celui-ci lui fut refusé. Une lettre en date du 21 avril 1915 motive cette décision négative : « Nous avons lu votre article avec le plus grand intérêt. Il nous est malheureusement bien difficile de le reproduire. Il ne s'agit plus seulement, en effet, de l'argot des tranchées, mais un peu de la langue des apaches. Nos lecteurs ne seraient-ils pas choqués de trouver quelques-unes de ces expressions dans nos colonnes[30] ? » Spécialiste de la langue verte avant-guerre, Sainéan a projeté sur le langage des poilus les schèmes qu'il avait utilisés au cours de son exploration de l'argot ancien. Après le conflit, il reconvertit ses ressources dans l'étude de l'œuvre de Rabelais dont il devint l'un des grands spécialistes.

Savant sans chaire, essuyant le scepticisme de collègues mieux dotés, intellectuel immigré, Sainéan trouve un compagnon d'infortune dans la personne de François Déchelette. Cet érudit local, connu avant-guerre pour ses travaux historiques sur Roanne et sa région, comprit bien que les désaccords ayant trait au statut de la langue des poilus renvoyaient à des enjeux qui tenaient en réalité aux relations ambivalentes établies entre le front et l'arrière. « Loin du clan des puristes, écrit-il, on trouve des poilus authentiques qui nient l'existence de l'argot poilu ; et les linguistes de l'arrière enregistrent avec joie cet aveu qu'ils croient autorisé. Ils ne se rendent pas compte que le poilu soutient ce paradoxe pour des motifs complexes ; il a honte de son patois – en quoi les deux ont tort du reste –, ou bien il veut cacher ce langage aux profanes de l'arrière[31]. » On peut raisonnablement soutenir que la honte sociale engendrée par le recours à une langue illégitime pèse sur ceux qui l'étudient. Cette hypothèse éclaire en partie un constat : ceux qui se sont fait de la langue des tranchées une spécialité intellectuelle n'occupent pas le centre de leur discipline de rattachement, la philologie. Trop sociologues, ils semblent déplacer l'étude de la langue vers celle des sociétés en guerre, des psychologies et des nouveaux comportements.

Dominés parmi les dominés, les plus convaincus par l'originalité que constituerait l'argot des tranchées au regard d'autres parlers populaires défendent bec et ongles leurs thèses. Déchelette argumente en invoquant la fonction clandestine et identitaire de l'argot. Les poilus avaient besoin d'un vocabulaire spécifique qui les distinguait de l'arrière et asseyait leur identité de groupe pour mieux défendre leurs intérêts. Ils y eurent aussi recours pour répondre à des exigences quasi professionnelles :

> « L'existence isolée d'un groupe d'hommes, la communauté de sentiments et le fait d'avoir les mêmes occupations professionnelles sont les conditions de choix pour susciter un argot.
>
> Que l'on veuille bien réfléchir à l'abîme qui sépare le poilu du civil dans sa façon de sentir, dans ses occupations journalières, professionnelles en quelque sorte ; que l'on considère que, pendant les premiers mois de la guerre surtout, les poilus vivaient – et mouraient – aussi isolés du reste du monde que des moines cloîtrés ; et l'on ne s'étonnera pas de la naissance de l'argot des poilus.
>
> Que de choses, d'actions, de sensations nouvelles à désigner, pour lesquelles la langue usuelle faisait complètement défaut ! C'est pourquoi le poilu créa des mots qui désignaient ces choses nouvelles ou faisaient mieux image que les mots de la langue courante ; il

donna de nouvelles significations à des mots d'argot ancien ou moderne, de patois provinciaux ou de français. C'est du début de la Guerre que datent par exemple, dans l'argot des poilus, *marmite*, *marmiter*, *gros noirs*, *miaulants*, *balancer*, *zigouiller*, *moulin à café*, *pépère*, *bousiller*, *louper*, etc.[32]. »

C'est la même thèse que défend un autre marginal de la philologie, lexicographe installé sur les acquis de son expérience : Claude Lambert[33]. L'argot, selon lui, est une langue de circonstances : il n'était pas étrange que la guerre de tranchées, si singulière, eût la sienne. Tout cela ne faisait pourtant pas une langue à part entière. Même Déchelette en convenait. Aucun des linguistes qui apportèrent leur pierre à cette vive controverse ne soutint que le langage des poilus disposait d'une syntaxe différente du français. Lorsque l'on évoque la « langue poilue », comme le fait remarquer plaisamment Déchelette, c'est uniquement sous l'empire de motifs éditoriaux ou pour « faire ressortir par une plaisante exagération l'unité et la cohésion du langage que les soldats parlent tous de Belgique en Alsace[34] ».

S'élèvent contre ces thèses, même amendées par quelques propos qui limitent la portée épistémologique de la découverte d'une « langue poilue », deux universitaires, l'un et l'autre philologues, s'exprimant dans leur revue professionnelle. Dans une recension très acide des travaux de Sainéan, Marcel Cohen et Robert Gauthiot ont aussi soin de faire état de leur expérience de soldats. Ils n'entrent pas dans la catégorie des « linguistes de l'arrière » vilipendés par Déchelette. Lorsque leur texte est publié, Gauthiot vient même de disparaître. Administrateur de la Société de linguistique, ce spécialiste du lituanien et de l'iranien se trouvait sur le front comme lieutenant, et ce depuis l'ouverture des hostilités. Promu capitaine, il y mena une guerre héroïque qui l'autorisait à croiser son métier de combattant avec sa compétence de savant.

Le ton de son intervention s'apparente davantage au pamphlet qu'à l'étude critique. Gauthiot semble moins entrer dans une controverse scientifique, à armes égales avec des auteurs dont il contesterait les résultats, que dans une polémique où s'exprime, presque violemment, une irritation : celle éprouvée par tant de combattants face au « poilu imaginaire » que leur renvoyait l'arrière. Sainéan ne combattait pas. Sa pseudo-science n'avait même pas l'excuse de la candeur qui pouvait émaner de la plume de philologues amateurs arrêtés par les faits de langage qui les environnaient. La dénonciation de l'imposture intellectuelle affleure dans ce texte-testament dont l'auteur, décédé le 11 septembre 1916, ne fut pas en mesure de corriger les épreuves. La fin du texte de Gauthiot est d'ailleurs terriblement grinçante. Elle met au jour des jeux de langage regrettables qui font la fortune des faux savants : « Je le regrette, parce qu'il peut dire comme le pauvre bougre que j'avais connu si rigolard et à qui on venait de couper les deux jambes : "Ben sûr, maint'nant, ch 'sui un éros ; – mais quand la guerre a s'ra finie, ch's'rai un cul-d'-jatte."[35] ».

Sur quoi repose la thèse de Gauthiot ? D'abord sur un point de vue général, présenté avec une ironie décapante, renvoyant aux tensions existant entre le front et l'arrière. La langue des combattants, selon Gauthiot, fait partie de la panoplie qui compose la figure du poilu tel qu'on se l'imagine loin du front. C'est une pure fiction, une invention assurant à certains le sentiment de participer à une guerre qu'ils ne font pas :

« On m'a fait savoir que les combattants avaient une langue à eux, un idiome spécial (s'il vous plaît !), incompréhensible aux profanes de l'arrière de façon normale. Là-dessus, je dois l'avouer, j'ai été un peu inquiet, je me suis demandé s'il ne me manquait pas quelque chose pour être vraiment un poilu. Mais ça n'a pas duré.

En effet, grâce à des gens de lettres zélés, qui gagnent de l'argent à parler avec sentiment de ceux qui se battent et qui protègent leur petite industrie de guerre, grâce à des journalistes, dont je ne dirai rien pour rester en bons termes avec eux, les gens de l'arrière ont acquis une certaine connaissance de cette langue des tranchées et ils s'en font gloire, sans aucune discrétion, d'ailleurs. Des messieurs distingués m'ont parlé de *marmites*, de *cagnas*, de *gnôle*, et des dames tout à fait bien m'ont quasiment invité à leur dire quels *mectons* on rencontre sur le front, comment nos héros se *démerdent*, comment les émules de Jeanne d'Arc *envoient à la gare* les *ballots* qui les *canulent*. Sur quoi, je me suis aperçu avec ravissement que je savais la langue des tranchées (une de plus !), et je leur ai mis, tant qu'ils ont voulu[36]. »

Selon Gauthiot, linguiste hostile à toute démarche enquêtrice, les bons auteurs, en l'occurrence Sainéan, aimablement qualifié d'« honorable savant à lunettes » (c'est dire l'irritation que cette controverse suscite chez Gauthiot), ont tout simplement manqué de reconnaître le vieil argot parisien dans le langage des tranchées. Et le premier reproche adressé à Sainéan concerne sa méthode purement livresque. Ne pas avoir consulté « le moindre petit poilu » l'avait conduit aux plus graves erreurs. Le rejet est sans appel. L'argument sociologique, celui de la communauté d'expérience sur laquelle Sainéan et quelques autres fondaient le surgissement d'une langue commune, ne tenait pas : les poilus ne constituaient pas un groupe cohérent, la ligne de front était discontinue et se composait de segments certes en relation mais indépendants les uns des autres. À l'encontre de ceux qui l'imaginaient, ceux qui faisaient la guerre, affirmait, hautain, Gauthiot, savaient que celle-ci, loin de grouper les combattants, les dispersait. Il ne restait rien d'une quelconque langue poilue ; même les termes techniques, dont l'ancienneté contredisait le rôle créateur prêté au conflit, ne pouvaient être considérés comme spécifiques.

Albert Dauzat suit, quant à lui, une voie moyenne qui abaisse le seuil d'exigence imposé par la définition d'un argot ou d'une langue au risque, sans doute, d'en affadir le sens. Il existe bel et bien, selon lui, un « argot des tranchées » qui répond à des caractéristiques bien discernables. En France, comme en d'autres nations, les soldats eurent recours à un vocabulaire ignoré des civils. Pour rendre compte des causes de l'émergence de ce langage nouveau, Dauzat retient des arguments de type sociologique analogues à ceux de Déchelette, et à l'encontre de ce que défendait Gauthiot : « Lorsqu'un groupe d'hommes vit en commun, plus ou moins isolé du reste de ses compatriotes, le genre de vie, les occupations et les impressions semblables, les nouvelles habitudes créent rapidement des expressions, des mots appropriés. Les conditions de la guerre moderne, en fixant pendant de longs mois les soldats dans les cantonnements ou les tranchées, et en les séparant de la population civile, ont particulièrement favorisé ce développement[37]. »

Dauzat atténue toutefois les effets de nouveauté. Cet argot n'était pas une langue inouïe née de la guerre. Deux sources l'alimentaient : l'ancien argot de caserne avec lequel les mobilisés avaient soudain renoué, les conditions où ils se trouvaient immergés réactivant des expériences vécues lors de leur service militaire, et le langage populaire de l'ouvrier qu'adoptaient si facilement les paysans « sans aucune influence contraire : prestige de la ville sur la campagne[38] ». Les termes provinciaux (« zigouiller » venait du Poitou, « gnôle » de Normandie, « toto » de l'Argonne) qui parvenaient à s'imposer étaient rares, mais tous témoignaient de l'achèvement de l'unité nationale en cours au fond des tranchées. L'argot de la guerre résultait d'un syncrétisme culturel heureux. Il était fait d'emprunts, de bribes de langages dérobées, que les poilus adaptaient à leur situation. Le mélange des hommes, et notamment l'arrivée des troupes coloniales, avait sans doute favorisé la circulation des termes et la nationalisation de mots cantonnés jusqu'alors dans un environnement régional. Les expéditions des Dardanelles et de Salonique furent autant d'occasions d'introduire de nouvelles formules. Des mots arabes (« caoua » pour café ou « guitoune » pour tente ou abris de tranchée) avaient aussi pénétré la langue des poilus. Et c'est avec la même ligne d'analyse, insistant sur les circulations et les appropriations à l'origine des argots, que Dauzat se pencha finalement sur la question de la langue spécifique des prisonniers de guerre en Allemagne. Il y dégage l'intrusion de mots allemands, arabes, anglais et russes.

« *Boche* » versus « *poilu* » : *la preuve par les mots*

Tout compte fait, à lire lexiques et dictionnaires, la langue des tranchées ne semble pas se caractériser par une inventivité lexicale des plus éblouissantes. Elle est surtout faite, comme le soutiennent ceux qui contestent le plus son autonomie, de réappropriations et d'adaptations aux circonstances de termes anciens puisés dans l'argot parisien ou dans les stocks linguistiques que forment patois et langues provinciales ou étrangères[39]. Deux termes qui ont arrêté tous les auteurs semblent pourtant échapper à ce phénomène. Antonymes, ils occupent le cœur de la propagande officielle. L'un, « Boche », est chargé de toutes les négativités, l'autre, « poilu », lui oppose les valeurs positives sur lesquelles s'adosse la guerre du droit.

C'est le premier qui est l'objet de la plus grande attention. Tous les auteurs y consacrent des pages, voire des brochures ou des articles entiers visant à démêler le vrai du faux étymologique aux fins d'alimenter la répugnance, voire la haine qu'il convenait d'entretenir à l'encontre de l'ennemi. « Boche » se devait d'être un mot sale, résumé de la nature vile de l'Allemand. On s'employa à associer, par le truchement de constructions faussement savantes mais qui faisaient illusion, le mot à la chose. Dans cet exercice, on distingue mal le propos malveillant de l'analyse scientifique. Les formes de la généalogie sont identiques et le mode d'administration de la preuve analogue. Le *Bulletin des armées de la République* s'est presque fait le spécialiste de l'étymologie à bon marché, couvert par une cuistrerie qui put tromper. Ne fait-il pas appel à l'un des maîtres du dictionnaire, en la personne de Maurice Donnay, respectable immortel qui consacre dans ses colonnes un éditorial du périodique à « Boche » et à « poilu » ? Il est vrai que l'académicien mime assez peu le philologue qu'il n'est pas pour privilégier le jeu d'esprit et remplir son rôle d'intellectuel organique voué à mobiliser les esprits. « Boche ?, remarque-t-il d'abord, C'est le bruit que produirait un homme trop gras sautant à gros pieds joints dans le sang et la boue », avant de poursuivre :

« Ah ! si l'Académie, dans une séance exceptionnelle, pouvait revenir à la lettre B, je demanderais volontiers que ce mot Boche figurât dans le dictionnaire, et, aussi, tous ses dérivés : *Bochie*, que les petits enfants ont formé avec leur logique simple, serait le pays des Boches ; *bochisme* serait l'ensemble des méthodes, des théories et des doctrines de la *Kultur* boche ; *bocheries*, et, dans certains cas, *bochonneries*, seraient les applications et les procédés, mensonges, espionnage, traités déchirés, viols, assassinats et autres *delikatessen*, auxquels mènent forcément ces théories et ces doctrines[40]. »

Dès la fin du mois de décembre 1914, le *Bulletin* avait déjà attiré l'attention de ses lecteurs (en principe officiers et hommes de troupe) sur l'origine d'un mot qui devait cristalliser efficacement toutes les haines. S'appuyant sur une « contribution philologique » de Sainéan, le *Bulletin* prétendait pourfendre les idées reçues. Non, « Boche » ne venait pas directement de « Alboche ». Cette version manifestait trop de neutralité. Elle ne véhiculait aucun message. Sainéan proposait une origine beaucoup plus utile, même si le journal regrettait la séparation étymologique entre « Boche » et « Allemand ». « Boche » n'était rien d'autre en effet, selon le savant roumain, que la forme abrégée de « caboche » : « On a dit tête de Boche, pour tête dure ou entêté, c'est-à-dire pour exprimer la même notion que caboche[41]. »

Le *Bulletin* n'estima pas l'enquête close. L'année 1915 vit couler beaucoup d'encre autour de la question de l'étymologie de « Boche ». Une version, aussi fantaisiste que bien d'autres, dont certaines approchent l'extravagance, semble avoir été l'heureuse élue des collaborateurs du journal. Elle présentait la garantie qu'offrent toujours les origines latines. « Boche », reprenaient les collaborateurs du *Bulletin*, provenait du « latin populaire » et survivait dans les patois méridionaux et en italien où « bocia » signifiait boule de buis à jouer. De cette tortueuse origine découlait une expression « courante » dans le Midi et le Lyonnais où – prodige culturaliste ! – l'on aimait tant jouer aux boules : « tête de Boche », une insulte destinée à fustiger une personne dont la « tête » pouvait passer pour « épaisse et dure[42] ». Sédimentation de sens qui tombait à pic, comme on l'imagine, pour qui cherchait à prouver la nature grossière du peuple allemand.

Comme on peut le constater, l'analyse est en phase avec tant de caricatures dessinées ou décrites : elle en constitue l'habillage savant. Et pour mieux encore établir scientifiquement la démonstration, le *Bulletin* recourt à l'histoire, preuve évidemment définitive, en faisant état d'une trouvaille tout aussi miraculeuse. Dans nombre de controverses visant à justifier le droit des belligérants, l'argumentaire historique est sans doute l'un des plus fréquents puisqu'il légitime les revendications par l'ancienneté ou l'antécédence. La Bochonie, mentionnée dans les « vieux textes », explique-t-on donc savamment dans les colonnes du *Bulletin*, désignerait en Germanie une « contrée sauvage, couverte de forêts », terre inculte et impropre à la civilisation. Appuyée sur un nouveau recours au latin, la « Bochonia », la bien nommée, était aussi la bien située puisque « en plein cœur de ce qui est aujourd'hui l'Allemagne, entre les quatre pays des Bavarois, des Franconiens, des Thuringiens et des Hessois ». La morale s'imposait : « On le voit, Boches avant, Boches depuis la guerre, les Allemands étaient prédestinés à l'être de toute antiquité[43]... »

En 1918, parut une brochure qui rassemblait quelques éléments de la controverse qu'avait suscitée le terme « Boche », prononcé partout, assénait le préfacier, le critique Camille Le Senne, « avec le même dégoût[44] ». L'étymologie du mot avait beaucoup sollicité les imaginations. On trouve même une contribution de Jacques Flach, titulaire de la chaire d'histoire des législations comparées au Collège de France, mais aussi de Félix Gaffiot, jeune chargé de cours à la Sorbonne et officier blessé dans les combats[45], voire de Paul Stapfer, philologue réputé, doyen honoraire de l'université de Bordeaux, prudent, pour sa part, dans son étymologie de « Boche » (il s'en tient explicitement à la thèse de Sainéan) et qui conclut : « Continuons, mon cher confrère, à faire la guerre avec notre vieille plume, puisque, pauvres bras inutiles que nous sommes, nous n'avons pas d'autres obus pour bombarder ces brutes, ces butors, ces bélîtres, ces ânes bâtés, ces bornes, ces blocs, ces brigands, ces bandits, ces barbares, ces Boches[46]. »

Il faudrait ajouter à cette liste d'auteurs convoqués par Lestrange, les nombreuses définitions de « Boche » figurant dans tous les lexiques, dictionnaires et vocabulaires déjà cités. Gaston Esnault consacre une notice méticuleuse au terme qu'il dit avoir entendu pour la première fois dans la bouche de combattants parisiens du 69e régiment d'infanterie au mois de septembre 1914[47]. De tous ces renseignements collectés ici et là, de tous ces affrontements verbaux, si dérisoires au reste face à des affrontements contemporains d'une tout autre nature, Lestrange tirait une leçon : le succès du mot s'expliquait d'abord par une sonorité peu flatteuse. Les désinences en « oche », courantes dans la langue verte (*bidoche*, *moche*, *rigolboche*, etc.), instillaient de la vulgarité et rabaissaient la dignité du mot. L'explication acceptable reste sous l'emprise d'une culture de guerre dans laquelle tout ce qui touche à l'ennemi est par nécessité affecté par la rivalité, la haine, le discrédit. « Boche » fut si répandu en effet qu'il put devenir dans certains cas pur et simple synonyme d'Allemand[48].

À l'opposé du méprisable « Boche » se dresse l'héroïque « poilu ». Le « poilu » n'est autre que le nouveau « grognard », fait remarquer Dauzat avec un enthousiasme qui le maintient moins à distance de Barrès qu'il prétendait l'être : « Et ce mot rude et réaliste le peint à merveille : car le poilu, ce n'est pas l'homme à la barbe inculte, qui n'a pas le temps de se raser – ce serait déjà pittoresque ; c'est beaucoup mieux : c'est l'homme qui a du poil au bon endroit – pas dans la main ! – symbole ancien de virilité. Tant pis pour la pruderie qui voudrait s'en offusquer[49] ! » Selon lui, la guerre avait imposé, comme elle l'avait fait à d'autres termes, un changement de signification à un vocable déjà en circulation avant le conflit, mais alors neutre et désignant un homme quelconque.

Si, comme nous l'avons vu, « Boche » entraîna nombre de textes enflammés et d'articles plus ou moins inspirés où se mêlaient de vrais savoirs et de risibles supputations, « poilu » fut davantage l'objet d'un consensus étymologique. On se querella peu sur un mot aussi sacré. Esnault, comme à son habitude, déploie les trésors d'une érudition maniaque sachant mettre en scène la diversité des contextes d'usage d'un mot que la guerre avait, dès les premières semaines, promu au rang d'icône principale. Nietzsche est même enrôlé au cours de la grande revue des adjectifs dérivés de « poilu » : « poilpoil », « poilusien », comme dans la « vie poilusienne », « interpoilu » (ce qui se fait entre poilus), « demi-poilu » et enfin « surpoilu », « d'après le surhomme de Nietzsche[50] ». Dans le droit fil de sa critique d'une prétendue langue poilue, Robert Gauthiot est le seul à contester la fortune du mot en la réduisant au monde civil : « Pour ma part je ne me souviens pas avoir entendu le terme "poilu" pendant mes deux premiers mois de front et un mois d'hôpital, mais un gamin me l'a lancé dès mon retour à Paris (actuellement ce terme parisien s'est répandu au front)[51]. »

Le *Bulletin des armées de la République* ne pouvait passer à côté d'un mot aussi fédérateur qui armait le folklore combattant d'une utile autodérision. « Quelle est l'origine du mot « poilu » ? », s'interrogea-t-on dans ses pages, et, plus encore, car la gloire d'un tel honneur était en jeu : « Qui l'a lancé le premier et en quelle circonstance ? » Un inventaire érudit suivait. Des langues étrangères étaient investies. L'espagnol annonçait le « poilu ». Balzac s'en était servi dans *Le Médecin de campagne*. Mais l'histoire demeure celle qui légitime le mieux les mots. Une telle science trouve la vérité dans la remontée du temps. Cette logique pouvait aussi aller de pair avec une culture de guerre s'efforçant d'établir l'ancienneté de droits territoriaux ou la permanence des tempéraments nationaux. Au fond, peu importait le premier surgissement de « poilu » dans son sens moderne. Un hasard historique était beaucoup plus parlant : au « Moyen Âge », un comte de Barcelone, Joffre le Poilu, avait achevé l'œuvre de Charlemagne en débarrassant la Catalogne de ses ennemis[52]... Une telle découverte ne pouvait qu'être de bon augure.

Comment la science compose-t-elle avec les injonctions d'un environnement social et politique qui ne lui est jamais indifférent ? Telle est l'une des questions d'ordre général auxquelles l'étude de la philologie pendant la guerre (qui est aussi, comme on l'a vu, une philologie de guerre) peut tenter de répondre. L'invention de la « langue des tranchées » fut le fait non seulement d'intellectuels non spécialistes engagés dans l'œuvre de mobilisation culturelle à laquelle ils avaient été appelés mais aussi de savants, souvent marginaux il est vrai dans leurs disciplines, et cependant compétents, parfois reconnus. Sans doute, les plus installés d'entre eux, les plus scientifiquement réputés donc, furent-ils aussi les plus réticents face à cette « langue » nouvelle. Ceux qui, à l'instar de Gauthiot, se trouvaient être de surcroît des combattants, ayant, comme lui, essuyé de graves blessures, ajoutaient à leurs méthodes et leurs partis pris épistémologiques la légitimité d'une expérience sur laquelle ils appuyaient leurs dénégations. La controverse semblait ainsi opposer des demi-savants de l'arrière à de grands hommes de science engagés sous le feu de la mitraille. Configuration idéale, aux polarisations efficaces, pour s'affronter sur des arguments où se heurtaient la science et l'expérience.

Épilogue

1918

SORTIES DE GUERRE

« La vérité historique est une variable de l'intérêt pour le présent. »

Siegfried Kracauer[1]

Tout à la fois dans la guerre et dans la paix, l'année 1918 est sans doute un point d'observation correct pour apprécier les transformations que le conflit fit subir au statut de l'écrivain en France. Le XIXe siècle avait fait de celui-ci un artiste dont l'activité était régie par une conception toute kantienne de l'art – une finalité sans fin – que l'invention de l'idée d'avant-garde, triomphante depuis les dernières années du siècle, était venue renforcer. La réception contrastée en France de *Qu'est-ce que l'art ?* de Tolstoï à l'extrême fin du XIXe siècle, texte dans lequel l'écrivain semblait reléguer la dimension esthétique de l'art d'écrire derrière sa mission sociale et morale, traduit cette culture dominante chez les écrivains français. Une enquête, à la mode du temps, publiée dans *La Grande Revue* le montre avec quelques nuances : « Si l'on donne à l'art un but de moralité, il cesse d'être puisqu'il cesse d'être inutile », répond, par exemple, l'écrivain et publiciste Remy de Gourmont[2]. Chercher le vrai contrarie-t-il la quête du beau ? Non dans les principes, puisque la vérité peut passer pour une forme du beau. Il n'en demeure pas moins avéré que durant la guerre les intellectuels furent pris dans une tourmente qui brouillait les frontières entre la beauté, la vérité et la morale. Par son caractère total, la guerre actualisa ce dilemme chez la plupart des artistes et des écrivains. Les scientifiques, comme on l'a vu, n'y échappèrent d'ailleurs pas non plus tout à fait : les débats qui mirent en évidence une nationalisation de la science, après tant d'années de rêves et de pratiques internationalistes, sont là pour le montrer. Mais seul le cas des écrivains, autour de l'année 1918, nous arrêtera ici, pour finir.

TÉMOIGNER, COMPRENDRE, ÉCRIRE

Les cinq Prix Goncourt décernés durant le conflit avaient couronné la littérature dite de témoignage. Celui de 1914, attribué en 1916 de façon rétroactive à Adrien Bertrand pour *L'Appel du sol*, celui de 1915 à René Benjamin pour *Gaspard*, celui de 1916 pour *Le Feu* de Barbusse, celui de 1917 pour *La Flamme au poing* de Henri Malherbe, celui de 1918, enfin, pour *Civilisation* de Georges Duhamel, tous honorent un même genre. On est d'autant plus frappé par l'apparente rapidité avec laquelle se produisit la démobilisation culturelle, si l'on s'en tient à l'analyse de cette petite liste, au vu du Prix Goncourt 1919 attribué à Marcel Proust pour *À l'ombre des jeunes filles en fleurs* contre *Les*

Croix de bois de Roland Dorgelès. Ce désir de renouer avec un avant-guerre (un temps ?) perdu est trop plein de sens pour que l'on s'en tienne naturellement à cette lecture passive.

Le succès du *Feu* de Barbusse (plus de deux cent mille exemplaires vendus en 1918) peut sans doute s'expliquer en partie par cette transformation générale des sensibilités repérable avant l'année 1919. Dès la fin de l'année 1916, la fatigue de la guerre devient perceptible dans toutes les nations en guerre. La littérature en rend compte. Sans effets de manches apparents, sans pathos, sans lyrisme ni sans stratégie trop visible de message, Barbusse *analysait* une situation. Sans cultiver la moindre sensibilité défaitiste, il renonce au lyrisme combattant qui avait enrobé bien des œuvres publiées dans les premières années du conflit. En 1918, Duhamel accomplit cette esthétique froide qui semble presque relever davantage du discours scientifique que de la littérature romanesque telle qu'on se la représentait alors le plus couramment. Il y eut d'ailleurs des critiques pour lui reprocher ce ton, perçu comme le signe même d'une inhumanité d'essence aristocratique.

Le bibliographe Jean Vic rend compte de ce tournant dans les termes suivants : « C'est dans *L'Appel du sol*, roman conforme à la formule courante, que M. Adrien Bertrand, en 1916, synthétise ses impressions et pensées. Mais c'est dans *Le Feu*, qui n'est pas un roman, dans *La Vie des martyrs*, qui n'est pas un recueil de nouvelles, que MM. Barbusse et Duhamel condensent et objectivent leurs réflexions et leurs sentiments. Il naît un genre mixte, où la fiction n'a qu'un rôle limité [...][3]. » Tout se passe comme si le pathos, à fondement nationaliste, avait épuisé ses effets.

En s'appuyant sur le répertoire de Vic pour la seule année 1918, on relève une production de littérature de guerre, telle qu'elle est définie par lui (tout récit publié sur la guerre), d'une bonne centaine de titres, tous genres confondus. Ce chiffre est au niveau de la production éditoriale des années précédentes. Selon les classifications nécessairement un peu brutales du bibliothécaire, la moitié de la production est constituée par le genre romanesque, 10 % par les « contes et nouvelles » et le reste par la poésie. L'emportent donc, en dépit du volume important en titres et en auteurs de la poésie, les genres les plus à même de relater l'expérience de la guerre, ceux qui n'ont pas recours à des procédés littéraires opaques réservés à un public plus réduit. La poésie détenait néanmoins une place encore importante dans le champ littéraire qu'elle a aujourd'hui depuis longtemps perdue. En régime de culture de masse, le roman ou la nouvelle sont mieux adaptés à la mission du témoignage que ne le sont ces genres moins accessibles. Cette règle fut en tout cas celle qui présida aux choix de la plupart des éditeurs durant la Première Guerre mondiale.

Se cantonner à l'analyse des titres d'ouvrage ne suffit pas. Ces derniers ne sont souvent que des appels en direction d'un lectorat abreuvé d'écrits patriotiques. Ils ne disent pas tout du contenu réel des livres. Bien des titres jouent sur les codes, images, thèmes ou mots, qui s'enracinent dans la familiarité que chacun avait désormais avec la guerre. La culture de guerre enserre la production littéraire. De ce point de vue, les *Calligrammes, poèmes de la paix et de la guerre*, publiés en 1918 par Apollinaire au Mercure de France, marquent une différence par rapport à bien des titres de recueils qui sonnent comme autant de coups de clairon, des *Élégies martiales* de Roger Allard aux *Gloires et deuils de France* de Georges Lafenestre ou à *La « Lyre d'airain » du vieux barde, poèmes patriotiques et stances sur les peuples engagés dans la guerre mondiale* de Réveillaud.

Dans le corpus poétique constitué par Vic pour l'année 1918, il est en outre à noter que le recueil d'Apollinaire est le seul à avoir recours au mot « paix » pour son titre, avec un recueil de Paul Rivemale intitulé *La Guerre et la Paix*.

Dans les dernières années du conflit, plus peut-être qu'en ses débuts, tout écrit sur la guerre se pose en contribution à la mémoire contre l'oubli et vise donc à l'établissement du vrai contre le faux. Peu à peu, les écrivains en viennent à perdre un statut qui n'aurait eu comme seul registre l'esthétique. Ils doivent désormais participer, eux aussi, au-delà de leur mission artistique, à l'élaboration d'une mémoire nationale, au même titre que d'autres acteurs qui y travaillaient, et ce de plus en plus, au fur et à mesure que les années passaient. L'événement fabriquait son histoire à peu près au même rythme que celle-ci se déroulait : les historiens rassemblaient et publiaient leurs sources, des éditeurs *patrimonialisaient* les hauts lieux de la guerre, les batailles étant à peine achevées. Albin Michel publia en 1917 un *Guide du visiteur aux champs de bataille de la Marne, piétons, cyclistes, automobiles* et Berger-Levrault offrit en trois volumes, en 1917 et 1918, une série de *Guides Michelin pour la visite des champs de bataille de la Marne*.

C'est dans l'immédiat après-guerre que l'idée d'une littérature de témoignage fut la plus formalisée. Des bibliographies vinrent d'abord, nombreuses, mettre de l'ordre dans le chaos des écrits de guerre. Norton Cru se place à l'acmé de ce moment dont il est l'un des princes les plus brillants. Le bon écrivain est celui qui s'abstient des effets commandés par une conscience littéraire trop aiguë brouillant la qualité du témoignage. Vic, moins sévère que Norton Cru, a souvent recours aux catégories « artistique », « littéraire », « valeur historique » ou « fiction », à partir desquelles il apprécie l'authenticité du témoignage. On a vu ce qu'il en était pour Norton Cru. Si ce dernier consent à intégrer la catégorie « roman de guerre », c'est parce que le genre est finalement peu représenté dans la période retenue par lui, soit les années 1914-1928. Il n'en déplore pas moins l'existence, désastreuse selon lui pour l'histoire du conflit en raison de la place que le roman de guerre occupe sur son échelle de la vérité :

> « Ceux qui souhaitent que la vérité de la guerre se fasse jour regretteront qu'on ait écrit des romans de guerre, genre faux, mi-littéraire, mi-documentaire, où la liberté d'invention, légitime en littérature, joue un rôle néfaste dans ce qui prétend être un témoignage. Tous les auteurs de romans de guerre se targuent de parler en témoins, de faire une déposition devant l'histoire. Comment concilier cette prétention avec la liberté d'invention ? En fait ces romans ont semé plus d'erreurs qu'ils n'ont proclamé de vérités, ce qui était à prévoir[4]. »

De Vic à Norton Cru, c'est à l'aune d'une vérité à fondement réaliste que l'on évalue la littérature de guerre. Il n'en est nulle autre[5].

On fera remarquer, non sans quelque raison, que l'image que renvoient ces auteurs de la littérature de guerre et de la fonction de l'écrivain n'émane pas de la profession mais d'hommes qui se définissent comme des critiques. Il n'est pourtant pas certain que le statut qu'ils assignent à l'écrivain de guerre et les conditions de possibilité d'une écriture de la guerre qu'ils y définissent, soient toujours en rupture avec ce que pensent les écrivains eux-mêmes. J'en veux pour preuve la conférence prononcée par Georges Duhamel le 13 janvier 1920 à la Maison des amis du livre d'Adrienne Monnier.

L'écrivain y distingue une « littérature de témoignage », qu'il vénère parce qu'elle est seule en mesure de dire le peu qui puisse être transmis de l'expérience guerrière, d'une « littérature de convention » qui expose la guerre *de l'extérieur* sans être jamais capable d'en rendre l'intimité. Selon Duhamel, la guerre, en son essence, est presque indicible[6] et les auteurs qui surent en rendre compte durent conjuguer une connaissance directe de la guerre (ce que ne cesse de soutenir Norton Cru) et un talent littéraire rare qui, s'il put s'exprimer à l'occasion de la guerre, ne peut en aucun cas être né d'elle. Car la tragique expérience, pour Georges Duhamel, ne peut être la source d'une régénération de la littérature française qui, selon lui et à l'encontre de bien des clichés de son temps, n'en avait d'ailleurs nullement besoin.

L'auteur de *Civilisation* place très haut le rôle de l'écrivain dans la constitution de la mémoire de la guerre. La science se présente à lui comme une instance inférieure de transmission et restera, à ses yeux, impuissante à restituer ce que fut cette expérience unique. L'histoire ne saura dire la vérité de la guerre car elle puisera d'abord dans les clichés résonnant dans l'opinion :

> « J'en demande pardon aux historiens, plus préoccupés de faits précis que d'états d'âme, plus curieux des actes d'un peuple que de ses pensées ; mais j'ai malheureusement lieu de croire que si l'histoire, pour dépeindre les Temps modernes, étudie les mobiles des hommes dans les ouvrages littéraires, elle sera plus facilement séduite, guidée, conquise par la littérature de convention que par la littérature de témoignage[7]. »

L'oubli menace et le dernier rempart contre lui réside bien dans la « littérature de témoignage » contre une « littérature de convention » qui tend à devenir la seule source de mémoire. C'est le pessimisme de Duhamel qui frappe le plus, tant il est convaincu que l'essentiel de la guerre disparaîtra fatalement, s'est d'ailleurs déjà évanoui au profit des légendes et des clichés que finiront par admettre même ceux qui combattirent :

> « Les vérités profondes de la guerre, elles sommeillent à jamais dans les dix millions de crânes enfouis sous les champs de bataille. Les morts seuls savent encore quelque chose. Les survivants étreignent de précaires souvenirs que tout conspire à défigurer et à dissoudre.[...]
>
> L'ère des témoignages me semble close. Ne vous récriez pas ! Je veux dire qu'il deviendra de plus en plus difficile de témoigner avec précision et fraîcheur. Je sais bien qu'un grand nombre de documents humains importants dorment encore dans les carnets de route et, surtout, dans l'innombrable correspondance. Je me suis donné pour devoir de ne considérer que les ouvrages purement littéraires, les ouvrages qui visent à l'art. Nul doute que les données recelées dans les papiers privés des familles ne soient, quelque jour, utilisées pour la composition de grands livres ; mais les témoignages qui en résulteront risquent fort de perdre quelque peu d'authenticité, car, dès qu'on s'éloigne d'une réalité, les moyens d'épreuve disparaissent et la fantaisie se donne aisément libre cours[8]. »

Cette communauté de la question contribue sans doute à aviver les entreprises de distinction chez les bibliographes de l'après-guerre. La littérarité n'est pas le seul critère qui permet les classifications les plus nettes entre les différents genres littéraires. Jean Vic s'applique ainsi à distinguer entre plusieurs genres de « Mémoires » de combattants, sous-genre le plus largement développé de la littérature de guerre. Jean Norton Cru raffine encore bien davantage dans le cadre d'une vertigineuse opération de mise en ordre de la littérature de guerre qui apparente son œuvre à un travail de deuil caché sous une raideur scientifique obsessionnelle. *Témoins* de Norton Cru[9] n'a d'autre ambition, en effet, que d'être le livre des livres sur la guerre.

Arrêter la guerre

Au premier coup d'œil, la guerre apparaît comme un événement presque chimiquement pur. À tel point d'ailleurs que les historiens y ont souvent recours pour borner les périodes antérieures ou postérieures qu'ils étudient. Cette dimension fondamentalement événementielle de la Grande Guerre (elle a un début et une fin) explique sans doute le souci qu'ont eu ceux qui l'avaient vécue d'en témoigner dans les termes les plus exacts possibles. On a examiné à plusieurs reprises dans cet ouvrage l'obsession du véridique et la phobie du vraisemblable qui habitent les témoins. On a aussi pu constater que la question du témoignage traverse l'ensemble de la littérature de guerre. Pour tout dire, elle semble même l'expliquer. Au seuil de l'édition définitive de *Ceux de 14* (1949), Maurice Genevoix rappelait le projet qui l'avait animé : témoigner, soumettre le littéraire aux plus implacables lois de l'établissement de faits avérés, convaincre enfin, espérant que « d'autres peut-être, ayant achevé de lire, songent, ne serait-ce qu'un instant : "C'est vrai, pourtant. Cela existait, pourtant[10]." »

Plus que tout autres, les écrivains qui ont vécu la guerre ont abondamment écrit sur elle, dans tous les genres. On s'en tiendra pour conclure aux cas de quelques journaux tenus par des écrivains, non pas avec l'illusion d'y voir se déployer une plus grande exactitude ou une authenticité qui serait absente du roman, de la nouvelle, voire de la poésie ; certains journaux sont même écrits aux fins d'être un jour publiés et sont gouvernés par les plus grandes contraintes littéraires, quand des romans, comme *Le Feu*, jouent l'apparence du « journal » pour en obtenir un effet de réalité. Nombreux furent les écrivains à tenter de faire de leur œuvre un sublime témoignage et à assimiler leur rôle à celui de témoin comme si leur récit n'était rien d'autre qu'un simple document.

On confond ainsi sciemment fiction et réalité, on mêle la vérité au mensonge, comme si ce mariage scandaleux était la première conséquence morale et intellectuelle de la guerre. La répartition des rôles entre écrivains et témoins, entre la « vie » et la « littérature », entre le « réel » et sa « représentation » n'est plus très nette… Ce vieux problème littéraire, que tout le romanesque du XIXe siècle n'avait cessé de poser, trouva une nouvelle dimension avec la littérature de guerre produite par le conflit mondial. Que des témoins fissent appel à des écrivains qui n'avaient pas toujours combattu pour préfacer la publication de leurs ouvrages ajoute encore de la confusion. Maurice Barrès, Paul Margueritte et bien d'autres légitimèrent plusieurs livres de témoignage publiés en 1918 de préfaces ou de lettres qui soulignaient souvent « l'authenticité » ou la « vérité » des récits. Ils les intégraient également par ce biais dans l'ordre de la littérature.

Norton Cru accordait une grande importance aux journaux en renonçant peut-être avec un peu trop de hâte à la vigilance hypercritique qui caractérise son œuvre :

> « Nous commençons par l'analyse critique des journaux parce qu'ils constituent les documents les plus intéressants, les plus caractéristiques, les plus utiles. Sans faire tort aux pensées ni à la psychologie, un bon journal contient plus de précisions et moins de littérature à effet. C'est tantôt la reproduction exacte des carnets, où événements et réactions morales étaient notés au fur et à mesure, tantôt la rédaction postérieure aux faits, où le contenu du carnet était plus ou moins développé, remanié, ordonné, composé ou réécrit en termes plus compréhensibles pour le lecteur non initié. Par définition le journal possède une exactitude fondamentale : celle des dates[11]. »

Cette confiance aveugle fait l'économie de bien des objections que des cas pourraient opposer à pareille conception. Il serait plus sage de soutenir que chacun des genres littéraires dit à sa manière sa vérité sur la guerre. L'intérêt du journal, comme celui de la correspondance, c'est sa seule contemporanéité avec l'événement. C'est en tout cas ce que le genre « journal » prétend ou aspire à être et qu'une critique interne dément parfois. Entretenons néanmoins cette réputation qui, en général, n'est pas tout à fait usurpée, pour saisir ce que quelques journaux disent non pas de la guerre mais de sa sortie immédiate en évoquant cette « émotion vague de l'armistice[12] » que Pierre Drieu La Rochelle définissait sans doute ainsi au plus juste.

Dans bien des témoignages brossant les sentiments éprouvés à la nouvelle de l'armistice, on retrouve l'écho des disputes du début de la guerre ayant trait à la joie, au dépit ou à la résignation des populations et des soldats. Telle remarque extraite du *Journal de guerre* inédit de Georges Renard, professeur au Collège de France et critique littéraire, le montre :

> « On a voulu nous faire croire, ce qui m'a toujours choqué, qu'à l'armistice les troupes ont manifesté une ivresse de joie bruyante et folle. Le témoignage de Lissorgues concorde avec ce que j'éprouvai moi-même : "Je pense à ceux qui au cours des deux dernières nuits ont clos d'un sang ultime la longue série des massacres… La cessation de la bataille provoqua une sorte de stupeur… Je suis persuadé que ceux qui me lisent auraient été profondément étonnés s'ils avaient constaté le calme qui régna dans les régiments, quand on sut que la guerre était terminée. Pas un cri. Pas une beuverie. On s'aborde pour se serrer les mains. La joie est trop profonde, trop grave, pour s'exprimer en paroles ou en clameurs" (p. 186-187). La stupeur, c'est ce que j'éprouvai moi-même : avoir désiré la fin pendant si longtemps, l'avoir désirée désespérément, et la voir enfin venue, mais alors que tant de camarades qui l'ont désirée avec moi ne sont plus là pour la voir. C'est ce jour-là, plus qu'à aucun autre moment, que j'ai mesuré le prix payé pour l'aventure[13]. »

Le journal est ici pris comme l'occasion du dévoilement d'une vérité occultée par un discours officiel qui tient l'armistice comme un moment de joie, comme, au début de la guerre, il avait défendu l'idée de l'entrée en guerre la fleur au fusil. Cette figure réactualisée de la joie, mais produite par un phénomène exactement contraire à celui qui l'avait suscitée quatre ans plus tôt, se voyait presque immédiatement contestée dans l'intimité d'un journal, certes tôt publié. Parce que liées par le même malheur – la mort de masse – ni la guerre ni la paix ne pouvaient passer pour joyeuses.

Il arriva même à l'armistice du 11 novembre 1918 de laisser muets certains auteurs de journaux, jusqu'aux plus scrupuleux et aux plus fidèles à leur « cher cahier ». Stéphane Audoin-Rouzeau souligne que l'enfant Yves Congar ne dit rien de l'événement en dépit de l'effort développé pendant quatre années pour tenir scrupuleusement à jour son journal. Il lui fallut ultérieurement reconstituer la journée grâce aux notes de son frère Robert[14]. Cette aphasie me paraît devoir s'expliquer très différemment selon les auteurs et la situation dans laquelle ils se trouvaient le jour dit. Certains peuvent tout simplement manquer l'événement ou ne pas être matériellement disponibles pour en « mémorialiser » l'avènement. D'autres ont peut-être si peu conscience de l'histoire en train de se faire, à la manière d'un Louis XVI et de son fameux « Rien » le jour du 14 juillet 1789, qu'ils portent leur regard sur un autre quotidien. André Gide est moins fidèle à son journal que le jeune Congar. Il n'en écrit pas moins assez régulièrement, avec de longues interruptions. À l'automne 1918, l'écrivain y consacre peu de temps et y consigne surtout des réflexions littéraires. La guerre est déjà très loin. Il ne confesse que son irritation face à la stupidité d'une presse stipendiée et qui répand, selon lui, ses flots de sottise. Les dernières remarques sont du 26 octobre et concernent ses lectures de Browning et de Victor Hugo. Son journal ne reprend (brièvement) que le 19 mai 1919.

Romain Rolland est, quant à lui, beaucoup plus disert. On ne s'en étonnera pas. Sa première remarque est politique : « Le dur armistice imposé à l'Allemagne par le maréchal Foch[15]. » Suit une dénonciation des autorités françaises qui, aux yeux de Rolland, peuvent conduire à la catastrophe. Il n'est pas certain que la satisfaction éprouvée à la nouvelle de la cessation des hostilités l'emporte ici sur l'inquiétude face aux lendemains : « Du moins, c'est (de quelque prix qu'on la fasse payer) la suspension du meurtre des nations. La paix, d'abord. Ensuite, peuples, vous pourrez parler. Et le jour où vous le ferez, je ne donnerai pas cher de la peau de vos gouvernants[16]. » Cette incertitude des lendemains ne tient pas seulement au pacifisme radical de l'auteur d'*Au-dessus de la mêlée*. La situation helvétique qu'il observe aux premières loges contribue à nourrir son scepticisme : face au déclenchement d'une grève générale à caractère révolutionnaire, le gouvernement suisse décréta la mobilisation générale dans la soirée du 11 novembre. Le contraste n'est-il pas éclatant entre les quelques soldats français que rencontre Rolland, selon lui joyeux et triomphants, et les citoyens suisses en train de s'armer ?

L'armistice du 11 novembre mettait fin, sans doute trop brutalement, à un événement de longue durée auquel on avait parfois pu s'adapter. La paix fut-elle de ces phénomènes qui frappent la conscience à retardement parce que précisément l'arrêt des combats *mettait fin* à un état de fait et qu'en conséquence il ne semblait rien produire ? Ce qui s'achève, même avec soulagement, a toujours moins d'éclat que ce qui commence. La conscience de la paix fut comme différée. Les historiens connaissent bien ce genre de mécanismes qui mettent à distance l'événement et son écho ou si l'on préfère, comme on le disait davantage autrefois et trop simplement, l'événement et ses « conséquences ». C'est ce que suggère aussi le journal de Daniel Halévy qui, tout en signalant les « visages » souriants autour de lui, perçoit dans le même temps la gravité de Paris à travers les propos de Vallery-Radot lui confiant ses doutes : ce dernier, préoccupé par l'écroulement des monarchies européennes, ne distingue que du sombre sur les mêmes visages[17]...

Notes

Notes de l'introduction

1. Antoine Prost et Jay Winter, *Penser la Grande Guerre. Un essai d'historiographie*, Paris, Seuil, 2004.

2. Sonia Combe, *Archives interdites. Les Peurs françaises face à l'histoire contemporaine*, Paris, Albin Michel, 1994 (rééd. La Découverte, 2001) et Sophie Cœuré et Vincent Duclert, *Les Archives*, Paris, La Découverte, 2001.

3. Alain Corbin, « "Le vertige des foisonnements". Esquisse panoramique d'une histoire sans nom », *Revue d'histoire moderne et contemporaine*, janvier-mars 1992.

4. Un excellent exemple de cette approche est proposé par Judith Lyon-Caen, *La Lecture et la Vie. Les Usages du roman au temps de Balzac*, Paris, Tallandier, 2006.

5. Siegfried Kracauer, *L'Histoire. Des avant-dernières choses*, traduit de l'anglais par Claude Orsoni. Édité par Nia Perivolaropoulou et Philippe Despoix. Préface de Jacques Revel, Paris, Stock, 2006, p. 153.

Notes de la présentation de la première partie

1. *Cf.* Jean-Jacques et Annette Becker, « Pierre Renouvin » dans *Les Historiens*, Paris, Armand Colin, 2003 et Stéphane Audoin-Rouzeau, *Combattre. Une anthropologie historique de la guerre moderne (XIXe-XXIe siècles)*, Paris, Seuil, 2008, p. 93-102.

2. Antoine Prost, *Carnets d'Algérie*, Paris, Tallandier, 2005. Avec une préface de Pierre Vidal-Naquet.

3. Émile Berr, « L'exposition qu'il faudra faire », *Le Figaro*, 23 septembre 1915, cité par Stefan Goebel, « Exhibitions » dans Jay

WINTER et Jean-Louis ROBERT (éd.), *Capital Cities at War. Paris, London, Berlin, 1914-1919*, vol. 2 : *A Cultural History*, Cambridge, Cambridge University Press, 2007, p. 150.

4. *Cf. ibid.*

NOTES DU CHAPITRE I

1. Jean BIRNBAUM, « 1914-1918. Guerre de tranchées entre historiens », *Le Monde*, 10 mars 2006. Cette pièce est à mettre au dossier des documents qu'utilisera à l'avenir un historien des controverses inspiré et contribuera à mettre en évidence le rôle déterminant de la presse dans la construction de certaines controverses scientifiques.

2. Collectif de recherches international et de débat sur la guerre de 1914-1918 (www.CRID14-18.org).

3. *Cf.* Antoine PROST, « La guerre de 1914 n'est pas perdue », *Le Mouvement social*, 199, avril-juin 2002, p. 98 : « La polémique entre l'école de la contrainte et celle du consentement est largement artificielle ; elle est grossie pour les besoins de la cause et des positionnements académiques. » *Cf.* le numéro spécial de *Mil Neuf Cent. Revue d'histoire intellectuelle*, « Comment on se dispute. Les formes de la controverse », 25, 2007.

4. Stéphane Audoin-Rouzeau évoque « une étonnante "présence" de l'événement 14-18 au cours de la dernière décennie » du XXe siècle (« La Grande Guerre, le deuil interminable », *Le Débat*, mars-avril 1999, p. 123).

5. Jean ROUAUD, *Les Champs d'honneur*, Paris, éditions de Minuit, 1990.

6. Stéphane AUDOIN-ROUZEAU, « La Grande Guerre, le deuil interminable », *op. cit.*, p. 126.

7. Sur cette problématique, se reporter à Leonard V. SMITH, « Le récit du témoin. Formes et pratiques d'écriture dans les témoignages sur la Grande Guerre » dans Christophe PROCHASSON et Anne RASMUSSEN (dir.), *Vrai et faux dans la Grande Guerre*, Paris, La Découverte, 2004 et son dernier ouvrage : *The Embattled Self. French Soldiers' Testimony of the Great War*, Ithaca, Cornell University Press, 2007.

8. *Les Carnets de guerre de Louis Barthas, tonnelier*, Paris, Maspéro, 1978. Introduction et postface de Rémy CAZALS (rééd. La Découverte, 1997). *Cf.* Pierre BARRAL, « Les cahiers de Louis Barthas » dans Sylvie CAUCANAS et Rémy CAZALS (dir.), *Traces de*

14-18. Actes du colloque de Carcassonne, Carcassonne, Les Audois, 1997, p. 21-30. Dans une interview accordée lors de la sortie de son film, *Un long dimanche de fiançailles*, Jean-Pierre Jeunet affirme lire « depuis l'adolescence » « tout sur la guerre ». Il égrène *La Peur* de Chevalier, *Les Croix de bois* de Dorgelès, *Ceux de 14* de Genevoix, *Le Feu* de Barbusse, *Orage d'acier* de Jünger et « plus récemment *Les Carnets de Louis Barthas, tonnelier* » (*Le Figaro*, 27 octobre 2004).

9. Pour un bilan général, *cf.* André BACH, *Fusillés pour l'exemple*, Paris, Tallandier, 2003.

10. Cité par Stéphane AUDOIN-ROUZEAU, « La Grande Guerre, le deuil interminable », *op. cit*, p. 118 (source : *Le Monde*, 7 novembre 1998).

11. Nicolas OFFENSTADT, *Les Fusillés de la Grande Guerre et la Mémoire collective (1914-1999)*, Paris, Odile Jacob, 1999, p. 16.

12. *Paroles de poilus. Lettres et carnets du front (1914-1918)*, sous la direction de Jean-Pierre GUÉNO et Yves LAPLUME, Paris, Librio, 1998.

13. *Cf.* Stéphane AUDOIN-ROUZEAU et Annette BECKER, *14-18. Retrouver la guerre*, Paris, Gallimard, 2000, qui associe une approche des grands enjeux historiographiques ayant ponctué l'écriture de l'histoire de la guerre de 1914 à une histoire des sensibilités et Antoine PROST et Jay WINTER, *Penser la Grande Guerre…*, *op. cit.*, qui se focalise sur les débats historiographiques.

14. *Cf.* Romain FAURE, *Le Prestige des vétérans de la Grande Guerre. Pistes de réflexion sur le statut symbolique combattant en France et en Allemagne de 1918 à nos jours*, mémoire de master sous la direction de Stéphane AUDOIN-ROUZEAU, Paris, École des hautes études en sciences sociales, 2006.

15. Christine MITAL (avec Marie LEMONNIER), « Pourquoi ils nous hantent », *Le Nouvel Observateur*, n° 2035, 6-12 novembre 2003, p. 16.

16. *Cf.* Leonard V. SMITH, *Between Mutiny and Obedience. The Cases of the French Fifth Infantry Division during World War One*, Princeton, Princeton University Press, 1994, qui recourt à une analyse située des mutineries du printemps 1917 et met en évidence le poids des circonstances, en proposant une histoire des mutineries « au ras du sol ».

17. Dans le registre du courage ou de l'audace intellectuelle qu'il convient de mobiliser contre « l'histoire officielle », voir le titre de

l'article de Rémy CAZALS, « 1914-1918 : oser penser, oser écrire », *Genèses*, 46, 2002.

18. Rémy CAZALS, Claude MARQUIÉ et René PINIÈS, *Années cruelles, 1914-1918*, Villelongue d'Aude, Atelier du Gué, 1983 (2e édition : 1998).

19. Rémy CAZALS et Frédéric ROUSSEAU, *14-18. Le Cri d'une génération*, Toulouse, Privat, 2001.

20. Frédéric ROUSSEAU, *La Guerre censurée. Une histoire des combattants européens de 14-18*, Paris, Seuil, 1999. Cultivant le même genre de la révélation contre « l'histoire officielle » qui « occulte », mais chez un éditeur plus confidentiel : François ROUX, *La Grande Guerre inconnue. Les Poilus contre l'armée française*, Paris, les éditions de Paris, 2006.

21. Rémy CAZALS, *Grandes Injustices devant l'opinion. Calas-Sirven-Dreyfus-Ferrer-Durand-Sacco-Vanzetti*, Carcassonne, Archives de l'Aude, 1993, p. 34.

22. Marc FERRO, Malcolm BROWN, Rémy CAZALS et Olaf MUELLER, *Frères de tranchées*, Paris, Perrin, 2005 (l'ouvrage était vendu avec un bandeau « Le dernier tabou »).

23. *Cf. infra* chapitre V.

24. *Joyeux Noël*, un film de Christian Carion, 2005.

25. Jean-Michel CHAUMONT, *La Concurrence des victimes. Génocide, identité, reconnaissance*, Paris, La Découverte, 1997. Rééd. Poche, 2002, p. 313.

26. Rémy CAZALS, « 1914-1918 : chercher encore », *Le Mouvement social*, 199, avril-juin 2002, p. 115.

27. Louis BARTHAS, *Les Carnets de guerre de Louis Barthas, tonnelier 1914-1918*, *op. cit.*

28. Jean Norton CRU, *Témoins. Essai d'analyse et de critique des souvenirs des combattants édités en français de 1915 à 1928*, Paris, Les Étincelles, 1929. Se reporter à la deuxième partie de ce livre.

29. À titre d'exemple, on pourra se reporter à Frédéric ROUSSEAU, *Le Procès des témoins de la Grande Guerre. L'Affaire Norton Cru*, Paris, Seuil, 2003.

30. Christophe PROCHASSON, « Compte rendu de Marie-Françoise ATTARD-MARANINCHI et Roland CATY (éd.), *Jean Norton Cru : Lettres du front et d'Amérique, 1914-1919*, 2007 », *Le Mouvement social* en ligne : http://mouvement-social.univ-paris1.fr.

31. Rémy CAZALS, Claude MARQUIÉ et René PINIES, *Années cruelles, 1914-1918*, *op. cit.*, p. 4 de couverture.

32. Nicolas OFFENSTADT, « La bataille du Chemin des Dames (1917) dans la pierre : silence global, mémoires locales » dans Rémy CAZALS, Emmanuelle PICARD et Denis ROLLAND (dir.), *La Grande Guerre. Pratiques et expériences*, Toulouse, Privat, 2005.

33. Rémy CAZALS, introduction à *Les Carnets de guerre de Louis Barthas, tonnelier 1914-1918*, *op. cit.*, p. 10.

34. Jean-Jacques BECKER, *L'Année 14*, Paris, Armand Colin, 2004, p. 195.

35. Frédéric ROUSSEAU, *Service militaire au XIX*e *siècle : de la résistance à l'obéissance. Un siècle d'apprentissage de la patrie dans le département de l'Hérault*, Montpellier, UMR 5609 du CNRS-ESID « États-Sociétés-Idéologies-Défense », 1998, p. 187-188.

36. Rémy CAZALS, postface à *Les Carnets de guerre de Louis Barthas, tonnelier*, 1914-1918, *op. cit.*, p. 557.

37. *Ibid.*, p. 564.

38. Pierre BARRAL, « Les cahiers de Louis Barthas », *op. cit.* (note 17), p. 21.

39. *Ibid.*, p. 30.

40. Rémy CAZALS et Frédéric ROUSSEAU, *14-18. Le cri d'une génération*, *op. cit.*, p. 51.

41. Frédéric ROUSSEAU, *La Guerre censurée…*, *op. cit.*, p. 52.

42. *Ibid.*, p. 9.

43. *Ibid.*, p. 36.

44. *Ibid.*, p. 357.

45. Benoît HOPQUIN, « Les ders des ders », *Le Monde*, 10 novembre 2005.

46. Entretien avec Alice FERNEY (auteure de *Dans la Guerre*, 2003) et Philippe CLAUDEL (auteur des *Âmes grises*, 2003), *Le Nouvel Observateur*, n° 2035, 6-12 novembre 2003, p. 24.

47. Sur les décalages fréquents entre l'histoire savante et l'opinion historique, se reporter pour le cas de la Grande Guerre à Dan TODMAN, *The Great War. Myth and Memory*, Londres, Hambledon and London, 2005.

48. Benoît HOPQUIN, « Les ders des ders », *op. cit.*

49. Jean-Michel CHAUMONT, *La Concurrence des victimes…*, *op. cit.*, p. 46.

NOTES DU CHAPITRE II

1. Jean-Jacques BECKER, Jay WINTER, Gerd KRUMEICH, Annette BECKER et Stéphane AUDOIN-ROUZEAU, *Guerres et cultures, 1914-1918*, Paris, Armand Colin, 1994.

2. *Cf.* Jean-Pierre RIOUX et Jean-François SIRINELLI (dir.), *Pour une histoire culturelle*, Paris, Seuil, 1997.

3. *Cf.* Dominique PESTRE, « Pour une histoire sociale et culturelle des sciences : nouvelles définitions, nouveaux objets, nouvelles pratiques », *Annales HSS*, 50-3, mai-juin 1995, p. 487-522 et Roger CHARTIER, *Au bord de la falaise. L'Histoire entre certitudes et inquiétude*, Paris, Albin Michel, 1998.

4. Maurice AGULHON, « Vu des coulisses » dans Pierre NORA (dir.), *Essais d'ego-histoire*, Paris, Gallimard, 1987, p. 27.

5. André BURGUIÈRE, « Anthropologie historique » dans André BURGUIÈRE (dir.), *Dictionnaire des sciences historiques*, Paris, PUF, 1986, p. 52.

6. Annette BECKER, *La Guerre et la Foi, de la mort à la mémoire*, A. Colin, 1994.

7. Léon WERTH, *Clavel soldat*, Paris, Viviane Hamy, 1993 (1re édition : 1919, ouvrage rédigé en 1916 et 1917).

8. *Cf.* Jay WINTER et Jean-Louis ROBERT, « Conclusions » dans Jay WINTER et Jean-Louis ROBERT (éd.), *Capital Cities at War…*, *op. cit*, p. 472-475.

9. *Cf.* Antoine PROST et Jay WINTER, *Penser la Grande Guerre…*, *op. cit.*

10. Stéphane AUDOIN-ROUZEAU et Annette BECKER, « Violence et consentement : la "culture de guerre" du premier conflit mondial » dans Jean-Pierre RIOUX et Jean-François SIRINELLI (dir.), *Pour une histoire culturelle*, *op. cit.*, p. 252.

11. *Cf.* John HORNE et Alan KRAMER, *German Atrocities, A History of Denial*, New Haven, Yale University Press, 2001 (traduction française par Hervé-Marie Benoît, 1914. *Les Atrocités allemandes*, Paris, Tallandier, 2005). *Cf. infra*, chapitre IV.

12. *Cf.* le numéro spécial de la revue *Mots. Les Langages du politique*, 24, septembre 1990, *Paroles de la Grande Guerre*. Le dernier chapitre de ce livre reviendra sur cette question.

13. John HORNE (éd.), *State, Society and Mobilization in Europe during the First World War*, Cambridge, Cambridge University Press, 1997.

14. *Cf.* Michael JEISMANN, *La Patrie de l'ennemi : la notion d'ennemi national et la représentation de la nation en Allemagne et en France de 1792 à 1918*, CNRS éditions, Paris, 1997 (1re édition allemande : Stuttgart, 1992).

15. *Cf.* Yaël DAGAN, « La "démobilisation" de Jacques Rivière, 1917-1925 », *Cahiers du Centre de recherches historiques*, EHESS, septembre 2003.

16. *Démobilisations culturelles après la Grande Guerre, 14-18. Aujourd'hui. Today. Heute*, 5, mai 2002.

17. Pour les développements suivants, je suis redevable à l'ensemble des auteurs rassemblés par John HORNE dans *State, Society and Mobilization in Europe…, op. cit.*

18. *Cf. infra* chapitre IX.

19. Daniel SHERMAN, *The Construction of Memory in Interwar France*, Chicago, The University Press of Chicago, 1999.

20. Par exemple : Pap NDIAYE, *Du nylon et des bombes. Du Pont de Nemows, le marché et l'État américain, 1900-1970*, Paris, Belin, 2001. Citons aussi la thèse encore inédite d'Olivier COSSON, *Anticipations de la guerre chez les militaires français et conflits périphériques (guerre des Boers, Mandchourie, Balkans)*, thèse de doctorat d'histoire, Paris, EHESS, 2006. Se reporter aussi à Vincent DUCLERT (dir.), *Le Colonel Mayer, de l'affaire Dreyfus à de Gaulle. Un visionnaire en république*, Paris, Armand Colin, 2007.

21. *Cf.* Yves ROUSSEL, « L'histoire d'une politique des inventions, 1887-1918 », *Cahiers pour l'histoire du CNRS*, 3, 1989, p. 19-57.

22. *Cf.* Jay WINTER et Jean-Louis ROBERT (éd.), *Capital Cities at War…, op. cit.*

23. Stéphane AUDOIN-ROUZEAU, *Cinq Deuils de guerre, 1914-1918*, Paris, Noesis, 2001.

NOTES DU CHAPITRE III

1. Jacques RIVIÈRE, « Pour une Société des Nations », *Une conscience européenne, 1916-1924*, Gallimard, « Les cahiers de la NRF », Paris, 1992, p. 61 et 63, cité par Yaël DAGAN, « La "démobilisation" de Jacques Rivière, 1917-1925 », *op. cit.*

2. Se reporter *infra* au chapitre VII de ce livre qui aborde cette question.

3. Daniel HALÉVY, *L'Europe brisée. Journal de guerre 1914-1918*, Paris, éditions de Fallois, 1998, p. 115.

4. *Cf.* Maurice RIEUNEAU, *Guerre et révolution dans le roman français 1919-1939*, Paris, Klincksieck, 1974.

5. Pierre GRISON, *La Grande Guerre d'un lieutenant d'artillerie. Carnets de 1914 à 1919*, Paris, L'Harmattan, 1999, p. 19-20 (25-26 août 1914).

6. *Ibid.*, p. 40 (24 novembre 1914).

7. Charles LELEUX, *Feuilles de route d'un ambulancier : Alsace, Vosges, Marne, Aisne, Artois, Belgique*, Paris, Berger-Levrault, 1915, p. 65-66.

8. Paul LINTIER, *Avec une batterie de 75. Ma Pièce : souvenirs d'un canonnier, 1914*, Paris, Plon-Nourrit, 1916.

9. Marc BLOCH, « Réflexions d'un historien sur les fausses nouvelles de la guerre », *Revue de synthèse*, t. XXXIII, 97-99, 1921, p. 21 repris dans Marc BLOCH, *Écrits de guerre, 1914-1918*, Paris, Armand Colin, 1997. Édités par Étienne BLOCH, avec une introduction de Stéphane AUDOIN-ROUZEAU, p. 89.

10. Daniel HALÉVY, *L'Europe brisée…*, *op. cit.*, p. 57. Notes rétrospectives, 13 janvier 1915.

11. Véronique NAHOUM-GRAPPE, « La guerre, ce comble du réel, cet excès d'imaginaire », *14-18 Aujourd'hui, Today, Heute*, 6, 2003, p. 248-249.

12. Marc BLOCH, *Apologie pour l'histoire ou Métier d'historien*, Paris, Armand Colin, 1974 (1re éd. 1949), p. 94.

13. Françoise WAQUET, *Parler comme un livre*, Paris, Albin Michel, 2003.

14. Les dernières années ont vu un regain des travaux consacrés à la rumeur, longtemps dominés par l'étude pionnière d'Edgar MORIN, *La Rumeur d'Orléans*, Le Seuil, Paris, 1972. On peut signaler en particulier : Véronique CAMPION-VINCENT et Jean-Bruno RENARD, *De source sûre : nouvelles rumeurs d'aujourd'hui*, Paris, Payot, 2002 ; Pascal FROISSART, *La Rumeur, histoire et fantasme*, Paris, Belin, 2002 ; François PLOUX, *De bouche à oreille. Naissance et propagation des rumeurs dans la France du XIXe siècle*, Paris, Aubier, 2003.

15. Henri CASTEX, *Verdun années infernales. Lettres d'un soldat au front, août 1914-septembre 1916*, Paris, Imago, 1996, p. 45. Lettre d'août 1914.

16. « Les nouvelles qui vous parviennent en temps de guerre sont en grande partie contradictoires et fausses pour une plus grande part encore ; les plus nombreuses de beaucoup sont passablement douteuses », CLAUSEWITZ, cité par Alain DEWERPE, *Espion.*

Une anthropologie historique du secret d'État contemporain, Paris, Gallimard, 1994, p. 245.

17. Henri DÉSAGNEAUX, *Journal de guerre 14-18*, Paris, Denoël, 1971, p. 32.

18. *Un ethnologue dans les tranchées, août 1914-avril 1915.* Lettres de Robert Hertz à sa femme Alice, présentées par Alexander Riley et Philippe Besnard. Préfaces de Jean-Jacques Becker et Christoph Prochasson, Paris, CNRS-éditions, 2002, p. 39.

19. *Cf.* Louis KÖLL, « La population civile d'Auboué durant l'occupation allemande » dans Patrick FRIDENSON (dir.), *1914-1918. L'Autre Front*, Paris, Éditions ouvrières, 1977.

20. L'enfant Yves CONGAR, *Journal de la guerre. 1914-1918*, annoté et présenté par Stéphane AUDOIN-ROUZEAU et Dominique CONGAR, Paris, éditions du Cerf, 1997, p. 95-97.

21. Stéphane AUDOIN-ROUZEAU, *La Guerre des enfants, essai d'histoire culturelle*, Paris, A. Colin, 1993. Se reporter aussi à la thèse de Manon PIGNOT, *Filles et garçons dans la Grande Guerre : expériences communes, construction du genre et invention des pères*, thèse de doctorat d'histoire, Paris, École des hautes études en sciences sociales, 2007 et *id. La Guerre des crayons*, Paris, Parigramme, 2004.

22. Fernand VAN LANGENHOVE, *Comment naît un cycle de légendes. Francs-tireurs et atrocités en Belgique*, Lausanne, Payot, 1916.

23. Marc BLOCH, « Réflexions d'un historien sur les fausses nouvelles de la guerre », *op. cit.*, p. 34.

24. Ruth AMOSSY, *Les Idées reçues : sémiologie du stéréotype*, Paris, Nathan, 1991.

25. *Le Crapouillot*, juin 1917, cité par Stéphane AUDOIN-ROUZEAU, *14-18. Les Combattants des tranchées*, Paris, Armand Colin, 1986, p. 113-114.

26. Alain DEWERPE, *Espion*, *op. cit.*, p. 59.

27. Sophie de LASTOURS, *La France gagne la guerre des codes secrets 1914-1918*, Paris, Tallandier, 1998.

28. Harold Dwight LASSWELL, *Propaganda Technique in the World War*, New York, Knopf, 1927.

29. *Cf. Camouflages*, Catalogue d'exposition, Historial de la Grande Guerre, Péronne, 1997.

30. *L'Œuvre*, 8 août 1924.

31. François HARTOG, *Évidence de l'histoire. Ce que voient les historiens*, Paris, éditions de l'EHESS, 2005, p. 195.

32. *Cf.* Vincent DUCLERT, « L'engagement scientifique et l'intellectuel démocratique. Le sens de l'affaire Dreyfus », *Politix*, « Les savants et le politique », 48, 1999, p. 71-94 ; *id.*, « Le savant, l'intellectuel et le politique. L'exemple d'Émile Duclaux dans l'affaire Dreyfus », dans Michel WORONOFF (dir.), *Savants et sociétés aux XIXe et XXe siècles*, Besançon, Université de Franche-Comté, 1996, p. 133-158.

33. *Cf.* le numéro de *Mil Neuf Cent. Revue d'histoire intellectuelle*, « La guerre du droit », 1914-1918, 23, 2005.

34. *Le Mensonge du 3 août 1914*, Paris, Payot, 1917, avant-propos, p. VIII.

35. Livre jaune français, pièce n° 147, cité dans *Le Mensonge du 3 août 1914*, *ibid.*, p. 124.

36. *Ibid.*, p. 376.

37. « L'administration Bush dira la "vérité" sur les armes de Saddam Hussein », *Le Monde*, 6 juin 2003.

38. Anthony GRAFTON, *Faussaires et critiques. Créativité et duplicité chez les érudits occidentaux*, Paris, Les Belles Lettres, 1993. Pour ce qui relève du négationnisme : Richard J. EVANS, *Lying about Hitler. History, Holocaust, and the David Irving Trial*, New York, Basic Book, 2001 et Renaud DULONG, *Le Témoin oculaire. Les Conditions sociales de l'attestation personnelle*, Paris, éditions de l'EHESS, 1998.

39. Primo LÉVI, *Si c'est un homme*, Paris, Pocket, 1997, p. 110 (1re éd. italienne : Einaudi 1947).

40. « Démobilisations culturelles après la Grande Guerre », dossier de *14-18 Aujourd'hui, Today, Heute*, 5, 2002.

41. *Cf.* Emmanuel NAQUET, « La Société d'études documentaires et critiques sur la guerre. Ou la naissance d'une minorité pacifiste au sein de la Ligue des droits de l'homme », *Matériaux pour l'histoire de notre temps*, janvier-mars 1993, p. 6-10.

42. Marcel RIVIÈRE, 1931 et RIEDER, 1939.

43. *Cf.* Nicole RACINE, « Georges Demartial », dans *Dictionnaire biographique du mouvement ouvrier français 1914-1939*, Paris, Éditions ouvrières, 1985, t. XXV, p. 12-14.

44. Georges DEMARTIAL, avant-propos à Harry Elmer BARNES, *La Genèse de la guerre mondiale. Introduction au problème des responsabilités de la guerre*, Paris, Marcel Rivière, 1931, p. IX.

45. Jacques GANUCHAUD, « La notion des responsabilités de la guerre », *Les Libres Propos*, mai 1928.

46. Hannah ARENDT, *Les Origines du totalitarisme. Sur l'antisémitisme*, Paris, Seuil, 1984, p. 31. *Cf.* Pierre VIDAL-NAQUET, *Les Assassins de la mémoire*, Paris, La Découverte, 1987.

47. Arthur PONSONBY, *Falsehood in War-Time : Containing an Assortment of Lies Circulated Throughout the Nations during the Great War*, London, G. Allen and Unwin, 1928.

48. PONSONBY est ainsi réédité périodiquement par les officines négationnistes dans les années 1980 et 1990, tels *The Journal of Historical Review* ou *Les Cahiers d'histoire révisionniste.*

49. *Cf.* Laurent GERVEREAU *et al.* (dir.), *Voir/Ne pas voir la guerre. Histoire des représentations photographiques de la guerre*, Paris, BDIC/Somogy, 2001.

50. Léon WERTH, *Clavel soldat*, *op. cit.*, p. 221.

51. Lettre du 19 mai 1915 à sa sœur Alice dans *Jean Norton Cru, Lettres du front et d'Amérique, 1914-1919*, éditées par Marie-Françoise ATTARD-MARANINCHI et Roland CATY. Préface de Jean-Marie GUILLON, Aix-en-Provence, Publications de l'Université de Provence, 2007, p. 109.

52. Christian DELAGE, « L'image comme preuve. L'expérience du procès de Nuremberg », *Vingtième Siècle*, 72, octobre-décembre 2001, p. 66.

53. *Cf.* André GUNTHERT, « La rétine du savant. La fonction heuristique de la photographie », *Études photographiques*, 7, mai 2000. On pourra aussi se reporter aux remarques classiques de Georges SADOUL dans son chapitre « Témoignages photographiques et cinématographiques » dans Charles SAMARAN (dir.), *L'Histoire et ses méthodes*, Paris, Gallimard, « Encyclopédie de la Pléiade », 1961.

54. Michel-Louis ROUQUETTE, « La rumeur comme résolution d'un problème mal résolu », *Cahiers internationaux de sociologie*, vol. 86, 1989.

NOTES DU CHAPITRE IV

1. Marc BLOCH, « Réflexions d'un historien sur les fausses nouvelles de la guerre », repris dans Marc BLOCH, *Écrits de guerre, 1914-1918*, *op. cit.*, p. 173.

2. Guillaume APOLLINAIRE, « Contribution à l'étude des supersititions et du folklore du front », *Mercure de France*, 16 février 1917.

3. John HORNE et Alan KRAMER, *German Atrocities…*, *op. cit.*

4. Stéphane AUDOIN-ROUZEAU, *L'Enfant de l'ennemi (1914-1918). Viol, avortement, infanticide pendant la Grande Guerre*, Paris, Aubier, 1995.

5. Ruth HARRIS, « "The Child of the Barbarian" : Rape, Race and Nationalism in France during the First World War », *Past and Present*, 141, 1993, p. 170-206.

6. J'emprunte l'expression et la problématique qu'elle soulève à Roger CHARTIER, *Au bord de la falaise...*, *op. cit.*

7. On pourra se reporter sur ce point aux remarques de Carlo GINZBURG à propos du dossier Soffri, *Le Juge et l'Historien*, Paris, Verdier, 1997 (1er édition italienne : 1991).

8. Michael JEISMANN, *La Patrie de l'ennemi...*, *op. cit.*

9. Marc BLOCH, « Réflexions d'un historien sur les fausses nouvelles de la guerre », *op. cit.*, p. 181.

10. Alexis de TOCQUEVILLE, *Souvenirs*, Paris, Gallimard, « Folio » 1964, p. 51.

11. Alain CORBIN, *Le Village des « cannibales »*, Paris, Aubier, 1990, rééd. Flammarion, « Champs », 1995, p. 89-90.

12. Stéphane AUDOIN-ROUZEAU, *14-18. Les Combats des tranchées*, *op. cit.*

13. Sur ce répertoire d'avant-guerre, se reporter à Dominique KALIFA, *L'Encre et le Sang*, Paris, Fayard, 1995.

NOTES DU CHAPITRE V

1. Jean-Jacques BECKER, *Mil neuf cent quatorze : comment les Français sont entrés dans la guerre : printemps-été 1914*, Paris, Presses de la Fondation nationale des sciences politiques, 1977 et *id.*, « La fleur au fusil ? Retour sur un mythe » dans Christophe PROCHASSON et Anne RASMUSSEN (dir.), *Vrai et faux dans la Grande Guerre*, *op. cit.*

2. Se reporter à Emmanuel SAINT-FUSCIEN, *Obéissance et autorité dans l'armée française de 1890 à la fin de la Première Guerre mondiale : discours et pratiques*, thèse de doctorat d'histoire, École des hautes études en sciences sociales, 2008. Entre 1914 et 1917, on ne compte que sept cent quarante-cinq désertions par an (et ce chiffre englobe des « désertions » qui n'en sont pas toujours vraiment), soit moins de 0,5 % des effectifs.

3. François FURET, *Le Passé d'une illusion. Essai sur l'idée communiste au XXe siècle*, Paris, Robert Laffont/Calmann-Lévy, 1995, p. 35.

4. Maurice GENEVOIX, *Ceux de 14*, Paris, Seuil, « Points », 1984, p. 394.

5. Stéphane AUDOIN-ROUZEAU et Annette BECKER, « Violence et consentement : la "culture de guerre" du premier conflit mondial » dans Jean-Pierre RIOUX et Jean-François SIRINELLI (dir.), *Pour une histoire culturelle*, *op. cit.*

6. *Ibid.*, p. 253.

7. *Ibid.*, p. 253.

8. *Ibid.*, p. 265-266.

9. Sudhir HAZAREESINGH, *La Saint-Napoléon. Quand le 14 Juillet se fêtait le 15 août*, Paris, Tallandier, 2007, p. 237.

10. Georges SIMÉON, « Le sentiment patriotique », *Revue de métaphysique et de morale*, 1914, p. 568.

11. Pierre CHAUNU, « Le fils de la morte » dans Pierre NORA (dir.), *Essais d'ego-histoire*, *op. cit.*

12. *Cf.* Stéphane AUDOIN-ROUZEAU, *Combattre...*, *op. cit.*, p. 9, qui note la difficulté rencontrée par nos sociétés pacifiées et démilitarisées à penser le fait guerrier.

13. Stéphane AUDOIN-ROUZEAU et Annette BECKER, *14-18. Retrouver la grande guerre*, *op. cit.*, p. 114. Sur le rôle du sentiment national dans les guerres, se reporter à Karma NABULSI, *Traditions of War. Occupation, Resistance, and the Law*, Oxford, Oxford University Press, 1999.

14. *Ibid.*, p. 119.

15. *Ibid.*, p. 113.

16. *Ibid.*, p. 125.

17. *Cf.* Antoine PROST, « La guerre de 1914 n'est pas perdue », *op. cit.* et Rémy CAZALS, « 1914-1918 : chercher encore », *op. cit.*

18. Leonard V. SMITH, *Between Mutiny and Obedience...*, *op. cit.*

19. Frédéric ROUSSEAU, *La Guerre censurée...*, *op. cit.*, p. 56

20. *Un ethnologue dans les tranchées...*, *op. cit.*, p. 98.

21. Léon WERTH, *Clavel chez les majors*, Paris, Viviane Hamy, 2006, p. 212 (1er édition : 1919).

22. Cité par Gilles HEURE, *L'Insoumis Léon Werth, 1878-1955*, Paris, Viviane Hamy, 2006, p. 88.

23. Cité par Emmanuel SAINT-FUSCIEN, *Obéissance et autorité dans l'armée française...*, *op. cit.*, p. 82.

24. *Ibid.*, p. 97.

25. Cité *ibid.*, p. 90.

26. Pierre-Alexis MEUNIER, *L'Angoisse de Verdun. Notes d'un conducteur d'auto-sanitaire*, (1919), Nancy, Presses universitaires de Nancy, présenté par Gérard Canini, 1991, cité *ibid.*, p. 226.

27. Cité *ibid.*, p. 434.

28. Lettre du 1er septembre 1914 adressée à Marcel Sembat, citée par Romain Ducoulombier, *Régénérer le socialisme. Aux origines du communisme en France (1905-1925)*, thèse de doctorat d'histoire, Paris, Institut d'études politiques de Paris, 2007, p. 227.

29. Bruno CABANES, *La Victoire endeuillée. La Sortie de guerre des soldats français (1918-1920)*, Paris, Seuil, 2004.

30. André LOEZ, « Mots et cultures de l'indiscipline : les graffiti des mutins de 1917 », *Genèses*, 59, 2005/2.

31. Charles RIDEL, *Les Embusqués*, Paris, Armand Colin, 2007.

32. Yaël DAGAN, *La* Nouvelle Revue française *entre guerre et paix, 1914-1925, mobilisations et démobilisations culturelles*, Tallandier, 2008.

33. Nicolas OFFENSTADT, *Les Fusillés de la Grande Guerre…*, *op. cit.*, p. 53.

34. André LOEZ, « Mots et cultures de l'indiscipline : les graffiti des mutins de 1917 », *op. cit.*, p. 33.

35. Claude HABIB, *Le Consentement amoureux*, Paris, Hachette/Littératures, 1998.

36. Geneviève FRAISSE, *Du consentement*, Paris, Seuil, 2007, p. 17-18. *Cf.* Robert-Vincent JOULE et Jean-Léon BEAUVOIS, *La Soumission librement consentie*, Paris, PUF, 1998 : les deux auteurs, psychosociologues, soulignent aussi les très nombreuses ambivalences du consentement.

37. *Ibid.*, p. 25-26.

38. *Ibid.*, p. 68.

39. Nicole-Claude MATHIEU, « Quand céder n'est pas consentir. Des déterminants matériels et psychiques de la conscience dominée des femmes, et de quelques-unes de leurs interprétations en ethnologie » dans *L'Arraisonnement des femmes. Essai en anthropologie des sexes*, textes réunis par Nicole-Claude MATHIEU, *Cahiers de l'Homme*, École des hautes études en sciences sociales, 1985.

40. René FLEURY, *Du consentement de la victime dans les infractions*, Lille, C. Robbe, 1911, p. 9.

41. Cité dans Sonia SHAH, *Cobayes humains. Le Grand Secret des essais pharmaceutiques*, Paris, Demopolis, 2007, p. 287.

42. Raymond ARON, *La Révolution introuvable, Réflexions sur les événements de mai*, Paris, Fayard, 1968, repris dans Raymond ARON, *Penser la liberté, penser la démocratie*, Paris, Gallimard, « Quarto », 2005, p. 667.

43. Philippe BOULANGER, *La France devant la conscription. Géographie historique d'une institution républicaine, 1914-1922*, Paris, Economica, 2001, p. 170.

44. Nicolas DELALANDE, *Le Consentement des citoyens à l'impôt. Essai d'histoire sociale et politique des formes d'acceptation et de contestation de l'impôt en France des années 1860 aux années 1930*, mémoire de DEA, université de Paris 1, 2005, p. 46-47.

45. *Cf.* John HORNE, « "L'Impôt du sang". Republican Rhetoric and Industrial Warfare in France, 1914-1918 », *Social History*, vol. XIV, n° 2, mai 1989 et Sergio LUZATTO, *L'Impôt du sang. La gauche française face à l'épreuve de la guerre mondiale, 1900-1945*, Paris, Presses universitaires de Lyon, 1996.

46. *Cf.* Marie-Claude BLAIS, *La Solidarité. Histoire d'une idée*, Paris, Gallimard, 2007.

47. Leonard V. SMITH, « Refus, mutineries et répressions » dans Stéphane AUDOIN-ROUZEAU et Jean-Jacques BECKER (dir.), *Encyclopédie de la Grande Guerre 1914-1918*, Paris, Bayard, 2004, p. 394.

48. Frédéric ROUSSEAU, « Pour une lecture critique de *Témoins* », préface à Jean-Norton CRU, *Témoins*, Nancy, Presses universitaires de Nancy, 2006, p. S31, note 123 : « Pourquoi utiliser le terme "adhésion" plutôt que celui de "consentement" ? Les deux termes sont en fait quasiment interchangeables, l'adhésion étant un engagement réfléchi, le consentement un engagement librement consenti. Cependant le second présente l'inconvénient d'avoir été depuis quelques années mis au service d'une "école historique" tendant à expliquer, en définitive, la longue ténacité des combattants de 14-18 par la force du "consentement patriotique". En soi, cette thèse, comme toute autre, pourrait être discutée mais elle s'inscrit en outre dans un système explicatif abstrait, "la culture de guerre", qui, comme placé en apesanteur, ignore totalement les acteurs, les réalités, et les processus politiques et sociaux. Nous refusons le terme de "consentement" parce que nous refusons la torsion de la réalité qu'induit cette présentation d'une société sans ordre, sans hiérarchie, sans contrainte, et sans règle. »

49. Bruno BERNARDI, *Le Principe d'obligation*, Paris, Vrin/éditions de l'EHESS, 2007, p. 11. *Cf.* Stanley MILGRAM, *Soumission à l'autorité*, (1974), Paris, Calmann-Lévy, 2000.

50. *Ibid.*, p. 10.

51. Albert HIRSCHMANN, *Exit, Voice and Loyalty. Responses to Decline in Firms, Organizations and States*, Cambridge (Mass.) and London, Harvard University Press, 1970 et *Défection et prise de parole : théorie et applications*, Paris, Fayard, 1995,

52. Lucien FEBVRE, *Le Problème de l'incroyance au XVIe siècle. La Religion de Rabelais*, Paris, Albin Michel, 1942.

53. Geneviève FRAISSE, *Du consentement*, *op. cit.*, p. 74.

54. *Ibid.*

NOTES DE LA PRÉSENTATION DE LA DEUXIÈME PARTIE

1. *Cf.* François HARTOG, *Évidence de l'histoire…*, *op. cit.*, p. 199 *et sq.*

2. Annette WIEVIORKA, *L'Ère du témoin*, Paris, Plon, 1998.

3. Leonard V. SMITH, *The Embattled Self…*, *op. cit.*, p. 198.

4. On rencontre l'expression chez l'historien américain Dominick LACAPRA, *History in Transit : Experience, Identity, Critical Theory*, Ithaca, Cornell University Press, 2004, p. 3.

5. Leonard V. SMITH, *The Embattled Self…*, *op. cit.*, p. 7-8 : « Narratives and narrators create each other. »

6. Joan W. SCOTT, « The Evidence of Experience », *Critical Inquiry*, 17, 1991, p. 779 : « It is not individuals who have experience, but subjects who are constituted through experience. »

NOTES DU CHAPITRE VI

1. *Cf.* Frédéric ROUSSEAU, *Le Procès des témoins de la Grande Guerre. L'Affaire Norton Cru*, *op. cit.* On se reportera avec profit à la publication du dossier de presse rassemblé par Jean Norton CRU dans la dernière édition de *Témoins*, Presses universitaires de Nancy, 2006, avec préface et postface de Frédéric ROUSSEAU, p. S61-S195.

2. Roland DORGELÈS, « Monsieur Cru ou la critique selon st. Thomas », *Les Nouvelles Littéraires*, 11 janvier 1930, cité par Leonard V. SMITH, « Jean Norton Cru, lecteur des livres de guerre », *Annales du Midi. Revue de la France méridionale*, t.112, n° 232, octobre-décembre 2000, p. 517.

3. Roland DORGELÈS, *Les Nouvelles Littéraires*, 1er décembre 1928 cité dans l'édition 2006 de *Témoins*, p. S61.

4. Lettre du 10 janvier 1918 à sa sœur Alice dans *Jean Norton Cru, Lettres du front et d'Amérique*, *op. cit.*, p. 282.

5. Lettre du 5 janvier 1918 à sa mère dans *ibid.*, p. 274.

6. Lettre du 22 octobre 1916 à sa sœur Alice dans *ibid.*, p. 189-190.

7. Lettre du 14 avril 1918 à sa sœur Alice dans *ibid.*, p. 298.

8. *Revue historique*, mai-juin 1915, p. 420. *Cf.* Jean-Jacques BECKER, *Mil neuf cent quatorze : comment les Français sont entrés dans la guerre*, *op. cit.*

9. Renaud DULONG, *Le Témoin oculaire...*, *op. cit.*, p. 16. Se reporter aussi à Michael POLLACK (avec Nathalie HEINICH), « Le témoignage », *Actes de la recherche en sciences sociales*, juin 1986 ainsi qu'à Annette WIEVORKA, *L'Ère du témoin*, *op. cit.*

10. Renaud DULONG, *Le Témoin oculaire...*, *op. cit.*, p. 74.

11. *Cf.* Leonard V. SMITH, « Jean Norton Cru, lecteur de livres de guerre », *op. cit.*

12. Jean Norton CRU, « Le témoin de guerre », *Le Crapouillot*, août 1930, p. 20.

13. Jean Norton CRU, *Témoins...*, *op. cit.*, p. 13.

14. Recension d'Adrien BERTRAND, *La Victoire de Lorraine. Carnet d'un officier de dragons*, Paris et Nancy, Berger-Levrault, 1915 (*ibid.*, p. 91).

15. *Cf.* Daniel SHERMAN *The Construction of Memory in Interwar France*, *op. cit.*, p. 17-29.

16. Recension de Jacques d'ARNOUX, *Paroles d'un revenant*, Paris, Plon, 1925 (Jean Norton Cru, *Témoins...*, *op. cit.*, p. 86).

17. Recension de Henry de BERNADOTTE, *Les Chemineaux de l'Orient*, Paris, Albert Messein, 1921 (*ibid.*, p. 88).

18. Recension de Louis BOTTI, *Avec les zouaves*, Paris, Berger-Levrault, 1922 (*ibid.*, p. 94).

19. Renaud DULONG, *Le Témoin oculaire...*, *op. cit.*, p. 88.

20. Recension de Max DEAUVILLE, *Jusqu'à l'Yser*, Paris, Calmann-Lévy, 1917 (Jean Norton Cru, *Témoins...*, *op. cit.*, p. 118).

21. *Ibid.*, p. 108.

22. *Ibid.*, p. 121.

23. Lettre du 1er février 1918 à sa sœur Hélène, dans *Jean Norton Cru, Lettres du front et d'Amérique...*, *op. cit.*, p. 285.

24. Recension de Pierre Louis Georges BRÉANT, *De l'Alsace à la Somme*, Paris, Hachette, 1917 (Jean Norton Cru, *Témoins...*, *op. cit.*, p. 99).

25. Lettre du 22 octobre 1916 à sa sœur Alice dans *Jean Norton Cru, Lettres du front et d'Amérique…*, *op. cit.*, p. 189.

26. Jean-Jacques BECKER, « Récits de la guerre de 1914 » *L'Histoire*, 172, décembre 1993, p. 74.

27. Jean Norton CRU, *Témoins…*, *op. cit.*, p. 6.

28. *Ibid.*, p. 145-146.

29. Il n'est pas sans intérêt de rapprocher la lecture faite par Jean Norton Cru de celle d'Edmond Rostand. L'ordre des valeurs y est inversé comme le révèle une lettre non datée que celui-ci adresse à Barbusse : « J'admire le Feu parce que c'est un poème. Un grand poème tumultueux et admirablement ordonné. Il y a là ce que j'aime le plus au monde : le détail innombrable, et qui ne papillote pas. La minutie n'est possible qu'avec le souffle et le mouvement épique. Visionnaire et inspiré – vous êtes les deux. » (copie d'une lettre d'Edmond ROSTAND à Henri BARBUSSE, *Lettres adressées à Henri Barbusse*, Bibliothèque nationale, Département des manuscrits, NAF 16535, f.381.)

30. Jean Norton CRU, *Témoins…*, *op. cit.*, p. 161.

31. Jean VIC *La Littérature de guerre. Manuel méthodique et critique des publications de langue française (août 1914-novembre 1918)*, Paris, les Presses françaises, 1923, vol. 1, p. XIX.

32. *Revue historique*, novembre-décembre 1915, p. 175.

33. Recension de *1914-1915. La Vie de guerre contée par les soldats*. Lettres recueillies et publiées par Charles FOLEY, Paris et Nancy, Berger-Levrault, 1915 (*ibid.*, p. 173).

34. Recension de *La Victoire en Lorraine. Carnet d'un officier de dragons.* Premier fascicule d'une nouvelle collection intitulée « La Guerre, les récits des témoins », Paris et Nancy, Berger-Levrault, 1915 (*ibid.*, p. 174).

35. *Revue historique*, avril 1915, p. 193.

36. Il s'agit de l'ouvrage de Henry d'ESTRE, *D'Oran à Arras ; impressions de guerre d'un officier d'Afrique*, Paris, Plon-Nourrit, 1916 ; recension dans *Revue historique*, mai-juin 1916, p. 152-153. *Cf.* Jean Norton CRU, *Témoins…*, *op. cit.*, p. 136-138.

37. Recension de Henri LIBERMANN, *Face aux Bulgares. La Campagne française en Macédoine serbe*, Paris et Nancy, Berger-Levrault, 1917 (*Revue historique*, novembre-décembre 1917, p. 363).

38. Recension de François-Louis BERTRAND, *Une voix dans la mêlée*. Poèmes de guerre, Paris, Didier, 1918 (*Revue historique*, janvier-février 1919, p. 159).

39. Recension de Jacques PÉRICARD, *Debout les morts ! Souvenirs et impressions d'un soldat de la Grande Guerre.* II. *Pâques rouges*, Paris, Payot, 1918 (*Revue historique*, septembre-octobre 1918, p. 149 ; *cf.* Jean Norton CRU, *Témoins...*, *op. cit.*, p. 378-383).

40. *Revue historique*, mars-avril 1917 et Jean Norton CRU *Témoins...*, *op. cit.*, p. 179-186.

41. Charles DELVERT, *L'Erreur du 16 avril 1917*, Paris, L. Fournier, 1920.

42. Ernest LAVISSE, préface à Maurice GENEVOIX, *Sous Verdun, août-octobre 1914*, Paris, Hachette, « Mémoires et récits de guerre », 1916, p. XV.

43. *Revue historique*, septembre-octobre 1916, p. 361.

44. Recension d'Arnauld DORIA, *Croquis de guerre et d'invasions*, Paris, Plon, 1919 (Jean Norton Cru, *Témoins...* p. 134). Le chapitre XI de ce livre reviendra plus largement sur ces questions et éclairera le contexte dans lequel s'inscrit Norton Cru à ce niveau de discussion.

45. *Ibid.*, p. VII-VIII.

46. *Ibid.*, p. 26.

47. Recension de CHRISTIAN-FROGÉ, *Morhange et les marsouins en Lorraine*, Paris et Nancy, Berger-Levrault, 1916 (*ibid.*, p. 111).

48. *Ibid.*, p. 29.

49. *Ibid.*, p. 383.

50. Lettre du 2 mars 1915 à sa mère dans *Jean Norton Cru, Lettres du front et d'Amérique...*, *op. cit.*, p. 102.

51. Jean Norton CRU, *Témoins...*, *op. cit.*, p. 265.

52. Pour toutes les citations précédentes : *ibid.*, p. 61.

53. *Ibid.*, p. 661.

54. *Ibid.*, p. 67.

55. *Cf.* Madeleine REBÉRIOUX, « Histoire, historiens et dreyfusisme », *Revue historique*, avril-juin 1976.

56. Albert SCHINZ, *French Literature of the Great War*, New York, Appleton, 1920.

57. *Cf.* Nicolas BEAUPRÉ, *Écrire en guerre, écrire la guerre. France Allemagne, 1914-1920*, Paris, CNRS éditions, 2006.

58. Jean VIC, *La Littérature de guerre. Manuel méthodique et critique des publications de langue française (août 1914-novembre 1918)*, *op. cit.*

59. *Ibid.*, p. XV.

60. Préface de Gustave LANSON (1er mars 1918), *ibid.*, p. VIII.

61. *Publications sur la guerre, 1914-1915. Livres. Estampes. Albums illustrés. Revues. Journaux du front*, Paris, Cercle de la Librairie, 1916.

62. Stefan GOEBEL, « Exhibitions » dans Jay WINTER and Jean-Louis ROBERT (éd.), *Capital Cities at War. Paris, London, Berlin*, vol. 2 : *A Cultural History, op. cit.*, p. 164-165.

63. La collection est présentée en ces termes sur les ouvrages publiés dans son cadre : « La Collection des Mémoires et Récits de Guerre a pour but de présenter au public, sous une forme vivante et fidèle, tous les aspects de la Grande Guerre. Elle fera appel à tous ceux qui, ayant pris part aux événements les plus intéressants, seront capables de les raconter dans un bon langage, donnant l'impression de la vie. À côté des ouvrages historiques proprement dits, elle révélera la physionomie même si diverse en chacun de ses moments et sur les différents fronts de l'héroïque épopée actuelle. »

64. Pierre CARON, « Sur l'étude de l'histoire de la guerre », *Revue de synthèse historique*, août-décembre 1921, p. 5.

65. Pierre RENOUVIN, « Histoire de la guerre (1914-1918) », *Revue historique*, mai-juin 1925, p. 62.

66. Se reporter au livre controversé de Kenneth SILVER, *Vers le retour à l'ordre. L'Avant-garde parisienne et la Première Guerre mondiale*, Paris, Flammarion, 1991.

67. *Cf.* Agnès BIARD, Dominique BOUREL et Éric BRIAN (dir.), *Henri Berr et la culture du XXe siècle*, Paris, Albin Michel, 1997.

68. Henri BERR, « Les études historiques et la guerre », *Revue de synthèse historique*, août-septembre 1919, p. 5-6.

69. *Ibid.*, p. 11-12.

70. Lucien FEBVRE, « L'histoire dans le monde en ruine », *Revue de synthèse historique*, février 1920, p. 4-5. Sur la publication de ce texte voir Lucien FEBVRE, *Lettres à Henri Berr*, présentées par Jacqueline PLUET et Gilles CANDAR, Paris, Fayard, 1997, p. 64-68.

71. Lettre de Lucien FEBVRE à Henri BERR du 15 juillet 1919 publiée dans L. FEBVRE, *Lettres à Henri Berr, op. cit.*, p. 54.

72. Pierre CARON, « Sur l'étude de l'histoire de la guerre », *op. cit.*, p. 7.

73. *Ibid.*, p. 12.

74. Jean Norton CRU, *Témoins…, op. cit.*, p. 20.

75. Charles BÉMONT et Christian PFISTER, « À nos lecteurs. L'Appel des Allemands aux nations civilisés », *Revue historique*, septembre-octobre 1914, p. 2.

76. *Cf.* Christophe PROCHASSON et Anne RASMUSSEN, *Au nom de la patrie. Les Intellectuels et la Première Guerre mondiale, 1910-1919*, Paris, La Découverte, 1996 et Martha HANNA, *The Mobilization of Intellect. French Scholars and Writers during the Great War*, Cambridge (Mass), Harvard University Press, 1996.

77. Fernand VAN LANGENHOVE, *Comment naît un cycle de légendes…*, *op. cit.*

78. *Revue historique*, juillet-août 1916, p. 382.

79. Recension de Marguerite BAULU, *La Bataille de l'Yser*, Paris, Perrin, s.d., *Revue historique*, septembre-octobre 1918, p. 150.

NOTES DU CHAPITRE VII

1. Marc BLOCH, *Apologie pour l'histoire…*, *op. cit.*, p. 18. Dans sa thèse, Galit Haddad remarque que c'est « au niveau de la réception que le discours épistolaire est perçu comme un témoignage du front » (*Le Discours de protestation des soldats français pendant la Grande Guerre. Consensus national et contestation pacifiste*, thèse sous la direction de Ruth AMOSSY et Stéphane AUDOIN-ROUZEAU, université de Tel-Aviv, 2007, p. 104).

2. Louis CAMBRELENG, *Cher Papa. Lettres*, Domont, Textes et Prétextes, 2002, p. 56 (lettre du 21 octobre 1917).

3. *Cf.* Vincent KAUFMANN, *L'Équivoque épistolaire*, Paris, éditions de Minuit, 1990.

4. Cécile DAUPHIN, « Une correspondance familiale au XIXe siècle » dans Mireille BOSSIS (dir.), *La Lettre, à la croisée de l'individuel et du social*, Paris, Kimé, 1994, p. 67. *Cf.* Catherine KERBRAT-ORECCHIONI, « L'interaction épistolaire » dans Jürgen SIESS (dir.), *La Lettre entre réel et fiction*, Paris, SEDES, 1998, qui note que l'« on écrit parce qu'on est séparés, en même temps, pour créer l'illusion qu'on est ensemble » (p. 17).

5. Marthe, Joseph, Lucien, Marcel PAPILLON, *« Si je reviens comme je l'espère ». Lettres du front et de l'arrière, 1914-1918.* Recueillies par Madeleine et Antoine BOSSHARD. Postface et notes de Rémy CAZALS et Nicolas OFFENSTADT, Paris, Grasset, 2003, p. 41.

6. Une note anonyme du 2 septembre 1914 figurant dans les archives du premier Bureau de l'état-major général stipule : « Comme le font remarquer les documents ci-joints, cette absence constante de nouvelles de leur famille pour certains militaires peut avoir des répercussions d'ordre moral des plus graves et je viens

insister auprès de vous pour que des tempéraments soient apportés aux prescriptions actuellement en vigueur » (SHAT, 16N2701).

7. *Ibid.*, « Étude sur le service postal ». Ces données contredisent donc celles de Gérard BACCONNIER, André MINET et Louis SOLER, *La Plume au fusil. Les poilus du Midi à travers leur correspondance*, Toulouse, Privat, 1985, qui évoquent un million de lettres par jour (p. 25). *Cf.* Gérard CANINI (dir.), *Mémoire de la Grande Guerre. Témoins et témoignages*, Nancy, Presses universitaires de Nancy, 1989, qui avance le chiffre de quatre millions de lettres par jour à partir de 1915 et plus de dix milliards pour les quatre années de la guerre, qu'il faut comparer au chiffre de 1 million de lettres échangées par jour à la veille de la Grande Guerre (p. 141).

8. SHAT, 16N2701.

9. Tels ces deux extraits de lettres relevés dans un rapport de contrôle postal du 13 mai 1916 : « Le retard dans les lettres adressées au front cause plus de ravages qu'une rafale d'obus » et « Nous autres, les poilus, nous avons besoin de lettres : c'est ainsi dire notre seule joie… on la lit, et, à la relire, on revoit, on revit » (SHAT, 16N1485).

10. SHAT, 16N2701.

11. Roland DORGELÈS, *Je t'écris de la tranchée*, préface de Micheline DUPRAY, introduction de Frédéric ROUSSEAU, Paris, Albin Michel, 2003, p. 129 (lettre de décembre 1914). Dans un tout autre contexte et pour un tout autre genre de textes, Christian Jouhaud a insisté sur la dimension performative des écrits : Christian JOUHAUD, « Écriture et action au XVIIe siècle. Sur un corpus de mazarinades », *Annales ESC*, 1, janvier-février 1983.

12. Sur ce sujet, se reporter aux réflexions de Bruno CABANES, *La Victoire endeuillée…*, *op. cit.* et *id.*, « Ce que dit le contrôle postal » dans Christophe PROCHASSON et Anne RASMUSSEN (dir.), *Vrai et faux dans la Grande Guerre*, *op. cit.*

13. *Un ethnologue dans les tranchées…*, *op. cit.*, p. 99.

14. *Vie et mort d'un fantassin quercynois. Lettres de Marcelin Prosper Foirac à sa femme Joséphine (1914-1915)*, textes présentés par Jacqueline MARTY-BAZALGUES. Avec la collaboration du colonel Jean BERGUE et du colonel Edmond LEFRANÇOIS, préface du professeur Jules MAURIN, Archives départementales du Lot, 2000, p. 100.

15. Lettre du 13 février 1916 à sa sœur Alice dans *Jean Norton Cru, Lettres du front et d'Amérique…*, *op. cit.*, p. 147.

16. Louis-Gustave BRUNEAU, *Combattant de l'arrière, 1914-1918, Correspondance de guerre*, Mamers, Imprimerie Lardière, 2001, p. 33.

17. Sylvie DECOBERT, *Lettres du front et de l'arrière (1914-1918)*, Carcassonne, Les Audois, 2000, p. 147 (lettre du 12 juin 1915).

18. Henri FAUCONNIER, *Lettres à Madeleine*, Paris, 1998, p. 266 (lettre du 10 janvier 1918).

19. Raymond RADIGUET, *Le Diable au corps*, Paris, Grasset, 1923, p. 65.

20. Roland DORGELÈS, *Je t'écris de la tranchée*, *op. cit.*, p. 85 (lettre du 17 octobre 1914).

21. John HORNE, « Soldiers, Civilians and the Warfare of Attrition. Representations of Combat in France, 1914-1918 » dans Frans COETZEE and Marilyn SHEVIN-COETZEE (éd.), *Authority, Identity and the Social History of the Great War*, Providence-Oxford, Berghahn Books, 1995, p. 225-228.

22. *Hommage suprême. À la mémoire de notre enfant André Bouvet, soldat au 173e régiment d'infanterie. Mort au champ d'honneur, le 30 juin 1916, à l'âge de dix-neuf ans*, s.l., 1917, p. 132 (lettre du 21 juin 1916).

23. Rapport sur les correspondances de troupes du 15 juillet 1916, SHAT, 16N1485.

24. Lettre de Jean BASCOU à sa femme du 29 mai 1915 citée par Yann THOMAS, *Étude de la correspondance de l'adjudant Jean Bascou (1879-1915)*, mémoire de diplôme de l'École des hautes études en sciences sociales, 2008, t.1, p. 141 (orthographe respectée).

25. *Ibid.*, p. 145.

26. Louis-Gustave BRUNEAU, *Combattant de l'arrière, 1914-1918, Correspondance de guerre*, *op. cit.*, *passim*. On retrouve des réactions absolument identiques dans une autre correspondance de même type, *Vie et mort d'un fantassin quercynois. Lettres de Marcelin Prosper Foirac à sa femme Joséphine (1914-1915)*, *op. cit.* On assiste par exemple à la même progressive dépossession du métier par l'épouse : « Je ne puis te dire grand choses sur les bêtes je ne suis pas au courant de rien aussi fait du mieux que tu croiras » (lettre du 31 janvier 1915, p. 105).

27. Henri FAUCONNIER, *Lettres à Madeleine*, *op. cit.*, p. 309 (lettre du 23 août 1918).

28. Sylvie DECOBERT, *Lettres du front et de l'arrière (1914-1918)*, *op. cit.*

29. *Un instituteur provençal dans la Grande Guerre : Marie-Auguste Collomp. Lettres à Léontine*, présentées et annotées par Alain COLLOMP, Forcalquier, Les Alpes de lumière, 2004, *passim*.

30. *Lettres de guerre de Robert Dubarle, capitaine au 68e bataillon de chasseurs alpins*, p. 71, Paris, Perrin, 1918. Avec une préface de Louis BARTHOU (lettre du 28 novembre 1914).

31. Sonia BRANCA-ROSOFF, « Conventions d'écriture dans la correspondance des soldats », *Mots. Les langages du politique*, 24, septembre 1990, p. 21-35.

32. Louis-Gustave BRUNEAU, *Combattant de l'arrière, 1914-1918, Correspondance de guerre, op. cit.*, p. 49 (lettre du 19 janvier 1917).

33. *Ibid.*, p. 9 (lettre du 18 juillet 1916).

34. *Ibid.*, p. 11 (lettre du 26 juillet 1916).

35. *Les Lettres de Jean Fantassin, 1914-1917*, Nevers, 1921, p. 6 (lettre du 27 décembre 1914).

36. *Cf.* Leonard V. SMITH, *The Embattled Self…, op. cit* : chapitre II : « The Mastery of Survival. Death, Mutilation, and Killing », p. 60-105.

37. Par exemple chez Marcel PAPILLON, clerc de notaire à Vézelay, qui écrit à ses parents après avoir essuyé un bombardement allemand : « On est tellement habitué à ces histoires-là que l'on se gondole de rire après. » (lettre du 25 mars 1915, p. 114 dans Marthe, Joseph, Lucien, Marcel PAPILLON, *« Si je reviens comme je l'espère ». Lettres du front et de l'arrière, 1914-1918, op. cit.*).

38. Par exemple, *Lettres de guerre de Robert Dubarle…, op. cit.* Juriste, ancien député de l'Isère, Dubarle, né en 1881, décrit à sa femme (alors même qu'il paraît davantage ménager ses parents en leur épargnant ce type de descriptions macabres qu'il délivre souvent à son épouse) : « C'est ainsi que, l'autre jour, un de nos chasseurs a eu la tête emportée. Je n'ai jamais rien vu de plus horrible que ce corps décapité, avec la cervelle jaillie à plus de trente mètres. » (p. 114, lettre du 28 janvier 1915).

39. Marthe, Joseph, Lucien, Marcel PAPILLON, *« Si je reviens comme je l'espère ». Lettres du front et de l'arrière, 1914-1918, op. cit.*, p. 175 (lettre du 7 juillet 1915).

40. Sylvie DECOBERT, *Lettres du front et de l'arrière (1914-1918), op. cit.*, p. 75.

41. Marthe, Joseph, Lucien, Marcel PAPILLON, *« Si je reviens comme je l'espère ». Lettres du front et de l'arrière, 1914-1918, op. cit.*, p. 149 (lettre du 22 mai 1915).

42. *Un instituteur provençal dans la Grande Guerre…*, *op. cit.*, p. 93 (lettre du 20 mars 1915).

43. Lettre de Jean BASCOU à sa femme du 1er janvier 1915 citée par Yann THOMAS, *Étude de la correspondance de l'adjudant Jean Bascou…*, *op. cit.* p. 128 (orthographe respectée).

44. Lettre de Jean BASCOU à Étienne Solere du 29 décembre 1914 dans *ibid.*, t.2, p. 50.

45. *Les Lettres de Jean Fantassin, 1914-1917*, *op. cit.*, p. 51 (lettre du 8 juin 1915).

46. *Bulletin des armées de la République*, 97, 13 au 15 mai 1915.

47. Lettre de Marie-Thérèse à Georges du 7 juin 1916 dans Sylvie DECOBERT, *Lettres du front et de l'arrière (1914-1918)*, *op. cit.*, p. 164.

48. Rapport sur les correspondances de troupes du 15 juillet 1916, SHAT 16N1485.

49. Lettre du 11 décembre 1915 à sa sœur Alice dans *Jean Norton Cru, Lettres du front et d'Amérique…*, *op. cit.*, p. 135.

50. Catherine ROLLET, « The Home Front and Family Life » dans Jay WINTER et Jean-Louis ROBERT (éd.), *Capital Cities at War. Paris, London, Berlin, 1914-1919*, volume II : *A Cultural History*, *op. cit.*, p. 323.

51. Lettre de Marie-Thérèse à Georges du 7 août 1915 dans Sylvie DECOBERT, *Lettres du front et de l'arrière (1914-1918)*, *op. cit.*, p. 108.

52. Lettre de Marie-Thérèse à Georges du 6 mars 1915 dans *ibid.*, p. 109.

53. Il convient de rappeler que *J'accuse* d'Abel GANCE (1918) repose sur l'histoire d'une femme aimée par deux hommes dont l'un est son mari : se reporter à John HORNE, « Film and Cultural Demobilization after the Great War : the Two Versions of *J'accuse* by Abel Gance (1918 and 1938) » dans Hanna DIAMOND et Simon KITSON (éd.), *Communities, Conflict and Communication : New Approaches to 20th Century France*, Oxford and Providence, Berg, 2005.

54. Voir plusieurs rapports du contrôle postal dans SHAT, 19N305.

55. Rapport du colonel Boucher 4 juin 1917, SHAT 19N305.

56. Roland DORGELÈS, *Je t'écris de la tranchée*, *op. cit.*, p. 171 (lettre du 5 janvier 1915).

57. Guillaume APOLLINAIRE, *Lettres à Madeleine. Tendre comme le souvenir*, édition revue et augmentée par Laurence CAMPA, Paris, Gallimard, 2005.

58. Louis-Gustave BRUNEAU, *Combattant de l'arrière, 1914-1918, Correspondance de guerre*, *op. cit.*, p. 3 (lettre du 17 octobre 1914).

59. Roland DORGELÈS, *Je t'écris de la tranchée*, *op. cit.*, p. 82 (lettre du 14 octobre 1914).

60. Louis-Gustave BRUNEAU, *Combattant de l'arrière, 1914-1918, Correspondance de guerre*, *op. cit.*, p. 92 (lettre du 26 décembre 1917).

61. Henri FAUCONNIER, *Lettres à Madeleine*, *op. cit.*, p. 96 (lettre du 15 août 1915).

62. L'ethnologue ajoute : « Jamais je n'aurais supposé à quel point le prétendu "besoin" sexuel est affaire de régime, de milieu et d'imagination. Le témoignage de tous concorde. J'en ai vu qui au départ de Paris ne pensaient qu'aux femmes et se demandaient comment ils pourraient s'accommoder de vivre en moines. Et maintenant, les plus portés vers la noce confessent, étonnés, qu'ils n'y pensent même plus, que même les images de cet ordre ne se présentent plus à leur esprit. Une vie de plein air, un confort rudimentaire, de la fatigue, la société unisexuée, le régime alimentaire, l'orientation différente des pensées, tout y contribue. Il y a une leçon à tirer de là, n'est-ce pas chère ? Pour nos fils, pour les adolescents. Il faut les élever comme des soldats en campagne – à la dure – et ils seront sauvés du plus grave péril. Il est bon de savoir qu'il y a un régime, des conditions de vie où des hommes peuvent vivre sans souci sexuel, sans avoir à lutter, sans tiraillement et déchirements, et qu'ils n'en sont que plus hommes pour cela. » (*Un ethnologue dans les tranchées…*, *op. cit.*, p. 120, lettre du 24 novembre 1914). Il est à noter que les perspectives que trace Hertz à partir de ce qu'il perçoit de la nouvelle situation sexuelle va à l'encontre des revendications libertines qui caractérisèrent les années 1920.

63. *Cf.* Clémentine VIDAL-NAQUET, « S'épouser à distance. Le mariage à l'épreuve de la Grande Guerre », *Revue d'histoire moderne et contemporaine*, 53-3, juillet-septembre 2006.

64. Rapport sur les correspondances des troupes du 1er octobre 1916, SHAT, 16N1485.

65. *Les Lettres de Jean Fantassin, 1914-1917*, *op. cit.*, p. 1 (lettre du 27 août 1914).

66. *Ibid.*, p. 27 (lettre du 24 mars 1915).

67. *Ibid.*, p. 85 (lettre du 8 octobre 1915). (Souligné dans le texte).

68. Henri FAUCONNIER, *Lettres à Madeleine*, *op. cit.*, p. 267 (lettre du 10 janvier 1918).

69. Lettre de Marie-Thérèse à Georges du 10 novembre 1914 dans Sylvie DECOBERT, *Lettres du front et de l'arrière (1914-1918)*, *op. cit.*, p. 144.

70. *Lettres de guerre de Robert Dubarle*, *op. cit.*, p. 47 (lettre du 6 novembre 1914).

71. Par exemple dans la correspondance publiée de Louis DELOUME, *Lettres écrites pendant la guerre de mil neuf cent quinze*, s.e., Toulouse, 1916 : « Et cette lettre si longue, que je te vois écrire, agenouillée devant la table de ta chambre, éclairée à demi par une lampe si discrète qu'elle ne peut réveiller le petit Tony, à la place où je me trouvais jadis. Mais, ce beau temps a fui, et comme il est doux de jeter son regard en arrière… » (lettre du 1er juin 1915, p. 52).

72. Roland BARTHES, *Sur Racine*, Paris, Seuil, p. 136.

73. *Cf.* Anne-Marie SOHN, *Chrysalides. Femmes dans la vie privée (XIXe-XXe siècles)*, Paris, Publications de la Sorbonne, 1996, vol. II, chap.10.

74. Sur le « discours amoureux », on peut aussi se reporter aux indémodables analyses de Roland BARTHES, *Fragments d'un discours amoureux*, Paris, Seuil, 1977, notamment « Je t'aime », p. 175 *et sq.*

NOTES DU CHAPITRE VIII

1. Pierre VIDAL-NAQUET, *Les Assassins de la mémoire. « Un Eichmann de papier » et autres essais sur le révisionnisme*, Paris, La Découverte, 1987, p. 9-10.

2. *Cf.* Nadine FRESCO, *Fabrication d'un antisémite*, Paris, Seuil, 1999.

3. Paul RASSINIER, *Le Mensonge d'Ulysse*, Paris, chez l'auteur, 2ème édition, 1955 (1re édition : 1950), p. 16-17.

4. *Ibid.*, p. 112.

5. *Ibid.*, p. 184.

6. Paul RASSINIER, *Les Responsables de la Seconde Guerre mondiale*, Paris, Nouvelles Éditions latines, 1967.

7. *Id.*, *Le Véritable Procès Eichmann ou les Vainqueurs incorrigibles*, Paris, 2e édition, La Vieille Taupe, p. 9-10 (1re édition : 1962).

8. *Ibid.*, p. 166.

9. Paul RASSINIER, *Le Drame des Juifs européens*, Paris, Les Sept couleurs, 1964, p. 90.

10. Citation dans Nadine FRESCO, *Fabrication d'un antisémite, op. cit.*, p. 318.

11. *Ibid.*, p. 270.

12. *Ibid.*, p. 317.

13. *Ibid.*, p. 300-302.

14. *Ibid.*, p. 318.

15. Paul RASSINIER, *Le Véritable Procès Eichmann…, op. cit.*, p. 10.

16. *Id., Le Mensonge d'Ulysse, op. cit.*, p. 14.

17. *Cf.* Nadine FRESCO, *Fabrication d'un antisémite, op. cit.* et Florent BRAYARD, *Comment l'idée vint à M. Rassinier. Naissance du révisionnisme,* Paris, Fayard, 1996.

18. « Comment voulez-vous que, nous autres historiens, nous sortions honorablement de cette affaire, si nous sommes amenés à en parler ? » (Paul RASSINIER, *Le Véritable Procès Eichmann…, op. cit.*, p. 247).

19. Cité dans Serge THION, *Vérité historique ou Vérité politique. Le Dossier de l'affaire Faurisson. La Question des chambres à gaz,* Paris, La Vieille Taupe, 1980, p. 195.

20. Cité *ibid.*, p. 102-103.

21. Paul RASSINIER, *Ulysse trahi par les siens. Complément au* Mensonge d'Ulysse, nouvelle édition considérablement augmentée, Paris, La Vieille Taupe, 1980 (1re édition : 1961), p. 76.

22. *Id., Le Véritable Procès Eichmann…, op. cit.*, p. 95, note 15.

23. *Id., Les Responsables de la Seconde Guerre mondiale, op. cit.*, p. 13.

24. *Id., Le Drame des Juifs européens, op. cit.*, p. 9.

25. *Ibid.*, p. 21. Rassinier ajoute plus loin : « M. Raul Hilberg, homme par excellence des idées reçues et des dogmes » (p. 29), « Dans le genre hurluberlu, je ne pense pas qu'on puisse trouver beaucoup mieux » (p. 31), ou « À descendre dans les détails, on n'en finirait pas de citer les entreprises de sollicitation des faits dont M. Raul Hilberg s'est rendu coupable. » (p. 31-32).

26. *Ibid.*, p. 62.

27. Paul RASSINIER, *Le Véritable Procès Eichmann…, op. cit.*, p. 93.

28. Jean Norton CRU, *Du témoignage,* Paris, Jean-Jacques Pauvert, 1967 (1re édition, 1929), p. 157-158.

29. *Cf.* sa lettre du 7 janvier 1918 à sa sœur Hélène dans *Jean Norton Cru, Lettres du front et d'Amérique…, op. cit.*, p. 279 : « Au

fond je suis un drôle de pistolet et parmi les universitaires on ne doit guère trouver d'originaux de mon calibre qui fassent profession d'enseigner la littérature et qui puissent donner à l'improviste divers chiffres au sujet du canal de Panama, le poids des récentes locomotives du Southern Pacific, ou les procédés de fusion de minerai aux forges de Gary (Michigan). »

30. *Cf.* la biographie de Jean Norton Cru établie par Marie-Françoise ATTARD-MARANINCHI et Roland CATY dans *Jean Norton Cru, Lettres du front et d'Amérique…*, *op. cit.*, p. 19-70.

31. Jean Norton CRU, *Du témoignage*, *op. cit.*, p. 158-159.

32. *Ibid.*, p. 179.

33. *Ibid.*, p. 180.

34. Lettre du 6 mai 1918 à sa sœur Hélène dans *Jean Norton Cru, Lettres du front et d'Amérique…*, *op. cit.*, p. 306.

35. *Ibid.*, p. 308.

36. Jean Norton CRU, *Du témoignage*, *op. cit.*, p. 184.

37. Paul RASSINIER, *Le Mensonge d'Ulysse*, *op. cit.*, p. 313.

38. Maurice BARDÈCHE, *Nuremberg II ou Les Faux Monnayeurs*, Paris, Les Sept couleurs, 1950, p. 229-230.

39. *Ibid.*, p. 272.

40. Valérie HIGOUNET, *Histoire du négationisme en France*, Paris, Seuil, 2000, p. 48 : dans une lettre de Ogmios Diffusion (38/89, 25 septembre 1898) on lit que Jean Norton Cru « s'est attaqué à tous les témoignages mensongers issus de la Première Guerre mondiale. Sa méthode d'analyse a été reprise par tous les historiens du monde. Il est celui qui a démontré que la majorité des témoins d'un fait historique travestissent la réalité. Sa démonstration est imparable et sert d'exemple aux révisionnistes qui travaillent sur les mythes issus de la déportation, notamment les "chambres à gaz homicides" ».

41. Citation dans Florent BRAYARD, *Comment l'idée vint à M. Rassinier…*, *op. cit.*, p. 117, qui note aussi que la référence à Jean Norton Cru constitue « un des *topoï* de la littérature révisionniste ».

42. Jean Norton CRU, *Témoins…*, *op. cit.*, p. 21.

43. Paul RASSINIER, *Ulysse trahi par les siens…*, *op. cit.*, p. 77.

44. La trace de cette polémique figure dans *Le Mensonge d'Ulysse*, *op. cit.*, p. 20-21, où Rassinier cite la lettre qu'il a reçue de Merleau-Ponty qui écrit : « Les historiens auront à se poser ces questions. Mais dans l'actualité, cette manière d'examiner les témoignages a pour résultat de jeter la suspicion sur eux comme s'ils manquaient à une précision qu'on serait en droit d'attendre. Et,

comme à l'heure où nous sommes, la tendance est plutôt à oublier les camps allemands, cette exigence de vérité historique rigoureuse encourage une falsification, massive celle-là, qui consiste à admettre en gros que le nazisme est une fable. » Rassinier y répond ironiquement en ces termes : « Car s'il faut admettre cette doctrine et que l'exigence d'une vérité historique rigoureuse encourage déjà à une falsification massive dans l'actualité, on se demande avec anxiété à quelle monstruosité la falsification massive de l'actualité risque d'aboutir sur le plan de l'histoire. »

45. *Id.*, *Le Véritable Procès Eichmann…*, *op. cit.*, p. 77.

46. *Id.*, *Les Responsables de la Seconde Guerre mondiale*, *op. cit.*, p. 13.

47. *Id.*, *Le Véritable Procès Eichmann…*, *op. cit.*, p. 11.

48. Citation dans Serge THION, *Vérité historique ou Vérité politique…*, *op. cit.*, p. 193.

49. Jean Norton CRU, *Témoins…*, *op. cit.*, p. 31.

50. Paul RASSINIER, *Le Mensonge d'Ulysse*, *op. cit.*, p. 18.

51. *Ibid.*, p. 19.

52. Jean Norton CRU, *Témoins…*, *op. cit.*, p. 29.

53. Paul RASSINIER, *Le Mensonge d'Ulysse*, *op. cit.*, p. 38-39.

54. Renaud DULONG, « La dimension monumentaire du témoignage historique », *Sociétés & Représentations*, 13, 2002, « Histoire et archives de soi » (sous la direction de Philippe ARTIÈRES et Dominique KALIFA).

55. Florent BRAYARD, « Comment écrire l'histoire sans archives ? Un regard sur l'historiographie du camp d'extermination de Belzec » dans Florent BRAYARD (dir.), *Le Génocide des Juifs entre procès et histoire, 1943-2000*, Bruxelles, Complexe, 2000.

56. Jean Norton CRU, *Témoins…*, *op. cit.*, p. 144.

57. Paul RASSINIER, *Le Mensonge d'Ulysse*, *op. cit.*, p. 23.

58. Jean Norton CRU, *Témoins…*, *op. cit.*, p. 559.

59. *Ibid.*, p. 557.

60. Paul RASSINIER, *Le Véritable Procès Eichmann…*, *op. cit.*, p. 84.

61. *Id.*, *Le Mensonge d'Ulysse*, *op. cit.*, p. 311.

62. *Ibid.*, p. 190.

63. *Ibid.*, p. 93.

64. *Id.*, *Le Drame des Juifs européens*, *op. cit.*, p. 9.

65. *Ibid.*, p. 17.

66. *Ibid.*, p. 19.

67. *Ibid.*, p. 52.

68. Paul RASSINIER, *Le Mensonge d'Ulysse*, *op. cit.*, p. 202.

69. Nadine FRESCO, *Fabrication d'un antisémite*, *op. cit.*, p. 492.

70. Lettre du 31 mai 1916 à sa sœur Alice dans *Jean Norton Cru, Lettres du front et d'Amérique...*, *op. cit.*, p. 158.

NOTES DE LA PRÉSENTATION DE LA TROISIÈME PARTIE

1. *Cf.* Patrick FRIDENSON (dir.), *1914-1918. L'Autre Front*, *op. cit.*

2. Julien BENDA, *La Trahison des clercs*, Paris, Grasset, 1927.

3. *Cf.* Bruno CABANES, *La Victoire endeuillée...*, *op. cit.* et Yaël DAGAN, « La "Démobilisation" de Jacques Rivière, 1917-1925 », *op. cit.*

4. Julien BENDA, *La Jeunesse d'un clerc, un régulier, 1936-1938*, Paris, Gallimard, 1936, rééd. 1989, p. 219.

5. *Cf.* Christophe PROCHASSON et Anne RASMUSSEN, *Au nom de la patrie...*, *op. cit.*, surtout le chapitre V : « Au service de la nation », p. 168-220.

6. *Cf.* Elizabeth FORDHAM, « Universities » dans Jay WINTER et Jean-Louis ROBERT (éd.), *Capital Cities at War. Paris, London, Berlin, 1914-1919*, vol. 2 : *A Cultural History*, *op. cit.*

NOTES DU CHAPITRE IX

1. *Cf.* Charles RIDEL, *Les Embusqués*, *op. cit.*

2. Martha HANNA, *The Mobilization of Intellect...*, *op. cit.*

3. Sophie de SCHAEPDRIJVER, « Occupation, Propaganda, and the Idea of Belgium » dans Aviel ROSHWALD et Richard STITES (éd.), *European Culture in the Great War. The Arts, Entertainment and Propaganda, 1914-1918*, Cambridge, Cambridge University Press, 1998, p. 267-294 et *id.*, *La Belgique et la Première Guerre mondiale*, Bruxelles, Presses universitaires européennes-Peter Lang, 2006.

4. Christophe CHARLE, *Les Intellectuels en Europe au XIXe siècle. Essai d'histoire comparée*, Paris, Seuil, 1996.

5. Fritz K. RINGER, *The Decline of the German Mandarins : The German Academic Community, 1890-1933*, Cambridge (Mass), Cambridge University Press, 1989.

6. John HORNE (éd.), *State, Society and Mobilization in Europe during the First World War*, *op. cit.*

7. Philippe SOULEZ (dir.), *Les Philosophes et la Guerre de 14*, Saint-Denis, Presses universitaires de Vincennes, 1988.

8. Richard N. STROMBERG, *Redemption by War. The Intellectuals and 1914*, Lawrence, The Regents Press of Kansas, 1982.

9. Vincenzo CALI, Gustavo CORNI et Giuseppe FERRANDI (dir.), *Gli intellettuali e la Grande guerra*, Bologne, Società editrice il Mulino, 2000.

10. Esteban BUCH, « Les Allemands et les boches : la musique allemande à Paris pendant la Première Guerre mondiale », *Le Mouvement social*, 208, juillet-septembre 2004.

11. Peter BUITENHUIS, *The Great War of Words. British, American, and Canadian Propaganda and Fiction, 1914-1933*, Vancouver, University of British Columbia Press, 1987.

12. Elizabteh FORDHAM, « Universities », *op. cit.*, p. 244-245.

13. *Cf.* Nicolas BEAUPRÉ, *Écrire en guerre, écrire la guerre…*, *op. cit.*

14. S. K. RATCLIFFE, « The English Intellectuals in War-Time », *Century Magazine*, octobre 1917.

15. John HORNE, « "Propagande" et "Vérité" dans la Grande Guerre » dans Christophe PROCHASSON et Anne RASMUSSEN (dir.), *Vrai et faux dans la Grande Guerre*, *op. cit.*

16. *Cf.* Philippe SOULEZ (dir.), *Les Philosophes et la Guerre de 14*, *op. cit.* et Philippe SOULEZ et Frédéric WORMS, *Bergson, Biographie*, Paris, PUF, 2002.

17. Éric THIERS, « Le Comité d'études et de documents sur la guerre », *Mil Neuf Cent. Revue d'histoire intellectuelle*, 23, 2005.

18. *Cf.* Maurice BOUCHER, *Le Roman allemand (1914-1933) et la Crise de l'esprit*, Paris, PUF, 1961 et Léon RIEGEL, *Guerre et Littérature. Le Bouleversement des consciences dans la littérature romanesque inspirée par la Grande Guerre (littératures française, anglo-saxonne et allemande), 1910-1930*, Paris, Klincksieck, 1978.

19. Margaret R. HIGONNET (éd.), *Lines of Fire. Women Writers of World War I*, Plume, 1999.

20. Maurice RIEUNEAU, *Guerre et révolution dans le roman français, 1919-1939*, Paris, Klincksieck, 1974.

NOTES DU CHAPITRE X

1. Pour la biographie de Jean-Richard Bloch, on pourra se reporter notamment à la notice rédigée par Nicole Racine dans le *Dictionnaire biographie du mouvement ouvrier français* dirigé par Jean MAITRON (consultable sur le site www.etudes-jean-richard-bloch.org), ainsi qu'à la préface que Michel Trebitsch a donnée à la

réédition de Jean-Richard BLOCH, *Destin du siècle*, Paris, PUF, « Quadrige » 1996 (1re édition : 1931).

2. *L'Effort libre*, juillet-septembre 1912, cité par Nicole RACINE, *op. cit.*

3. Christophe PROCHASSON, *Les Intellectuels, le Socialisme et la Guerre, 1900-1938*, Paris, Seuil, 1993, p. 74-75.

4. Jean-Richard BLOCH, *Destin du théâtre*, Paris, Gallimard, 1930, p. 35 et 46.

5. *Id.*, *Destin du siècle*, *op. cit.*, p. 52-53.

6. Consuelo FERNANDEZ, « Jean-Richard Bloch, un socialiste dans la guerre, d'après sa correspondance », *Guerres mondiales et conflits contemporains*, 175, 1994, *passim*.

7. Citée par Tivadar GORILOVICS, « La guerre de Jean-Richard Bloch », *Retrouver Jean-Richard Bloch, Studia romanica,* Debrecen, 1994, p. 31

8. Lettres de Jean-Richard BLOCH à sa femme (Fonds JRB, BNF, vol. II, 1908-1915), lettre du 18 mai 1915.

9. *Ibid.*, lettre du 5 juin 1915.

10. *Ibid.*, lettre du 21 août 1914.

11. *Cf.* John HORNE, « L'Invasion de 1914 dans la mémoire (France, Grande-Bretagne, Belgique, Allemagne) » dans Sylvie CAUCANAS et Rémy CAZALS (éd.), *Traces de 14-18*, *op. cit.*, p. 123-143.

12. Lettres de Jean-Richard BLOCH à sa femme (Fonds JRB, BNF, vol. II, 1908-1915), lettre du 3 juin 1915.

13. *Cf.* Christophe PROCHASSON, *Les Intellectuels, le Socialisme et la Guerre*, *op. cit*, p. 72-80.

14. Lettres de Jean-Richard BLOCH à sa femme (Fonds JRB, BNF, vol. IV, 1917-1918).

15. Lettres de Marcel COHEN, BNF, microfilm.

16. Lettres de Jean-Richard BLOCH à sa femme (Fonds JRB, BNF, vol. II, 1908-1915), lettre du 28 juillet 1915.

17. Il convient ici de citer ce passage de l'article de Marc Bloch (Marc BLOCH, « Réflexions d'un historien sur les fausses nouvelles de la guerre », *op. cit.*, p. 183) qui recoupe les observations faites par Jean-Richard Bloch : « L'"agora" de ce petit monde des tranchées, ce furent les cuisines. Là, une ou deux fois par jour, les ravitailleurs venus des différents points de l'avant se retrouvaient et bavardaient entre eux, ou avec les cuisiniers ; ceux-ci savaient d'ordinaire beaucoup, car ils avaient le rare privilège de pouvoir quotidiennement

échanger quelques mots avec les conducteurs de train régimentaire, hommes heureux qui cantonnaient parfois à proximité des civils. Ainsi, pour un instant autour des feux en plein vent ou des foyers des "roulantes", se nouaient, entre des milieux singulièrement dissemblables, des liens précaires. Puis les corvées s'ébranlaient par les pistes ou les boyaux et rapportaient vers les lignes, avec leurs marmites, les faux renseignements tout prêts pour une nouvelle élaboration. Sur une carte du front, un peu en arrière des traits entrelacés qui dessinent dans leurs détours infinis les premières positions, on pourrait ombrer de hachures une zone continue ; ce serait la zone de formation des légendes. »

18. Lettres de Jean-Richard BLOCH à sa femme (Fonds JRB, BNF, vol. II, 1908-1915), lettre du 30 juillet 1915.

19. *Ibid.*, lettre du 11 août 1915.

20. *Ibid.*, lettre du 11 août 1915.

21. Lettres de Jean-Richard BLOCH à sa femme (Fonds JRB, BNF, vol. II, 1908-1915).

22. *Ibid.*, lettre du 21 août 1914.

23. Jean-Norton CRU, *Témoins…*, *op. cit.*, p. 14.

24. Lettres de Jean-Richard BLOCH à sa femme (Fonds JRB, BNF, vol. III, 1915-1916), lettre du 9 avril 1916.

25. *Ibid.*

26. *Ibid.*

27. *Ibid.*

28. Lettres de Jean-Richard BLOCH à sa femme (Fonds JRB, BNF, vol. II, 1908-1915), lettre du 11 septembre 1914.

29. *Ibid.*, autre lettre datée du 11 septembre.

30. *Ibid.*

31. *Ibid.*

32. Cité dans Christophe PROCHASSON, *Les Intellectuels, le Socialisme…*, *op. cit.*, p. 94.

33. Lettres de Jean-Richard BLOCH à sa femme (Fonds JRB, BNF, vol. II, 1908-1915), lettre du 11 juillet 1915.

34. *Ibid.* (Fonds JRB, BNF, vol. III, 1915-1916), lettre du 29 mars 1916.

35. *Ibid.*, lettre du 3 février 1916.

36. *Ibid.*, lettre du 28 février 1916.

37. *Ibid.* (Fonds JRB, BNF, vol. IV, 1917-1918), lettre du 20 janvier 1918.

38. *Cf.* Catherine FHIMA, « Jean-Richard Bloch ou comment concilier judaïsme et socialisme », *Études Jean-Richard Bloch*, 14, 2008.

39. Michel TREBITSCH, présentation de Jean-Richard BLOCH, *Destin du siècle*, *op. cit.*, p. XVI.

40. Lettre du 3 novembre 1914 de Robert Hertz à sa femme Alice dans *Un ethnologue dans les tranchées…*, *op. cit.*, p. 98.

41. Lettres de Jean-Richard BLOCH à sa femme (Fonds JRB, BNF, vol. III, 1915-1916), lettre du 15 avril 1916.

42. *Ibid.* (Fonds JRB, BNF, vol. II, 1908-1915), lettre du 25 avril 1915.

43. Lettres de Marcel COHEN, BNF, microfilm, lettre du 30 mars 1915.

44. Lettres de Jean-Richard BLOCH à sa femme (Fonds JRB, BNF, vol. III, 1915-1916), lettre du 28 février 1916.

45. *Ibid.*, lettre du 3 février 1916.

46. Jean-Richard BLOCH/Georges DUHAMEL, *Correspondance, 1911-1946*, *Les Cahiers de l'Abbaye de Créteil*, 17/*Études Jean-Richard Bloch*, Cahier n° 1, juin 1996, lettre de Jean-Richard BLOCH à Georges DUHAMEL du 10 octobre 1916, p. 66.

47. *Ibid.*

48. Jean-Richard BLOCH, *Destin du siècle*, *op. cit.*, p. 109-110.

NOTES DU CHAPITRE XI

1. *Cf.* Anne RASMUSSEN, « Sciences et scientifiques » dans Stéphane AUDOIN-ROUZEAU et Jean-Jacques BECKER (dir.), *Encyclopédie de la Grande Guerre, 1914-1918*, Paris, Bayard, 2004.

2. *Cf.* Christian TOPALOV (dir.), *Laboratoires du nouveau siècle. La Nébuleuse réformatrice et ses réseaux en France, 1880-1914*, Paris, éditions de L'EHESS, 1999.

3. *Cf.* Franziska HEIMBURGER, « Un trait d'union est nécessaire… ». *Les Interprètes militaires français attachés aux troupes britanniques pendant la Première Guerre mondiale*, Paris, mémoire de master, EHESS, 2007, et pour d'utiles comparaisons internationales Aribert REIMANN, *Der grosse Krieg der Sprachen : Untersuchungen zur historischen Semantik in Deutschland und England zur Zeit des Ertsten Weltkriegs*, Essen, Klartext, 2000.

4. *Un instituteur provençal dans la Grande Guerre…*, *op. cit.*, (lettre du 27 décembre 1915).

5. Evelyne DESBOIS, « Paroles de soldats entre images et écrits », *Mots. Les Langages du politique*, 24, septembre 1990, p. 42.

6. *L'Écho des Marmites, journal de tranchée des Vosges*, 3, 15 février 1915 : « La guerre qui a amené de nombreuses perturbations n'a pas laissé indemne la langue française. »

7. *Le Poilu*, 30 avril 1915, cité par Stéphane AUDOIN-ROUZEAU, *14-18... op. cit.*, p. 111.

8. Claude LAMBERT, *Le Langage des poilus. Petit Dictionnaire des tranchées*, Bordeaux, s.e., 1915.

9. Gaston ESNAULT, *Le poilu tel qu'il se parle. Dictionnaire des termes populaires récents et neufs employés aux armées en 1914-1918 étudiés dans leur étymologie, leur développement et leur usage*, Paris, Bossard, 1919.

10. *Bulletin de la Société de linguistique*, 64, 1916.

11. Jean-François CHANET, « Linguistique, psychologie sociale et culture politique : autour de l'œuvre d'Albert Dauzat (1877-1955) » dans *Actes du Colloque Albert Dauzat et le patrimoine linguistique auvergnat*, 5-6-7 novembre 1998, Thiers, Parc naturel régional Livradois-Forez-CNRS.

12. Je remercie Florin Turcanu pour les renseignements biographiques qu'il a bien voulu me communiquer sur L. Sainéan.

13. L. SAINÉAN, *Histoire de mes ouvrages. Fragment de biographie intellectuelle (1901-1930)*, Paris, Boccard, 1930, p. 10.

14. Henri FREI, *La Grammaire des fautes*, Genève-Paris, Slatkine, 1929.

15. Jean Norton CRU, *Témoins...*, *op. cit.*, p. 559 et 564.

16. *Ibid.*, p. 564.

17. L. SAINÉAN, *L'Argot des tranchées d'après les lettres de poilus et les journaux du front*, Paris, Boccard, 1915, p. 6.

18. *Bulletin de la Société de linguistique*, 64, 1916, p. 70.

19. Gaston ESNAULT, *Le poilu tel qu'il se parle...*, *op. cit.*, p. 13.

20. *Ibid.*, p. 7-8.

21. Pour Albert DAUZAT, la langue est un document qui recèle des informations sociologiques et psychologiques. Dans un article publié en 1917, il note, comme en écho d'une double influence, celle de Meillet et celle de Le bon : « Les mots créés par les soldats au cours de la guerre sont des documents psychologiques du plus haut intérêt : ils dénotent l'esprit d'un peuple. » (Albert DAUZAT, « L'argot militaire pendant la guerre », *Mercure de France*, 1er août 1917, p. 660).

22. Gaston ESNAULT, *Le Poilu tel qu'il se parle…*, *op. cit.*, p. 11-12.

23. Albert DAUZAT, « L'argot militaire pendant la guerre », *op. cit.*, p. 655.

24. Pour son enquête sur l'argot des prisonniers de guerre (Albert DAUZAT, *L'Argot de nos prisonniers en Allemagne*, s.e., 1919, tiré à part d'un article publié dans le *Mercure de France* en date du 16 mars 1919), Dauzat assouplit sa méthode. Il s'appuya surtout sur trois informateurs, consulta davantage les journaux de prisonniers français publiés dans divers camps et fit notamment un sort à une petite enquête humoristique sur le langage des soldats publiée dans le *Journal du camp de Göttingen* de juillet 1915 à mars 1916.

25. Jean-François CHANET, « Linguistique, psychologie sociale et culture politique : autour de l'œuvre d'Albert Dauzat (1877-1955) », *op. cit.*, p. 13.

26. Albert DAUZAT, « L'argot militaire pendant la guerre », *op. cit.*, p. 665.

27. *Id.*, *L'Argot de la guerre*, Paris, Armand Colin, 1918, p. 2.

28. *Id.*, « Une enquête sur l'argot militaire », *Bulletin des armées de la République*, 239, 28 mars 1917.

29. *Id.*, « L'argot militaire », *Bulletin des armées de la République*, 246, 16 mai 1917.

30. L. SAINÉAN, *Histoire de mes ouvrages…*, *op. cit.*, p. 24.

31. François DÉCHELETTE, *L'Argot des poilus. Dictionnaire humoristique et philologique du langage des soldats de la grande guerre de 1914. Argots spéciaux des aviateurs, aérostiers, automilistes, etc.*, Paris, Jouve et Cie, 1918, 258 p. Préface de G. LENÔTRE. Rééd. Slatkine, Genève, 1972, p. 29 (rééd. Les Éditions de Paris, 2004).

32. *Ibid.*, p. 4 5.

33. *Cf.* Claude LAMBERT, *Le Langage des poilus…*, *op. cit.*, p. 3 (préface), note dans le même sens : « La guerre des tranchées, importée en France par les Allemands, a rapproché pendant de longs mois des hommes de toutes conditions et de tous âges venant des divers points du pays – c'est-à-dire de toutes ces petites patries qui ont des idiomes et des expressions typiques. Du contact permanent des individus ; des besoins multiples créés par les circonstances spéciales et la vie nouvelle de chaque jour ; de la rapidité des commandements militaires avec laquelle on avait à se familiariser ; de la hâte apportée à s'exprimer en des minutes tragiques pendant lesquelles il fallait – en des mots concis – dire toute sa pensée de

crainte de ne pas vivre assez longtemps pour l'exprimer en détail ; enfin des différents milieux d'où provenaient de joyeux camarades et des mots d'argot importés par eux, ainsi que des termes militaires déjà employés en temps de paix dans les casernes françaises, devait naître un langage nouveau, pittoresque et fortement coloré. »

34. François DÉCHELETTE, *L'Argot des poilus…*, *op. cit.*, p. 4.

35. *Bulletin de la Société de linguistique*, 64, 1916, p. 82.

36. *Ibid.*, p. 75-76.

37. Albert DAUZAT, « L'argot militaire pendant la guerre », *op. cit.*, p. 655.

38. *Ibid.*, p. 656.

39. *Cf.* Odile ROYNETTE, *Les Mots des soldats*, Paris, Belin, 2004.

40. Maurice DONNAY, « "Poilu" et "Boche" », *Bulletin des armées de la République*, 88, 11 au 14 avril 1915.

41. « L'origine du mot "Boche" », *Bulletin des armées de la République*, 59, 31 décembre 1914-3 janvier 1915.

42. « Toujours le mot "Boche" », *Bulletin des armées de la République*, 135, 23-25 septembre 1915. Cette étymologie est reprise par Dauzat dans « L'argot militaire pendant la guerre », *op. cit.*

43. « Bochonie », *Bulletin des armées de la République*, 185, 16 au 18 mars 1916.

44. Robert LESTRANGE, *Petite Monographie du mot "Boche"*, Paris, Figuière, 1918. Avec une préface de Camille LE SENNE, p. 10.

45. Gaffiot propose dans la réponse faite à Lestrange « de substituer *Bochiens* à *Boches*. Il me semble que dans *Bochiens* il y a quelque chose de plus méprisant que dans *Boches*, donc quelque chose qui convient mieux à l'objet… » (*ibid.*, p. 29).

46. *Ibid.*, p. 32.

47. Gaston ESNAULT, *Le Poilu tel qu'il se parle…*, *op. cit.*, qui donne en outre des informations très complètes sur la diffusion du mot et signale notamment le rôle des autorités dans celle-ci : dès 1915, l'Intendance distribua sur le front du papier à cigarettes marqué « L'Anti-Boche ». À l'inverse, des notes proscrivent l'usage de « Boche » dans la documentation officielle, quand Pétain, dont on sait qu'il eut le souci de se montrer proche des soldats, y a parfois recours.

48. Sonia BRANCA-ROSOFF, « Conventions d'écriture dans la correspondance des soldats », *op. cit.*, p. 30.

49. Albert DAUZAT dans « L'argot militaire pendant la guerre », *op. cit.*, p. 656-657. *Cf.* Jean-François CHANET, « Linguistique,

psychologie sociale et culture politique : autour de l'œuvre d'Albert Dauzat (1877-1955) », *op. cit.* L'assimilation du « poilu » au « grognard » est d'ailleurs un lieu commun. On le trouve aussi dans l'article de Maurice DONNAY, « "Poilu" et "Boche" », *op. cit.*

50. Gaston ESNAULT, *Le Poilu tel qu'il se parle…*, *op. cit.*, p. 430.

51. *Bulletin de la Société de linguistique*, 64, 1916, p. 74.

52. « Histoire d'un mot », *Bulletin des armées de la République*, 84, 28-31 mars 1915.

NOTES DE L'ÉPILOGUE

1. Siegfried KRACAUER, *L'Histoire. Des avant-dernières choses…*, *op. cit.*, p. 123.

2. « Le rôle de l'art. Réponses à Léon Tolstoï », *La Grande Revue*, 1er février 1899, p. 307.

3. Jean VIC, *La Littérature de guerre. Manuel méthodique et critique des publications de langue française, 2 août 1916-11 novembre 1918*, *op. cit.*, p. 1099-1100.

4. Jean Norton CRU, *Témoins…*, *op. cit.*, p. 553.

5. *Cf.* Léon RIEGEL, *Guerre et littérature…*, *op. cit.*, en dépit de sa volonté de se démarquer de Norton Cru, conserve parfois des grilles d'appréciation communes avec son prédécesseur.

6. Dans *Men at War* qu'il publie durant la Seconde Guerre mondiale, Ernest Hemingway évoque en ces termes les raisons du caractère indicible de la guerre : « Learning to suspend your imagination and live completely in the very second of the present minute with no before and no after is the greatest gift a soldier can acquire. It, naturally, is the opposite of all those gifts a writer should have. That is what makes good writing by good soldiers such a rare thing and why it is so prized when we have it. » (cité *ibid.*, p. 545). (Apprendre à mettre en veille son imagination et vivre entièrement chaque seconde de la présente minute, sans idée d'avant et d'après, est le don le plus merveilleux qu'un soldat peut recevoir. C'est, naturellement, l'exact opposé des dons que doit posséder un écrivain. C'est pourquoi il est si rare, et donc si précieux, de lire un bon texte écrit par un bon soldat. *NdE*).

7. Georges DUHAMEL, *Guerre et littérature*, conférence faite le 13 janvier 1920, Paris, A. Monnier, 1920, p. 40.

8. *Ibid.*, p. 44-45 et 48.

9. Voir *supra* chapitre VI.

10. Maurice GENEVOIX, *Ceux de 14*, *op. cit.*, p. 8.

11. Jean Norton CRU, *Témoins…*, *op. cit.*, p. 85.

12. Pierre DRIEU LA ROCHELLE, *Gilles,* Paris, Gallimard, 1939 (rééd. Folio, 1973, p. 277).

13. Georges RENARD, Bibliothèque historique de la ville de Paris, Ms 2494, t.13 (C.P.6190), 1918-1920.

14. L'enfant Yves CONGAR, *Journal de la Guerre*, *op. cit.*, p. 260.

15. Romain ROLLAND, *Journal des années de guerre, 1914-1919*, Paris, Albin Michel, 1952, p. 1644.

16. *Ibid.*

17. Daniel HALÉVY, *L'Europe brisée. Journal de guerre, 1914-1918*, préface de Jean-Pierre Halévy. Texte établi et annoté par Sébastien Laurent, Paris, éditions de Fallois, 1998, p. 282 *et sq.*

Sources

Chapitre I : « Debout les morts : la Grande Guerre dans l'espace public » (extrait d'un chapitre du livre de Christophe Prochasson, *L'Empire des émotions. Les Historiens dans la mêlée*, Paris, Demopolis, 2008).

Chapitre II : « La guerre en ses cultures » dans Jean-Jacques Becker (dir.), *Histoire culturelle de la Grande Guerre*, Paris, Armand Colin, 2005, p. 255-271.

Chapitre III : « Sur les atrocités allemandes : la guerre comme représentation », *Annales HSS*, juillet-août 2003, 4, p. 879-894.

Chapitre V : « La guerre incertaine », en collaboration avec Anne Rasmussen, dans Christophe Prochasson et Anne Rasmussen (dir.), *Vrai et faux dans la Grande Guerre*, Paris, La Découverte, 2004, p. 9-32.

Chapitre VI : « Les mots pour le dire : Jean Norton Cru, du témoignage à l'histoire », *Revue d'histoire moderne et contemporaine*, 48-4, octobre-décembre 2001, p. 160-189.

Chapitre VII : « Aimer et gouverner à distance. Aperçus sur la correspondance durant la Grande Guerre » dans Jean-François Chauvard et Christine Lebeau (dir.), *Éloignement géographique et cohésion familiale (XVe-XXe siècles)*, Strasbourg, Presses universitaires de Strasbourg, 2006, p. 181-206.

Chapitre VIII : « Témoignages et expériences. Les usages du « vrai » et du « faux » de Jean Norton Cru à Paul Rassinier » dans Christophe Prochasson et Anne Rasmussen (dir.), *Vrai et faux dans la Grande Guerre*, Paris, La Découverte, 2004, p. 302-326

Chapitre IX : « Les intellectuels » et « La littérature de guerre » dans Stéphane Audoin-Rouzeau et Jean-Jacques Becker (dir.), *Encyclopédie de la Grande Guerre 1914-1918*, Paris, Bayard, 2004, p. 665-676 et p. 1189-1201.

Chapitre X : « Une écriture dans l'action : Jean-Richard Bloch, soldat épistolier » dans Annie Angremy et Michel Trebitsch (dir.), *Jean-Richard Bloch ou l'Écriture et l'Action*, Paris, Bibliothèque nationale de France, 2002, p. 217-230.

Chapitre XI : « La langue du feu. Science et expérience linguistiques pendant la Première Guerre mondiale », *Revue d'histoire moderne et contemporaine*, 53-3, juillet-septembre 2006, p. 122-141.

REMERCIEMENTS

Cet ouvrage reprend plusieurs études parues dans des revues ou des ouvrages collectifs. Toutes ont été remaniées et mises à jour. D'autres textes, inédits, ont fait l'objet de discussions lors de conférences ou de colloques. Tous mes remerciements vont aux directeurs de revues, éditeurs, directeurs de collectifs et organisateurs de rencontres qui m'ont très aimablement autorisé à publier ces textes sous une forme amendée. Le lecteur trouvera plus loin les références des premières versions. L'introduction, les textes intermédiaires, le chapitre IV et l'épilogue sont inédits.

Toute ma reconnaissance va plus particulièrement à Irène Lafaye qui fut, cette fois-ci, beaucoup plus que l'auteure de l'index : une lectrice vigilante et impliquée. Sa lecture a été bien davantage qu'un encouragement. Anne Rasmussen m'a très libéralement autorisé, avec sa générosité à nulle autre pareille, à accaparer un texte qui lui doit l'essentiel (chapitre III), comme si des années de complicité intellectuelle nous avaient rendus indistincts... Stéphane Audoin-Rouzeau et Vincent Duclert m'ont fourni les bons conseils pour mener à bien ce retour sur soi. Durant toutes ces années, Jean-Jacques Becker m'a toujours appuyé de sa fidèle amitié. Qu'ils en soient tous vivement remerciés.

INDEX

C

Cet ouvrage a été achevé d'imprimer en août 2008
dans les ateliers de Normandie Roto Impression s.a.s.
61250 Lonrai
Dépôt légal : septembre 2008
N° d'imprimeur : 08-2639
N° d'éditeur : 3245
ISBN : 978-2-84734-510-0
Imprimé en France